臺灣歷史與文化 研究輯刊

四 編

第 1 冊

海外幾社三子研究（上）

郭 秋 顯 著

花木蘭文化出版社

國家圖書館出版品預行編目資料

海外幾社三子研究（上）／郭秋顯 著－初版－新北市：花
木蘭文化出版社，2013〔民 102〕
目 4+238 面；19×26 公分
（臺灣歷史與文化研究輯刊 四編；第 1 冊）
ISBN：978-986-322-482-2（精裝）
1. 中國詩　2. 臺灣詩　3. 詩評
733.08　　　　　　　　　　　　　　　　　　102017324

ISBN-978-986-322-482-2

9 789863 224822

臺灣歷史與文化研究輯刊
四　編　第一　冊　　　　　　ISBN：978-986-322-482-2

海外幾社三子研究（上）

作　　　者　郭秋顯
總 編 輯　杜潔祥
出　　　版　花木蘭文化出版社
發 行 所　花木蘭文化出版社
發 行 人　高小娟
聯絡地址　235 新北市中和區中安街七二號十三樓
　　　　　　電話：02-2923-1455 ／傳眞：02-2923-1452
網　　　址　http://www.huamulan.tw 信箱 sut81518@gmail.com
印　　　刷　普羅文化出版廣告事業
初　　　版　2013 年 9 月
定　　　價　四編　22 冊（精裝）新臺幣 50,000 元

海外幾社三子研究（上）

郭秋顯　著

作者簡介

郭秋顯，1961 年出生於臺灣高雄縣，現定居臺南，國立中山大學中國文學系博士。著有《宋代陶詩學平淡觀研究》、《宋代陶詩學詩品人品議題析論》、《徐孚遠‧王忠孝集》（國立臺灣文學館，臺灣古典作家精選集之 2）等，編有《清代宦臺文人文獻選編》（龍文，計 7 家 28 冊）。研究領域為唐宋文學、臺灣古典文學、中國文學史、文獻學等。早年從事生產製造、企業管理、商品及機械研發十餘年，曾任高職教師、大專助教、講師、助理教授，現任明志科技大學通識教育中心國文組副教授。

提　要

　　「海外幾社」乃雲間「幾社」後續衍生在海外之社局，其創立出於「幾社六子」之一徐孚遠之手。南明弘光朝覆滅之際，幾社在松江起義失敗後，徐孚遠繼續從事抗清復明志業，乃自松江投奔福建隆武帝；隆武滅後，又之舟山魯王，與張煌言等酬酢唱和。永曆五年（1651）清軍陷舟山，諸人隨侍魯王依廈門鄭成功。永曆六年鄭魯抗清文士，正式結社於廈門，至此社事全盛。南京之役失敗後，鄭成功取臺灣，社人隨軍入臺，故海外幾社文學被視為臺灣漢人文學之開端。

　　清乾隆年間全祖望（1705～1755）所輯《續甬上耆舊詩》與連橫《臺灣詩乘》將徐孚遠、張煌言、盧若騰、沈佺期、曹從龍、陳士京稱「海外幾社六子」，本書《海外幾社詩史研究》則順此思路，以海外幾社中今存有詩文集之徐孚遠、盧若騰、張煌言三子抗清完節詩史為研究對象，而有關沈佺期、陳士京、曹從龍三家之生平事跡亦加以考索。釐清「海外幾社」屬性，其組成中心份子首先屬魯王之臣；在舟山淪陷魯王勢衰後，又為鄭成功之賓。明社既屋，士之憔悴悲憤，高蹈而能文者，相率結為詩社，以舒寫其故土舊國之感，海外幾社成員積極投入抗清戰鬥行列，抗清失敗之後，絕不為降臣，寧作海外遺民，完髮以終。

　　本書第一章緒論旨在說明「海外幾社」之義及成員性質，並探討海外幾社三子研究文獻之實況。第二章以晚明黨社清議與幾社陳子龍、夏完淳愛國詩潮為主題，觀察海外幾社屬性與基調。第三章就南明抗清歷史 考索海外幾社之形成及發展。第四章以徐孚遠《釣璜堂存稿》為主，研究徐孚遠海外詩之百折不回抗清心史及崇高民族氣節。第五章以盧若騰《島噫詩》及《留庵詩文集》為主，反映明鄭時代兵戎不斷之金門社會實況。第六章以張煌言《奇零草》、《冰槎集》、《采薇吟》詩文為主，以見張煌言海上抗清十九年，孤海忠烈，捨身就義之偉大詩格。第七章結論乃總結海外幾社三子抗清詩歌主題為：一、以詩存史，關懷社稷；二、反對侵略，堅定抗清；三、海洋文學，哀憫蒼生。

目
次

第一章　緒　論

明清易代之際天崩地裂，遭遇亡國離亂之悲的詩人，壯懷激烈，慷慨悲歌，其志節大抵可歸納爲兩大類型：其一是抗清復國、成仁取義之志士，如陳子龍、夏完淳、瞿式耜、張煌言等，義貫千古，誠爲可歌可泣。其二是緬懷故國、堅守氣節之遺民，如徐孚遠、錢澄之、屈大均、顧炎武、黃宗羲等〔註1〕，其完髮以終之心史，令人熱淚悲悼。而海外幾社成員又兼具二者之特色，其流離海外，境遇之艱難可知。誠若趙翼所謂「國家不幸詩家幸，賦到滄桑句便工」〔註2〕，詩人面臨民族存亡浩劫，身歷破家蹈海之滄桑，讀其詩文豈不令人椎心揮淚。

「海外幾社」創於「幾社六子」之一徐孚遠之手，是雲間「幾社」後衍在海外之社局。「海外幾社」文學中又有「海外幾社六子」之說法，首見於清初全祖望所輯《續甬上耆舊詩》，發揚於連橫《臺灣詩乘》，乃指徐孚遠、張煌言、盧若騰、沈佺期、曹從龍、陳士京六人〔註3〕，此專稱廣爲研究臺灣漢

〔註1〕據卓爾堪《遺民詩》輯錄，清初的遺民詩人有四百餘人，詩近三千首。其相關議題討論可參閱潘承玉著《清初詩壇：卓爾堪與《遺民詩》研究》一書（北京：中華書局，2004年7月1版）。按：本書註釋中頁碼使用準據爲：現代出版書籍或影印古籍如《近代中國史料叢刊》、影印文淵閣《四庫全書》、《續修四庫全書》等有新編頁碼者以新編頁碼爲據，註明爲「章節或卷，頁」；若影印古籍中有四面縮爲一頁者，註分上下欄爲「頁1上」、「頁1下」。而古籍刻本或如「百部叢書」等按原書影印無新編頁碼者，因古書之卷數、頁數都刻在書口，頁數是兩面共用一葉，故用「卷，葉1A」、「卷，葉1B」區分之。

〔註2〕清・趙翼：《甌北集》（上海：上海古籍出版社，1997年4月1版，李學穎校等校點本），卷33〈題元遺山集〉，頁772。

〔註3〕連橫：《臺灣詩乘》（臺北：臺灣銀行經濟研究室，1960年1月1版，《臺灣文

文學之學者所沿用。本書《海外幾社三子研究》則順此思路，以徐孚遠、盧
若騰、張煌言三子抗清完節之愛國詩史爲研究重心，蓋今日文獻所限，僅此
三子詩文集存世，足供學術研究；其餘者詩人之詩文資料或亡佚、或藏於後
人、或尚未發現，故有待於他日之尋訪也。本文爲溯其愛國思潮源流，並論
及幾社陳子龍與夏完淳殉國詩歌。無論溯源探流或者共時比論，乃歸納得之
海外幾社諸子抗清完節之詩歌中表現出強烈的忠君色彩與夷夏之防，其愛國
詩歌與反抗侵略、救亡圖存之思想緊密相連。緣此，詩人的憂患之思、報國
之志是其抗清完節文學之主旋律。

第一節 「海外幾社」之名稱

　　「海外幾社」乃雲間「幾社」後續衍生在海外之社局，其創立亦出於「幾
社六子」之一徐孚遠之手。南明弘光朝覆滅之後，幾社在松江起義，其中之
重要成員，如夏允彝、陳子龍、錢旃、夏完淳皆先後死難，而徐孚遠繼續從
事抗清復明志業，乃自松江投奔福建隆武帝；不久隆武被滅，又從閩之舟山
魯王；清軍陷舟山，隨侍魯王依廈門鄭成功，至此社事才正式開展。

一、「海外幾社」之由來

　　檢視南明、清代史料及詩文集提及「海外幾社」者並不多。茲將目前所
知者，列舉討論如下。

　　清初全祖望（1705～1755）〈陳光祿傳〉云：

> 公（陳士京）喜爲詩，下筆清挺，不寄王、孟廡下。及在島上，徐
> 公孚遠有海外幾社之集，公豫焉。雖心情蕉萃，而時作鵬騫海怒
> 之句，以抒其方寸之芒角。徐公嘗曰：「此真反商變徵之音也！」
> 〔註4〕

另全祖望在〈張尚書集序〉中，亦言及徐孚遠與張煌言海外結社之事，其
云：

> 尚書（張煌言）詩古文詞，皆自丁亥以後，才筆橫溢，藻采繽紛，
> 大略出華亭一派。明人自公安、竟陵狃主齊名，王、李之壇，幾於

獻叢刊》第64種），卷1，頁11。

〔註4〕　清‧全祖望撰、朱鑄禹校注：《全祖望集彙校集注‧鮚埼亭內集》（上海：上
　　　　海古籍出版社，2000年12月1版），卷27〈陳光祿傳〉，頁498。

扼塞。華亭陳公人中子龍，出而振之，顧其於王、李之緒言，稍參以神韻，蓋以王、李失之廓落也。人中爲節推於浙東，行其教，尚書之薪傳出於此。及在海上，徐都御史闇公故與人中同主社事，而尚書壬午齊年也，是以尚書之詩古文詞，無不與之合。雖然尚書之集，日星河嶽所鍾，三百年元氣所萃也。而予以藝苑之卮言，屑屑考其源流之自，陋矣！〔註5〕

再者，全祖望〈徐都御史傳〉又云：

公一子，鄭氏內附，扶柩南還。未幾，其子餓死，故公《海外集》佚不傳。嗚呼！明季海外諸公，流離窮島，不食周粟以死，蓋又古來殉難之一變局也。幾社殉難者四：夏、陳、何三公也死於二十年之前，公死於二十年之後，九原相見，不害其爲白首同歸也。〔註6〕

乾、嘉年間鄞縣黃定文〈書鮚埼亭集徐闇公墓誌後〉云：

右見姜孺山《松江詩鈔》（按：通行本《松江詩鈔》無闇公事蹟），與謝山先生所作〈闇公誌〉多不合。孺山稱其海外詩有《釣璜堂集》。閩中林霍序又有《海外幾社集》，鄞陳士東（按：應是陳士京）與焉。其流離海外以至轉死潮州，皆見于詩。而其過安南，則有《交行集》，又有〈與安南西定王書〉，言我朝使至貴國皆賓主禮，某忝居九列，恭承王命，不得行拜禮，惟貴國商定，使某不獲罪朝廷，貽譏天下。是尤公硜硜大節，而誌未及，且稱其卒於台灣，似未見闇公諸集也。〔註7〕

晚清楊鍾羲《雪橋詩話・續集》云：

徐闇公在幾社中，唐歐治、談公敔、章宗李輩皆奉以爲師，詩文略見《壬申文選》中。海外所著，又有《海外幾社集》，鄞陳士東（按：

〔註5〕《全祖望集彙校集注・鮚埼亭集外編》卷25〈張尚書集序〉，頁1210。另見明・張煌言撰、張壽鏞編：《張蒼水集・序》（臺北：新文豐出版公司，1988年4月臺1版，《四明叢書》第5冊），頁164。

〔註6〕《全祖望集彙校集注・鮚埼亭集外編》卷12〈徐都御史傳〉，頁963。

〔註7〕清・黃定文：《東井詩文鈔》（臺北：新文豐出版公司，1988年4月臺1版，《四明叢書》第1集，總第3冊），卷1〈書鮚埼亭集徐闇公墓誌後〉，頁475～476。又參見陳乃乾、陳洙纂輯：《徐闇公先生年譜》（臺北：臺灣銀行經濟研究室，1961年10月1版，《臺灣文獻叢刊》第123種），〈書鮚埼亭集徐闇公傳後〉，頁70。按：黃定文字仲友，別號東井老人，鄞縣人。學於盧鎬、蔣學鏞。乾隆四十二年舉於鄉，在官松江知府。卒年八十一，有《東井詩文鈔》二卷。

應是陳士京）與焉。〔註8〕

《雪橋詩話》明顯因襲〈書鮚埼亭集徐闇公墓誌後〉之文。而民國十五年（1926）刊印《釣璜堂存稿》的南社著名詩人姚光，於民國十四年時有〈與連雅堂書〉即討論「海外幾社」事，此書函全文為：

> 近於舍母舅高吹萬先生處，獲讀尊輯《臺灣詩薈》，不勝欽佩！非賞其文詞而已。於大作〈明季寓賢列傳〉一篇，回環捧讀，審知閣下固今日之逸民，高蹈淑慎以守先待後者也。茲有所請者，光自幼篤志網羅明季文獻，近方校刻鄉先哲徐孚遠之《釣璜堂存稿》，並擬撰輯闇公年譜。惟闇公佐延平郡王幕府，居貴地有年，而其事跡以代遠路遙，頗多模糊影響之談。並知闇公在臺有海外幾社之結，且有社集刊行，乃亦求之不得。今何幸而遇閣下！閣下既生長其地，又以表彰節義為事，尚祈力為搜訪。凡關於闇公以及其交遊之事跡、著述，盡以見示。其所欣感，寧有極乎！《詩薈》有全份可得否？至《臺灣通史》一書，必宏著鉅制，不少關係：均乞檢存！一俟復到，當再備價購取，一一拜讀也。引領天南，欲言不盡。敬叩道安！鵠候德音。姚光頓首。中華民國十四年六月二十一日。〔註9〕

清人文獻中徐孚遠《海外幾社集》是否即《釣璜堂存稿》，或如其《交行摘稿》為另一詩集，實不可得而知之，然就《釣璜堂存稿》詩內容判斷，皆為海外之詩也，與姜孺山《松江詩鈔》稱其「海外詩有《釣璜堂集》」者合，《釣璜堂集》為《釣璜堂存稿》之簡稱。而姚光〈釣璜堂存稿跋〉則云：「至全祖望熟於明季掌故，而撰先生傳，竟謂闇公歿後，其子亦餓死，故《海外集》不傳。蓋皆未見全稿也。此裒然鉅帙，首尾完具，當係先生次子永貞侍母戴夫人扶柩返里時篋衍所攜歸，而世代珍守者。乃二百六十餘年後，一旦發見。且自此帙並先生之遺像歸之於余後，徐氏即遭回祿之災，其他法物蕩然，而此帙、此像獨以不留於家而獲免，不可不謂有默相之者矣。」〔註10〕

〔註8〕 楊鍾羲：《雪橋詩話・續集》（瀋陽：遼瀋書社，1991年6月1版），卷1，頁460上。

〔註9〕 姚光撰、姚昆群等編：《姚光集》（北京：社會科學文獻出版社，2000年6月1版），第3卷〈書牘偶存〉，頁313～314。

〔註10〕 姚光：〈釣璜堂存稿跋〉，明・徐孚遠：《釣璜堂存稿・目錄》（民國十五年金山姚光懷舊樓刻本），葉2～4。另見《姚光集》，第1卷〈文集・第二編復廬文稿續編〉，頁130。

則全祖望〈徐都御史傳〉中所指之《海外集》，應是今日《釣璜堂存稿》無疑。蓋姚光所得兩部《釣璜堂存稿》爲徐孚遠孫懷瀚等所錄，世代珍守之，難怪全祖望未能寓目，而以爲已佚，此不足苛責謝山。但姚光〈與連雅堂書〉中隱約透露企圖尋找《海外幾社集》之意，當時是否有此集存在，又是疑雲難解。

二、何謂「海外幾社六子」

「海外幾社」既是「幾社」海外後局，又仿「幾社六子」之稱，故有「海外幾社六子」之美稱出現，此一文獻首見於乾隆十年（1745）全祖望（1705～1755）選編《續甬上耆舊詩》卷十三〈海外幾社六子之一張尙書煌言〉緒論中：

> 徐都御史闇公，故幾社長老也，從亡海外，復爲幾社之集，曰尙書盧公若騰、曰都御史沈公佺期，皆閩同安人；曰尙書張公煌言、曰光祿卿陳公士京，俱浙鄞人；曰都御史曹公從龍，則爲雲間人，別稱爲海外幾社六子。〔註11〕

故二百年後，連橫《臺灣詩乘》據此乃云：

> 闇公寓居海上，曾與張尙書煌言、盧尙書若騰、沈都御史佺期、曹都御史從龍、陳光祿士京爲詩社，互相唱和，時稱海外幾社六子，而闇公爲之領袖。余讀其集，如贈張蒼水、沈復齋、韋在公、王愧兩、紀石青、黃臣以、陳復甫、李正青諸公，皆明季忠義之士而居臺灣者；事載《通史》。爲錄一二。〔註12〕

審此資料，考鏡源流：首先，明顯可見撰於 1921 年、刊行於 1944 年之《臺灣詩乘》沿引《續甬上耆舊詩》「海外幾社六子」之說法。再者，由於南明抗

〔註11〕 清·全祖望選輯：《續甬上耆舊詩》（杭州：杭州出版社，2003 年 10 月 1 版，沈善洪等點校本），卷 13〈海外幾社六子之一張尙書煌言〉，上冊，頁 322。按：據全祖望入門弟子董秉純編《全謝山年譜》云：「乾隆九年甲子，先生四十歲。有意《耆舊詩》之續。十年乙丑，先生四十一歲。續選《甬上耆舊詩集》。」見《全祖望集彙校集注·鮚埼亭集內編》，卷首，頁 18～19。全祖望所輯《續甬上耆舊詩》有多種版本，其中以清咸豐年間靈蕤館謝駿德藏本最爲精詳，民國八年由梁秉年假他本爲校補，請張美翊審定、馮貞群編次，由四明文獻社出版，是目前最佳之刊本，故 2003 年杭州出版社由沈善洪審定之點校本即據此加工而成。

〔註12〕 《臺灣詩乘》卷 1，頁 11。

清陣營不斷轉進，自上海、浙東、福建等內地到舟山、金廈等海島，最終生根臺灣，明季忠義之士亦隨軍入臺，故連橫將「海外幾社」文學視爲臺灣漢人文學史之開端。連氏此一觀點影響後世最鉅，普遍被研究臺灣文學史者所接受，至今已成定論。

三、何謂「海外」

明末清初人所謂「海外」其指爲何？本文試從傳統文獻來釐清當時人之地理空間。元人吳鑒〈島夷誌略序〉云：「中國之外，四海維之，<u>海外夷國以萬計</u>。唯北海以風惡不可入，東西南數千萬里，皆得梯航以達其道路，象胥以譯其語言。惟有聖人在乎位，則相率而效朝貢市；雖天際窮髮不毛之地，無不可通之理焉。」〔註 13〕此爲廣泛指中國之外之海外夷國。若以當時南明抗清時期而言，狹義「海外」約指中國內地大陸之外東南沿海島嶼，以閩海金廈、浙東舟山群島爲主。廣義「海外」，乃再擴大範圍可涵蓋韓國、日本、臺灣以至中南半島之地區。下文引證「海外」除指閩海金廈外，當時最通用者尙可指如下之地：

（一）意指浙東舟山群島

海外一詞指浙東舟山群島者，如道光、咸豐之際之徐鼒《小腆紀年》云：

> 舟山四面皆海，昔越王句踐欲居夫差於甬東，即其地也。元爲昌國州；明併入寧波之定海縣，設參將一員以鎮之。崇禎間，黃斌卿爲其地參將。……南都亡，遁歸。聞閩中立，附表勸進；並言「<u>舟山爲海外巨鎭</u>，番舶往來，饒魚鹽之利；西連越郡，北繞長江：進取之地也。」王善之，封爲肅虜伯；賜劍印，屯舟山，得便宜行事。
> 〔註14〕

光緒年間王之春〈沿海形勢略〉云：

> 兩浙形勝，大半負海。……沿海之中，可避四面颶風之處，凡二十三；可避兩面颶風之處，凡一十八。其餘下等垵嶼，可避一面颶風之處，不可勝數。然定海爲寧、紹之筦鑰，<u>舟山又海外之藩籬</u>，澳

〔註13〕元・吳鑒：〈島夷誌略序〉，元・汪大淵著、蘇繼廎校釋：《島夷誌略校釋》（北京：中華書局，1981 年 5 月 1 版），頁 5。

〔註14〕清・徐鼒：《小腆紀年》（臺北：臺灣銀行經濟研究室，1962 年 11 月 1 版，《臺灣文獻叢刊》第 134 種），卷 11〈自七月至十二月〉，頁 562。

凡八十有三；昌國衛四面環海，到處可以登泊。蓋江南控制在崇明；浙東扼險在舟山，天生此二處屹峙汪洋，以障蔽浙直門户，洵江南、浙東第一重鎮也（兩浙）。〔註15〕

（二）指江蘇崇明沙島

海外一詞指江蘇崇明沙島者，如順治三年八月初十日〈吳淞總兵李成棟殘揭帖〉云：

> 職因思仰賴天威，節守重地，從前克戰獲寇諸績，如殺敗鄭兵，招安賀豹，生擒黃、吳二逆帥，攻克嘉定、上海、青浦、金山以至寶山、劉河及崇明海外一邑，擒斬叛官侯承祖等，又都司李元胤擒獲吳江殺官賊首龔敬灣，陣擒湖賊張仙、路受封、小三王、偽兵部陳素嫡弟陳存、偽將劉炳、偽總兵張廷選並偽唐王差來偽總兵羅騰蛟及偽將張文、周子敬、偽兵部員外俞廷回，又擒故明安昌王弟朱恭㮮弟兄子姪，蒙撫臣、內院歷紀功次，而按臣又有剿撫業獲全局一疏，敍職之功開山第一。〔註16〕

又如清〈江南提督殘題本（題報搜查江南沙島）〉云：

> 三月二十四日，臣自松江啓行，前赴吳淞。於二十八日馳赴福山，會晤總督臣麻勒吉，面商出洋搜剿機宜。適接蘇松水師總兵官臣張大治咨文，爲重地難以臥□、□請簡賢接任、以免貽誤事內開：本鎮以□□□告，奉旨准以原品休致回旗。崇明海外地方最重，機務最繁，本鎮形體支離，止可臥息調養。〔註17〕

（三）指澎湖與臺灣

海外一詞指澎湖與臺灣，尤其臺灣歸清版圖後使用最爲普遍，但晚明已有如此用法：如明萬曆年間屠隆〈贈士弘沈君侯親丈海上奏捷〉云：

> 東援三韓曾請纓，南來閩嶠播英名。千金立爲窮交盡，七尺長因知

〔註15〕清・王之春：《清朝柔遠記選錄》（臺北：臺灣銀行經濟研究室，1961年9月1版，《臺灣文獻叢刊》第126種），〈沿海形勢略〉，頁62。

〔註16〕《南明史料》（臺北：臺灣銀行經濟研究室，1963年5月1版，《臺灣文獻叢刊》第169種），卷1〈吳淞總兵李成棟殘揭帖〉（順治三年八月初十日到），頁37。

〔註17〕《鄭氏史料三編》（臺北：臺灣銀行經濟研究室，1963年5月1版，《臺灣文獻叢刊》第175種），卷2〈二九、江南提督殘題本（題報搜查江南沙島）〉，頁147。

已輕。適在營中方奏樂，**忽傳海外已揚兵**。諸君相顧皆驚詫，絕島須臾奏凱聲。〔註18〕

明遺老隨鄭經入臺之王忠孝〈東寧友人貽丹荔枝十顆有懷〉云：

海外何從得異果，於今不見已更年。色香疑自雲中落，苞葉宛然舊國邊。好友寄械嫌少許，老人開籃喜亦緣。餘甘分噉驚新候，遙憶上林紅杏天。〔註19〕

然而清代文獻概以海外稱澎湖與臺灣，似已為習慣性用法，如康熙十年（1671）計六奇《明季南略‧臺灣復啟》云：

況今東寧遠在**海外**，非屬版圖之中；東連日本、南蹙呂宋，人民輻輳，商賈交通，王侯之貴，故吾所自有。〔註20〕

康熙四十七年（1708）彭一楷〈臺灣外志序〉云：

元聞手一書，其標目曰《臺灣外志》，紀我朝新闢臺灣，**海外從來未有之土地也**，識明季海上鄭氏事最詳。筆力古勁，雅有龍門班掾風。〔註21〕

康熙三十六年（1697）來臺之郁永河《裨海紀遊》云：

余既來海外，又窮幽極遠，身歷無人之域；其於全臺山川夷險、形勢扼塞、番俗民情，不啻戶至而足履焉。可不為一言，俾留意斯世斯民者知之？〔註22〕

乾隆之後如朱景英《海東札記》云：

臺灣綿亙千餘里，號稱沃野。顧平沙漠漠，彌望無際。每風起堁堁飛揚，如度龍堆鴈塞，**幾忘此境在東南海外也**。〔註23〕

光緒時何澂《臺陽雜詠》云：

〔註18〕　明‧沈有容：《閩海贈言》（臺北：臺灣銀行經濟研究室，1961年9月1版，《臺灣文獻叢刊》第126種），卷5〈七言律詩〉，頁95。

〔註19〕　明‧王忠孝：《惠安王忠孝公全集》（南投市：臺灣省文獻委員會，1993年12月1版），卷11〈東寧友人貽丹荔枝十顆有懷〉，頁251。

〔註20〕　清‧計六奇：《明季南略》（北京：中華書局，1984年12月1版，任道斌、魏得良點校本），卷16〈臺灣復啟〉，頁506。

〔註21〕　清‧彭一楷：〈臺灣外志序〉，清‧江日昇：《臺灣外記》（臺北：臺灣銀行經濟研究室，1960年5月1版，《臺灣文獻叢刊》第60種），頁8。

〔註22〕　清‧郁永河：《裨海紀遊‧海上紀略》（臺北：臺灣銀行經濟研究室，1959年4月1版，《臺灣文獻叢刊》第44種），卷下，頁29。

〔註23〕　清‧朱景英：《海東札記》（臺北：臺灣銀行經濟研究室，1958年5月1版，《臺灣文獻叢刊》第19種），卷1〈記方隅〉，頁4。

> 海外東南片土開，萬山羅列水環回。鯤身讓地倭謀拙，鹿耳乘潮鄭
> 業恢；二百年來歸版籍，一千里路闢蒿萊。重臣更廓鴻圖計，郡縣
> 新增出聖裁。〔註24〕

審此，「海外」之義應可廓然大清，則「海外幾社」之結，乃南明弘光朝覆滅
之後，抗清勢力以魯王及鄭成功為主的政治集團集結海上，幾社在松江起義
後，其中之重要成員，如夏允彝、陳子龍、錢旃、夏完淳皆先後死難，而幾
社六子之一之徐孚遠乃自松江適閩，又從閩之舟山，清軍陷舟山，其隨侍魯
王依廈門鄭成功，至此社事才正式開展。故全祖望所謂「明季海外諸公，流
離窮島」〔註25〕，蓋指浙東舟山群島與閩海金門、廈門、臺灣等地而言。

第二節　研究動機與議題定位

　　「海外幾社」發軔於舟山，成立於廈門，唱揚於金廈，延續於臺灣，本
書乃以海外幾社三子抗清完節之詩史為主軸，闡揚其忠義精神。然為明辨其
文學根源，並論及幾社陳子龍、夏完淳二人志節與文學，做為海外幾社三子
抗清完節之愛國詩潮典範。

　　愛國詩歌自先秦以降，歷代皆有不同風貌〔註26〕，有《詩經》「脩我戈
矛，與子同仇」的敵愾之氣〔註27〕，也有《楚辭》中「鳥飛反故鄉兮，狐死
必首丘」之戀國情節〔註28〕。有杜甫「國破山河在，城春草木深」〔註29〕，
為戰亂生民慟哭之詩史；更有陸游「一身報國有萬死」〔註30〕、辛棄疾「平

〔註24〕《臺灣雜詠合刻‧臺陽雜詠》（臺北：臺灣銀行經濟研究室，1958 年 10 月 1
　　　　版，《臺灣文獻叢刊》第 28 種），頁 63。
〔註25〕《全祖望集彙校集注‧鮚埼亭集外編》卷 12〈徐都御史傳〉，頁 963。
〔註26〕有關愛國文學發展請參閱徐培均主編：《中華愛國文學史》（上海：上海社會
　　　　科學出版社，2006 年 5 月 1 版）。
〔註27〕《詩經‧秦風‧無衣》，清‧陳奐疏：《詩毛氏傳疏》（臺北：學生書局，1978
　　　　年 9 月 1 版 5 刷，影道光二十七年鴻章書局本），頁 317。
〔註28〕屈原：〈哀郢〉，南宋‧洪興祖：《楚辭補注》（北京：中華書局，1983 年 3 月
　　　　1 版，2002 年 10 月 1 版 4 刷，白化文等點校本），頁 136。
〔註29〕唐‧杜甫著、清‧仇兆鰲注：《杜詩詳註》（北京：中華書局，1979 年 10 月 1
　　　　版），卷 4〈春望〉，頁 329。
〔註30〕南宋‧陸游著、錢仲聯校注：《劍南詩稿校注》（上海：上海古籍出版社，1985
　　　　年 9 月 1 版），卷 3〈夜泊水村〉，頁 1136。陸游早年已有「平生萬里心，執
　　　　戈王前驅。戰死士所有，恥復守妻孥」之宏願，直至暮年還是「一聞戰鼓意
　　　　氣生，猶能為國平趙燕」，愛國赤誠始終不渝。分見《劍南詩稿校注》卷 1〈夜

戎萬里」〔註 31〕，恢復故土之慷慨壯志。有宋末抗元烈士誓守民族氣節之浩歌；更有清初明遺民海外抗清完節之忠義典範。在歷史悠久的愛國詩歌長河之中，本書屬南明抗清悲吟詩史，本研究主題之詩人，一方面哀慟明朝之覆沒，另一方面痛憤滿族入侵，而堅持民族大義，積極抗清。故海外幾社諸子詩風慷慨悲壯。徐孚遠詩「大都眷懷君國，獨抱忠貞，雖在流離顛沛之時，仍寓溫柔敦厚之意」〔註 32〕。張煌言文采與氣節最高，堪稱國史之完人。盧若騰詩文觀風問俗，考見得失。陳士京憂時憫世，悲宕激壯，「其詩崛崒奇偉，尤擅長歌」〔註 33〕。曹從龍詩則「節苦而神悲」〔註 34〕。審此，本書研究動機與議題定位，可由下列三點特色來彰顯之。

一、區域文學之研究

本書特性之一，為區域文學之研究。〔註 35〕「區域」是一個空間的概

讀兵書〉，頁 18。《劍南詩稿校注》卷 7〈老馬行〉，頁 3818。

〔註 31〕 南宋・辛棄疾撰，鄧廣銘箋注：《稼軒詞編年箋注》（上海：上海古籍出版社，1993 年 10 月增訂 1 版），卷 2〈水龍吟〉（甲辰歲壽韓南澗尚書），頁 145。另其〈破陣子〉云：「醉裏挑燈看劍，夢回吹角連營。八百里分麾下炙，五十絃翻塞外聲。沙場秋點兵。　　馬作的盧飛快，弓如霹靂弦驚。了卻君王天下事，贏得生前身後名。可憐白髮生！」其愛國之情更是沉鬱悲慟。見《稼軒詞編年箋注》卷 2〈破陣子〉，頁 242。

〔註 32〕 連橫：《臺灣詩乘》（臺北：臺灣銀行經濟研究室，1960 年 1 月 1 版，《臺灣文獻叢刊》第 64 種），卷 1，頁 12。

〔註 33〕 清・周凱：《廈門志》（臺北：臺灣銀行經濟研究室，1961 年 1 月 1 版，《臺灣文獻叢刊》第 95 種），卷 13〈列傳下・寓賢〉，頁 547。

〔註 34〕 張煌言：〈曹雲霖詩集序〉，明・張煌言撰、張壽鏞編：《張蒼水集》（臺北：新文豐出版公司，1988 年 4 月臺 1 版，《四明叢書》第 5 冊），卷 5《冰槎集》，頁 253 下。

〔註 35〕 何謂「區域」，《周禮・地官司徒》：「廛人」注：「廛，民居區域之稱。」漢・鄭玄注、唐・賈公彥疏：《周禮注疏》（臺北：臺灣古籍出版公司，2001 年 1 月 1 版，李學勤主編《十三經注疏》整理本），卷 9〈地官司徒〉，頁 272。《文選》西晉潘岳〈為賈謐作贈陸機〉詩云：「芒芒九有，區域以分。」南朝梁・蕭統編、唐・李善注《文選》（上海：上海古籍出版社，1986 年 6 月 1 版），卷 24〈詩丙・贈答〉，頁 1152。此二者，乃指土地之界劃，對區域實質內容與條件並無說明與界定。何謂「區域」，據賴麗娟定義：中華民國 1974 年公布〈區域計畫法〉第三條「區域計畫定義」指出「本法所稱區域計畫係指基於地理、人口、資源、經濟等相互依賴及其共同利益關係，而制定之區域發展計畫。」見林紀東等：《新編六法全書》（臺北：五南圖書公司，2000 年 9 月修訂版），頁 1864。故界別「區域」或構成「區域」要件，至少有地理、人口、資源、經濟活動等因素。換言之，認定區域之範圍應依據歷史行政區

念，法國二十世紀新史學年鑑學派代表學者費爾南‧布羅代爾在《法蘭西的特性》一書中指出：「每座城市、每個區域，每個省份更各有其鮮明的特徵：不僅是別具一格的自然風光，不僅是人打下的烙印，而且也是一種文化習俗，一種生活方式，以及確定基本人際關係的一套準則。」〔註36〕誠如維達爾‧得‧拉布拉什所說：「一國的歷史不可同國人居住的地域相脫離」，「地域像是一個儲能庫，自然界在這裡蓄積了能源，但如何使用則取決于人」〔註37〕，可見不同區域其文學發展必有其不同特性。區域文學的發展取決於區域內部的資源、技術、人才、制度等動力；亦受區域外部的更大系統的制度政策等的影響。基於前文對海外幾社中「海外」之義的說明與界定，海外幾社三子文學創作於大陸之外的海外地區。換言之，海外幾社為晚明幾社之延伸，其接響忠義抗清精神，飄零海上，百折而不悔，實有別於「內陸」遺民文學。總之，海外幾社藉由海上島嶼走向海洋文學，其從浙江舟山群島，到福建廈門、金門，或最後轉進臺灣，開啓臺灣漢民族文學先河，成為臺灣古典文學之前沿先行者。

　　綜觀文學史發展，以嚴格定義來處理區域文學產生，據龔鵬程〈區域特色與文學傳統〉一文論述，以地域做為政見、學術、文學分類之一種指標，應至唐代末年才開始出現，各個地區地方性知識份子大量出現與成長，進而類聚結社，普及於鄉里，形成區域文學特色。〔註38〕到明清時代，一個最大特徵就是區域文學特別發達而興盛，對區域文學傳統之意識也清晰地凸顯出來。〔註39〕各個地域普遍出現結詩社、文社，乃是形成區域文學重要指標

劃、自然環境、自然資源、人口分布、都市體系、產業結構與分布及其他必要條件等劃分之。見賴麗娟：《劉家謀及其寫實詩研究》，2006年7月，國立中山大學中國文學系博士論文，〈緒論〉，頁1，註一。

〔註36〕〔法〕費爾南‧布羅代爾著、顧良等譯：《法蘭西的特性》（北京：商務印書館，1994年10月1版），第一篇〈空間和歷史〉，第一章〈法蘭西以多樣性命名〉，頁17。

〔註37〕《法蘭西的特性》，第一篇〈空間和歷史〉，第三章〈地理是否創造了法蘭西〉，頁215。

〔註38〕龔鵬程：〈區域特色與文學傳統〉，見中國古典文學研究會主編《古典文學》第12集（臺北：臺灣學生書局，1992年10月1版），頁1～26。

〔註39〕參考蔣寅主編：《中國古代文學通論‧清代卷》（瀋陽：遼寧人民出版社，2005年5月1版），第五章〈清代文學與地區文化〉，頁290～313。並可參閱戴偉華：《地域文化與唐代詩歌》（北京：中華書局，2006年2月1版），第一章〈導論〉，頁1～25。陳慶元：《文學：地域的觀照》（上海：上海三聯出版社，2003

之一。

二、明代遺民海洋文學之研究

本書特性之二，爲明代遺民海洋文學之研究。隱逸爲士人之仕與隱出處行藏之自由選擇，而遺民則指前朝所遺不仕異代之人。簡言之，隱逸不仕於當朝，遺民效忠前朝而不仕於異代，兩者雖都「不仕」，但其個人志節與政治傾向是有明顯不同之表現。

在中國古代文化中，士人之仕與隱、出處行藏，構成知識份子心理矛盾的一個永恒情結。考鏡我國隱逸思想源流，最主要乃根源於先秦儒家及道家之人生觀與政治哲學。隱逸之風自古有之，就社會原因而言，每當亂世，隱逸之風則盛，此所謂「邦有道則仕」，「邦無道則隱」。就個人而言，每當仕途不順，則容易產生隱退思想，此乃「用之則行，舍之則藏」；「達則兼濟天下，窮則獨善其身」是也。〔註40〕縱觀中國文化史，這似乎成爲士大夫知識份子在仕途上的一條規律。在隱逸文化中，其主體性人物則稱之「隱士」。隱士在中國起源甚早，最初大抵帶有不滿現實而避世之性質，隱逸以「無爲有國者所羈」爲依據，追求「游戲自快」之生存自由與精神自由，〔註41〕眞切實踐「寧生而曳尾塗中」之人生哲學。〔註42〕

本文所謂「遺民」乃指易代之後，因堅持對故國之忠誠，而拒絕與新朝合作者。合於此義，較早文獻紀錄如《左傳》云：

> 衛之遺民男女七百有三十人，益之以共、滕之民爲五千人，立戴公以廬於曹。(《左傳‧閔公二年》)〔註43〕

> 士蔑請諸趙孟，趙孟曰：「晉國未寧，安能惡於楚？必速與之！」士蔑乃致九州之戎，將裂田與蠻子而城之（杜預注：以詐蠻子），蠻子

年4月1版)，自序〈地域文學與區域文學史建構問題〉、〈地域區域文學研究摭談〉，頁1～22。

〔註40〕 分見《論語‧述而》，《論語正義》卷8，頁261。《孟子‧盡心上》，清‧焦循：《孟子正義》(北京：中華書局，1987年10月1版，沈文倬點校本)，卷26，頁891。

〔註41〕 漢‧司馬遷撰、〔日〕瀧川龜太郎考證：《史記會注考證》(臺北：洪氏出版社，1983年10月2版)，卷63〈老子韓非列傳〉，頁855～856。

〔註42〕 《莊子‧秋水》，清‧郭慶藩：《莊子集釋》(北京：中華書局，1961年7月1版，1993年3月6刷，李孝魚點校本)，卷6下〈秋水〉，頁604。

〔註43〕 楊伯峻編著：《春秋左傳注‧閔公二年》(北京：中華書局，1990年5月2版，修訂本)，頁266～267。

聽卜，遂執之與五大夫，以畀楚師於三戶。司馬致邑立宗焉。以誘
其遺民（杜預注：楚復詐爲蠻子作邑，立其宗主。）而盡俘以歸。
（《左傳・哀公四年》）〔註44〕

此引「遺民」，清楚可見其意指亡國或離亂之後所留下來之子民。

　　然而被後代引爲遺民之代表人物者，當屬伯夷、叔齊，《史記・伯夷列傳》
載其不食周粟，寧可餓死首陽山云：

伯夷、叔齊，孤竹君之二子也。父欲立叔齊，及父卒，叔齊讓伯
夷。伯夷曰：「父命也。」遂逃去。叔齊亦不肯立而逃之。國人立其
中子。於是伯夷、叔齊聞西伯昌善養老，盍往歸焉。及至，西伯
卒，武王載木主，號爲文王，東伐紂。伯夷、叔齊叩馬而諫曰：「父
死不葬，爰及干戈，可謂孝乎？以臣弑君，可謂仁乎？」左右欲兵
之。太公曰：「此義人也。」扶而去之。武王已平殷亂，天下宗周，
而伯夷、叔齊恥之，義不食周粟，隱於首陽山，采薇而食之。及餓
且死，作歌。其辭曰：「登彼西山兮，采其薇矣。以暴易暴兮，不知
其非矣。神農、虞、夏忽焉沒兮，我安適歸矣？于嗟徂兮，命之衰
矣！」遂餓死於首陽山。〔註45〕

審此，凡江山易主、朝代更替，便有眷懷故國之遺民。伯夷、叔齊餓死於首陽
山可以理解爲「出於政治與道德立場而不食周粟者」，其「扣馬而諫」、「采薇
而歌」成爲後代遺民觀念中之要素。緣此，後世也往往以夷、齊爲「易代不仕
者」之代稱，如謝枋得詩云：「雪中松柏愈青青，扶植綱常在此行。天下久無龔
勝潔，人間何獨伯夷清。義高便覺生堪捨，禮重方知死甚輕。南八男兒終不
屈，皇天上帝眼分明。」〔註46〕顧炎武亦云：「惟願師伯夷，寧隘毋不恭。嗟此
衰世意，往往纏心胸。回首視秋山，蕭矣霜露濃。」〔註47〕謝枋得與顧炎武

〔註44〕《春秋左傳注・哀公四年》，頁 1627～1628。

〔註45〕《史記會注考證》卷 61〈伯夷列傳〉，頁 847。

〔註46〕南宋・謝枋得：《疊山集》（上海：上海書店，1985 年 3 月 1 版，據商務印書
　　　　館 1934 年版《四部叢刊續編》影明刊本），卷 2〈魏參政執拘投北，行有期，
　　　　死有日，詩別妻子良友良朋〉，葉 5A。

〔註47〕清・顧炎武著、王蘧常輯注：《顧亭林詩集彙注》（上海：上海古籍出版社，
　　　　1983 年 11 月 1 版），卷 5〈孫徵君以孟冬葬於夏峰，時僑寓太原，不獲執紼，
　　　　適吳中有傳示同社名氏者，感觸之意遂見乎辭〉，頁 1113。明・顧炎武：《顧
　　　　亭林詩文集・詩集》（北京：中華書局，1959 年 8 月 1 版，1983 年 5 月 1 版 2
　　　　刷，華忱之點校本），卷 5〈孫徵君以孟冬葬於夏峰，時僑寓太原，不獲執紼，

均以不仕新朝的遺民自處，他們對伯夷的追慕，顯然是出於身分的認同。

自三代以降，中國歷史上出現最大規模的遺民群體，當以宋元之際的宋遺民為第一個高潮。邵廷采〈宋遺民所知傳〉云：「是人也，不求名而名不可磨滅焉，所恃者人心，非必其天道也。兩漢而下，忠義之士，至南宋之季盛矣。」〔註48〕第二個高潮則以明遺民最具代表，明遺民之數量大大超過前代，迄今可考者，單是各種《遺民錄》中所留下之傳記資料就有二千餘人。〔註49〕所謂「明遺民」，乃指明思宗崇禎十七年明朝滅亡起，至清康熙二十二年明鄭滅亡，臺灣劃入滿清版圖止，當時不願與滿清政權合作的士紳。而清康熙二十二年之後抗清勢力已然瓦解〔註50〕，此時遺民已無力反抗滿清統治，只是在心態上不認同滿清政權，企求全髮以終、心無所愧以面對地下列祖列宗而已。

何謂「遺民」，明末清初歸莊序其友朱九初所編《歷代遺民錄》云：

> 凡懷道抱德不用於世者，皆謂之逸民；而遺民則惟在廢興之際，以
> 為此前朝之所遺也。……故遺民之稱，視其一時之去就，而不繫乎
> 終身之顯晦。所以與孔子之表逸民，皇甫謐之傳高士，微有不同者
> 也。〔註51〕

逸民乃有德而不用於世者，而不論朝代盛衰；遺民則惟在興廢之際，自認為前朝之所遺，抗節不仕新朝，而心懷匡復之志者，一旦舊朝光復，則出仕澤民，而非終身隱於巖穴之間。故邵廷采〈宋遺民所知傳〉辨「逸民」與「遺民」之不同云：「於乎！以翱（謝翱）等之情才操行，不得與嚴光、高鳳同為盛世之逸民，而乃以遺民著，豈其志也夫？然亦豈其猶幸也夫？」〔註52〕而

適吳中有傳示同社名氏者，感觸之意遂見乎辭〉，頁 400。

〔註48〕清·邵廷采：《思復堂文集》（臺北：華世出版社，1977 年 6 月臺 1 版，影光緒十九年會稽徐友蘭鑄學齋刊本），卷 3〈宋遺民所知傳〉，頁 398。

〔註49〕據謝正光、范金民編：《明遺民錄彙輯》（南京：南京大學出版社，1995 年 7月 1 版）。《明遺民錄》之編撰與流傳，可參考謝正光〈清初所見「遺民錄」之編撰與流傳〉一文，見謝正光：《明遺民傳記資料索引》（臺北：新文豐出版公司，1990 年 12 月 1 版），〈代自序〉，頁 1～29。又見謝正光：《清初詩文與士人交游考》（南京：南京大學出版社，2001 年 9 月 1 版），頁 1～31。

〔註50〕此問題可參考李瑄：〈清初五十年間明遺民群體之嬗變〉，《漢學研究》第 23卷第 1 期，2005 年 6 月，頁 291～324。

〔註51〕清·歸莊：《歸莊集》（上海：上海古籍出版社，1984 年 6 月新 1 版），卷 3〈歷代遺民錄序〉，頁 170。

〔註52〕《思復堂文集》卷 3〈宋遺民所知傳〉，頁 400。

王夫之在《讀通鑑論》中乃析辨之：

> 被徵不屈，名爲徵士，名均也，而實有辨。守君臣之義，遠篡逆之
> 黨，非無當世之心，而潔己以自靖者，管寧、陶潛是也。矯厲亢爽，
> 恥爲物下，道非可隱，而自旌其志，嚴光、周黨是也。閒適自安，
> 蕭清自喜，知不足以經世，而怡然委順，林逋、魏野之類是也。處
> 有餘之地，可以優游，全身保名而得其所便，則韋夐、种放是也。
> 考其行，論其世，察其志，辨其方，則高下可得而觀矣。〔註53〕

王夫之將管寧、陶潛視爲遺民，其非無用世之心，只是心向前朝，不恥以身
事奉新貴，故潔己以自靖。而嚴光、周黨、林逋、魏野、韋夐、种放等爲
隱逸之逸民，其隱居以求志，遯世而無悶，「得喪不嬰其慮，悔吝靡集其躬」
〔註54〕，無關乎當時政治清濁。又如清浙東史學大家全祖望〈移明史館帖子
五〉云：

> 惟是〈隱逸〉一傳，歷代未有能言其失者，少讀《世說》所載向長、
> 禽慶之語，愛其高潔，以爲是冥飛之孤鳳也。及考其軼事，則皆不
> 仕新室而逃者，然後知所謂「富不如貧，貴不如賤」，蓋皆有所託以
> 長往，而非遺世者之流也。范史不知其旨，遂與逢萌俱歸逸民，於
> 是後之作史者，凡遇陶潛、周續之、宗炳之徒，皆依其例，不知其
> 判若兩途。向使諸君子遭逢盛世，固不甘以土室繩牀終老，而蒼海
> 揚塵，新王改步，獨以麻衣菅履，章皇草澤之間，則西臺之血，何
> 必不與萇弘同碧；〈晞髮〉、〈白石〉之吟，何必不與〈采薇〉同哀？
> 使一死一生，遂歧其人而二之，是論世者之無見也。且士之報國，
> 原自各有分限，未嘗概以一死期之。東澗湯氏謂淵明不事異代之
> 節，與子房五世相韓之義同，既不爲狙擊震動之舉，又時無漢祖者
> 可託以行其志，故每寄情於首山、易水之間，可以深悲其遇，斯眞
> 善言淵明之心者。倘謂非殺身不可以言忠，則是伯夷、商容亦尚有
> 慙德也。蓋不知其人，當聽其言。抗節不仕之徒，雖其憂讒畏譏，
> 嗛嗛不敢自盡，而鬱結淒楚之思，有不能自已者。至若一丘一壑，
> 寄託於蠱之上九，其神本怡，則其辭自曠也，是不過山澤之臞，而

〔註53〕　清・王夫之：《讀通鑑論》（北京：中華書局，1975年7月1版，2002年6月
　　　　5刷，舒士彥點校本），卷18〈陳高祖〉，頁520。

〔註54〕　北宋・王欽若等編：《冊府元龜》（北京：中華書局，1960年6月1版，1988
　　　　年8月3刷），卷809〈總錄部・隱逸・序略〉，頁9614。

　　豈可同年而語哉？〔註55〕

本帖乃針對正史「忠義傳」體例提出質疑，其云：「《宋史‧忠義傳序》有云：
『世變淪胥，晦迹冥遁，能以貞厲保厥初心，抑又其次，以類附從。』斯眞
發前人未發之蒙，然而列傳十卷，仍祇及死綏仗節諸君，未嘗載謝翱、鄭思
肖隻字，如靖康時之褚承亮誓不仕金，而祇列之〈隱逸〉。」〔註56〕此偏見不
可不謂爲深。故全氏在全文中慷慨言之：「則西臺之血，何必不與萇弘同碧；
〈晞髮〉、〈白石〉之吟，何必不與〈采薇〉同哀？使一死一生，遂歧其人而
二之，是論世者之無見也」。「倘謂非殺身不可以言忠，則是伯夷、商容亦尚
有慚德也」。據此論述乃有意識地將逸民隱士與遺民加以區隔，強調遺民之政
治趨向與節操；緣此，可見明末清初之人對遺民眞實認知與實踐。

　　遺民產生於國破家亡之際，表徵人間正義，正如黃宗羲謂其「能確守儒
軌，以忠孝之氣貫其始終」〔註57〕，故「遺民者，天地之元氣也」〔註58〕。
明遺民所體認之群體價值，正在當漢民族受到異族統治之下，文化命脈面臨
危機之時，如何「存道」，一如王夫之所云：

　　儒者之統與帝王之統並行於天下，而互爲興替。其合也，天下以道
　　而治，道以天子而明；及其衰，而帝王之統絕，儒者猶保其道以孤
　　行而無所待，以人存道，而道可不亡。〔註59〕

是故儒者之統，孤行而無待者，明遺民之生活時代，天下自無統，道存乎
人，以人存道，故自有統，道可不亡。王夫之又在《宋論》中明白指出遺民
任重道遠之生存意義，首要在於保存故國文獻，乃云「士生於禮崩樂圮之
世，而處僻遠之鄉，珍重遺文以須求舊之代，不於其身，必於其徒，非有爽
也」〔註60〕。因此之故，顧炎武〈廣宋遺民錄序〉認爲張揚遺民，其目的在

〔註55〕清‧全祖望撰、朱鑄禹校注：《全祖望集彙校集注‧鮚埼亭集外集》（上海：
　　　　上海古籍出版社，2000 年 12 月 1 版），卷 42〈移明史館帖子五〉，頁 1650～
　　　　1651。
〔註56〕《全祖望集彙校集注‧鮚埼亭集外集》卷 42〈移明史館帖子五〉，頁 1651。
〔註57〕黃宗羲：〈楊士衡先生墓誌銘〉，清‧黃宗羲撰、沈善洪主編：《黃宗羲全集》
　　　　（杭州：浙江古籍出版社，1993 年 10 月 1 版），第 10 冊《南雷詩文集‧碑誌
　　　　類》上冊，頁 468。
〔註58〕黃宗羲：〈謝時符先生墓誌銘〉，《黃宗羲全集》第 10 冊《南雷詩文集‧碑誌
　　　　類》上冊，頁 411。
〔註59〕《讀通鑑論》卷 15〈文帝〉，頁 429。
〔註60〕清‧王夫之：《宋論》（北京：中華書局，1964 年 4 月 1 版，舒士彥點校本），
　　　　卷 2〈太宗〉，頁 38。

於「以存人類於天下」,「冀人道之猶未絕也。」﹝註61﹞換言之,民族文化之命脈乃靠遺民努力保存,繼而發揚光大。

廣東著名遺民詩人屈大均對遺民之詩歌創作予以高度肯定,其〈見堂詩草序〉云:「今天下善爲詩者多隱居之士,蓋隱居之士能自有其性情,而不使性情爲人所有。故讀其詩者,非自有其性情不能得其性情之所至。」﹝註62﹞自是強調「眞性情」爲遺民文學之價值所在,換言之,「眞性情」乃指遺民之民族氣節而言。審視海外幾社成員積極投入抗清戰鬥行列,以圖恢復明室,終其一生抗戰到底,絕不投降,成爲流離海外之遺民。誠如全祖望〈徐都御史傳〉所云:「明季海外諸公,流離窮島,不食周粟以死,蓋又古來殉難之一變局也。」﹝註63﹞然而「明社既屋,士之憔悴失職,高蹈而能文者,相率結爲詩社,以舒寫其舊國舊君之感,大江以南,無地無之」﹝註64﹞。

海外幾社即是以抗清遺民所組成之文社,而且結於海上,亂離東南島嶼之間,可謂明末清初極爲特殊之文社。海外遺民之多,僅就遠渡臺灣者言,如病驥老人序孫靜庵《明遺民錄》云:「弘光、永曆間,明之宗室遺臣,渡鹿耳依延平者,凡八百餘人。」﹝註65﹞此說雖難考實,但由海外幾社諸子流寓臺灣,亦可備此說之一端。

「海洋」一詞是相對於「陸地」、「內陸」、「大陸」而言。所謂「海洋文化」實指瀕臨海洋的地區或海島在一定的條件下,所形成異於「內陸」(或稱「大陸」)型文化的海洋型文化。海洋文化之特質是流動性的、開放性的、多元性的、包涵性的,但它必須是以吸收外來文化加以發展爲前題的。﹝註66﹞故海洋文化具體意義之呈現至少包含:海權思想、國際貿易、自由經濟、民主政治與多元文化等。總之,海洋型文化異質性高,在大異中求同;屬於海

﹝註61﹞《顧亭林詩文集·文集》卷2〈廣宋遺民錄序〉,頁34。

﹝註62﹞清·屈大均撰、歐初等編:《屈大均全集·翁山文外》(北京:人民文學出版社,1996年12月1版,第3冊),卷2〈見堂詩草序〉,頁79。

﹝註63﹞《全祖望集彙校集注·鮚埼亭集外編》卷12〈徐都御史傳〉,頁963。

﹝註64﹞清·楊鳳苞:《秋室集》(上海:上海古籍出版社,2002年3月1版,《續修四庫全書》影清光緒十一年陸心源刻本,第1476冊),卷1〈書南山草堂遺集後〉,頁10。

﹝註65﹞病驥老人:〈孫靜庵《明遺民錄》序〉,見謝正光、范金民編:《明遺民錄彙輯·附錄》(南京:南京大學出版社,1995年7月1版),頁1371。

﹝註66﹞此定義參引莊萬壽:《臺灣文化論——主體性之建構》(臺北:玉山社出版公司,2003年11月1版),第二章〈臺灣文化之理論與特色〉,貳、〈臺灣海洋文化〉,頁67。

權社會，橫渡重洋追求冒險。大陸型文化同質性高，在大同中存異，屬於農業社會，安土重遷追求穩定。

海洋文學爲海洋文化之中重要組成部分，也是文學的一種類型，其體裁包括神話、傳說、小說、寓言、詩詞、歌賦、戲曲、散文、筆記、碑文等。嚴謹的定義「海洋文學」應先有此認知：就是無論任何題材之海洋文學作品以反應海洋精神、海洋生活、海洋生態、海洋器物爲主，再次者亦須與海洋有關的人類活動爲描寫對象而具有海洋詩情者。故海洋文學爲海洋文化最直接的體現，是再現人類內心情感和一定時期人類海洋活動的一種文化現象。明朝覆滅，清兵南下，東南沿海成爲南明抗清之基地，海外幾社諸子爲反清復國大業，追隨魯王於舟山、投靠鄭成功於金、廈，最終轉進於臺灣。無論舟山或金、廈、臺灣皆海島，四周爲海洋所包，尤其明鄭政權特富海洋性格，其軍艦船隊縱橫於東南沿海，更遠及於東亞諸國，故其集團充滿強烈海洋性。而此抗清集團詩人生活、戰鬥於海嶠窮島之中，如徐孚遠、盧若騰、張煌言今存詩文十之八九皆創作於海上，此不可不謂之海洋文學也。

總之，海外幾社諸子詩歌創作於明末抗清救亡圖存之際，諸公流離海上，遍歷曠古未曾有之局。其重大意義在於由安土重遷之大陸性格走向冒險犯難之海洋性格；詩歌反映社會，其風格亦自大陸文學一變而爲海洋文學，一洗明詩卑弱習氣。

三、以詩史爲研究重心

本書特性之三，以徐孚遠、盧若騰、張煌言三子詩史爲研究重心，並溯及陳子龍、夏完淳愛國詩歌。「詩史」之說，由唐人提出，宋人認同，經明代復古派批判否定，到明末清初成爲詩學討論之重要議題。明清之際重新建構「詩史」之動機，實與從事復明運動詩人群體之詩學觀念息息相關。

杜甫具有仁聖胸懷，其詩作呈顯忠君愛國，關懷民生，感時憂民之生命情懷，故被推尊爲「詩史」，唐人認爲其特徵在於「以時事入詩」，如晚唐孟棨《本事詩・高逸》云：

> 杜逢祿山之亂，流離隴蜀，畢陳於詩，推見至隱，殆無遺事，故當時號爲「詩史」。〔註67〕

_____

〔註67〕唐・孟棨：《本事詩》卷3〈高逸〉，見丁福保輯：《歷代詩話續編》（北京：中華書局，1983年8月1版，華文實點校本），頁15。有關「詩史」之說檢討，

杜甫之詩歌能真實反映安史之亂前後之社會現實，以切身之體驗，記錄當時民生史實，成為一代詩史。而歐陽脩等修《新唐書·杜甫傳》基本上乃繼承《本事詩》之說，認為善陳時事乃杜甫詩史之價值，故贊曰：

> 甫又善陳時事，律切精深，至千言不少衰，世號「詩史」。〔註68〕

宋人對「詩史」認識比唐人更進步，哲宗時胡宗愈〈成都新刻草堂先生碑序〉中說，杜詩所以被當時學士大夫稱為「詩史」，乃在其「凡出處去就，動息勞佚，悲歡憂樂，忠憤感激，好賢惡惡，一見於詩，讀之，可以知其世。」〔註69〕宋末文天祥〈集杜詩自序〉云：「昔人評杜詩為『詩史』，蓋其以詠歌之辭寓紀載之實，而抑揚褒貶之意，燦然於其中，雖謂之史可也。予所集杜詩，自余顛沛以來，世變人事，概見於此矣！是非有意於為詩者也。後之良史，尚庶幾有考焉。」〔註70〕文天祥〈集杜詩〉所取是杜詩憂國憂民之心和忠君愛國之情及其悲憤之氣，故後人推許〈集杜詩〉為一部優秀「詩史」〔註71〕。蒙元滅宋，士人身歷鼎革，目擊艱辛，觸景傷情，皆起興亡之感，身世之悲，黃溍〈方先生詩集序〉說方鳳於宋末本為處士，宋亡「稍出游浙

請參考龔鵬程《詩史本色與妙悟》（臺北：臺灣學生書局，1986年4月1版，1993年2月增訂1版），第二章〈論詩史〉，頁19～91。杜甫被譽為「詩史」之唐宋人討論可參考簡恩定：《清初杜詩學研究》（臺北：文史哲出版社，1986年8月1版），第三章〈杜甫為詩史觀念之演變與發展〉，頁107～122。陳文華：《杜甫傳記唐宋資料考辨》（臺北：文史哲出版社，1987年11月1版），第四篇〈思想之釐定〉，壹、〈圍繞在儒家詩教觀下的批評內容〉，三、〈詩史〉，頁241～259。而明人討論杜甫「詩史」議題可參考陳文新：《明代詩學》（長沙：湖南人民出版社，2000年11月1版），第一章〈詩貴情思而輕事實〉，一、「詩史」之說的辨證，頁40～55。孫微：《清代杜詩學史》（濟南：齊魯書社，2004年10月1版），第二章〈清初的杜詩學研究〉，第二節〈清初杜詩學興盛原因分析（二）〉，二、對「詩史」說的反思，頁86～98。

〔註68〕 北宋·歐陽脩等撰：《新唐書》（臺北：鼎文書局，1992年1月7版，影北京：中華書局校點本），卷201〈文藝上·杜甫傳〉，頁5738。

〔註69〕 北宋·胡宗愈：〈成都新刻草堂先生碑序〉，見清·仇兆鰲：《杜詩詳註·附編》（北京：中華書局，1979年10月1版），頁2242。

〔註70〕 南宋·文天祥：《文山先生全集》（臺北：臺灣商務印書館，1979年11月臺1版，《四部叢刊正編》影明萬曆胡應皋邵武刻本），卷14〈集杜詩自序〉，頁330上。

〔註71〕 《四庫全書總目提要·文信公集杜詩提要》云：「每篇之首，悉有標目次第，而題下敘次時事，於國家淪亡喪之由，生平閱歷之境，及忠臣義士之周旋患難者，一一詳誌其實，顛末粲然，不愧詩史之目。」清·紀昀：《四庫全書總目提要》（臺北：藝文印書館，1979年12月5版），卷164〈文信公集杜詩提要〉，頁3241上。

東、西州，遇遺民故老於殘山剩水間，往往握手歔欷，低徊而不忍去。緣情托物，發爲聲歌，凡日用動息，居游合散，耳之所屬，靡不有寓其意。而物理之盈虛，人事之通塞，至於得失廢興之跡，皆可概見。」〔註72〕要之唐、宋各家對於「詩史」之詮釋，各有不同角度，宋人著重作者之人格、思想與作品高度之和諧，故尊崇杜甫爲詩聖。

　　明末清初遺民處於易代之際，有鑑於民族文化存亡關鍵，強烈憂患意識，故特別強調以詩歌補史之功能。錢謙益（1582～1664）詩爲清初第一大家，其在崇禎四年（1631）〈跋汪水雲〉就對宋遺民文學之表現特別關注，稱汪元量〈湖州歌〉、〈越州歌〉、〈醉歌〉「記國亡北徙之事，周詳惻愴，可謂詩史。」〔註73〕明亡之後，其《投筆集》諸詩摹擬杜甫〈秋興〉意境，可謂入其堂奧，陳寅恪說：「此集牧齋諸詩中頗多軍國之關鍵，爲其所身預者，與少陵之詩僅爲得諸遠道傳聞及追憶故國平居者有異。故就此點而論，《投筆》一集實爲明清之詩史，較少陵尤勝一籌，乃三百年來之絕大著作也。」〔註74〕察考錢謙益編選《列朝詩集》自稱受元好問編《中州集》借詩以存史之啓發，其〈與周安期〉云：「鼎革之後，恐明朝一代之詩，遂致淹沒，欲仿元遺山《中州集》之例，選定爲一集，使一代詩人精魂，留得紙上，亦晚年一樂事也。」〔註75〕另《列朝詩集》自序引其友程嘉燧（1565～1643）說：「元詩之集也，以詩繫人，以人繫傳，《中州》之詩，亦金源之史也。吾將倣而爲之。吾以採詩，子以庀史，不亦可乎？」〔註76〕眾所周知錢謙益又是清代第一個注杜大家，開創「以詩證史」之注杜方法，自詡「鑿開鴻蒙，手洗日月」〔註77〕，豐富「詩史」之內涵，其「詩史」新說見於〈胡致果詩序〉：

　　《春秋》未作以前之詩，皆國史也。人知夫子之刪《詩》，不知其爲

〔註72〕元・黃溍：〈方先生詩集序〉，南宋・方鳳撰、方勇輯校：《方鳳集・諸本序跋》（杭州：浙江古籍出版社，1993年12月1版），頁183。

〔註73〕清・錢謙益撰、錢曾箋注：《牧齋初學集》（上海：上海古籍出版社，1985年9月1版，錢仲聯標校本），卷84〈跋汪水雲〉，頁1764。

〔註74〕陳寅恪：《陳寅恪集・柳如是別傳》（北京：三聯書店，2001年1月1版），第5章〈復明運動〉，頁1193。

〔註75〕清・錢謙益：《錢牧齋全集》（上海：上海古籍出版社，2003年8月1版，錢仲聯標校本），第7冊《錢牧齋先生尺牘》卷1〈與周安期〉，頁236。

〔註76〕錢謙益：〈列朝詩集自序〉，清・錢謙益撰集：《列朝詩集・序》（北京：中華書局，2007年9月1版，許逸民等點校本），頁1。

〔註77〕清・錢謙益撰、錢曾箋注：《牧齋有學集》（上海：上海古籍出版社，1996年9月1版，錢仲聯標校本），卷15〈草堂詩箋元本序〉，頁702。

定史。人知夫子之作《春秋》，不知其爲續《詩》。《詩》也、《書》
也、《春秋》也，首尾爲一書，離而三之者也。三代以降，史自
史，詩自詩，而詩之義不能不本於于史。曹之〈贈白馬〉，阮之〈詠
懷〉，劉之〈扶風〉，張之〈七哀〉，千古之興亡升降，感歎悲憤，皆
于詩發之。馴至于少陵，而詩中之史大備，天下稱之曰詩史。唐之
詩，入宋而衰。宋之亡也，其詩稱盛。皋羽之慟西臺，玉泉之悲竺
國，水雲之苕歌，〈谷音〉之越吟，如窮冬沍寒，風高氣慄，悲噫怒
號，萬籟雜作，古今之詩莫變于此時，亦莫盛于此時。至今新史盛
行，空坑、厓山之故事，與遺民舊老，灰飛煙滅。考諸當日之詩，
則其人猶存，其事猶在，殘篇齧翰，與金匱石室之書，並懸日月。
謂詩之不足以續史，不亦誣乎？〔註78〕

錢謙益首先從詩史同源立論，說明詩之義本于史；推尊孔子刪《詩》即在定
史。再者，詩中可見千古之興亡升降，杜詩集大成，故「詩史」稱焉。其
三，宋亡之詩與史書並懸日月，空坑、厓山之故事，與遺民舊老，其事其人
因其詩可考，堪稱詩本于史之一盛局。故詩可以續史，補史之不足。綜觀全
篇意旨，實道出明清之際，天崩地裂，民族危難遠甚於杜甫所處之安史之
亂，而南明諸王抗清亦甚於宋末厓山之悲，因此以詩傳史、詩備史義有其時
代之特殊意義。審此，錢謙益從學理、詩歌史、宋遺民詩來論述「詩史」之
合理性及時代性。余英時綜合錢謙益編選《列朝詩集》之用意與〈胡致果詩
序〉議論，指出錢謙益「詩史」更深一層含義乃在：遺山《中州集》止于
「癸」，故其所保存金源一代之「詩」已成一往不返之「史」，故其「詩史」
之意義亦止於保存記憶，相當於「國可滅，史不可滅」而已。牧齋《列朝詩
集》作爲「詩史」而言，則有進於此者。彼蓋以金鏡雖逐而仍可復起，《列朝
詩集》僅止于「丁」，不僅可供「殷頑」起「故國之思」，且將能激勵年少而
不忘故國者（如胡靜夫之流）爲復明大業繼起奮鬥也。此始是牧齋「詩史」
觀念之最後歸宿處。〔註79〕此說精闢，發幽抉微。

另外吳偉業（1609～1671）對詩與史之辯證關係有獨特之定位，認爲詩
史是「史外傳心之史」，其〈且樸齋詩稿序〉云：

〔註78〕《牧齋又學集》卷18〈胡致果詩序〉，頁800～801。
〔註79〕余英時：〈評關於錢謙益的「詩史」研究〉，見《余英時文集》卷9《歷史人物
　　　考辨》（桂林：廣西師範大學出版社，2006年4月1版），頁53。

> 古者詩與史通，故天子採詩，其有關於世運升降、時政得失者，雖
> 野夫游女之詩，必宣付史館，不必其爲士大夫之詩也。太史陳詩，
> 其有關於世運升降、時政得失者，雖野夫游女之詩，必入貢天子，
> 不必其爲朝廷邦國之史也。……觀其遺余詩曰：「菰蘆十載臥蓬蓬，
> 風雨爲君歎索居。」出處相商，兄弟之情，宛焉如昨。又曰：「山中
> 已著還初服，闕下猶懸次九書。」則又諒余前此浮沉史局，掌故之
> 責，未能脱然，嗟乎！以此類推之，映薇之詩，可以史矣！可以謂
> 之史外傳心之史矣！〔註80〕

吳偉業「史外傳心之史」詩史觀，強調歌不只是用客觀寫實之筆法記錄社會
現實中發生之具體事件和經歷，以彌補正統歷史著作所帶來之闕漏，成爲後
人修史時可資考據之史料；它也不是以史之附庸方式而存在。就「史」之意
義而言，詩歌所傳之「史」，是通過作者心靈眞實感受、體驗反映出的一代興
亡盛衰之歷史。它不是社會史、政治史，而是心靈史、情志史。〔註81〕其實
吳偉業「史外傳心之史」與其詩歌創作論息息相關，趙翼（1727～1814）《甌
北詩話》曾指出：

> 梅村身閱鼎革，其所詠多有關於時事之大者。如〈臨江參軍〉、〈南
> 廂園叟〉、〈永和宮詞〉、〈雛陽行〉、〈殿上行〉、〈蕭史青門曲〉、〈松
> 山哀〉、〈雁門尚書行〉、〈臨淮老妓行〉、〈楚兩生行〉、〈圓圓曲〉、〈思
> 陵長公主挽詞〉等作，皆極有關係。事本易傳，則詩亦易傳。梅村
> 一眼覷定，遂用全力結撰此數十篇，爲不朽計，此詩人慧眼，善於
> 取題處。〔註82〕

吳偉業在清初所創作詩篇最富時代特色，尤其以歌行體敘事詩之方式，大量
描寫社會動亂與易代歷史過程，展現出明清之際風雲變幻，明末詩人錢、吳

〔註80〕 清・吳偉業：《吳梅村全集》（上海：上海古籍出版社，1990 年 12 月 1 版，李
　　　　 學穎集評標校本），卷 60〈且樸齋詩稿序〉，頁 1205～1206。

〔註81〕 本段銓解主要參考李世英、陳水雲：《清代詩學》（長沙：湖南人民出版社，
　　　　 2000 年 11 月 1 版），第一章〈詩爲「史外傳心之史」〉，第三節〈詩爲「史外
　　　　 傳心之史」〉，頁 26。

〔註82〕 清・趙翼：《甌北詩話》卷 9〈吳梅村詩〉條，見郭紹虞編選：《清詩話續編》
　　　　 （上海：上海古籍出版社，1983 年 12 月 1 版，富壽蓀校點本），頁 1283。另
　　　　 朱庭珍《筱園詩話》亦指出吳梅村「身際鼎革，所見聞者，大半關係興衰之
　　　　 故，遂挾全力，擇有關存亡，可資觀感之事，製題數十，賴以不朽。」清・
　　　　 朱庭珍：《筱園詩話》卷 3，見《清詩話續編》，頁 2389。

並稱，程穆衡（1702～1794）《鑾悅厄談》認為吳偉業詩獨絕處，在「徵詞傳事，篇無虛詠，詩史之目，殆其庶幾。」〔註83〕故陳文述（1771～1843）〈讀吳梅村詩集，因題長句〉讚其「千秋哀怨託騷人，一代興亡入詩史」〔註84〕。

「詩史」之說至黃宗羲（1610～1695）又開展新義，梨州認為「詩之與史，相為表裏者也」〔註85〕，故序其摯友萬泰詩集時特標舉出「以詩補史之闕」的特質，其〈萬履安先生詩序〉云：

> 今之稱杜詩者以為詩史，亦信然矣。然註杜者，但見以史證詩，未聞以詩補史之闕，雖曰詩史，史固無藉乎詩也。逮夫流極之運，東觀蘭臺但記事功，而天地之所以不毀、名教之所以僅存者，多在亡國之人物。血心流注，朝露同晞，史於是而亡矣。猶幸野制遙傳，苦語難銷，此耿耿者明滅於爛紙昏墨之餘，九原可作，地起泥香，庸詎知史亡而後詩作乎？……明室之亡，分國鮫人，紀年鬼窟，較之前代干戈，久無條序；其從亡之士，章皇草澤之民，不無危苦之詞。以余所見者，石齋、次野、介子、霞舟、希聲、蒼水、密之十餘家，無關受命之筆，然故國之鏗爾，不可不謂之史也。〔註86〕

黃宗羲肯定杜詩為「詩史」之歷史地位，以註杜為例，皆知以史證詩，但黃宗羲認為「詩史」之核心在於「以詩補史之闕」這項特質。在喪亂亡國之

〔註83〕 程穆衡《鑾悅厄談》，見《吳梅村全集·附錄四》，頁 1505。程穆衡《吳梅村詩集箋注》為第一家箋注吳詩者，初稿成於乾隆三年（1738），至乾隆三十年復取原本分散各類，依年排序，為十二卷，益以詩話為十三卷。通行版本有：清·程穆衡原箋、清·楊學沆補注：《吳梅村詩集箋注》（上海：上海古籍出版社，1983 年 12 月 1 版，影保蘊樓鈔本）。

〔註84〕 清·陳文述：《頤到堂詩選》（上海：上海古籍出版社，2002 年 3 月 1 版，《續修四庫全書》影清嘉慶二十二年刻本道光增修本），卷 1〈讀吳梅村詩集，因題長句〉，頁 512 下。

〔註85〕 黃宗羲：〈姚江逸詩序〉，《黃宗羲全集》第 10 冊《南雷詩文集·序類》上，頁 10。

〔註86〕 黃宗羲：〈萬履安先生詩序〉，《黃宗羲全集》第 10 冊《南雷詩文集·序類》上，頁 47。文中舉證討論不論是宋亡以後，文天祥、汪元量、謝翱、鄭思肖等人之作品，抑是元亡之後，戴良、楊維楨、丁鶴年、王逢之詩作，甚至明亡以後，張煌言等人之危苦之詩，都可以彌補歷史記載之缺漏。因文長附註於下：「是故景炎、祥興，《宋史》且不為之立本紀，非《指南》、〈集杜〉，何由知閩、廣之興廢？非水雲之詩，何由知亡國之慘？非白石、晞髮，何由知竺國之雙經？陳宜中之契闊，《心史》亮其苦心；黃東發之野死，寶幢志其處所，可不謂之詩史乎？元之亡也，渡海乞援之事，見於九靈之詩，而鐵崖之樂府，鶴年席帽之痛哭，猶然金版之出地也，皆非史之所能盡矣。」

際，史家雖血心灑注，但往往朝露同晞而銷亡；史之不備載，詩人關懷社稷民生，亦血心灑注，苦語難銷，發憤為詩，故「史亡而後詩作」，故凡可補史料之不及者皆是「詩史」。〔註87〕

「以詩補史之闕」是明遺民詩歌創作之主旋律，如錢澄之〈生還集自序〉云：

> 間道度嶺，悉索敝簏，斷自弘光元年（乙酉）、迄永曆二年（戊子）冬止，約計四載，共得詩若干篇，為六卷；付諸剞劂，目曰《生還集》，志幸也。其間遭遇之坎壈，行役之崎嶇，以至山川之勝概，風俗之殊態、天時人事之變移，一覽可見。披斯集者，以作予年譜可也。詩史云乎哉！〔註88〕

錢澄之以詩作年譜，以詩記錄自己抗清心聲，亦記錄南明抗清之詩史。故〈所知錄凡例〉又云：

> 某平生好吟，每有感觸，輒託諸篇章。閩中舟車之暇，亦間為之。粵則閒曹無事，莫可發攄，每有記事，必系以詩。或無記而但有詩，或記不能詳而詩轉詳者，故詩不得不存也。刪者甚多，亦存其記事之大者而已。〔註89〕

錢澄之「每有記事，必系以詩。或無記而但有詩，或記不能詳而詩轉詳者」，可見南明「以詩補史之闕」意識鮮明。而屈大均〈二史草堂記〉則云：

> 予也少遭變亂，屏絕宦情，蓋隱於山中者十年，遊於天下者二十餘年，所見所聞，思以詩文一一傳之。詩法少陵，文法所南，以寓其

〔註87〕 簡恩定在討論這段文字時，特別強調「黃宗羲所謂史亡而後詩作的原意並非詩可代史或者詩即是史，而是經由他推論所得的結語。亡國人物由於朝露同晞，最後連血心流注所殘存之史一併銷亡。所幸野制猶存，得以保存一些有關當時苦難情形的作品流傳於後代。因此史亡而後詩作的正確解釋即是詩可補史之闕」。見簡恩定：《清初杜詩學研究》（臺北：文史哲出版社，1986 年 8 月 1 版），第三章〈杜甫為詩史觀念之演變與發展〉，第二節〈以詩補史觀念的提出〉，頁 117。簡氏又說「其實梨州此論仍是特重在以詩補史之闕，而非直謂諸人之詩是史。也就是梨州所謂詩史乃為凡可補史料之不及者皆是。」簡恩定：《清初杜詩學研究》，第三章〈杜甫為詩史觀念之演變與發展〉，附註二，頁 122。

〔註88〕 清・錢澄之：《藏山閣集・藏山閣文存》（合肥：黃山書社，2004 年 12 月 1 版），卷 3〈生還集自序〉，頁 400。

〔註89〕 錢澄之：〈所知錄凡例〉，清・錢澄之：《所知錄》（合肥：黃山書社，2006 年 12 月 1 版，諸偉奇校點本），頁 11～12。

褒貶予奪之意，而於所居草堂名曰「二史」。蓋謂少陵以詩爲史，所
南以心爲史云。〔註90〕

審此，遺民以心爲史，用詩歌表現明清之際的民族氣節。

另張煌言〈奇零草序〉亦云：

年來歎天步之未夷，慮河清之難俟。思借聲詩，以代年譜，遂索友
朋所錄、賓從所鈔次第之。而余性頗強記，又憶其可憶者，載諸楮
端，共得若干首，不過如全鼎一臠耳。獨從前樂府歌行不可復考，
故所訂幾若〈廣陵散〉。嗟乎！國破家亡，余謬膺節鉞，既不能討賊
復仇，豈欲以有韻之詞求知於後世哉！但少陵當天寶之亂，流離蜀
道，不廢《風》《騷》，後世至名爲詩史：陶靖節躬丁晉亂，解組歸
來，著書必題義熙；宋室既亡，鄭所南尚以鐵匣投史智井中，至三
百年而後出。夫亦其志可哀、其精誠可念也已！然則何以名《奇零
草》？是帙零落凋亡，已非全豹；譬猶兵家握奇之餘，亦云余行間
之作也。〔註91〕

所謂「思借聲詩，以代年譜」，乃煌言在國破家亡之際，流離海上，仍自許爲
杜陵詩史，更效淵明詩題甲子，表達義不降清之心；煌言《奇零草》之作，
無法藏諸名山，或可傳之民間，三百年後亦能如鄭所南《鐵函心史》，復出土
於世間，以爲不朽。緣此，全祖望稱張煌言「尚書之集，翁洲、鷺門之史事
所徵也」〔註92〕。而徐孚遠〈題心史〉：「宋亡孤臣鄭所南，蕭然無室亦無
男。欲傳萬古傷心恨，遺史成時鐵作函。」〔註93〕故連橫評徐孚遠詩曾言：
「余讀《釣璜堂集》，既錄其詩，復采其關繫鄭氏軍事者而載之，亦可以爲詩
史也。」〔註94〕緣此，可見海外幾社諸子乃藉詩歌心聲，以心爲史，傳萬古
傷心之恨也。

綜合上述三大面向，乃爲本書主題定位，基於主題聚焦，本議題探討乃
以張蒼水、盧若騰、徐孚遠現存詩文集爲主要文本，再參以南明史料、清人文

〔註90〕《屈大均全集·翁山文鈔》卷2〈二史草堂記〉，頁320。
〔註91〕張煌言：〈奇零草序〉，《張蒼水集》卷5《冰槎集》，頁254～255。
〔註92〕全祖望：〈張尚書集序〉，《全祖望集彙校集注·鮚埼亭集外編》卷25，頁
　　　　1210。
〔註93〕明·徐孚遠：《釣璜堂存稿》（民國十五年金山姚光懷舊樓刻本），卷18〈題心
　　　　史〉，葉14。
〔註94〕《臺灣詩乘》卷1，頁12。

史專集及官方文書紀錄來進行研究。緣此用心所在，本書研究目的有三：

　　第一在深化南明遺民抗清文學研究：蒐羅同時代相關資料與其成員全部詩文集，分析、比較、互證及歸納，以對其生平及詩文作全面之探討與研究，唯有如此方可見樹又見林。藉由海外幾社群體詩人之總體研究，可從群體詩人間彼此酬唱、感懷、記事，印證史實，考釋出海外幾社詩人們活動蹤跡與作品繫年，此一宏觀視野對徐孚遠《釣璜堂存稿》詩繫年與詮解，絕對是必要之方法，唯有如此才不致因襲前人之說而誤入歧途。

　　第二爲表彰民族氣節而作：對於天崩地裂明清鼎革之際，海外幾社文人從事救亡圖存，企待恢復，創造出遺民文學高峰。其反清復明志業終不免因軍事勢力消長而瓦解，徒留悲劇，然而其百折不悔、避居海外、完髮全身之民族氣節，永留青史。三百餘年後，明清兩代早已成過眼雲煙，隨風而逝，但最後海外幾社三子因文章而不朽，更能藉文化薪火相傳，保存民族生機。

　　第三企圖辨章臺灣文學史實、考鏡其源流：明鄭臺灣漢民族古典文學，是橫的移植大陸文學，而非縱的本土性繼承。在漢人強大文化籠罩下，臺灣之漢民族誠如丘逢甲〈臺灣竹枝詞〉所云：「唐山流寓話巢痕，潮惠漳泉齒最繁。二百年來蕃衍后，寄生小草已深根。」〔註95〕臺灣文學發展當以漢族文學爲最大宗，此乃歷史之偶然性創造出臺灣文學之新發展，小傳統在臺灣創造新典範，形成大傳統。今日論述臺灣古典文學史，莫不自海外幾社始，但至今學界對海外幾社既缺乏深入之研究，自雅堂《臺灣詩乘》以降又存在許多錯誤之成說，此不得不考證人物活動、辨章其文學史實，此實本書亟欲用力廓清之處。

第三節　文獻探討

　　本文獻探討，僅以與本書架構有關之研究範圍爲主，並探討近代對此議題之學術研究史。本書《海外幾社三子研究》至少包含三大領域：一、明末黨社運動及其文學思潮；二、南明史及南明文學之研究，其中以圍繞魯王及明鄭之文人團體爲主軸；三、海外幾社成員及其文學研究。故下文分項探討之：

〔註95〕《丘逢甲集・上編・青少年時期的詩作》（長沙：嶽麓書社，2001 年 12 月 1 版），〈臺灣竹枝詞〉其一，頁 13。

一、明末黨社運動

（一）黨社運動

東林、復社及幾社在明末清初皆有專書出現，東林者如吳應箕《東林本末》〔註96〕、蔣平階《東林始末》〔註97〕等。復社者如陸世儀《復社紀略》〔註98〕、吳偉業〈復社紀事〉〔註99〕等。幾社者如杜登春《社事始末》〔註100〕。

近代研究明末黨社運動肇端於朱倓，朱倓乃朱希祖之女公子，朱希祖任教北京大學史學系，一生秉其師章太炎之志，專注於南明史，故家藏豐富。朱倓首先研究東林黨社問題，之後在北京大學《國學季刊》發表〈明季杭州讀書社考〉〔註101〕、〈明季南應社考〉〔註102〕等文，並於 1945 年結集成《明季黨社研究》一書〔註103〕，此書於坊間極難覓及，遍查國內圖書館藏書，亦未見此書，殊爲可惜。

1934 年謝國楨《明清之際黨社運動考》〔註104〕一書，是研究明清之際黨

〔註96〕明・吳應箕：《東林本末》（臺北：藝文印書館，1971 年 3 月，《百部叢書集成》影《貴池先哲遺書》）。

〔註97〕清・蔣平階：《東林始末》（揚州：江蘇廣陵刻古籍印社，1994 年 8 月 1 版，影清道光十一年六安晁氏《學海類編》，第 3 冊）。

〔註98〕清・陸世儀：《復社紀略》，見《東林與復社》（臺北：臺灣銀行經濟研究室，1968 年 12 月 1 版，《臺灣文獻叢刊》第 259 種）。

〔註99〕清・吳偉業：《吳梅村全集》（上海：上海古籍出版社，1990 年 12 月 1 版李學穎集評標校本），卷 24〈復社紀事〉，頁 599～608。

〔註100〕清・杜登春：《社事始末》（臺北：藝文印書館，1968 年 1 版，《百部叢書集成》影清吳省蘭輯《藝海珠塵》）。

〔註101〕朱倓：〈明季杭州讀書社考〉，北京大學《國學季刊》第 2 卷第 2 號（1929 年），頁 261～285。朱倓之前所考明末清初社事者如李元庚〈望社姓名考〉，《國粹學報》第 6 年第 71 期（1910 年 9 月 20 日），葉 1～10。

〔註102〕朱倓：〈明季南應社考〉，北京大學《國學季刊》第 2 卷第 3 號（1930 年），頁 541～588。

〔註103〕朱倓：《明季黨社研究》（上海：上海商務印書館，1945 年 8 月 1 版）。

〔註104〕謝國楨：《明清之際黨社運動考》（臺北：臺灣商務印書館，1967 年 1 月臺 1 版，影上海商務印書館 1934 年版）。又謝國楨：《明清之際黨社運動考》（上海：上海書店，1990 年 12 月 1 版，《民國叢書》第 2 編第 25 冊，影上海商務印書館 1934 年版）。此二版皆上海商務印書館 1934 年版。而 1981 年謝國楨又有增編版，以簡體字發行，謝國楨：《明清之際黨社運動考》（上海：上海書店出版社，2004 年 1 月 1 版），增編附錄三〈清初東南沿海補考〉及附錄四〈記清初通海案〉二文。

社運動里程碑，謝國楨（1901～1982）認爲明末東林黨爭、復社、幾社等集會結社之活動，與當時社會、政治關係至爲密切，作者從明清之際大量之正史、詩文集、野史筆記中披沙揀金，取精用宏，勾勒出明萬曆至清康熙間士大夫黨爭與歷史發展之相互關係脈絡，誠是鉤索文籍，用力甚勤之宏著，故爲此領域經典之作。謝國楨其他著作如《增訂晚明史籍考》〔註 105〕、《明末清初的學風》〔註 106〕等皆涉及此主題。錢杭、承載合著《十七世紀江南社會生活》一書〔註 107〕，其第一章〈江南的文人社團〉，介紹十七世紀江南的復社、幾社等社團組織與活動，頗爲詳盡。

單篇文章有 1936 年胡懷琛〈西湖八社與廣東詩社〉〔註 108〕，同年胡懷琛又有〈中國文社的性質〉一短文，將中國文社的性質分爲三類：一個是治世（或盛世）的文社，一個是亂世（或衰世）的文社，一個是亡國遺民的文社。〔註 109〕1936 年陳豪楚〈浙中結社考〉〔註 110〕、1947 年郭紹虞〈明代文人結社年表〉〔註 111〕及 1948 年〈明代的文人集團〉〔註 112〕，尤其〈明代的文人集團〉一長文整理論述明代的文社、詩社達一百七十六個之多，至今仍然是研究者主要參考依據。近年來有李聖華〈晚明文人結社簡表〉〔註 113〕等。

〔註 105〕謝國楨：《增訂晚明史籍考》（上海：上海古籍出版社，1981 年 2 月新 1 版），〈自序〉，頁 14。

〔註 106〕謝國楨：《明末清初的學風》（上海：上海書店出版社，2004 年 1 月 1 版）。

〔註 107〕錢杭、承載著：《十七世紀江南社會生活》（臺北：南天書局，1998 年 6 月 1 版），第一章〈江南的文人社團〉，頁 39～98。

〔註 108〕胡懷琛：〈西湖八社與廣東詩社〉，《越風》第 14 期（1936 年 5 月 30 日），頁 8～9。

〔註 109〕胡懷琛：〈中國文社的性質〉，《越風》第 22、23、24 期合刊（1936 年 12 月 25 日），頁 7～9。

〔註 110〕陳豪楚：〈浙中結社考〉（一）（二）（三）（四），《越風》第 16 期（1936 年 6 月 30 日），頁 12～13。第 17 期（1936 年 7 月 30 日），頁 12～17。第 18 期（1936 年 8 月 30 日），頁 25～27。第 19 期（1936 年 9 月 15 日），頁 23～27。

〔註 111〕郭紹虞〈明代文人結社年表〉一文，見郭紹虞：《照隅室古典文學論集‧上編》（上海：上海古籍出版社，1983 年 9 月 1 版），頁 498～512。發表於 1947 年《東南日報‧文史》第 55、56 期。

〔註 112〕郭紹虞〈明代的文人集團〉一文，見《照隅室古典文學論集‧上編》，頁 518～610。發表於 1948 年《文藝復興‧中國文學研究號（上）》。

〔註 113〕李聖華：《晚明詩歌研究》（北京：人民文學出版社，2002 年 10 月 1 版），附錄〈晚明文人結社簡表〉，頁 349～394。

　　專著有日人小野合子《明季黨社考》〔註114〕，以考東林黨爲主軸，並論及南明復社，是一本享譽極高之學術專著。臺灣有林麗月《明末東林運動新探》〔註115〕，爲1984年國立臺灣師範大學歷史研究所博士論文。該論文透過探討東林人物的思想與政治活動以了解明末的政治文化，並就東林運動之本質及其在明末政治與思想史上的地位給予適當之評價。該論文資料來源除了《明實錄》、《明史》、《明通鑑》等基本史料之外，並包括許多東林人士的奏疏函牘、明清之際有關明末黨爭與東林人物事蹟的著作，以及《萬曆邸鈔》、《萬曆疏鈔》、《神廟留中奏疏彙要》等較爲罕用的資料。此外，並參考大陸地區、日本、美國、歐洲學者有關東林運動的中、外文著作多種，全文共分七章。1985年劉莞莞《復社與晚明學風》碩士論文〔註116〕，本文第一部份針對復社成立與崇禎弘光朝黨爭做說明。第二部份針對復社學術與晚明學風加以論述。第三部份分析明亡之際復社人物出處。1986年許淑玲《幾社及其經世思想》碩士論文〔註117〕，對幾社之研究，主要分爲兩個方面：第一針對幾社組織、社員、結社活動之分析；第二以幾社諸子所編《皇明經世文編》一書爲主，分析幾社經世思想。類似之作尚有王坤地《陳子龍及其經世思想》〔註118〕等。

　　大陸地區則有何宗美之《明末清初文人結社研究》〔註119〕及《明末清初文人結社研究續編》〔註120〕二部專書。前者首先針對明代文人結社作概括緒

〔註114〕〔日〕小野合子：《明季黨社考》（京都：同朋社，1996年2月1版）。中譯本有〔日〕小野合子著、李慶、張榮湄譯：《明季黨社考》（上海：上海古籍出版社，2006年1月1版）。小野合子此領域專論中譯有〈東林黨考〉，劉俊文主編、欒成顯譯：《日本學者研究中國史論文選譯》（北京：中華書局，1993年9月1版），第六卷明清，頁266～303。

〔註115〕林麗月：《明末東林運動新探》，國立臺灣師範大學歷史研究所博士論文，1984年7月，李國祁教授指導，全書分七章，計434頁。

〔註116〕劉莞莞：《復社與晚明學風》，國立政治大學中國文學研究所碩士論文，1985年6月，李威熊教授指導，全書分六章，附錄二，計198頁。

〔註117〕許淑玲：《幾社及其經世思想》，國立臺灣師範大學歷史研究所碩士論文，1986年6月，李國祁教授指導，全書分五章，計235頁。

〔註118〕王坤地：《陳子龍及其經世思想》，東海大學中國文學研究所碩士論文，1993年6月。

〔註119〕何宗美：《明末清初文人結社研究》（天津：南開大學出版社，2003年1月1版）。何宗美另有《公安派結社考論》一書，涉及晚明公安派結社研究。何宗美：《公安派結社考論》（重慶：重慶出版社，2005年4月1版）。

〔註120〕何宗美：《明末清初文人結社研究續編》（北京：中華書局，2006年12月1版）。

論，並對晚明文人結社做宏觀討論。是書重心在復社思想、學術與文學個案研究，並論及清初明遺民結社與清初東北流人結社。爲一部研究明末清初黨社與文人運動關係並結合文學流派與文學思潮之專著。而《續編》則介紹文人結社之淵源及明末清初詩文社個案之研究，此二書在此領域裏堪稱是紮實創新之作。

至於古代文人集團整體性研究，有郭英德《中國古代文人集團與文學風貌》〔註121〕、陳寶良《中國的社與會》〔註122〕、歐陽光《宋元詩社研究叢稿》〔註123〕等，可收擴大視野、明辨源流之效。

（二）幾社文學

幾社文學在文學史上定位爲雲間派，至少包括雲間詩派與雲間詞派，近年來已漸成學術研究焦點，故研究成果極爲豐碩，限於主題所歸，本文只針對研究陳子龍與夏完淳詩歌之重要文獻列舉之。

朱東潤《陳子龍及其時代》〔註124〕一書爲陳子龍傳記文學，作者以文學史家獨到之筆觸，勾勒出一幅十七世紀中國的波瀾壯闊之歷史畫卷，試圖在歷史發展過程中，尋找鬥士陳子龍的時代。長年任教於美國之孫康宜《陳子龍與柳如是詩詞情緣》〔註125〕似有繼志焉，而由文學切入歷史，專題探討陳、柳交往情緣之詩詞，以闡明詩人寄託的黍離之悲。

有關陳子龍詩與詩學之研究，國內學位論文有蔡勝德《陳子龍詩學研究》〔註126〕，大陸有姚蓉《明末雲間三子研究》〔註127〕，此專著分上下二篇：上篇〈雲間三子生平思想研究〉、下篇〈雲間三子文學研究〉，是廣泛考察雲間三子文學的得力之作。劉勇剛《雲間文學研究》〔註128〕首先以雲間人

〔註121〕郭英德：《中國古代文人集團與文學風貌》（北京：北京師範大學出版社，1998年11月1版）。
〔註122〕陳寶良：《中國的社與會》（臺北：南天書局，1998年10月1版）。
〔註123〕歐陽光：《宋元詩社研究叢稿》（廣州：廣東高等教育出版社，1996年9月1版）。
〔註124〕朱東潤：《陳子龍及其時代》（上海：上海古籍出版社，1984年1月1版）。
〔註125〕孫康宜著、李奭學譯：《陳子龍與柳如是詩詞情緣》（臺北：允晨文化公司，1992年2月1版）。
〔註126〕蔡勝德：《陳子龍詩學研究》，東吳大學中國文學研究所碩士論文，1981年6月。
〔註127〕姚蓉：《明末雲間三子研究》（廣州：廣東高等教育出版社，2004年9月1版）。本書爲其（廣州）中山大學中文系博士論文修訂本，黃天驥教授指導。
〔註128〕劉勇剛：《雲間文學研究》（北京：中華書局，2008年2月1版）。本書爲其

文與松江地區望族爲本文時代背景，注意到到松江區域文學與宗族社會之關係〔註129〕；其次論幾社經世思想。主軸以雲間詩派與雲間詞派分路並進，後三章專文分論陳子龍、柳如是、夏完淳。本書整體特色在既注重雲間做爲流派之考察，又加強詩人作品個案研究。謝明陽〈雲間詩派的形成——以文學社群爲考察脈絡〉〔註130〕，將雲間詩派分成「幾社」、「雲龍唱和」、「雲間三子」三個階段，歸納出這三個階段各有不同的詩學重點。本文擅長於原始資料之釐訂，爲考證詳實之作。其他單篇期刊論文則不贅。

　　雲間詞派或明遺民詞，看似明詞的輝煌終結，其實是清詞輝煌開場。張仲謀《明詞史》第七章〈明詞的輝煌終結〉，其中第一節討論陳子龍詞，以洗盡鉛華、獨標清麗來概括其風格；第二節討論其他抗清英烈詞人，以夏完淳、張煌言爲主。〔註131〕雲間詞派與近三百年來詞風演變有密不可分之關係，後代研究清代詞史者必然溯源於此。嚴迪昌《清詞史》一書爲此類研究之開山之作，是書在論述清初詞壇與詞風時首重雲間詞派。〔註132〕孫克強《清代詞學》第六章〈雲間派詞學〉指出雲間派強調風騷之旨，崇南唐北宋詞，尚婉麗當行、倡含蓄蘊藉、戒淺率塵俗。〔註133〕陳水雲《清代前中期詞學思想》第一章〈雲間派的詞學思想〉論陳子龍詞學思想爲：一、反思明詞，接續詞統；二、重視言情，追求自然；三、標榜寄託，寓示世變。〔註134〕姚蓉《明清詞派史論》第二章〈雲間詞派〉，論述雲間詞派之詞學思想、詞作風格、並

　　《雲間派研究》（南京師範大學古代文學系博士論文，2002 年，陳書錄教授指導）擴增而成。除前言、結語外，本文計九章，全書 408 頁，有 35 萬字之多。

〔註129〕松江區域文學與宗族社會之關係，近年已有不少學者關注，其研究成果如朱麗霞：《清代松江府望族與文學研究》（上海：上海古籍出版社，2006 年 10月 1 版）。

〔註130〕謝明陽：〈雲間詩派的形成——以文學社群爲考察脈絡〉，《臺大文史哲學報》第 66 期，（2007 年 5 月），頁 17～51。

〔註131〕張仲謀：《明詞史》（北京：人民文學出版社，2002 年 2 月 1 版），第七章〈明詞的輝煌終結〉，頁 285～316。

〔註132〕嚴迪昌：《清詞史》（杭州：浙江古籍出版社，1990 年 1 月 1 版），第一篇〈清初詞壇與詞風的多元嬗變〉，第一章〈雲間詞派及其餘韻流響〉，第一節〈雲間詞派概述〉，頁 7～18。

〔註133〕孫克強：《清代詞學》（北京：中國社會科學出版社，2004 年 7 月 1 版），第六章〈雲間派詞學〉，頁 108～127。本書爲作者 1992 年 6 月復旦大學中國文學系博士論文《清代詞學理論研究》之增補修訂本。

〔註134〕陳水雲：《清代前中期詞學思想》（武漢：武漢大學出版社，1999 年 10 月 1版），第一章〈雲間派的詞學思想〉，頁 22～39。

論及其旁支餘響。〔註135〕國內學位論文有涂茂齡《陳大樽詞的研究》〔註136〕、
鄒秀容《雲間詞派研究》〔註137〕、詹千慧《雲間詞人與雲間詞派研究》〔註138〕
等。總之，無論大陸及臺灣兩地專書或論文，各有其精彩之考論，取得嶄新
之研究成果。

近代對夏完淳研究與國民革命及抗日有密切關係，反滿復漢時期南社詩
人柳亞子研究南明史，開始注意南明抗清殉節詩人，1940 年作有《夏允彝完
淳父子合傳》、另郭沫若有〈夏完淳〉、〈少年愛國詩人夏完淳〉〔註139〕等影響
較廣。學位論文有白芝蓮《夏完淳詩詞研究》〔註140〕由於本書篇幅並不多，
僅處理夏完淳作品分類，歸納其特色，故仍屬基本資料整理性質，尚未能討
論到夏完淳文學精髓。

二、南明史中魯王及明鄭抗清

（一）南明史研究

南明史研究，肇始于二十世紀初年之江南地區，如柳無忌指出：「當時
含有政治意義，以南明史實爲革命鬥爭的宣傳工具，激起反滿復漢的思想
情緒。南社創始人陳去病與先父（柳亞子）都是這門新興學問的早期提倡
者。」〔註141〕至中日戰爭時基於抗日宣傳，南明史研究之範圍又從歷史擴大
到文學。

朱希祖〈編纂南明史計畫〉認爲「南明時代，指弘光、隆武、永曆三朝
而言。自崇禎十七年五月起至永曆三十七年八月止（清順治元年至康熙二十

〔註135〕姚蓉：《明清詞派史論》（桂林：廣西師範大學出版社，2007 年 7 月 1 版），
　　　　第二章〈雲間詞派〉，頁 12～85。

〔註136〕涂茂齡：《陳大樽詞的研究》，國立高雄師範大學國文學系碩士論文，1992 年
　　　　6 月，張子良教授指導。

〔註137〕鄒秀容：《雲間詞派研究》，國立中興大學中國文學研究所碩士論文，1998 年
　　　　6 月，徐照華教授指導。

〔註138〕詹千慧：《雲間詞人與雲間詞派研究》，輔仁大學中國文學研究所碩士論文，
　　　　2005 年 6 月，包根弟、林玫儀教授指導。

〔註139〕以上具見白堅箋校《夏完淳集箋校》（上海：上海古籍出版社，1991 年 7 月 1
　　　　版），〈附錄二·夏允彝完淳父子傳記事略輯存〉，頁 558～610。

〔註140〕白芝蓮：《夏完淳詩詞研究》，東海大學中國文學研究所碩士論文，1995 年 4
　　　　月，汪中教授指導，計 137 頁。

〔註141〕柳無忌：〈大哀賦註釋序〉，明·夏完淳著、王學曾註釋：《大哀賦註釋·序》
　　　　（上海：上海古籍出版社，1997 年 5 月 1 版），頁 2。

二年），約四十年。其間若魯王監國，鄭延平王等事，亦包括在內。」〔註142〕
而「南明」一詞據顧頡剛講法創用於清朝中葉之錢綺：

> 明清之際，流傳野史極多，但經清政府的禁毀，加以文字獄大興，
> 留存者極少。嘉、道以後，文禁不如以往的嚴密，但時間既相隔較
> 遠，材料的搜集頗難，故成書極少。惟徐鼒有《小腆紀傳》六十五
> 卷、《補遺》五卷。復有《小腆紀年》二十卷，用綱目體，搜集史料
> 略備。又錢綺《南明書》三十六卷，未刊行，傳以禮曾見之；「南明」
> 一詞即為錢綺所首創。戴望對南明史亦曾用力，欲《續明史》，惜僅
> 存傳數篇。〔註143〕

所謂「南明」，一般是指明亡之後南京之福王弘光、紹興之監國魯王、福州之
唐王隆武、肇慶之桂王永曆諸政權，永曆十六年（1662）四月吳三桂殺桂王
父子於昆明，臺灣鄭氏猶奉永曆年號，五月鄭成功病逝於臺灣，十一月魯王
崩於金門，此象徵抗清勢力之結束，之後張煌言不得不散軍隱於南田懸嶴。
直至永曆三十七年八月，清兵攻取臺灣，鄭克塽降清，明朔始亡，故南明應
有四十年歷史，換言之桂王雖亡，然其「永曆」年號仍在南明的海外基地——
——臺灣島上，堂堂正正繼續沿用了二十年，故黃宗羲讚之曰：

> 鄭氏不出台灣，徒經營自為立國之計，張司馬作詩誚之，……即有
> 賢鄭氏者，亦不過僑（引者按：「僑」通「齊」）之田橫、徐市之間。
> 某以為不然。自緬甸蒙塵以後，中原之統絕矣。而鄭氏以一旅存故
> 國衣冠於海島，稱其正朔。在昔有之，周厲王失國，宣王未立，召
> 公、周公二相行政，號曰「共和」；共和十四年，上不系於厲王、下
> 不系於宣王，後之君子未嘗謂周之統絕也。以此為例，鄭氏不可謂
> 徒然。〔註144〕

就種族上言，南明乃是一個漢人政權與滿人政權相對抗的大時代，漢人政權
直至永曆三十七年方被真正摧毀。但清人修《明史》及民初修《清史稿》卻

〔註142〕朱希祖：〈編纂南明史計畫〉，朱希祖著、周文玖選編：《朱希祖文存》（上海：
　　　　上海古籍出版社，2006年12月1版），頁338。
〔註143〕顧頡剛：《當代中國史學》（上海：上海古籍出版社，2002年4月1版），上
　　　　篇〈近百年中國史學的前期〉，頁4～5。
〔註144〕黃宗羲：《行朝錄》卷11〈賜姓始末〉，清·黃宗羲撰、沈善洪主編：《黃宗
　　　　羲全集》（杭州：浙江古籍出版社，1986年5月1版），第2冊，頁199～
　　　　200。

並未給予南明這段歷史應有之地位，甚且反加割裂、隱諱、歪曲，更藉文字獄橫施威嚇，迫使士大夫噤口不敢談史，遂使南明史被輕忽埋沒。流弊所及，乃有人對南明應否自成段落，進而獨立成史，頗致懷疑。

南明史何以「書永曆年號之事，明末史家之意，以清順治時，閩粵一帶，尚非清廷所有，統紀明之曆數，自洪武元年戊申至永曆十六年壬寅（1368～1662），凡享國二百九十六年，而後以康熙元年（1662）繼之，如薛氏《宋元通鑑》，以庚辰之歲（1280）為宋，而元繼之之例，明代遺民，皆宗此說」〔註145〕，就是主張在康熙元年以前，歷史之正統應在明而非在清。海外幾社可以歸類為明代遺民之屬，其積極從事復興運動，最後雖功敗垂成，但吾人豈可只知勝利者立場，而不顧明遺民觀點？

一般人之印象，多認為南明諸帝除福王外，餘皆「遁跡閩滇，苟延殘喘，不復成其為國，正與宋末昰、昺二王之流離海島者相類」〔註146〕此亦不合史實之論，南明尚得三次機會，大有匡復長江流域之趨勢，茲簡引謝國楨《南明史略》所述：其一，永曆二、三年（清順治五、六年，1648～1649），明叛將金聲桓、李成棟、姜瓖等反正，斯時桂王擁有兩廣、湖、湘、江西、川東、雲、貴等七、八省的地方。〔註147〕其二，永曆六年（清順治九年，1652），流寇孫可望、李定國等反正，分兵三路，進攻清軍，其中尤以李定國一路，「轉戰于湖湘一帶，殲滅了清朝數十萬軍隊，殺死了清朝兩個有名的王爵——孔有德和尼堪，使清朝十分震懼，……由于李定國將軍的英勇善戰，用閃電式的戰術大敗清軍，收復西南的失地，建立破敵的奇功。明末大儒黃宗羲評論這次的成績，他說道：『逮夫李定國桂林、衡州之戰，兩蹶名王，天下震動；此萬曆以來全盛之天下所不能有。』〔註148〕這種說法，是有事實的根據，並不是誇大其辭的。」〔註149〕其三，張煌言以自己的智謀策略，和堅忍不拔的精神，配合各方義軍，而與鄭成功並肩作戰。從永曆元年（1647）

〔註145〕謝國楨：《增訂晚明史籍考》（上海：上海古籍出版社，1981年2月新1版），〈自序〉，頁14。又見謝國楨：《晚明史籍考》（臺北：藝文印書館，1967年4月1版，影1933年版），〈自序〉，頁30。

〔註146〕清‧李瑤恭：《南疆繹史》（臺北：臺灣銀行經濟研究室，1962年8月1版，《臺灣文獻叢刊》第132種），〈聖諭〉第二通，頁2。

〔註147〕謝國楨：《南明史略》（上海：上海人民出版社，1957年12月1版，1988年3月2刷），第八章〈西南建立的永曆王朝（上）〉，頁157。

〔註148〕黃宗羲：《行朝錄》卷5〈永曆紀年〉，《黃宗羲全集》第2冊，頁168。

〔註149〕《南明史略》，第九章〈西南建立的永曆王朝（下）〉，頁181。

起到永曆十三年（1659）年止，這十三年中間，張煌言發動出師長江北伐戰爭，共有八次，尤其是永曆十三年張煌言、鄭成功兩人合軍北伐，成爲清廷在南方統治最大的威脅，尤其永曆十三年最後這次北伐，明軍一路勢如破竹，直抵南京城下，兵威之盛，「不獨大江南北爲之震動，就是遠在北京的清朝政府，聽到這個驚人的消息，也爲之動搖，甚至要東還了」〔註150〕。而亦如《靖海志》所載：

> 海師之入長江也，大江南北，無不爭先獻冊上印，南及徽寧，西及
> 九江，俱遙通款。禁中聞風思動，兩浙人心搖搖，將吏坐觀向背，
> 滿兵望風退縮，不敢爭鋒。江南巡撫棄句容走，丹陽築堰自守。報
> 至北京，舉朝震駭。諸王固山議出師，逡巡莫敢任。〔註151〕

由上所述，即可明白南明存在對滿清欲統天下之威脅，若把南明諸帝擬於宋末之帝昰、帝昺，未免貶抑太甚，擬於不倫。

　　吾人對史實之價值之審定，與夫取捨的標準，端視其對後世的影響程度如何，影響後世愈大的史實，愈值得吾人重視，漢民族在臺灣之開拓發展，實肇基於明鄭時代。周憲文編輯《臺灣文獻叢刊》時即深刻注意此特殊歷史時空，故說：「本叢刊原嚴格以臺灣爲範圍，後來因爲臺灣的歷史與南明不可分割，所以逐漸擴及南明史料」〔註152〕。緣此，《臺灣文獻叢刊》所收南明史料甚爲豐富。故本文參考資料基本上以此《叢刊》爲主，參及近年來新整理之詩文集與叢書，如《黃宗羲全集》、《四庫禁燬書叢刊》、《續修四庫全書》等叢書所收有關典籍資料。審之魯王及明鄭史料，當以謝國楨《增訂晚明史籍考》卷十二〈魯監國〉〔註153〕、卷十三〈鄭氏始末〉〔註154〕所著錄典籍爲主要基本史料。

　　近百年來對南明斷代史之研究，以下就重要者羅列簡介之：

　　柳亞子《南明史綱·史料》〔註155〕，南社社長柳亞子，國民革命時期愛

〔註150〕《南明史略》，第十章〈鄭成功、張煌言所領導的義師，及鄭成功攻克台灣〉，頁202。

〔註151〕清·彭孫貽：《靖海志》（臺北：臺灣銀行經濟研究室，1959年1月1版，《臺灣文獻叢刊》第35種），卷3〈順至十六年·四月二十三日〉，頁51。

〔註152〕周憲文等編：《臺灣文獻叢刊序跋彙錄》（臺北：臺灣中華書局，1971年11月1版），〈序〉，頁2。

〔註153〕《增訂晚明史籍考》卷12〈魯監國〉，頁580～604。

〔註154〕《增訂晚明史籍考》卷13〈鄭氏始末〉，頁605～651。

〔註155〕柳亞子撰、柳無忌編：《南明史綱·史料》（上海：上海人民出版社，1994年

國詩人也。清末革命志士皆深受南明抗清精神所感召，故章太炎、黃節刊校
《張蒼水集》、南社姚光整理出版《釣璜堂存稿》，皆有志一同，表彰忠義，
弘揚民族精神。本書第一部份爲《南明史綱初稿》（八編），第二部份爲《南
明人物志》，第三部份爲《南明史料研究》，並附錄五篇。

　　錢海岳《南明史》〔註156〕，錢海岳（1901～1968）江蘇無錫人，民國初
年隨其父錢麟書入清史館協修《清史》，乃有志於南明史，後得北大史學大師
朱希祖之助，眼界始大，朱希祖秉其師章太炎之命，擬撰《南明史》〔註157〕，
惜蘆溝橋事起，未竟其志而卒。1944 年錢海岳完成一百卷《南明史》，1950
年柳亞子曾借《南明史》稿本，回京鈔錄一份（現贈中華書局收藏），之後又
經二十餘年不斷修訂，《南明史》增至一百二十卷。1968 年文化大革命期
間，錢海岳以研究南明史，表彰鄭成功，被拉至明孝陵，從推下，跌死。1971
年四月顧頡剛主持「二十四史」整理工作，即曾提議尋求此書，以次於《明
史》之後，《清史稿》之前。〔註158〕本書資料詳贍，體例完整，所列傳主近兩
萬人，可謂宏富，由於時代悲劇，遲至 2006 年才由北京中華書局出版，計十
四冊，都五千餘頁，堪謂極具重份量史書。

　　其他如出版於 1957 年謝國楨《南明史略》〔註159〕。近年來如司徒琳
《南明史》〔註160〕、南炳文《南明史》〔註161〕、顧誠《南明史》〔註162〕，
後出轉精。

（二）魯王及明鄭研究

　　魯王及明鄭研究之單篇論文與專書甚多，以下僅就專書討論之。

　　　　6 月 1 版）。
〔註156〕錢海岳：《南明史》（北京：中華書局，2006 年 5 月 1 版）。
〔註157〕朱希祖 1931 年發表於《中央研究院院務月報》第 2 卷第 7 期之〈編纂南明史
　　　　計畫〉認爲清廷大興史獄，摧毀私史，故萬曆、天啓、崇禎三朝之史，既失
　　　　其眞，而弘光、隆武、永曆三朝之史，更十不存一。重修《明史》，固屬急要，
　　　　南明之史更不容緩圖。故二十年來蒐訪南明史料約二百數十種，南明詩文集
　　　　約百五六種，筆記雜著約數十種，其間頗有舊抄珍本，海內希有者。朱希祖
　　　　著、周文玖選編：《朱希祖文存》（上海：上海古籍出版社，2006 年 12 月 1
　　　　版），頁 338～341。
〔註158〕錢海岳：《南明史・出版說明》（北京：中華書局，2006 年 5 月 1 版），頁 11～12。
〔註159〕謝國楨：《南明史略》，第八章〈西南建立的永曆王朝（上）〉，頁 157。
〔註160〕〔美〕司徒琳：《南明史》（上海：上海古籍出版社，1992 年 7 月 1 版）。
〔註161〕南炳文：《南明史》（天津：南開大學出版社，1992 年 11 月 1 版）。
〔註162〕顧誠：《南明史》（北京：中國青年出版社，1997 年 5 月 1 版）。

　　載錄魯王史料在南明當時有黃宗羲《行朝錄》（中之卷三、四〈魯王監國〉及卷七〈舟山興廢〉）〔註163〕及《海外慟哭記》〔註164〕、王忠孝〈大明魯王履歷〉〔註165〕。另查繼佐《魯春秋》〔註166〕、徐芳烈《浙東紀略》〔註167〕、清道光年間李聿求《魯之春秋》〔註168〕等皆爲魯王專史。

　　魯王長期在金門，亦逝於金門，民國四十八年八月二十二日十六時，當時金門駐軍劉占炎中校奉命率部負責在舊金城東炸山採石，發現魯王古墓眞塚，出土寧靖王朱術桂所撰「皇明監國魯王壙誌」古碑一座〔註169〕，當時待命處理，未向外吐露，不意爲中華日報記者探悉，撰稿登於十月二十九日第三版，引起中外學者廣大興趣與注意。一時引發對魯王事蹟的熱烈討論，胡適首開起端，寫下〈跋金門新發現《皇明監國魯王壙誌》〉〔註170〕，繼起撰文探討者竟達十餘篇之多。於是台灣風物雜誌社逐於 1960 年一月之《台灣風物》第 10 卷第 1 期彙刊「明監國魯王文獻彙輯」〔註171〕。臺灣省文獻會亦於《臺灣文獻》第 11 卷第 1 期爲「明監國魯王特輯」，刊載魯王墓出土之情況與出土

〔註163〕黃宗羲：《行朝錄》卷 3、卷 4〈魯王監國〉，《黃宗羲全集》第 2 冊，頁 126～141。《行朝錄》卷 7〈舟山興廢〉，《黃宗羲全集》第 2 冊，頁 175～179。

〔註164〕黃宗羲：《海外慟哭記》，《黃宗羲全集》第 2 冊，頁 209～242。

〔註165〕見明・王忠孝：《惠安王忠孝公全集》（南投市：臺灣省文獻委員會，1993 年 12 月 1 版），頁 77～79。

〔註166〕清・查繼佐：《魯春秋》（臺北：臺灣銀行經濟研究室，1961 年 11 月 1 版，《臺灣文獻叢刊》第 118 種）。

〔註167〕清・徐芳烈：《浙東紀略》（臺北：臺灣銀行經濟研究室，1968 年 3 月 1 版，《臺灣文獻叢刊》第 264 種），頁 99～100。

〔註168〕清・李聿求：《魯之春秋》（上海：上海古籍出版社，2002 年 3 月 1 版，《續修四庫全書》影清咸豐刻本，第 444 冊）。

〔註169〕見《臺灣文獻》第 11 卷第 1 期（1960 年 3 月），頁 119～121、照片第十一幀。又見《魯春秋・附錄二》（臺北：臺灣銀行經濟研究室，1961 年 11 月 1 版，《臺灣文獻叢刊》第 118 種），頁 99～100。按：〈皇明監國魯王壙誌〉現藏於歷史博物館。

〔註170〕胡適：〈跋金門新發現《皇明監國魯王壙誌》〉，刊於《中華日報》，1959 年 11 月 2 日。

〔註171〕《台灣風物》第 10 卷第 1 期「明監國魯王文獻彙輯」（1960 年 1 月），該輯目錄如下：(1)劉占炎〈明監國魯王墓發現經過〉，頁 31～33。(2)許如中〈魯王墓記〉，頁 34。(3)絜生〈魯王眞塚的發現〉，頁 35。(4)陳漢光〈「皇明監國魯王壙誌」〉，頁 36～37。(5)胡適〈跋金門新發現《皇明監國魯王壙誌》〉，頁 38～41。(6)毛一波〈讀魯王壙誌〉，頁 42～46。(7)毛一波〈鄭成功與魯王之死〉，頁 47～49。(8)臺南市文獻會〈魯王壙誌發現後臺南市文獻會意見七點〉，頁 50～54。

文物，並有廖漢臣〈魯王抗清與二張之武功〉等八篇專文。〔註172〕近年來研究魯王者皆與金門文獻會有關：如金門軍管時期金門文獻委員會編《金門先賢錄》〔註173〕、1963年起任中央社金門特派員之郭堯齡（1919～2001）《魯王與金門》〔註174〕等著作。

載錄明鄭史料在南明當時有黃宗羲《行朝錄》卷十一〈賜姓始末〉〔註175〕、夏琳《閩海紀要》〔註176〕、楊英《從征實錄》〔註177〕、阮旻錫《海上見聞錄》〔註178〕等。明鄭史料選輯重要者如《臺灣文獻叢刊》中《鄭氏史料初編》〔註179〕、《鄭氏史料二編》〔註180〕、《鄭氏史料三編》〔註181〕、《鄭氏關係文書》〔註182〕；《鄭成功滿文檔案史料選譯》〔註183〕等。

近年來研究明鄭史專著專書，在臺灣有：臺灣省文獻會出版《文獻專刊》

〔註172〕《臺灣文獻》第11卷第1期「明監國魯王特輯」（1960年3月）。本期計216頁，附照片二十二幀。該輯目錄如下：(1)莊金德〈明監國魯王以海紀事年表〉，頁1～59。(2)毛一波〈魯王抗清與明鄭之關係〉，頁60～74。(3)毛一波〈浙閩公案與南澳公案〉，頁75～80。(4)廖漢臣〈魯王抗清與二張之武功〉，頁81～105。(5)陳漢光〈魯唐交惡與魯王之死〉，頁106～114頁。(6)陳漢光、廖漢臣〈魯王事蹟考察〉，頁115～125。(7)黃玉齋〈明監國魯王與諸鄭及台澎的關係〉，頁126～165。(8)黃玉齋〈明監國魯王與隆武帝及鄭成功〉，頁166～216。

〔註173〕金門文獻委員會編：《金門先賢錄》（金門：金門縣文獻委員會，1969年9月1版）。

〔註174〕郭堯齡：《魯王與金門》（金門：金門縣文獻委員會，1971年1月1版）。

〔註175〕黃宗羲：《行朝錄》卷11〈賜姓始末〉，《黃宗羲全集》第2冊，頁194～200。

〔註176〕清·夏琳：《閩海紀要》（臺北：臺灣銀行經濟研究室，1958年4月1版，《臺灣文獻叢刊》第11種）。

〔註177〕明·楊英：《從征實錄》（臺北：臺灣銀行經濟研究室，1958年11月1版，《臺灣文獻叢刊》第32種）。

〔註178〕清·阮旻錫：《海上見聞錄》（臺北：臺灣銀行經濟研究室，1958年8月1版，《臺灣文獻叢刊》第24種）。

〔註179〕《鄭氏史料初編》（臺北：臺灣銀行經濟研究室，1962年9月1版，《臺灣文獻叢刊》第157種）。

〔註180〕《鄭氏史料續編》（臺北：臺灣銀行經濟研究室，1963年9月1版，《臺灣文獻叢刊》第168種）。

〔註181〕《鄭氏史料三編》（臺北：臺灣銀行經濟研究室，1963年5月1版，《臺灣文獻叢刊》第175種）。

〔註182〕《鄭氏關係文書》（臺北：臺灣銀行經濟研究室，1960年2月1版，《臺灣文獻叢刊》第69種）。

〔註183〕廈門大學臺灣研究所，中國第一歷史檔案館滿文部主編：《鄭成功滿文檔案史料選譯》（福州：福建人民出版社，1987年9月1版）。

第 1 卷第 3 期爲「鄭成功誕辰紀念特輯」，計有文七篇及鄭成功研究參考書目錄等。〔註 184〕又臺灣省文獻會出版《臺灣文獻》第 12 卷第 1 期爲「鄭成功復臺三百年紀念特輯」，計有文八篇、鄭成功復臺三百週年座談會、明鄭研究論文目錄等，其中如陳漢光〈鄭氏復臺與其開墾〉一文以盧若騰〈東都行〉、〈海東屯卒歌〉佐證鄭成功開臺之初缺糧之困與開墾之艱。〔註 185〕毛一波《南明史談》〔註 186〕、黃玉齋有《鄭成功與臺灣》〔註 187〕、《明延平三世》〔註 188〕、《明鄭與南明》〔註 189〕等三本專著、黃典權《鄭成功史實研究》〔註 190〕、郭堯齡《鄭成功與金門》〔註 191〕、陳澤編《細說明鄭》〔註 192〕、楊雲萍《南明研究與臺灣文化》〔註 193〕等。

在大陸地區有：《鄭成功收復臺灣史料選編》〔註 194〕、《鄭成功史料選編》〔註 195〕、《鄭成功研究國際學術會議論文集》〔註 196〕、《鄭成功研究論文選續集》〔註 197〕、楊有庭《明鄭四世興衰史》〔註 198〕、許在全編《鄭成功研究》論文集〔註 199〕、陳碧笙（1908～1998）《鄭成功歷史研究》〔註 200〕、《長共海

〔註 184〕《文獻專刊》第 1 卷第 3 期「鄭成功誕辰紀念特輯」，1951 年 8 月。
〔註 185〕陳漢光：〈鄭氏復臺與其開墾〉，《臺灣文獻》第 12 卷第 1 期「鄭成功復臺三百年紀念特輯」，1961 年 3 月，頁 39～54。
〔註 186〕毛一波：《南明史談》（臺北：臺灣商務印書館，1970 年 3 月 1 版）。
〔註 187〕黃玉齋：《鄭成功與臺灣》（臺北：海峽學術出版社，2004 年 10 月 1 版）。黃玉齋（1903～1975）。
〔註 188〕黃玉齋：《明延平三世》（臺北：海峽學術出版社，2004 年 12 月 1 版）。
〔註 189〕黃玉齋：《明鄭與南明》（臺北：海峽學術出版社，2004 年 12 月 1 版）。
〔註 190〕黃典權：《鄭成功史實研究》（臺北：臺灣商務印書館，1974 年 6 月 1 版，1996 年 9 月 2 版）。
〔註 191〕郭堯齡：《鄭成功與金門》（金門：金門縣文獻委員會，1969 年 9 月 1 版）。
〔註 192〕陳澤編：《細說明鄭》（臺中：臺灣省文獻委員會，1978 年 6 月 1 版）。
〔註 193〕楊雲萍：《南明研究與臺灣文化》（臺北：臺灣風物雜誌社，1993 年 10 月 1 版）。
〔註 194〕廈門大學鄭成功歷史調查研究組編：《鄭成功收復臺灣史料選編》（福州：福建人民出版社，1982 年 1 版）。
〔註 195〕福建師大鄭成功史料編輯組：《鄭成功史料選編》（福州：福建教育出版社，1982 年 1 版）。
〔註 196〕廈門大學臺灣研究所歷史研究室編：《鄭成功研究國際學術會議論文集》（南昌：江西人民出版社，1989 年 8 月 1 版）。
〔註 197〕鄭成功研究學術討論會學術組編：《鄭成功研究論文選續集》（福州：福建人民出版社，1984 年 10 月 1 版）。
〔註 198〕楊有庭：《明鄭四世興衰史》（南昌：江西人民出版社，1991 年 5 月 1 版）。
〔註 199〕許在全主編：《鄭成功研究》（北京：中國社會科學出版社，1999 年 5 月 1 版）。

濤論延平——紀念鄭成功驅荷復台 340 周年學術研討會論文集》〔註201〕等。
其中以陳碧笙《鄭成功歷史研究》成果最高。

三、海外幾社三子

（一）海外幾社總論

黃得時《臺灣文學史》第一章〈明鄭時期〉，三、徐孚遠、張煌言、盧若
騰。〔註202〕將此三子作「海外幾社六子」之代表並簡介之。

賴子清〈古今臺灣詩文社〉（一），追溯臺灣詩社之源，介紹臺灣第一個
詩社——「海外幾社」與「海外幾社六子」生平，其云：「永曆十五年鄭成功
克臺之歲，江蘇徐中丞孚遠，隨成功入東都，與同時渡臺之張尚書煌言、盧
司馬若騰、沈御史佺期、曹御史從龍、陳光祿寺卿士京等六子，設海外幾
社，為明代臺灣唯一詩社，亦為臺灣詩社鼻祖。」〔註203〕其所述海外幾社成
立時間與地點、六子東渡時間皆與事實不符，可能誤解連橫《臺灣詩乘》之
意〔註204〕，其錯誤處之辨證，請參考本書〈海外幾社考索〉，茲不贅。然推許
海外幾社為臺灣詩社鼻祖是符合事實之說。

盛成於臺灣省文獻第八次學術座談會〈復社與幾社對臺灣文化的影響〉
〔註205〕中考證論述海外幾社六子生平事蹟與對臺灣之關係，誠為目前學界最

〔註200〕陳碧笙：《鄭成功歷史研究》（北京：九州出版社，2000 年 8 月 1 版）。
〔註201〕楊國楨主編：《長共海濤論延平——紀念鄭成功驅荷復台 340 周年學術研討會
論文集》（上海：上海古籍出版社，2003 年 7 月 1 版）。
〔註202〕黃得時《臺灣文學史》中譯本，見葉石濤譯《臺灣文學集二》（高雄市：春暉
出版社，1999 年 2 月 1 版），頁 33～38。按黃得時《臺灣文學史》第一章〈明
鄭時期〉發表於日據昭和 18 年（1934）12 月《臺灣文藝》第 4 卷第 1 號（春
季特輯號）。
〔註203〕賴子清：〈古今臺灣詩文社〉（一），《臺灣文獻》第 10 卷第 3 期，1959 年 9
月，頁 79～112。引文見頁 79。該文又云：「明鄭時代，祇有海外幾社一社而
已，其組織乃於永曆十五年（1661）鄭成功克臺之歲，江蘇徐中丞孚遠，隨
成功入東都，與同時渡臺諸遺老，計六人，稱海外幾社六子。」見頁 82。
〔註204〕連橫：《臺灣詩乘》（臺北：臺灣銀行經濟研究室，1960 年 1 月 1 版，《臺灣
文獻叢刊》第 64 種），卷 1，頁 11。「闇公寓居海上，曾與張尚書煌言、盧尚
書若騰、沈都御史佺期、曹都御史從龍、陳光祿士京為詩社，互相唱和，時
稱海外幾社六子，而闇公為之領袖。余讀其集，如贈張蒼水、沈復齋、辜在
公、王愧兩、紀石青、黃臣以、陳復甫、李正青諸公，皆明季忠義之士而居
臺灣者：事載《通史》。為錄一二。」
〔註205〕〈復社與幾社對臺灣文化的影響〉（盛成、毛一波、黃得時等座談會），《臺灣
文獻》第 13 卷第 3 期，1962 年 9 月，頁 197～222。

詳實之大作。

　　王文顏《臺灣詩社之研究》，第一章〈明末復社幾社與臺灣之關係〉，第二節〈海外幾社六子與臺灣詩社之淵源〉〔註206〕，對海外幾社六子生平據南明史料有清楚且正確論述，可正賴子清〈古今臺灣詩文社〉一文之誤。對海外幾社成立何年推論云：「鄭成功於永曆五年得廈門，開府於此，並置儲賢館，禮待朝士，遺老多往附之，海外幾社當成立於此時，其爲永曆五年或六年乎？」〔註207〕據筆者研究海外幾社正式結社廈門當在永曆六年，其詳請參閱本書〈海外幾社考索〉章。

　　廖一瑾《臺灣詩史》第三章〈明鄭及其以前之詩〉，第三節〈明鄭時期之詩〉，三〈海外幾社諸君子與明遺民之詩〉。〔註208〕首引連橫《臺灣詩乘》「海外幾社六子」之說後，各舉詩若干首述論徐孚遠、王忠孝、盧若騰及張煌言之詩歌風格。

　　廖可斌《復古派與明代文學思潮》於第十五章〈復古運動第三次高潮的歷史條件及發展過程〉論述東林學派、蕺山學派、復社、幾社之士大夫學風與心態。第十六章〈復古運動第三次高潮的文學理論與詩文創作〉論述陳子龍、夏完淳、徐孚遠、張煌言文學理論與詩文創作。〔註209〕並提出「復社、幾社的文學復古運動，受到東林學派和蕺山學派的影響，後者強調以理約情、關心世事，是復古運動第三次高潮的思想基礎。」〔註210〕本書雖未針對海外

〔註206〕王文顏：《臺灣詩社之研究》（國立政治大學中國文學研究所碩士論文，1979年6月），第一章〈明末復社幾社與臺灣之關係〉，第二節〈海外幾社六子與臺灣詩社之淵源〉，頁4～12。

〔註207〕《臺灣詩社之研究》，第一章〈明末復社幾社與臺灣之關係〉，第二節〈海外幾社六子與臺灣詩社之淵源〉，頁12。

〔註208〕廖一瑾：《臺灣詩史》（臺北：文史哲出版社，1999年3月1版），第三章〈明鄭及其以前之詩〉，第三節〈明鄭時期之詩〉，三〈海外幾社諸君子與明遺民之詩〉，頁87～99。按《臺灣詩史》爲廖一瑾教授1983年中國文化大學中文研究所博士論文。

〔註209〕廖可斌：《復古派與明代文學思潮》（臺北：文津出版社，1994年2月1版），第十五章〈復古運動第三次高潮的歷史條件及發展過程〉、第十六章〈復古運動第三次高潮的文學理論與詩文創作〉，頁602～675。此書爲其1989年杭州大學博士論文。另見廖可斌博士論文簡版《明代文學復古運動研究》（上海：上海古籍出版社，1994年12月1版），第九章〈復古運動第三次高潮的歷史條件及發展過程〉、第十章〈復古運動第三次高潮的文學理論與詩文創作〉，頁341～416。

〔註210〕《復古派與明代文學思潮》，第十五章〈復古運動第三次高潮的歷史條件及發

幾社議題從事探討，卻以明代文學復古運動爲主軸，將本書中海外幾社主要作成員創作歸爲明代文學復古運動第三次高潮代表詩人。

劉登翰等編、包恒新撰《臺灣文學史》上卷，第一編〈古代文學〉，第二章〈明鄭的臺灣文學〉，第三節〈盧若騰的創作及其他反殖民愛國作品〉及第四節〈其他明末遺民的創作〉〔註211〕論述「海外幾社六子」說徐孚遠從魯王退守福建廈門，受鄭成功的禮遇。其間，他與張煌言、盧若騰、沈佺期、曹從龍、陳士京等重結幾社，號爲「幾社六君子」。〔註212〕第三節中詳論盧若騰作品，第四節略述徐孚遠在臺詩作。

朱雙一撰《閩臺文學的文化親緣》第二章〈海洋意識和遺民忠義傳統〉，第三節〈東林后勁，鄉愁文學源頭〉，一、〈海外幾社與經世思想的經閩入臺〉一小節〔註213〕，主要依據前臺灣大學盛成教授〈復社與幾社對臺灣文化的影響〉引申之，觀點獨到。其二〈鄉土文學：盧若騰對民生苦難和閩臺文化的反映〉一小節〔註214〕，提出盧若騰關注百姓生活，對民眾的苦難充滿同情，能夠寫出百姓苦難的「地方特色」，使這些作品更具「鄉土味」，植下了閩臺「鄉土文學」之根苗。

楊若萍《臺灣與大陸文學關係簡史——1652～1949》第一章〈明鄭時期的文學活動及其與大陸文壇之關係〉，第二節〈明鄭時期來臺之大陸文人及其文學活動〉〔註215〕中簡介徐孚遠與盧若騰。其說明不出包恒新撰《臺灣文學

展過程〉，頁 607。

〔註211〕劉登翰等編、包恒新撰：《臺灣文學史》上卷（福州：福建教育出版社，1997年 11 月 1 版），第一編〈古代文學〉，第二章〈明鄭的臺灣文學〉，第三節〈盧若騰的創作及其他反殖民愛國作品〉及第四節〈其他明末遺民的創作〉，頁111～129。

〔註212〕劉登翰等編、包恒新撰：《臺灣文學史》上卷，第一編〈古代文學〉，第二章〈明鄭的臺灣文學〉，第四節〈其他明末遺民的創作〉，頁 122。

〔註213〕朱雙一：《閩臺文學的文化親緣》（福州：福建人民出版社，2003 年 7 月 1版），第二章〈海洋意識和遺民忠義傳統〉，第三節〈東林后勁，鄉愁文學源頭〉，一、〈海外幾社與經世思想的經閩入臺〉，頁 49～58。

〔註214〕朱雙一：《閩臺文學的文化親緣》，第二章〈海洋意識和遺民忠義傳統〉，第三節〈東林后勁，鄉愁文學源頭〉，二、〈鄉土文學：盧若騰對民生苦難和閩臺文化的反映〉，頁 58～61。

〔註215〕楊若萍：《臺灣與大陸文學關係簡史——1652～1949》（上海：上海文藝出版社，2004 年 3 月 1 版），第一章〈明鄭時期的文學活動及其與大陸文壇之關係〉，第二節〈明鄭時期來臺之大陸文人及其文學活動〉，頁 9～17。本書爲其 2003 年中國文化大學中文研究所博士論文。

史》範圍。

（二）徐孚遠

1. 期刊論文

近代對徐孚遠研究不多，最主要原因乃徐孚遠《釣璜堂存稿》直至 1926年才由南社著名詩人姚光刊行。〔註216〕其中所附陳乃乾、陳洙纂輯《徐闇公先生年譜》〔註217〕，至今仍為研究徐孚遠生平最重要之參考資料。《釣璜堂存稿》一書，臺灣僅中央圖書館臺灣分館存一部，1961 年周憲文編《臺灣文獻叢刊》曾據以標點排印《徐闇公先生年譜》及附《交行摘稿》〔註218〕，然而全書自民國八〇年代臺灣文學逐漸興起之際，卻遍尋不著，至本世紀初才又尋出，因此之故吾人只得自大陸地區圖書館影印。目前徐孚遠研究只限於人物傳記研究，如光緒三十三年黃節〈徐孚遠傳〉〔註219〕、1984 年葉英〈徐孚遠行傳〉〔註220〕等。

2. 專書論文

李聖華《晚明詩歌研究》第九章〈東林、復社、幾社〉，第二節〈復社與幾社「復興絕學」的結社活動及詩歌理論〉及第四節〈幾社詩人陳子龍、夏允彝、徐孚遠、夏完淳〉〔註221〕中論及幾社詩歌理論與徐孚遠詩。

龔顯宗《臺南縣文學史》上編第二章〈明鄭文學（1661～1683）〉，第二節〈兩腳書廚徐孚遠〉〔註222〕，首先討論徐孚遠與臺灣關係，明鄭時有否入臺之爭議，並介紹其詩歌。認為徐孚遠其人忠義自誓，慷慨悲歌，但在臺所詠，則多清嘯閒詠者。又論徐孚遠雖未如沈光文終老於臺，但作品兼具鄉土、

〔註216〕明・徐孚遠撰、姚光編：《釣璜堂存稿》（民國十五年金山姚光懷舊樓刻本）。

〔註217〕陳乃乾、陳洙纂輯：《徐闇公先生年譜》，明・徐孚遠撰、姚光編：《釣璜堂存稿・年譜》（民國十五年金山姚光懷舊樓刻本）。

〔註218〕陳乃乾、陳洙纂輯：《徐闇公先生年譜》（臺北：臺灣銀行經濟研究室，1961年 10 月 1 版，《臺灣文獻叢刊》第 123 種）。

〔註219〕黃節：〈徐孚遠傳〉，《國粹學報》第 3 年第 8 期（1907 年 8 月 20 日），葉 7～10。

〔註220〕葉英：〈徐孚遠行傳〉，《台南文化》新 17 期，1984 年 6 月，頁 1～50。

〔註221〕李聖華：《晚明詩歌研究》（北京：人民文學出版社，2002 年 10 月 1 版），第九章〈東林、復社、幾社〉，頁 298～320。

〔註222〕龔顯宗：《臺南縣文學史》上編（新營市：臺南縣政府，2006 年 12 月 1版），第二章〈明鄭文學（1661～1683）〉，第二節〈兩腳書廚徐孚遠〉，頁 32～36。

隱逸、移民的特色，是遺老派的代表。

　　審此研究成果甚爲稀少，相對於徐孚遠大量詩作及其在明末幾社與南明抗清之影響力，簡直不成比例，一則《釣璜堂存稿》家藏至 1926 年方刊行，二則南明文史長期被忽視，故晦而不明，三者明鄭臺灣文學少人涉足，筆者以爲徐孚遠詩文及文學理論則仍有待開發。

（三）盧若騰

1. 期刊論文

　　盧若騰詩文研究並非顯學，臺灣有專文研究發表者，除陳陛章、陳漢光〈盧若騰之詩文〉〔註 223〕；陳漢光〈盧若騰詩輯註〉〔註 224〕；一波〈盧若騰的南澳詩〉〔註 225〕；吳言〈盧若騰的澎湖詩〉〔註 226〕等數篇外，餘並不多見，近期林俊宏〈南明盧若騰詩歌風格研析〉〔註 227〕一文則屬現代學術性對盧若騰詩歌之研究。大陸方面有鄧孔昭〈從盧若騰詩文看有關鄭成功史事〉〔註 228〕舉出〈丙申三月初六大風覆虜〉爲 1656 年清軍攻打廈門遭風敗績之時間新證、〈南洋賊〉詩記鄭成功與粵海許龍之矛盾、〈石尤風〉詩解答 1661 年七、八月金廈運糧船未能及時接濟鄭成功臺灣圍荷之問題，屬新說創見之作。總此，研究盧若騰詩歌，仍以臺灣文獻叢刊於民國五十七年刊印之《島噫詩》〔註 229〕及金門文獻委員會於民國五十八年編之《留庵詩文集》〔註 230〕文本爲主。

〔註 223〕陳陛章、陳漢光：〈盧若騰之詩文〉，《臺灣文獻》第 10 卷第 3 期，1959 年 9 月，頁 65～69。

〔註 224〕陳漢光：〈盧若騰詩輯註〉，《臺灣文獻》第 11 卷第 3 期，1960 年 9 月，頁 53～73。

〔註 225〕一波：〈盧若騰的南澳詩〉，《中央日報》，1970 年 10 月 23 日第 9 版。

〔註 226〕吳言：〈盧若騰的澎湖詩〉，《中央日報》，1970 年 10 月 29 日第 9 版。

〔註 227〕林俊宏：〈南明盧若騰詩歌風格研析〉，《臺灣文獻》第 54 卷第 3 期，2003 年 9 月，頁 250～273。

〔註 228〕鄧孔昭：〈從盧若騰詩文看有關鄭成功史事〉，《臺灣研究集刊》，1996 年第 1 期，頁 93～96。

〔註 229〕明·盧若騰：《島噫詩》（臺北：臺灣銀行經濟研究室，1968 年 5 月 1 版，《臺灣文獻叢刊》第 245 種），計收詩 104 首，後附錄有〈留菴文選〉24 篇，係選輯自《留庵文集》。

〔註 230〕明·盧若騰、李怡來編：《留庵詩文集》（金門：金門縣文獻委員會，1969 年 9 月 1 版）。《留庵詩文集》一書計收詩 147 首，文 46 篇。

2. 專書論文

龔顯宗〈正直菩薩盧若騰〉一文，收在《臺灣文學家列傳》中〔註 231〕，介紹其生平及其詩作，本書特色在於普及化，深入淺出介紹盧若騰等臺灣古典文學家，實以精簡之筆，論述傳主詩歌與詩學於篇章之中。

許維民〈盧若騰的歷史研究〉為其《盧若騰故宅及墓園之研究》計畫之總結報告專書之一章。〔註 232〕

陳慶元《福建文學發展史》，第五章〈明代福建文學的復古時期〉，第四節〈南明文學與明遺民文學〉〔註 233〕中論述盧若騰《島噫詩》及其他詩歌，特別注重其社會寫實詩，提綱挈領，論述甚為深刻精到。

（四）張煌言

張煌言為民族英雄，凡講民族氣節者，無不景仰，故其生平傳記流傳最廣，而文學研究尚顯不足，以下分類檢討之。

1. 生平傳記

專著以介紹煌言生平事蹟為主，有金家瑞《張煌言》〔註 234〕及李振華《張蒼水傳》〔註 235〕。金家瑞《張煌言》一書未分章節，有投筆從戎、辭鄉航海、平岡結寨、保衛舟山、兩入長江、奔走閩浙、光復名城三十座、潛行窮山二千里、最後的奮鬥、垂節義於千齡、結語等十一單元。而李振華《張蒼水傳》一書，在臺灣文史界影響層面較為廣泛，由鄞縣城中一少年、浙東起義、海沸山奔的大時代、三入長江、北征記、徘徊閩浙、濡羽救火的鸚鵡、從入山到就義等八章組成。另汪衛興《名將張蒼水》〔註 236〕，乃以張蒼水抗清為主的長篇歷史小說，在此存而不論。

〔註 231〕見龔顯宗：《臺灣文學家列傳》（臺北：五南文化事業公司，2000 年 3 月 1 版），〈正直菩薩盧若騰〉，頁 1～19。按〈正直菩薩盧若騰〉一文最早以單篇形式發表。

〔註 232〕許維民主持：《盧若騰故宅及墓園之研究》（金門文史工作室，1996 年 4 月 1 版）。

〔註 233〕陳慶元：《福建文學發展史》（福州：福建教育出版社，1996 年 12 月 1 版），第五章〈明代福建文學的復古時期〉，第四節〈南明文學與明遺民文學〉，頁 381～386。按此文曾以〈南明金門詩人盧若騰〉發表於《中國典籍與文化》，1996 年第 4 期，頁 37～41。

〔註 234〕金家瑞：《張煌言》（上海：學習生活出版社，1955 年 9 月 1 版）。

〔註 235〕李振華：《張蒼水傳》（臺北：正中書局，1967 年 10 月 1 版）。

〔註 236〕汪衛興：《名將張蒼水》（寧波：寧波出版社，2001 年 1 版）。

2. 報刊雜誌期刊

散見各種報刊雜誌文章的單篇文章，有介紹性質之文章，此類大部份屬紀念先賢性質，但早期學術刊物不發達時代，報刊雜誌也登載考證類別文章。

介紹性質的文字可分為兩類：第一類以敘述生平事蹟為主，民國三十八年以前，有董貞柯〈張蒼水抗清始末〉〔註237〕、王蘧常〈張蒼水先生事狀（上）（下）〉〔註238〕、唐弢〈談張蒼水〉〔註239〕。民國三十八年以後，臺灣方面如毛一波〈鄭成功與張蒼水〉〔註240〕只羅列張煌言〈上監國魯王啓〉、〈答閩南縉紳公書〉、〈賀延平王啓〉、〈答延平王世子經書〉、〈祭延平王文〉等詩文，說明張鄭二人之關係。黃玉齋〈明鄭成功北伐三百週年紀念〉〔註241〕，詳研鄭成功與張煌言北征之史事。之後張煌言研究最明顯特色多屬浙江寧波同鄉紀念先賢之紀念文，如方延豪〈張蒼水先生三百週年祭〉〔註242〕、陳慎之〈民族英雄張蒼水先生〉〔註243〕、君靈〈張煌言其人其事〉〔註244〕、張行周〈兩浙先賢中的忠烈人物張蒼水碧血千秋〉〔註245〕、陳如一〈明山蒼蒼，浙水洸洸——為張蒼水公殉國三百十九週年紀念而作〉〔註246〕、於鳳園遺作〈張侍郎煌言小傳〉〔註247〕，其他如收入張行周編《張蒼水先生專集·紀念

〔註237〕董貞柯：〈張蒼水抗清始末〉，《越風》第 13 期（民國 25 年 5 月 15 日），頁 41～43。

〔註238〕王蘧常：〈張蒼水先生事狀（上）（下）〉，《大眾》2 月號、3 月號（民國 32 年 2 月 1 日、3 月 1 日），頁 24～27、31～36。

〔註239〕唐弢：〈談張蒼水〉，《民主週刊》第 31 期（民國 35 年 5 月 18 日），頁 784。

〔註240〕毛一波：〈鄭成功與張蒼水〉，《臺灣風物》第 4 卷第 4 期（1954 年 4 月），頁 4～10。

〔註241〕黃玉齋：〈明鄭成功北伐三百週年紀念〉己亥篇，《臺灣文獻》第 10 卷第 1 期，1959 年 3 月，頁 1～66。

〔註242〕方延豪：〈張蒼水先生三百週年祭〉，《聯合報》，民國 53 年 11 月 11 日第 7 版。

〔註243〕陳慎之：〈民族英雄張蒼水先生〉，《寧波同鄉》第 44 期（民國 58 年 10 月 31 日），頁 8～9。

〔註244〕君靈：〈張煌言其人其事〉，《今日中國》第 26 期（民國 62 年 6 月 1 日），頁 88～93。

〔註245〕張行周：〈兩浙先賢中的忠烈人物張蒼水碧血千秋〉，《浙江月刊》第 14 卷第 12 期（民國 71 年 12 月 6 日），頁 9～12。

〔註246〕陳如一：〈明山蒼蒼，浙水洸洸——為張蒼水公殉國三百十九週年紀念而作〉，《寧波同鄉》第 184 期（1983 年 11 月 1 日），頁 12～13。

〔註247〕於鳳園遺作：〈張侍郎煌言小傳〉，《寧波同鄉》第 191 期（民國 73 年 6 月 1

文》中之文章〔註248〕，茲列舉如次：何志浩〈懷念鄉賢張蒼水〉、侯中一〈明末張司馬盡忠就義〉、張行周〈張蒼水碧血千秋〉、王文顏〈張煌言——飄零海上抗清的孤臣〉、王京良〈張煌言的故事〉、恆老〈張煌言流芳千古〉、晚香〈民族詩人——張蒼水〉、張鳳翔〈張煌言海上抗清十九年〉、王善卿〈張蒼水與臺灣〉、張希爲〈張蒼水先生遺墨在臺灣〉、黃炳麟〈張煌言先生二三事〉。其中較值得注意而有新觀點者爲高陽〈張蒼水與鄭成功〉一文〔註249〕，考證錢謙益於南京之役運作得失。大陸方面如：周冠明〈張煌言傳略〉〔註250〕、金家瑞〈垂節義於千齡——抗清英雄張煌言事略〉〔註251〕。

第二類則結合張煌言生平與詩作進行討論，如劉藹如〈民族詩人張蒼水〉〔註252〕、吳蕤〈張煌言之忠節及其詩文〉〔註253〕。考證性的文章，臺灣方面如：李振華〈明末海師三征長江事考〉〔註254〕認爲張煌言、張名振三入長江的時間分別在丁亥年（1647，清順治四年）四月、癸巳年（1653，清順治十年）三月、甲午年（1654，清順治十一年）正月；李學智〈重考李振華先生「明末海師三征長江事考」〉〔註255〕反駁李振華的說法，指出二張三入長江分別在癸巳年（1653，清順治十年）九月、甲午年（1654，清順治十一年）正月、甲午年（1654，清順治十一年）四月。近年來顧誠《南明史》對此問題有專章討論。〔註256〕日人石原道博〈張煌言之江南江北經略〉〔註257〕，考證

　　　日），頁19。

〔註248〕張行周編：《張蒼水先生專集・紀念文》（臺北：臺北寧波同鄉月刊社，1984年11月1版），頁427～496。

〔註249〕《張蒼水先生專集・特載》，頁497～510。

〔註250〕周冠明：〈張煌言傳略〉，《鄞縣史志》1989年第1期（1989年1月），頁19～22。

〔註251〕金家瑞：〈垂節義於千齡——抗清英雄張煌言事略〉，《文史知識》1982年第8期（1982年8月13日），頁94～99。

〔註252〕劉藹如：〈民族詩人張蒼水〉，《人生》第7卷第10期（1954年4月11日），頁12～13轉22。

〔註253〕吳蕤：〈張煌言之忠節及其詩文〉，分載於《暢流》第37卷第11、12期，第38卷第1、2、3期（民國57年7月16日，8月1、16日，9月1、16日），頁6～8、11～13、12～15、19～22、14～18。

〔註254〕李振華：〈明末海師三征長江事考（上）（下）〉，《大陸雜誌》第6卷第9、10期（民國42年5月15、31日），頁1～5、18～22。

〔註255〕李學智：〈重考李振華先生「明末海師三征長江事考」（上）（下）〉，《大陸雜誌》第7卷第11、12期（民國42年12月15、31日），頁7～8、21～27。

〔註256〕張名振軍三入長江之時間懸案，請參考顧誠：《南明史》（北京：中國青年出版社，1997年5月1版），第二十六章〈1654年會師長江的戰略設想〉，頁

張名振與張煌言長江、鄭成功南京攻略、張煌言江南江北經略、鄭成功臺灣攻略與張煌言末路，論證詳實。董郁奎〈張煌言與浙江人文傳統〉〔註258〕，說明張煌言立身行事受浙江人文傳統濡染深遠，其事功與大節又爲浙江人文精神增添絢爛之光彩與豐富內容。余安元〈詩史之風，忠烈之情──張煌言詩歌分析〉〔註259〕論張煌言詩歌爲其艱辛抗清詩史紀錄，亦是其堅韌不拔、不屈不撓忠烈精神之寫照。

　　中國大陸近年新興起張煌言蒙難事地論爭，此則與爭先賢文化遺產有關，至今象山南田花嶴島與舟山六橫懸山島兩處旅遊勝地，仍爭取宣傳本地爲張蒼水蒙難之地做爲號召。有關此一段學術公案之論文起於1989年寧波之兩位老學者桂心儀、周冠明〈張煌言蒙難事考〉一文〔註260〕，其根據《康熙實錄》及有關典籍、輿圖，考證張煌言於甲辰年七月二十日被捕於定海的懸山島（今舟山市普陀區懸山島），動搖了三百年定論「舟山說」，引起舟山普陀區當地政府高度關切，於1998年五月在懸山島建「遺跡碑」予以紀念〔註261〕，之後有方牧〈東海何處吊蒼水──張煌言在舟山遺跡考〉〔註262〕，

〔註257〕〔日〕石原道博：〈張煌言之江南江北經略〉，《臺灣風物》第5卷第11、12期合刊（1955年12月），頁7～53。石原道博，文學博士，曾任日本茨城大學教授，著有《鄭成功》（東京：三省堂，1942年1版，《東洋文化叢刊》）等，爲日本研究明鄭史權威學者。

〔註258〕董郁奎：〈張煌言與浙江人文傳統〉，《浙江學刊》，1997年第6期（總第107期，1997年11月）。

〔註259〕余安元：〈詩史之風，忠烈之情──張煌言詩歌分析〉，《寧波職業技術學院學報》第10卷第4期（2006年8月），頁79～82。

〔註260〕桂心儀、周冠明：〈張煌言蒙難事考〉，《寧波大學學報》第2卷第1期（1989年6月），頁30～37。按：因此文發表在《學報》影響有限，未引起太大反響，但八年之後，曾在大陸和台灣出版《中國帝陵》一書的作者王重光，身爲張公同鄉，曾爲保護張蒼水故居四處呼籲。1997年初，無意中發現「舟山說」，出於對英雄的崇拜，踏上懸山島尋訪遺跡。在他熱心奔波下，同年八月下旬，寧波文化研究會暨文化界部分學人，會同舟山歷史學會的有關學者，對懸山島進行了實地考察論證，確認張蒼水蒙難地在今普陀懸山島一說，最符合史實。浙江內外媒體連篇累牘地報道了這次考察成果，宣稱「三百年疑案今朝解」。原本對張蒼水十分陌生的懸山島居民，一夜之間婦孺皆知。

〔註261〕按：桂心儀、周冠明〈張煌言蒙難事考〉發表在《學報》影響有限，未引起社會太大反響，但八年之後，曾在大陸和台灣出版《中國帝陵》一書的作者王重光，身爲張公同鄉，曾爲保護張蒼水故居四處呼籲。王重光1997年初，無意中發現「舟山說」，出於對英雄的崇拜，踏上懸山島尋訪遺跡。在他熱心

論張煌言在舟山之詩作、思想進行評價。由於舟山懸山島立「遺跡碑」引發張煌言被執蒙難地點論爭：1997 年九月，當「張蒼水蒙難懸山島」報道見諸媒體後，象山掀起軒然大波，有關人士紛紛撰文辯駁。首先江邊鳥〈論張煌言蒙難南田花嶴島──兼與桂心儀、周冠明兩先生商榷〉〔註263〕。張利民〈關於張蒼水蒙難地點之我見──兼對「張煌言蒙難事跡考」一文質疑〉〔註264〕則根據史料及實地調查，得到煌言在象山南田懸嶴被執的結論，推翻桂、周二人的說法。其他如江邊鳥〈再論張蒼水蒙難地〉〔註265〕、徐定寶〈張蒼水被補於象山南田考論〉〔註266〕、徐水、徐良驥〈張蒼水被執南田懸嶴新証〉〔註267〕等。

此外，尚有論述層面比較廣泛之文章，如：冉欲達〈評愛國詩人張蒼水〉〔註268〕討論煌言的生活道路、政治思想以及詩歌創作。徐和雍〈關於張煌言的評價〉〔註269〕從時代局勢、抗清活動以及煌言對外來侵略的態度進行考

奔波下，同年 8 月下旬，寧波文化研究會暨文化界部分學人，會同舟山歷史學會的有關學者，對懸山島進行了實地考察論證，確認張蒼水蒙難地在今普陀懸山島一說，最符合史實。浙江內外媒體連篇累牘地報道了這次考察成果，宣稱「三百年疑案今朝解」。原本對張蒼水十分陌生的懸山島居民，一夜之間婦孺皆知。而「遺跡碑」一面鑴刻張煌言〈入定關〉詩，另一面刻有倪竹青書、浙江海洋學院中文系教授方牧撰〈張煌言懸山蒙難處碑記〉。

〔註262〕方牧：〈東海何處吊蒼水──張煌言在舟山遺跡考〉，《浙江海洋學院學報》第16 卷第 3 期（1999 年 9 月），頁 13～20。

〔註263〕江邊鳥：〈論張煌言蒙難南田花嶴島──兼與桂心儀、周冠明兩先生商榷〉，《寧波大學學報》（人文科學版）第 12 卷第 2 期（1999 年 6 月），頁 106～111。按：2002 秋天，王重光等攜帶百本《張蒼水全集》上島憑吊，竟受象山南田花嶴島島民責難。浙江省象山縣的歷史文化研究會在寧波舉行「張蒼水被執地點學術咨詢會」，另又收集各種史料，編輯《張煌言被執地點學術研討參考資料》一書。

〔註264〕張利民：〈關於張蒼水蒙難地點之我見──兼對《張煌言蒙難事跡考》一文質疑〉，《寧波教育學院學報》第 3 卷第 3 期（2001 年 9 月），頁 48～51。

〔註265〕江邊鳥：〈再論張蒼水蒙難地〉，《寧波大學學報》（人文科學版）第 15 卷第 4 期（2002 年 12 月），頁 104～113。

〔註266〕徐定寶：〈張蒼水被補於象山南田考論〉，《寧波大學學報》（人文科學版）第16 卷第 1 期（2003 年 3 月），頁 139～141。

〔註267〕徐水、徐良驥：〈張蒼水被執南田懸嶴新証〉，《浙江海洋學報》（人文科學版）第 21 卷第 3 期（2004 年 9 月），頁 39～42。

〔註268〕冉欲達：〈評愛國詩人張蒼水〉，《遼寧大學學報》，1978 年第 5 期（1978 年），頁 104～113。

〔註269〕徐和雍：〈關於張煌言的評價〉，《杭州大學學報》第 13 卷第 4 期（1983 年 12月），頁 109～116。

察。陳永明〈論近代學者對張煌言的研究〉〔註270〕評論大陸愛國主義下與臺灣民族英雄式對張煌言之評價。陳永明〈張煌言遺作的流傳及其史學價值〉〔註271〕此文乃考察張煌言遺作的流傳實況。此外，吳盈靜發表〈南明遺民流亡情境考察——以張蒼水其人其文爲例〉〔註272〕，是近年來少數研究張蒼水文學學術論文之一，該文先作人物評論，再就「流亡」、「有待」、「孤絕」等三要點考察煌言的遺民情境，不僅論述層面廣泛，觀點也比較多元。然偏重煌言生平事蹟之介紹及考證，而對南明史原始史料與張蒼水作品論析，尚嫌不足。祝求是〈張蒼水海上春秋編年輯箋〉〔註273〕自弘光朝覆滅（順治二年，1645）浙東起義擁護魯王監國起，至永曆十八年（康熙三年，1664）被執爲止，張蒼水之海上編年史事輯證。

3. 專書論文

許淑敏《南明遺民詩集敘錄》之四十七乃以《四明叢書》本《張蒼水集》爲敘錄，簡要介紹煌言生平、著作、詩作特色。〔註274〕僅作一般性著錄說明，未能深入考察張煌言詩文集版本傳播過程。

時志明《山魂水魄——明末清初節烈詩人山水詩論》，第一章〈殘陽暮鼓長歌當哭〉，第一節〈社稷帆影乾坤一劍〉〔註275〕，中論張煌言山水詩特徵爲：一、隨形轉景，借景言事；二、撫今追昔，傷逝悼亡；三、托物寄興，趣味深長。全書中對明末清初節烈詩人或慷慨悲歌、或沉鬱厚重、或悽婉悲愁之詩歌特質有整體性論述。

南炳文〈黃斌卿遣史赴日乞師時間考〉一文中論及張煌言三種《奇零草》

〔註270〕陳永明：〈論近代學者對張煌言的研究〉，《中國文化研究所學報》新第1期，1992年，頁55～67。

〔註271〕陳永明：〈張煌言遺作的流傳及其史學價值〉，《中國文化研究所學報》新第2期，1993年，頁29～37。

〔註272〕吳盈靜：〈南明遺民流亡情境考察——以張蒼水其人其文爲例〉，南華大學中文系編《文學新鑰》第2期（2004年7月），頁1～19。

〔註273〕祝求是：〈張蒼水海上春秋編年輯箋〉（一）（二）（三），《寧波廣播電視大學學報》第3卷第3期（2005年9月）、第3卷第4期（2005年12月）、第4卷第1期（2006年3月）。

〔註274〕許淑敏：《南明遺民詩集敘錄》（國立成功大學歷史語言研究所碩士論文，1988年5月，黃永武教授指導），頁143～145。

〔註275〕時志明：《山魂水魄——明末清初節烈詩人山水詩論》（南京：鳳凰出版社，2006年7月1版），第一章〈殘陽暮鼓長歌當哭〉，第一節〈社稷帆影乾坤一劍〉，頁22～30。

鈔本。〔註276〕其間以新搜集到鄭勛「二硯窩」鈔本最爲珍貴。

4. 學位論文

香港學者陳永明於 1990 年 7 月完成碩士論文《張煌言之反清思想及活動》〔註277〕，全書共分爲六章，首章探討以往對張煌言的研究，二、三章交代張煌言所處的時代背景及生平經歷，第四章介紹張煌言的著作與思想，第五章討論張煌言在南明抗清運動上扮演的角色，末章爲結語。其重點放在煌言的抗清活動與思想上，對詩歌創作著墨較少。

2005 年宋孔弘《張煌言詩「亂離書寫」義蘊之研究》〔註278〕，爲臺灣師範大學國文學系碩士論文。該論文從「亂離書寫」的角度探討張煌言詩歌特色。第一章緒論，說明論文架構與文獻探討。第二章「亂離書寫」形成背景，乃掌握煌言所處的時代局勢以及生平梗概。第三章「亂離書寫」中的政治現實之陳述，包括魯王政權的衰亡與鄭氏勢力的盛衰。魯王政權的衰亡，主要表現在朝臣凋零以及魯王飄流兩方面；鄭氏勢力的盛衰透過北征長江與東渡臺灣兩大事件呈現。第四章「亂離書寫」中的家國情懷之抒發，包括亡國之悲情、復國之雄心、思鄉之愁緒。亡國之悲情主要建立在煌言的「夷夏之防」觀念上，具體表現爲追憶甲申之變及抒發黍離之思；復國之雄心強調中興明室的堅決意志；思鄉之愁緒是對家鄉的懷想與親人的思念。第五章「亂離書寫」中的自我認同之建立，說明張煌言在對出處生死作出正確抉擇，並藉由歷史人物典範的追求，找出立身處世的標準，進一步確立自我的定位。第六章「亂離書寫」的特色，討論張煌言詩「亂離書寫」的特色，包括文山氣象的展現以及詩史觀念的延續。第七章則爲結語。

第四節　研究方法

陳寅恪云：「一時代之學術，必有其新材料與新問題。取用此材料，以研求問題，則爲此時代學術之新潮流。治學之士，得預此潮流者，謂之預流。

〔註276〕南炳文：〈黃斌卿遣史赴日乞師時間考〉，《文史》，2003 年第 2 期，中華書局，2003 年 5 月出版，後收入南炳文：《明史新探》（北京：中華書局，2007 年 4 月 1 版），頁 467～494。

〔註277〕陳永明：《張煌言之反清思想及活動》（香港：香港大學中文系哲學碩士論文，1990 年 7 月）。

〔註278〕宋孔弘：《張煌言詩「亂離書寫」義蘊之研究》（國立臺灣師範大學國文學系碩士論文，2005 年 6 月，陳文華教授指導），計 106 頁。

其未得預者，謂之未入流也。」〔註279〕如徐孚遠《釣璜堂存稿》一書，至今學界尚未有研究成果出現，運用新材料將可開展新的學術領域，從而啓迪新的問題意識，並提出新的學術研究議題。新方法則如王德威針對二十世紀八〇年代以來「後學」興盛，「後現代」（Post-modernism）、「後結構」（Post-structuralism）、「後殖民」（Post-colonialism）陸續成爲學術界和文化界之研究方法後，提出「後遺民」寫作，以突破遺民國族想像。〔註280〕可得一新視野，若以「後學」理論解構傳統遺民文學，可將海外幾社遺民群體抗清志節，視爲時間與記憶的忠君思想。

一、文獻研究法

　　古人云：「巧婦難爲無米之炊。」若無研究主題之文本與其研究對象之相關資料，任何研究宛如畫餅充饑，皆流於空談。陳寅恪認爲研究能創新與進步，不外有新資料發現與新方法之運用。本文既是開創性起始研究，首重文本、文獻之取得。本文所謂「文獻研究方法」並非僅局限於資料之收集而已，而是一種資料收集與資料分析之研究方法。而所謂文獻，乃指涵蓋吾人所欲研究之現象之所有訊息形式。根據文獻之具體來源不同，又可將文獻資料分爲個人文獻及官方文獻兩大類。此外，在文獻方法學上更將其區分爲原始文獻（或稱第一手文獻）及第二手文獻（文獻學上稱二次文獻）兩大類。

　　海外幾社原始文獻可約略歸納爲以下幾類：

　　（一）爲海外幾社社中人物或友朋詩文集，此爲研究其文學最主要文本，如徐孚遠《釣璜堂存稿》、盧若騰《島噫詩》及《留庵詩文集》、張煌言《張蒼水集》等。其他如陳子龍《陳子龍文集》〔註281〕與《陳子龍詩集》〔註282〕、夏完淳《夏完淳集》〔註283〕、王忠孝《惠安王忠孝公全集》、錢澄

〔註279〕陳寅恪：〈陳垣敦煌劫餘錄序〉，《陳寅恪集・金明館叢稿二編》（北京：三聯書店，2001 年 7 月 1 版），頁 266。

〔註280〕王德威：《後遺民寫作・序》（臺北：麥田出版社，2007 年 11 月 1 版），頁 5～14。

〔註281〕明・陳子龍：《陳子龍文集》（上海：華東師範大學出版社，1988 年 11 月 1 版）。

〔註282〕明・陳子龍：《陳子龍詩集》（上海：上海古籍出版社，1983 年 7 月 1 版）。

〔註283〕明・夏完淳撰、白堅箋校：《夏完淳集箋校》（上海：上海古籍出版社，1991 年 7 月 1 版）。

之《藏山閣集》〔註284〕、朱之瑜《朱舜水集》〔註285〕、屈大均《屈大均全集》〔註286〕、錢謙益《錢牧齋全集》〔註287〕、清乾隆年間全祖望選輯《續甬上耆舊詩》〔註288〕等資料。

（二）專門記載晚明社事之史料，吳應箕《東林本末》、蔣平階《東林始末》、陸世儀《復社紀略》、吳偉業〈復社紀事〉、杜登春《社事始末》、吳山嘉《復社姓氏傳略》〔註289〕等，這些書之作者皆為與社事有關之成員或其後代，對社局有真切之了解，故史料價值較高，為研究晚明社事不可或缺之第一手文獻。

（三）官方文獻：清政府官修之史與本書關切最密者，如《順治實錄》〔註290〕、《康熙實錄》〔註291〕、清初所修《明史》〔註292〕等，又如自《明清史料》中選出有關明末清初之《南明史料》及《鄭氏史料》等。另外為方志資料，如松江、浙江、福建、臺灣方志中有關海外幾社社中人物記錄，或有關其詩文背景歷史之文獻，今存之《松江府志》、《福建通志》、《臺灣府志》、《臺灣縣志》、《廈門志》、《金門志》、《澎湖紀略》等實為必要之參考史料。

（四）明末、清代私家史學著作：明末以降私家史學著作如黃宗羲《思舊錄》、《弘光實錄鈔》、《行朝錄》、《海外慟哭記》、查繼佐《魯春秋》、《罪惟

〔註284〕清・錢澄之：《藏山閣集》（合肥：黃山書社，2004 年 12 月 1 版）。

〔註285〕明・朱之瑜：《朱舜水集》（北京：中華書局，1981 年 8 月 1 版，朱謙之整理本）。

〔註286〕清・屈大均撰、歐初等編：《屈大均全集》（北京：人民文學出版社，1996 年 12 月 1 版）。

〔註287〕清・錢謙益：《錢牧齋全集》（上海：上海古籍出版社，2003 年 8 月 1 版，錢仲聯標校本），第 8 冊《牧齋雜著・附錄》，頁 932。

〔註288〕《續甬上耆舊詩》一百二十卷，收浙江甬上詩家近七百人，人為之傳，選輯古今體詩一萬五千九百餘首，短文百餘篇。其價值如沈善洪所指出：「《續甬上耆舊詩》保存最多的是浙東抗清史詩。」清・全祖望選輯：《續甬上耆舊詩》（杭州：杭州出版社，2003 年 10 月 1 版，沈善洪等點校本），沈善洪〈序〉，頁 3。

〔註289〕清・吳山嘉：《復社姓氏傳略》（臺北：明文書局，1991 年 1 月 1 版，《明人傳紀叢編》）。

〔註290〕清・巴泰等修：《大清世祖章皇帝（順治）實錄》（臺北：華文書局，1964 年 9 月 1 版）。

〔註291〕清・馬齊、張廷玉等修：《大清聖祖仁皇帝（康熙）實錄》（臺北：華文書局，1964 年 9 月 1 版）。

〔註292〕清・張廷玉等修：《明史》（臺北：鼎文書局，1991 年 5 月 5 版）。

錄》〔註293〕、徐芳烈《浙東紀略》、夏琳《閩海紀要》、楊英《從征實錄》、阮旻錫《海上見聞錄》、鄭達《野史無文》、計六奇《明季南略》、邵廷采《東南紀事》、全祖望《鮚埼亭集》、彭孫貽《靖海志》、李瑤恭《南疆繹史》，甚至道光年間徐鼒《小腆紀年》、《小腆紀傳》或民國連橫《臺灣通史》等。

　　茲以新發現清初朱溶《忠義錄》為例，以明文獻研究之功，北京圖書館出版社新整理出版《明清遺書五種》〔註294〕收有朱溶《忠義錄》，此書曾為清修《明史》時采擇，惜未刊印傳世。清季劉世珩把它列入了《明季征訪遺書目》；近人謝國楨《增訂晚明史籍考》中，也僅見殘鈔本《忠義錄》卷一、卷四和《隱逸錄》一卷。本精抄八卷足本，為已故明清史學家李光璧教授原藏，後售歸天津師大歷史系資料室。因為是書係作者朱溶長期求訪長老及難死者子孫與故吏退卒而成；他既博於正史，又博於雜史，故書中不僅采輯大量口碑、家乘，更保存有不少幾已亡佚的原始文獻。朱溶字若始，先世原居蘇州，為三吳望族之一，後徙居松江華亭。父朱岳，字子固，金山衛學生；好書，性倜儻，有知略。明清之際，遭世喪亂，目擊諸公死義者多，恐久而湮沒無聞，欲作傳以表彰之；會病不果，將歿，以命朱溶。朱溶好讀書，習舉子業，應試有司，補縣學生。已而學稍進，遂棄去，承父志，「著書載難死諸公」，裹裝出遊，遍歷郡邑，凡遇遺老及故家子孫，輒問軼事，載之於書，久而成帙，名之曰：《忠義錄》。全書凡八卷，前六卷悉記明季死節之士，包括殉寇難諸公和殉清兵難者；卷七為《表忠錄》記毛文龍生平與軼事甚詳；卷八《隱逸錄》記「潔身高尚，始卒不變」之明季遺民。全書有文三百三十二篇，所記大小人物二千人，皆「事必考據，言無不根」；毛奇齡〈忠義錄序〉稱之「揮灑所至，能使衣裳髭髮奕奕若睹」，有「近龍門之為文」〔註295〕。此外，還有許多明末殉節之士在生前所作之絕命詩、詞，如張肯堂將死，為詩曰：「虛名廿載著人寰，晚歲空餘學圃閒。難賦歸來如靖節，聊歌正氣續文山。君恩未報徒齎志，臣道無虧在克艱。寄語千秋青史筆，衣冠二字莫輕刪。」〔註296〕查繼佐《魯春秋》僅載絕命詩四首中，有「傳與後來青史看，

〔註293〕清・查繼佐：《罪惟錄》（杭州：浙江古籍出版社，1986年5月1版，方福仁等校點本）。

〔註294〕明・姜垓等撰、高洪鈞編：《明清遺書五種》（北京：北京圖書館出版社，2006年11月1版）。

〔註295〕清・毛奇齡：〈忠義錄敘〉，見《明清遺書五種・忠義錄》，頁387。

〔註296〕清・朱溶：《忠義錄》卷5〈張肯堂傳〉，見《明清遺書五種・忠義錄》，頁689。

衣冠二字莫輕刪」之句。〔註297〕其價值可見一斑。故掇拾起來，也可補《全明詩》或《明遺民詩》之不足，因此，它不僅具有史料價值，同時也很有文學價值。

（五）筆記、詩文評：如清初李延昰《南吳舊話錄》〔註298〕。李延昰，松江上海人，師事徐孚遠，嘗追隨入海，康熙後隱於醫，居平湖祐聖觀中爲道士，其卒也以書籍二千五百卷贈朱彝尊。故《南吳舊話錄》載幾社事最多且最眞確。另朱彝尊《靜志居詩話》〔註299〕、楊鍾羲《雪橋詩話》〔註300〕等，對明末清初詩社與文學皆有珍貴資料之記錄。

以上五類資料皆屬於第一手文獻。而第二手文獻則利用上述原始文獻編寫或產生新的文獻資料，如上文「文獻探討」中之論文或專書等，茲不再贅錄。

二、歷史、傳記、社會之研究法

對於作者一生學術思想、精神思潮及文學創作心態上之變化，最明顯有效之研究法，無不從歷史、傳記、社會著手。文學是社會性之實踐，其藉語

至雍正四年（1726）全祖望（1705～1755）遊普陀時作〈明太傅吏部尚書文淵閣大學士華亭張公神道碑銘〉乃曰：「先一夕，少保禮部尚書吳公稚山至，作永訣詞：『虛名廿載誤塵寰，每節空愁學圃間。難賦歸來如靖節，聊歌正氣續文山。君恩未報徒長恨，臣道無虧在克艱。留與千秋青史筆，衣冠二字莫輕刪』。……而制府聞公有絕命詞手跡，懸償募之。一老兵得以獻，制府償之，其人不受，曰：『以慰公昭忠之意耳，非羨公金也』！聞者賢之。」清・全祖望撰、朱鑄禹校注：《全祖望集彙校集注・鮚埼亭內集》（上海：上海古籍出版社，2000 年 12 月 1 版），卷 10〈明太傅吏部尚書文淵閣大學士華亭張公神道碑銘〉，頁 208～209。道光三十年（1850）刊行《小腆紀年》附考曰：「肯堂詞云：『虛名廿載誤塵寰，晚節空餘學圃間；難賦「歸來」如靖節，聊歌「正氣」續文山。君恩未報徒長恨，臣道無虧在克艱。寄語千秋青史筆，「衣冠」二字莫輕刪』！後制府以二十金購此手蹟，一老兵得之以獻，賞之不受；曰：『我志在表揚忠義，豈爲金邪』？附志之」清・徐鼒：《小腆紀年》（臺北：臺灣銀行經濟研究室，1962 年 11 月 1 版，《臺灣文獻叢刊》第 134 種），卷 17〈自庚寅年至辛卯年〉，頁 834。

〔註297〕清・查繼佐：《魯春秋》（臺北：臺灣銀行經濟研究室，1961 年 10 月 1 版，《臺灣文獻叢刊》第 118 種），〈永曆五年、監國六年〉九月一日，頁 65。

〔註298〕清・李延昰：《南吳舊話錄》（臺北：廣文書局，1971 年 8 月 1 版），卷 2〈忠義〉，頁 144。

〔註299〕清・朱彝尊著、姚祖恩編：《靜志居詩話》（北京：人民文學出版社，1990 年 10 月 1 版，黃君坦校點本）。

〔註300〕楊鍾羲：《雪橋詩話》（瀋陽：遼瀋書社，1991 年 6 月 1 版）。

言這一社會創造物作爲媒介，故美國著名文藝理論家韋勒克（1903～1995）於《文學理論》一書中指出：「文學無論如何都脫離不了下面三方面的問題：作家的社會學、作品本身的社會內容以及文學對社會的影響。」〔註301〕美國浪漫主義批評大師 M・H・艾布拉姆斯於《鏡與燈》中亦明白指出每一件藝術品皆需涉及四個要點，即「作品、藝術家、世界及欣賞者」〔註302〕；作品、藝術家與欣賞者三者形成三角關係，而在三者之上，另有一個世界將其涵括在內。而這個世界即屬於歷史、傳記及社會範疇。緣此，文學研究方法之第一步乃要知人論世，故《孟子・萬章下》曰：

> 孟子謂萬章曰：「一鄉之善士斯友一鄉之善士，一國之善士斯友一國之善士，天下之善士斯友天下之善士。以友天下之善士爲未足，又尚論古之人，頌（通「誦」）其詩，讀其書，不知其人可乎？是以論其世也。是尚友也。」〔註303〕

孟子指出惟有誦其詩，讀其書，而論其世，乃可以今世而知古人之善也。此說形成後世「知人論世」之理論命題，而知人論世批評方法最具典範性之示範，如司馬遷《史記》中之〈屈原賈生列傳〉、〈司馬相如列傳〉等篇，以作家之政治活動爲背景，交代其代表作之產生過程，勾勒其創作活動軌跡，呈顯其複雜之創作心態，誠是開展作家傳記、社會、歷史批評研究之里程碑。

歷史、傳記、社會之分析與批評，乃自社會歷史發展角度予以觀察、分析、評價文學現象，故重視研究文學作品與社會生活之關係。此外，亦注重作家之思想傾向與文學作品之社會作用。此種方法將文學作品視爲作者生活與時代環境之表白，或其人物生活與時代背景之反映。因任何作者不能脫離自身所處之時代與生活，「作家不僅受社會的影響，他也要影響社會。藝術不僅重現生活，而且也造就生活」〔註304〕。進而言之，文學離不開作者所處之社會歷史發展，文學本質爲人類社會生活之再現，更是社會性實踐。文學家

〔註301〕〔美〕韋勒克、華倫著、劉象愚等譯：《文學理論》（南京：江蘇教育出版社，2005 年 8 月 1 版），第九章〈文學與社會〉，頁 102。

〔註302〕〔美〕M・H・艾布拉姆斯著、酈稚牛等譯：《鏡與燈》（北京：北京大學出版社，1989 年 12 月 1 版），第一章〈導論：批評理論的總趨向〉，第一節〈藝術批評的諸座標〉，頁 5～6。

〔註303〕《孟子・萬章下》，清・焦循：《孟子正義》（北京：中華書局，1987 年 10 月 1 版，沈文倬點校本），卷 21，頁 725～726。

〔註304〕《文學理論》，第九章〈文學與社會〉，頁 110。

爲社會之一員，擁有特定之社會地位，某種程度內必受時代社會規範、制約，文學家是創作文學作品之主體，其所呈現或再現之文學內容，皆是社會性直接或間接之剖露。所以德國大文豪歌德（1749～1832）說：「我的全部詩都是應景即興的詩，來自現實生活，從現實生活中獲得堅實的基礎。」〔註305〕所以「處理文學與社會的關切的最常見辦法是把文學作品當作社會文獻，當作社會現實的寫照來研究」〔註306〕。

綜觀一時代之人有一時代之風氣與精神，一代有一代之文章，一代有一代之學術。因之如劉勰所云：「時運交移，質文代變」，故「文變染乎世情，興廢繫乎時序」〔註307〕。準此而論，以作者傳記、社會、歷史爲基礎，以論作者創作心態與作品價值。

從另一角度思考，歷史批評亦是一種社會批評，可視爲過去時空架構內之社會批評。故「一部作品的成功、生存和再流傳的變化情況，或有關一個作家的名望和聲譽的變化情況，主要是一種社會現象，當然有一部分也屬於文學的『歷史現象』，因爲，聲譽和名望是以一個作家對別的作家的實際影響，以及他所具有的扭轉和改變文學傳統的力量來衡量的」〔註308〕。

綜合以上所論，本書《海外幾社三子研究》，以人與事爲主軸，以詩歌爲詩史，期望能達到下列三項目標：

甲、對海外幾社作品社會歷史內容之具體闡釋，此必須疏證文本，繫年記事，方能做出正確詮釋。

乙、聯繫海外幾社作品之社會歷史內容說明其藝術形式，證明其創造海洋文學高潮與開創臺灣古典文學之先河。

丙、考察海外幾社之社會歷史內容與作家之關係，旨在表彰民族正氣之所在。

誠如〈毛詩序〉所云：「至于王道衰，禮義廢，政教失，國異政，家殊俗，而變風、變雅作矣！」〔註309〕此說明文學作品與社會歷史內容之具體關係，深

〔註305〕〔德〕愛克曼輯錄、朱光潛譯：《歌德談話錄》（北京：人民文學出版社，1978年9月1版），頁6。

〔註306〕《文學理論》，第九章〈文學與社會〉，頁111。

〔註307〕《文心雕龍·時序》，南朝梁·劉勰撰、范文瀾注：《文心雕龍注》（台北：宏業書局，1975年2月1版），卷9〈時序〉，頁671、675。

〔註308〕《文學理論》，第九章〈文學與社會〉，頁108。

〔註309〕〈毛詩序〉，清·陳奐：《詩毛氏傳疏》（臺北：學生書局，1978年9月1版5刷，影道光二十七年鴻章書局本），卷1，頁12。

入了解南明從事反清復明大業，海上戰鬥不屈之史實，方能理解海外幾社三子所處之境及情感心態，「依年編次，方可見其平生履歷，與夫人情之聚散，世事之興衰」〔註310〕。自古所謂「文章憎命達」〔註311〕，而文學又是苦悶之象徵，海外幾社三子後半生皆寓居海外，飄泊各海島之間，其本質是爲文人，或總軍戎、或贊軍機，無非不是爲復興明朝，不爲亡國之奴而戰鬥。雖然歷史潮流終究淹沒南明抗清之火，但其全髮以終，寧死不屈之偉大精神與光風霽月之人格，不但能激勵人心、更可彰顯氣節，誠爲後代忠義之典範也。

基於上述論點，本書關心明末清初即南明海外幾社成員在舟山、金廈及臺灣之抗清詩史。故本書章節設計：第一章〈緒論〉在說明「海外幾社」之義及成員歷史定位、研究目的、本選題特性與研究方法、探討海外幾社三子研究文獻實況。第二章就晚明黨社與幾社文學時代背景加以分析，探討晚明黨社清議與幾社陳子龍、夏完淳愛國詩潮，本研究將二者定位爲海外幾社文學所繼承之典型。第三章就南明抗清歷史，考索海外幾社之形成及發展。第四章以徐孚遠《釣璜堂存稿》爲主，研究徐孚遠海外詩之百折不回抗清心史及崇高民族氣節。第五章以盧若騰《島噫詩》及《留庵詩文集》爲主，反映明鄭時代兵戎不斷之金門社會實況。第六章以張煌言《奇零草》、《冰槎集》、《采薇吟》詩文爲主，以見張煌言海上抗清十九年，孤海忠烈，捨身就義之偉大詩格。第七章結論，總結三子抗清完節詩歌：一、以詩存史，關懷社稷；二、反對侵略，堅定抗清；三、海洋文學，哀憫蒼生。

結　語

趙翼《甌北詩話》云：「明代詩，至末造而精華始發越。」〔註312〕其號爲大家者如陳子龍、錢謙益、吳梅村、張煌言；名家者如明遺民詩人群體。海外幾社成員乃屬遺民詩人群體之一，其文武相兼、抗節海外，開海外遺民文學之一新局。綜觀海外幾社諸子詩史，一方面經歷明室覆亡之離亂，另一

〔註310〕清・仇兆鰲：《杜詩詳註・凡例》（北京：中華書局，1979 年 10 月 1 版），頁22。
〔註311〕杜甫：〈天末懷李白〉，《杜詩詳註》卷 7，頁 590。
〔註312〕清・趙翼：《甌北詩話》卷 9〈吳梅村詩〉條，見郭紹虞編選《清詩話續編》（上海：上海古籍出版社，1983 年 12 月 1 版，富壽蓀校點本），頁 1282。

方面眼見滿清侵逼之悲痛；自其參與義旅奮起抗清後，流離山寨、飄零海上，兵戈之聲以及遺民心態雙重交織，編織成一頁曠古絕今之慘烈史詩。詩人喪亂憫憂，慷慨壯烈，詩格氣勢隨著戰鬥人生而增強，心境與海界共開闊，爲清初文學與臺灣文學帶來新氣象與新境界。故清末胡薇元《夢痕館詩話》明白指出「清初人才，半爲前明遺老」〔註313〕，洵是確論。明雖亡，然遺民以漢民族氣節自勵，視文章爲不朽之盛事，藉由文化與文學之薪火相傳，以開啓民族生機。

〔註313〕清·胡薇元：《夢痕館詩話》（臺北：藝文印書館，1971 年 3 月 1 版，《百部叢書集成》，影 1915 年《玉津閣叢書甲集》），卷 4，葉 1。

第二章 幾社文學與晚明黨社

　　儒家講究內聖外王之學，故士人均抱得志澤加於民，不得志修身見於世之理想。晚明東林黨既是一政治宗派，亦爲理學宗派，其起於江蘇無錫，領袖人物是顧憲成、高攀龍等人。東林黨人是晚明經世思想之力倡者，講求實學，注重有用於世，關心社會現實。由於東林黨人懷抱救世濟民之理念，故諷議朝政，抨擊閹宦，對當時之腥風血雨，皆視死如歸，無所畏懼。

　　東林清議影響江南士風，帶動實學風潮，復社號爲東林之宗子，以興復古學爲宗旨，可惜崇禎十四年復社領袖張溥去世後，便成群龍無首局面。然同時幾社活動在陳子龍等人領導下卻日漸興盛，形成明末文學主流。復社與幾社之文學復古運動，受到東林學派和蕺山學派之影響，東林學派和蕺山學派在思想上調合程朱與王學，在文學上修正公安派，竟陵派浪漫文學思潮，強調以理約情、關心世事，是晚明復古運動之思想基礎。

　　本章首先說明晚明東林清議，影響復社與幾社之興。最後將陳子龍、夏完淳愛國詩潮定位爲幾社文學主流，以闡明海外幾社文學之基調。

第一節　東林書院與東林黨議

　　晚明東林書院始於宋楊時東林書院，學繼程朱，道脈孔孟，轉移學風，旨在拯時救世。東林黨人提倡經世思想，對於當時王學末流「恁是天崩地陷，他也不管，只管講學快活過日」之學風深惡痛絕〔註1〕，認爲虛玄的心性之學

〔註1〕　明・高攀龍：《高子遺書》（臺北：臺灣商務印書館，1986 年 3 月 1 版，影印文淵閣《四庫全書》，第 1292 冊），卷 11〈顧季時行狀〉，頁 689 下。其全文爲：「（顧允成）一日喟然發嘆，涇陽先生（顧憲成）曰：『弟何嘆也？』曰：

是「以學術殺天下萬世」〔註2〕。高攀龍指出救治「虛病」要「反之於實」,「一一著實做去,方有所就」〔註3〕,故不貴空談,而貴實行。然當時處於激烈黨爭,反而忽視其經世實學,政敵始終圍繞在「其講習之餘,往往諷議朝政、裁量人物」〔註4〕之不當,大做文章,藉機打擊東林黨人。顯而易見,在野東林黨議,月旦時政是非,最終爲執政者所不容,雖東林書院講學議政而得民心,此乃東林獲幸之所在,亦其招禍之所由。

一、楊時與東林書院

東林書院在江蘇無錫,北宋徽宗政和元年(1111),理學家楊時〔註5〕(1053～1135)創建於城東,楊時是二程子的高足,在中國思想史上,以南傳其師說而著稱。楊時學成南歸,首先到常州、無錫講學,主要原因,是與當時常州鄒浩〔註6〕(1060～1111)及長期生活在無錫的名相李綱〔註7〕(1083～1140)有直接關係。高攀龍〈南京光祿寺少卿涇陽顧先生行狀〉云:

> 錫故有東林書院,宋龜山楊先生所居,楊先生令蕭山歸來,依鄒忠公志完於毘陵(常州)。忠公尋卒,依李忠定公伯紀於梁溪(無錫),凡十八年。往來毘陵、梁溪間,棲止東林,闡伊洛之學。〔註8〕

『吾嘆夫今人之講學者。』先生曰:『何也?』曰:『恁是天崩地陷,他也不管,只管講學快活過日。』先生曰:『然則所講何事?』曰:『在縉紳只明哲保身一句,在布衣只傳食諸侯一句。』先生爲俛其首。」

〔註2〕 明・顧憲成:《小心齋箚記》(臺北:廣文書局,1975年4月1版,影光緒三年重刊《顧端文公遺書》本),卷8,頁422。

〔註3〕 明・高攀龍:《高子遺書》卷4〈講義・知及之章〉,頁680下。

〔註4〕 清・張廷玉等撰:《明史》(臺北:鼎文書局,1991年5月5版,影北京中華書局點校本),卷231〈顧憲成傳〉,頁6032。

〔註5〕 楊時,字中立,世稱龜山先生,南劍將樂(今屬福建)人,神宗熙寧中進士。仕徽宗、高宗朝,累官至右諫議大夫兼國子祭酒、工部侍郎。楊時從學二程,與游酢、呂大臨、謝良佐號爲「程門四先生」,又與羅從彥、李侗並稱「南劍三先生」,以信道最篤見稱。著有《龜山集》等書。

〔註6〕 鄒浩,字志完,宋常州晉陵(今江蘇常州)人。神宗元豐進士,歷官太常博士、右正言、左司諫,進中書舍人,官至兵部侍郎,以諫立后事貶,與楊時極爲友善。今存有《道鄉先生鄒忠公文集》等書。

〔註7〕 李綱,字伯紀,徽宗政和二年進士。其先乃福建紹武人,自其祖始居無錫,靖康初爲兵部侍郎,力主抗金,被謫。高宗召爲相,志圖恢復,被黃潛善所沮,七十餘日而罷,卒諡忠定。李綱以敢言著稱,爲南北宋抗金派代表人物,因無錫有梁溪,故自號「梁溪漫叟」,著有《梁溪先生文集》。

〔註8〕 《高子遺書》卷11〈南京光祿寺少卿涇陽顧先生行狀〉,頁680下。康熙年間

可見東林書院就是楊時弘揚師說、傳播理學的重要基地。而東林書院名稱之由，與楊時游江西廬山東林寺有關，據《嚴氏舊志》云：

> 楊龜山先生〈東林道上閑步〉詩「寂寞蓮塘七百秋」之句，蓋詠廬山東林也。先生或愛廬山東林之勝，而移以名吾邑講學處，亦未可知。〔註9〕

楊時《楊龜山先生全集》今存有〈東林道上閑步〉三首：

> 寂寞蓮塘七百秋，溪雲庭月兩悠悠。我來欲問林間道，萬疊松聲自唱和。百年陳跡水溶溶，尚憶高人寄此中。晉代衣冠誰復在，虎溪長有白蓮風。碧眼龐眉老比丘，雲根高臥語難酬。蕭然丈室無人問，一炷爐峰頂上浮。〔註10〕

應是楊時愛廬山東林寺之勝，故名其無錫講學之處爲「東林書院」。

　　在宋代常州、無錫等江南地區，物饒民豐，人文興盛，不少人欽慕二程之學，自「政和元年（1111），楊龜山先生五十九歲，三月四日初寓毘陵之龜巢巷。四年十一月，遂徙居毘陵。至建炎三年（1129），先生七十六歲，乃自毘陵還南劍之將樂。前後共留十有八載。有講舍在錫邑城東偶弓河之上，地名東林」〔註11〕。在此十八年期間，楊時居院闡揚師說，講學約有十四年之久〔註12〕，成就眾多人材。南宋初期，金兵南掠，楊時去世後東林書院逐漸荒毀。南宋中期，程朱理學大盛，無錫士人建祠祀楊時，並稱龜山書院。元至正十年（1350），僧人改爲東林庵；自此遂爲佛教傳道之所者二百餘年。

著名詞人顧貞觀（1637～1714），爲其曾祖顧憲成所補輯《顧端文公年譜》亦引此。見清・顧貞觀：《顧端文公年譜》（上海：上海古籍出版社，2002 年 3 月 1 版，《續修四庫全書》影清刻本，第 553 冊），卷下，頁 391。

〔註9〕高廷珍等輯：《東林書院志》（北京：中華書局，2004 年 10 月 1 版，《東林書院志》整理委員會點校本），卷 21〈軼事一〉，頁 789。

〔註10〕宋・楊時：《楊龜山先生全集》（北京：線裝書局，2004 年 6 月 1 版，《宋集珍本叢刊》影明萬曆十九年林熙春刻本，第 29 冊），卷 42〈東林道上閑步〉，頁 603 下。

〔註11〕《東林書院志》卷 21〈軼事一〉引《龜山年譜》，頁 793。

〔註12〕楊時居無錫東林書院講學，宋元明清以來，無錫地方學者和官修志書，一般都明文指出爲十八年。今據朱文杰編著《東林書院與東林黨》一書之三〈楊時講學東林書院時間〉考證，準確言之楊時在無錫東林書院講學時間約有十四年。見朱文杰：《東林書院與東林黨》（北京：中央編譯出版社，1996 年 1 月 1 版），頁 5～7。

二、明代東林書院

　　元代至明中葉，東林書院廢爲僧舍，至明成化年間（1465～1486），邵寶欲興楊時書院未果，在城南伯瀆河畔另建一處東林書院，王守仁〈東林書院記〉記之甚詳，邵寶以舉人之身，「聚徒講誦於其間，先生既仕而其址復荒，屬於邑之華氏。華氏，先生之門人也，以先生之故，仍讓其地爲書院，以昭先生之跡，而復龜山之舊」〔註13〕。故邵寶有〈憶東林精舍寄示華生雲〉云：

> 東林寺里舊書堂，三十年來野草荒。百囀未忘初鳥韻，一枝猶剩晚柑香。山懷龍阜神俱遠，水問梅村脉故長。寄語雲生爲磨石，客中新記已成章。〔註14〕

從此無錫有兩個東林書院，一在城東偶弓河之上（即東林本），一在城南伯瀆河之上（即東林支），其詳可參考嚴穀〈兩東林辨〉〔註15〕。

　　嘉靖、隆慶、萬曆三朝，王學大盛，嘉靖十三年（1534）督學聞人詮，隆慶元年（1567）督學耿定向、萬曆元年（1573）督學謝廷傑，皆曾應當地王門後學之請，議准修復東林書院。〔註16〕尤其盛鑒致力最深，其中原委鮮爲世人所知，其子盛淳〈東林書院成追憶先子〉詩並序云：

> 先子勔玄門下士，追稱文玄子。好古博學，文章行誼卓然於時，爲四方名公所器重。會耿宗師倡明斯道，先子電勉以從。因念吾錫東林楊龜山先生講學處，遂圖修復，於隆慶丁卯、萬曆癸酉兩具呈學、院，蒙批允行。將會同志鳩工聚材，蘄竣厥業，不幸於戊寅之三月先子即世，修復雅意竟成虛願，能無竣後之君子乎。垂三十年，甲辰顧涇陽、高景逸諸縉紳先生。迺緣未就之緒，經紀其成。左復道南祠，又建堂，群賢時至，遠近交集，而龜山講學之風復

〔註13〕明・王守仁撰、吳光等編：《王陽明全集》（上海：上海古籍出版社，1992年12月1版），卷23〈外集・東林書院記〉，頁898。按：此文爲王守仁應邵寶之請而作，時正德八年（1513）。又見《東林書院志》卷15〈文翰一・記〉，頁596～597，題爲〈城南東林書院記〉。

〔註14〕明・邵寶：〈憶東林精舍寄示華生雲〉，見《東林書院志》卷18〈文翰四〉，頁705。

〔註15〕明・嚴穀：〈兩東林辨〉，見《東林書院志》卷17〈文翰三〉，頁698～699。

〔註16〕《東林書院志・軼事》載：「隆慶元年（1567）督學耿公定向，萬曆元年（1573）督學謝公廷傑，曾允勔玄盛公鑒之請，累議修復，不果。前此嘉靖十三年，督學聞公人詮已有光復故址之議。」《東林書院志》卷21〈軼事一・東林軼事〉，頁790。

振，一如先子所志焉。九原有知，良足慰已，聊次東字韻，以敍今昔廢興之感云。

道南遺澤在茲東，先子殷勤覓往踪。遠控江門盟主定，近邀朋輩眾心同。

文壇尚爾疑殘雪，講席依然振古風。莫謂數奇功未就，倡之必和在群公。〔註17〕

可知盛鑿曾於隆慶元年及萬曆元年兩次具呈請求修復書院，並得到批准，可惜直至萬曆七年，盛氏逝世，其修復雅意，仍是虛願。雖然書院修復未果，但「江門慰藉天臺語，千載斯文感興同」〔註18〕，這十餘年之努力，足見王門後學對東林書院之重視。

　　晚明東林書院之成與東林書院被目爲東林黨，實與顧憲成有密切相關。〔註19〕憲成，字叔時，無錫人，其姿性絕人，幼即有志聖學。萬曆四年（1576）

〔註17〕明・盛淳：〈東林書院成追憶先子〉，見《東林書院志》卷 18〈文翰四〉，頁 708。

〔註18〕明・盛鑿：〈東林書院占得東字〉，見《東林書院志》卷 18〈文翰四〉，頁 706。

〔註19〕《明史・顧憲成傳》云：「憲成姿性絕人，幼即有志聖學。暨削籍里居，益覃精研究，力闢王守仁『無善無惡，心之體』之說。邑故有東林書院，宋楊時講道處也；憲成與弟允成倡修之，常州知府歐陽東鳳與無錫知縣林宰爲之營構落成；偕同志高攀龍、錢一本、薛敷教、史孟麟、于孔兼輩講學其中，學者稱『涇陽先生』。當是時，士大夫抱道忤時者，率退處林野；聞風嚮附，學舍至不能容。憲成嘗曰：『官輦轂，志不在君父；官封疆，志不在民生；居水邊林下，志不在世道：君子無取焉。』故其講習之餘，往往諷議朝政、裁量人物；朝士慕其風者，多遙相應和。由是東林名大著，而忌者亦多。既而淮撫李三才被論，憲成貽書葉向高、孫丕揚爲延譽，御史吳亮刻之邸抄中；攻三才者大譁。而其時于玉立、黃正賓輩附麗其間，頗有輕浮好事名；徐兆魁之徒遂以東林爲口實。兆魁騰疏攻憲成，恣意誣詆，謂滸墅有小河，東林專其稅爲書院費；關使至，東林輒以書招之；即不赴，亦必致厚饋。講學所至，僕從如雲；縣令館穀供億，非二百金不辦。會時，必談時政。郡行事偶相左，必令改圖。及受黃正賓賄，其言絕無左驗。光祿丞吳炯上言，爲一致辨；因言『憲成貽書救三才，誠爲出位，臣嘗咎之，憲成亦自悔。今憲成被誣，天下將以講學爲戒，絕口不談孔、孟之道，國家正氣從此而損，非細事也』。疏入，不報。嗣後，攻擊者不絕。比憲成歿，攻者猶未止。凡救三才者、爭辛亥京察者、衛國本者、發韓敬科場弊者、請行勘熊廷弼者、抗論張差梃擊者、最後爭移宮紅丸者、忤魏忠賢者，率指目爲東林，抨擊無虛日；借魏忠賢毒燄，一網盡去之。殺戮禁錮，善類爲一空。崇禎立，始漸收用，而朋黨勢已成，小人辛大熾；禍中於國，迄明亡而後已。」清・張廷玉等撰：《明史》（臺北：鼎文書局，1991 年 5 月 5 版，影北京中華書局點校本），卷 231〈顧

舉鄉試第一，八年（1580）成進士，授戶部主事。萬曆二十二年（1594）五月吏部驗封司員外郎顧憲成，因議論「三王並封」及會推閣員，與內閣大僚意見不合，被革職爲民，回到家鄉無錫；其弟顧允成、朋友高攀龍亦脫離官場回到無錫。二十五年仰慕顧、高等人道德學問的士人紛紛前來聽他們講學，「丁酉家居，弟子雲集，鄉居梵宇僦寓都遍，至無所容。先生商之仲季，各就溪旁近舍構書室數十楹居之，省其勤窳，資其乏絕，萃四方學者課之同人堂」〔註20〕。此即顧氏兄弟在其「小心齋」讀書處東旁另構「同人堂」，提供書室場所給與士子們講習學問之起因。《明史・顧憲成傳》評說「當是時，士大夫抱道忤時者，率退處林野；聞風嚮附，學舍至不能容。……故其講習之餘，往往諷議朝政、裁量人物；朝士慕其風者，多遙相應和。由是東林名大著，而忌者亦多。」〔註21〕顧憲成希望有一理想的場所，有意興復楊時書院，其經常與高攀龍言：「日月逝矣，百工居肆以成事，吾曹可無講習之所乎？」並多次憑弔楊時書院舊址，慨然說：「其在斯乎？」〔註22〕萬曆三十二年（1604）顧憲成得到常州知府歐陽東鳳、無錫知縣林宰同意，在城東偶弓河之上修繕楊龜山先生祠，而志同道合者募捐出資，相與構精舍居焉，此即晚明「東林書院」之始成也。東林書院落成，大會四方之士，顧憲成成爲會主，實爲東南領袖。

晚明對東林書院發展作出貢獻者甚多，著名者有所謂「東林八君子」，乃指顧憲成、顧允成、高攀龍、安希范、劉元珍、葉茂才，錢一本，薛敷教，其中前六人皆是無錫人，故又有「無錫六君子」之稱。但就講學而言，眞正主盟東林者，當以顧憲成、高攀龍爲主。東林學風主要在辟王崇朱，將陸王心學扭轉爲程朱理學，故高攀龍在爲劉元珍《東林志》作序時，特別強調東林書院繼承學脈上之使命：「道者人之神也，跡者神之著也。故東林在而龜山先生在，龜山先生在而閩洛夫子在，閩洛夫子在而先聖在，神一也，一著而無不著在。」〔註23〕高攀龍之學「一本程朱，故以格物爲要」〔註24〕；顧憲

憲成傳〉，頁 6032～6033。

〔註20〕《東林書院志》卷 22〈軼事二・諸賢軼事・顧涇陽先生〉，頁 823。

〔註21〕《明史》卷 231〈顧憲成傳〉，頁 6032。

〔註22〕《高子遺書》卷 11〈南京光祿寺少卿涇陽顧先生行狀〉，頁 680 下。

〔註23〕《高子遺書》卷 9 上〈東林志序〉，頁 559 上。

〔註24〕黃宗羲：《明儒學案》卷 58〈東林學案一・忠憲高景逸先生攀龍〉，清・黃宗羲撰、沈善洪主編：《黃宗羲全集》（杭州：浙江古籍出版社，1992 年 8 月 1 版），第 8 冊《明儒學案》下，頁 1402。

成對王學也十分不滿，對王守仁「無善無惡心之體」一語辯難不遺餘力，「以為壞天下之法，自斯言始。」〔註25〕

　　東林書院在萬曆、天啓年間講學特色，在關心天下大事，拯時救世。顧憲成嘗言「官輦轂，念頭不在君父上；官封疆，念頭不在百姓上；至於山間林下，三三兩兩，相與講求性命，切磨德義，念頭不在世道上，即有他美，君子不齒也。」〔註26〕故顧憲成自認：「士之號為有志者，未有不亟亟于救世者也。夫苟亟亟于救世，則其所為必與世殊，是故世之所有餘，驕之以不足，世之所不足，驕之以有餘。」〔註27〕此方為眞正仁人志士。

三、東林黨爭

　　晚明東林書院創建於萬曆三十二年（1604）禁毀於天啓五年（1625），雖只存在短短二十一年，卻在當時社會政治激起巨大反響，成為晚明歷史關注焦點，當時朝野上下紛紛擾擾，推崇者譽之為清議，詆毀者斥之為結黨。對此紛擾與詆毀，吳應箕在《東林本末・會推閣員》中所論最能切中史實，其云：

　　　自顧涇陽削歸而朝空林，始東林門戶始成。夫東林，故楊龜山講學地。涇陽公請之當道，創書院其上，而因以名之者。時梁谿、崑林、金沙、雲間諸公相與道德切劇，而江漢北直相唱和，於是人品理學擅千百年未有之盛。然是時之朝廷何如哉？夫使賢人不得志而相與明道於下，此東林不願有此也。即後之賢人君子者亦何嘗標榜曰吾東林哉！朝廷之上見一出聲吐氣，鄉黨之閒有一砥行好脩，率舉而納之曰：此東林也。浸淫二、三十年者，壯者衰，老者死；迨邊難作，而勢不可復支，至不得已求人於此中，而又以門戶撓其成而利其敗。〔註28〕

吳應箕此言「賢人君子者亦何嘗標榜曰吾東林哉！」實切中問題癥結，其於〈別邪正〉曾說「小人指君子為朋黨，君子亦自以為黨而不辭。」而小人標

〔註25〕　《明儒學案》卷58〈東林學案一・端文顧涇陽先生憲成〉，《黃宗羲全集》第8冊《明儒學案》下，頁1379。

〔註26〕　《明儒學案》卷58〈東林學案一・端文顧涇陽先生憲成〉，《黃宗羲全集》第8冊《明儒學案》下，頁1377。

〔註27〕　明・顧憲成：《涇皋藏稿》（臺北：臺灣商務印書館，1986年3月1版，影印文淵閣《四庫全書》，第1292冊），卷8〈贈鳳雲楊君令峽江序〉，頁102。

〔註28〕　明・吳應箕：《東林本末》（臺北：藝文印書館，1971年3月1版，《百部叢書集成》影《貴池先哲遺書》），卷下〈會推閣員〉，葉3。

榜自己無黨，是以「無黨而掃除有黨之人，則正人必先蒙其害」〔註 29〕故黃宗羲云：「東林豈眞有名目哉？亦小人者加之名目而已矣，論者以東林爲清議所宗，禍之招也。」〔註 30〕在當時小人聞東林黨而惡之，「廟堂之上，行一正事，發一正論，俱目之爲東林黨」〔註 31〕。顧憲成等並不自稱爲「東林黨」，而「東林黨」一詞必是政敵對東林書院之誣稱〔註 32〕，乃在政治鬥爭中負面攻擊之語彙。正如西晉郤詵所說：「動則爭競，爭競則朋黨，朋黨則誣謗，誣謗則臧否失實，眞僞相冒，主聽用惑，姦之所會也。」〔註 33〕後人觀此晚明黨爭，終致亡國，不勝感慨，實國家民族之不幸也。

東林黨爭乃自浙江沈一貫入閣始，如蔣平階《東林始末》云：

> 先是，國本論起，言者皆以早建元良爲請。政府惟王家屏與言者合，力請不允，放歸。申時行、王錫爵皆婉轉調護，而心亦以言者爲多事。錫爵嘗語憲成曰：「當今所最怪者，廟堂之是非，天下必反之。」憲成曰：「吾見天下之是非，廟堂必欲反之耳！」遂不合。然時行性寬平，所斥必旋加拔擢，一貫既入相，以才自許，不爲人下。憲成既謫歸，講學于東林，故楊時書院也。孫丕揚、鄒元標、趙南星之流，寒諤自負，與政府每相持。附一貫者，科道亦有人。而憲成講學，天下趨之。一貫持權求勝，受黜者身去而名益高。此東林、浙黨所自始也。其後更相傾軋，垂五十年。〔註 34〕

〔註 29〕 明・吳應箕：《樓山集》（上海：上海古籍出版社，2002 年 3 月 1 版，《續修四庫全書》影清刻本，第 1388 冊），卷 9〈策・別邪正〉，頁 490～491。其中亦分析在門戶黨爭中君子必退，小人必得勢之道：「殆競爭門戶而君子常易衰弱，非易衰弱也，君子難進而易退，榮而易辱，於是小人揣得其情，攻之以必忌，持之以難久。」

〔註 30〕 《明儒學案》卷 58〈東林學案一〉，《黃宗羲全集》第 8 冊《明儒學案》下，頁 1375。

〔註 31〕 《明儒學案》卷 58〈東林學案一・忠憲高景逸先生攀龍〉，《黃宗羲全集》第 8 冊《明儒學案》下，頁 1399。

〔註 32〕 參見樊樹志：《晚明史》（上海：復旦大學出版社，2003 年 10 月 1 版），第六章〈東林書院與「東林黨」〉，第三節〈「東林黨」論質疑〉及第四節〈東林書院如何被誣爲「黨」〉，頁 597～627。此一說法可糾正東林黨激偏之論，但如以爲東林非黨則不十分正確，東林人士雖不自誣爲「黨」，卻習慣於自稱爲「黨」。

〔註 33〕 唐・房玄齡等編：《晉書》（臺北：鼎文書局，1991 年 11 月 7 版，影北京：中華書局校點本），卷 52〈郤詵傳〉，頁 1441。

〔註 34〕 清・蔣平階：《東林始末・萬歷二十二年》（揚州：江蘇廣陵刻古籍印社，

而夏允彝《幸存錄》更云：

> 國朝自萬曆以前，未有黨名。及四明沈一貫爲相，以才自許，不爲
> 人下。而一時賢者如顧憲成、孫丕揚、鄒元標、趙南星之流，寒謷
> 自負，與政府每相持。附一貫者，言路亦有人。而憲成講學於東林，
> 名流咸樂趨之，此東林、浙黨之所自始也。〔註35〕

沈一貫自萬曆二十二年（1594）五月進入內閣，到萬曆三十四年（1606）致
仕，其中任內閣首輔五年，劣跡昭彰，《明史·沈一貫傳》云：「自一貫入
閣，朝政已大非，數年之間，礦稅使四出爲民害。其所誣劾逮繫者，悉滯獄
中，吏部疏請起用建言廢黜諸臣，并考選科道官，久抑不下，……上下否隔
甚，一貫雖小有救正，大率依違其間，物望漸衰。」〔註36〕因之引起朝野大
肆抨擊。由是東林、非東林黨交攻不休，以至明亡。

　　綜觀明末東林黨之政治運動，若以天啓末年魏忠賢設局捕治「黨人」爲
下限，可分爲下列四個階段〔註37〕：

　　（一）萬曆二十一年至二十九年（1593～1601）：此時朝中門戶之局初步
形成。引發廷臣爭議形成黨局的焦點有二：一是內閣首輔王錫爵爲明神宗擬
「三王並封」諭旨，命禮部擇日舉行並封典禮，這使萬曆十四年開始的建儲
問題之爭議更爲激烈，也使內閣與外廷關係更惡化。二是因六年舉行一次之
京察〔註38〕，主持考核之吏部官員被指爲專權結黨，然而吏部官員則認爲這

1994 年 8 月 1 版，影清道光十一年六安晁氏《學海類編》，第 3 冊），頁 571
～572。

〔註35〕明·夏允彝：《幸存錄》（臺北：臺灣銀行經濟研究室，1970 年 9 月 1 版，《臺
灣文獻叢刊》第 235 種），卷上〈門戶大略〉，頁 10。

〔註36〕《明史》卷 218〈沈一貫傳〉，頁 5756～5757。

〔註37〕此分期參引林麗月：〈「道」與「勢」——明末東林黨的政治抗爭〉，見《國文
天地》第 4 卷第 10 期（1989 年 3 月），頁 26～30。

〔註38〕明代對官吏的考核制度有「京察」和「外察」兩種，「京察」考察京官，六年
一次，以地支逢巳、亥之年舉行；「外察」考核地方官吏，三年一次，每逢丑、
辰、未、戌之年趁外官赴京師朝覲之機加以考察。在京察中，根據官員政績、
品行分別給予升任或罷官降調等獎懲。凡是在京察中被罷官者，終身不復起
用。由於考核的結果決定官員之升遷，故朝野上下特別矚目。查慎行《人海
記》云：「六年一京察，乃成化（1465～1487）以後定例，至於考察科道，則
或以輔臣去住而及黨者，惟嘉靖丙辰（三十五年，1556）因星變，命輔臣李
本（即呂本）掌部，悉去六部九卿，自尚書至尚寶丞及六科十三道分別去留
之，蓋分宜借此伸其恩怨也。隆慶四年有旨命吏部高拱考察科道官，高請與都
察院同事，大者削，小者謫，其後高雖敗，而斥者不復用。」清·查慎行：《人

次考核秉公黜陟，並無不當，攻擊矛頭並且直指首輔王錫爵。在這一連串之閣部衝突中，顧憲成、趙南星、孫鑨、于孔兼、錢一本、高攀龍、顧允成、史虛麟、薛敷教等人相繼斥逐歸里，成為望重士林、名滿天下之「清流」。所以此時朝野雖然尚無「東林黨」之名目，而東林運動實已發軔，正式走向晚明政治舞台。

（二）萬曆三十年至三十九年（1602～1611）：這段期間顧憲成等人在無錫重建東林書院，幾乎網羅前一階段斥逐下野之江南士大夫在此講學，而東林清議也開始成為朝野矚目之焦點，在社會上形成影響力。萬曆三十二年顧憲成建東林書院，三十八年顧憲成上書執政，為李三才辯護，引起言官交章攻擊，「東林黨」之名，從此正式捲入京中政治爭鬥之漩渦中。如《明史・孫丕揚傳》云：

> 先是，南北言官群擊李三才、王元翰，連及里居顧憲成，謂之東林
> 黨。而祭酒湯賓尹、諭德顧天竣各收召朋徒，干預時政，謂之宣黨、
> 崑黨，以賓尹宣城人，天俊崑山人人也。御史徐兆魁、喬應甲、劉
> 國縉、鄭繼芳、劉光復、房壯麗，給事中王紹徽、朱一桂、姚宗文、
> 徐紹吉、周永春輩，則力排東林，與賓尹、天俊聲勢相倚，大臣多
> 畏避之。〔註39〕

可知此時與東林黨對立的有所謂「浙黨」、「宣黨」、「崑黨」，分別以內閣首輔沈一貫、祭酒湯賓尹、諭德顧天竣為首腦。此一階段歷經三十三年與三十九年之兩次京官考核，主察的吏部尚書分別為楊時喬與孫丕揚，皆為東林黨的中堅人物。京察之黜陟是影響朋黨勢力盛衰之關鍵，所以此時朝中之東林黨勢力頗盛。

若以抗爭的對象來說，萬曆年間之東林運動集中於攻擊內閣，東林黨一方面從法理地位力爭吏部之人事自主權，另一方面抨擊內閣首輔迎合帝旨、淆亂是非，所以東林與內閣的抗爭既有政府制度之爭，也有政治道德之爭。

（三）萬曆四十年至泰昌元年（1612～1620）：顧憲成於萬曆四十年卒，此期反東林黨陣營完成重組，分為齊、楚、浙三黨，而多年來素由東林黨主

海記》（上海：上海古籍出版社，2002 年 3 月 1 版，《續修四庫全書》影清咸
豐元年小嫏嬛山館刻本，第 1177 冊），卷下〈京察〉條，頁 241 下。
〔註39〕《明史》卷 224〈孫丕揚傳〉，頁 5903。

掌的吏部勢力，亦從這一年漸入三黨之手。至萬曆四十五年之京察，由三黨之人主察，東林黨官員被黜殆盡，東林不論在吏部或內閣都告失勢，所以這是齊、楚、浙三黨勢力最盛之階段。

（四）天啓元年至七年（1621～1627）：熹宗即位後，東林黨勢復盛，萬曆一朝被黜之「清流」紛紛復官，東林之人滿佈要津，取得執政大權。三黨失勢，朝中言官爭「紅丸」、「移宮」等案，紛爭更甚，東林黨與三黨益如水火。後來宦官魏忠賢漸專朝政，三黨之人依附魏璫以抗東林。加以魏忠賢掌權用事，藉東林名目，傾陷諸賢，黨局轉成閹黨與東林黨的對立。如《明史·顧憲成傳》云：「比憲成歿，攻者猶未止。凡救三才者、爭辛亥京察者、衛國本者、發韓敬科場弊者、請行勘熊廷弼者、抗論張差梃擊者、最後爭移宮紅丸者、忤魏忠賢者，率指目爲東林，抨擊無虛日；借魏忠賢毒燄，一網盡去之。殺戮禁錮，善類爲一空。」〔註40〕此階段東林黨抗爭對象乃轉而針對魏忠賢閹黨勢力爲主，也是東林盛極而衰之關鍵時期。

總結東林黨議與晚明政治運動，如林麗月教授《明末東林運動新探》一書之研究結論，東林運動有些不同於以往認知，其中值得注意者如促成東林士大夫連結的最大因素是彼此在政治與思想上之共識。東林的嚴於君子、小人之辨，不免流於繩人過刻、意氣矯激，導致小人窮而思逞，東林實亦不能辭其咎。〔註41〕然而晚明東林黨爭，如夏允彝《幸存錄·門戶大略》中

〔註40〕《明史》卷231〈顧憲成傳〉，頁6033。

〔註41〕林麗月《明末東林運動新探》對晚明東林運動總結爲：（一）同鄉關係、師友關係與書院所在的地緣關係，對早期東林領袖的結合有重要的影響。但是就絕大多數的東林黨人而言，籍貫、科第、個人關係只能說是影響東林黨人結合的次要因素，促成東林士大夫連結的最大因素是彼此在政治與思想上的共識。（二）東林領袖最重視政治道德，其思想全爲解決當世政治社會問題而出發。東林諸儒以救世爲職志，不喜作空談性命之學，其強調「性善」，主張善惡之不可含混，一方面固在救正王學末流猖狂無忌之弊，一方面亦在提倡社會政治道德，以爲挽救世道人心之根本。此種思想不僅在學術上是東林對抗王學末流的異幟，而且是現實政治中東林人士強調政治理想，但他們一方面強調人臣應有匡正「君心之非」的作爲，一方面重視超越君權的「公是公非」，並由此衍生「國法」的觀念，其眞正目的在用以限制專制君權。（三）東林運動唯一比較明顯的政治目標是進君子，退小人，務期「眾正盈朝」，以實現其改善政治之理想。他們認爲君子小人的消長關係著天下的治亂，非常重視正人君子的互相汲引，因此在實際政治活動上，東林領袖薦賢用才，不遺餘力。其基本目標是從官僚內部做「質」的改變，以爲推動改善政治的力量，這正是明清兩代溫和的「尚實主義」（realism）的主要精神所在。（四）明末的政

所論：

> 自三代而下，代有朋黨。漢之黨人，皆君子也。唐之黨人，小人爲
> 多，然亦多能者。宋之黨人，君子爲多。然朋黨之論一起，必與國
> 運相終始，迄於敗亡者。以聰明偉傑之士爲世所推，必以黨目之。
> 於是，精神智術俱用之相顧相防，而國事坐誤，不暇顧也。且指人
> 爲黨者，亦必有此。此黨衰，彼黨興，後出者愈不如前。禍延宗社，
> 固其所也。〔註42〕

黨爭淪爲非理性、非政策之爭，務仇敵者痛懲而後快，此時求國家正常發
展，政治清明已不可得，終究步入亡國之路，實國家民族之大不幸也。

儒家講究內聖外王之學，故士人均抱得志澤加於民；不得志修身見於世
之理想。東林黨人是晚明經世思想之力倡者，從「風聲、雨聲、讀書聲，聲
聲入耳；家事、國事、天下事，事事關心。」〔註43〕從這幅東林書院名聯，
知東林黨人懷抱救世濟民之理念，故敢於大膽諷議朝政，極力抨擊閹宦，對

治環境，使東林的道德理想主義屢遭挫折，此種挫折尤其表現在東林的反對
內閣首輔與反抗宦官權勢上面。東林不論基於制度或道德的理由抨擊內閣，
實際上都無法突破明代君主專制體制下君權的限制，這也是儒家道德理想主
義者的共同困境。(五) 在東林的反抗宦官權勢方面，萬曆年間東林的反宦官
運動主要表現在反對礦監稅使上，內廷的司禮太監並非此時東林抨擊的重
心，直到天啓一朝魏忠賢擅權專政，內廷的權璫才成爲朝廷正士的抨擊焦點。
東林中人亦深囿於明末宦官權爵不易打倒的事實，因此並不排斥與正直的內
璫合作的作法。萬曆、泰昌之際，東林與司禮太監王安的合作，即爲東林士
大夫在當時政局下的因應與權變。天啓年間，東林與魏忠賢的對抗，表面上
是明末重視氣節的士大夫與弄權禍國的權璫之對立，實際上是萬曆中葉以來
東，林與反東林兩派士大夫集團的權力鬥爭，兩者合而爲一，最後閹黨以東
林黨獄佈一網打盡之局。反東林士大夫的倚附魏忠賢，固然象徵明末知識份
子道德的淪喪與東林道德理想主義的挫敗，但東林的嚴於君子、小人之辨，
不免流於繩人過刻、意氣矯激，導致小人窮而思逞，東林實亦不能辭其咎。
林麗月：《明末東林運動新探》，國立臺灣師範大學歷史研究所博士論文，1984
年 7 月，李國祁教授指導，計七章，434 頁。

〔註42〕《幸存錄》卷上〈門戶大略〉，頁 10。

〔註43〕「風聲、雨聲、讀書聲，聲聲入耳；家事、國事、天下事，事事關心。」爲
東林書院流傳已久名聯，此三聲三事，並非全由顧憲成所作，上聯由陳以忠
所出，下聯由顧憲成所對，此聯體現東林先達之思想與政治抱負，今人書之
立於依庸堂堂柱之上。另東林書院依庸堂左右聯曰「坐間談論人，可聖可賢；
日用尋常事，即性即天。」該聯爲鄒元標賀東林書院落成題贈，後由復社成
員崑山歸莊手書。同樣反映出志於世道，崇尚實學之精神，與「三聲三事」
聯有異曲同工之妙。見《東林書院志》卷 1〈建置〉，頁 3、5。

當時之腥風血雨，視死如歸，均抱持「一堂師友，吟風熱血，洗滌乾坤」之高風亮節。〔註 44〕面對無端攻擊，東林講學諸君子，以「赤金在烈燄中借火之力，得眞色見於世」相勉，仍然講學自持，挺立於世，成爲正義之象徵。〔註 45〕更有復社、幾社接踵其後，入清更有黃宗羲、顧炎武繼而強調匡世救民，顧炎武更明確倡導經世致用之學，主張明道救世，以期撥亂反正，充分反映出知識份子崇高道德理想與對社會民生之關懷。可見自東林之後「數十年來，勇者燔妻子，弱者埋土室，忠義之盛，度越前代，猶是東林之流風餘韻也」〔註 46〕。

第二節　復社與幾社

　　明末清初黨社運動最爲發達，文社之興，本在以文會友、以友輔仁之義。〔註 47〕然詩社與文社在政治上的傾向並不同，詩社多不問政治，文社則多干預政治。陸世儀《復社紀略》云：「令甲以科目取人，而制義始重。士既重於其事，咸思厚自濯磨，以求副功令。因共尊師友，互相砥礪，多者數十人、少者數人，謂之文社，即此以文會友、以友輔仁之遺則也。好修之士，以是爲學問之地；馳騖之徒，亦以是爲功名之門，所從來舊矣。」〔註 48〕可知文社之立，與詩社以詩酒倡和爲好者不同；其目的主要在以文會友，揣摩時文，以應科考，士子爲獵取功名，多相與入社，以爲進身之階。但在晚明亂世之際，社局亦復關心國家時政者爲多。

〔註 44〕　《明儒學案》卷 58〈東林學案一〉，《黃宗羲全集》第 8 冊《明儒學案》下，頁 1375。

〔註 45〕　《高子遺書》卷 11〈南京光祿寺少卿涇陽顧先生行狀〉，頁 681 下。據陳鼎《東林列傳・高攀龍傳》云：「由是深山窮谷，雖黃童、白叟、婦人、女子，皆知東林爲賢。販夫豎子或相詬讓，輒曰『汝東林賢者耶？何其清白如此耶？』至今農夫野老相傳以爲口實，猶諜諜不休焉。」東林賢者清白如此深入人心，可見社會自有公道。清・陳鼎編著：《東林列傳》（臺北：新文豐出版公司，1975 年 11 月 1 版），卷 2〈高攀龍傳〉，葉 22B。

〔註 46〕　《明儒學案》卷 58〈東林學案一〉，《黃宗羲全集》第 8 冊《明儒學案》下，頁 1375。

〔註 47〕　如杜登春《社事始末》云：「楊維斗先生設帳於滄浪亭內，爲子煒擇友會文。」清・杜登春：《社事始末》（臺北：藝文印書館，1968 年 1 版，《百部叢書集成》影清吳省蘭輯《藝海珠塵》），葉 7B。

〔註 48〕　清・陸世儀：《復社紀略》卷 1，見《東林與復社》（臺北：臺灣銀行經濟研究室，1968 年 12 月 1 版，《臺灣文獻叢刊》第 259 種），頁 45。

　　胡懷琛根據時代之不同，將中國文社的性質分爲三類：一個是治世（或盛世）的文社，一個是亂世（或衰世）的文社，一個是亡國遺民的文社。〔註49〕從政治上之影響力與文學上成就言，應以亂世之文社最高。此所謂朝政不綱，所謂小人專權誤國，於是產生在野者之清議，他們是以講學爲名，以提倡氣節相號召，議論時事，批評人物，其文章專門指奸謫佞，聲色俱厲，爲民喉舌。執政者乃欲置之於死地而後快，但基於現實政治考量之下，又不能不容忍在野勢力之必然存在。民間力量愈聚愈多，而聲勢也愈來愈壯大，明末復社、幾社即是此類之代表。此情況如據黃宗羲云：

> 制科盛而人才絀，於是當世之君子，立講會以通其變，其興起人才，學校反有所不逮。如朱子之竹林，陸子之象山，五峯之岳麓，東萊之明招，白雲之僊葦，繼以小坡、江門、西樵、龍瑞，逮陽明之徒，講會且遍天下，其衰也，猶吳有東林，越有證人，古今人才，大略多出於是。然士子之爲經義者，亦依仿之而立社，余自涉事至今，目之所覩，其最著者，雲間之幾社，……武林之讀書社，……婁東之復社。〔註50〕

制科籠絡士人入朝廷彀中，故眞正人才短絀，如明太祖一統江山，實行集權統治，立「臥碑」，即不許生員干政，故「天下利病，諸人皆許直言，惟生員不許。……若糾眾扛幫，罵詈署長，爲首者問遣，餘盡革爲民。」〔註51〕清俞正燮亦云：「我朝順治九年，禮部頒天下學校臥碑，第八條云：『禁立盟結社。』十七年正月，又以給事中楊雍言，禁妄立社名，及投刺同社、同盟，則以八股牟利假借社名也。十六年例，則士習不端，結社訂盟者，黜革。」〔註52〕審此，可見明清兩代對士人結社箝制之嚴，其補弊起廢有待民間書院

〔註49〕胡懷琛：〈中國文社的性質〉，《越風》第 22、23、24 期合刊（1936 年 12 月 25 日），頁 7。

〔註50〕黃宗羲：〈陳夔獻墓誌銘〉，明・黃宗羲撰、沈善洪主編：《黃宗羲全集》（杭州：浙江古籍出版社，1993 年 10 月 1 版），第 10 冊《南雷詩文集・碑誌類》上，頁 439～440。

〔註51〕不著撰者：《松下雜錄》（臺北：臺灣商務印書館，1916 年 8 月 1 版，1967 年 11 月臺 1 版，《涵芬樓祕笈》，第 9 冊），卷下〈臥碑〉，葉 15B。

〔註52〕清・俞正燮：《癸巳存稿》卷 8〈釋社〉，見《俞正燮全集》（合肥：黃山出版社，2005 年 9 月 1 版，于石等校點本），第 3 冊，頁 331。按順治九年（1652）禮部奉欽依條約八款，頒刻學宮，謂之新臥碑，不許生員糾黨多人，立盟結社，及不許將所作文字，妄行刊刻，大致至康熙初年，其例尚寬。

及文社這股講學清流。

　　晚明復社與幾社受東林運動影響最鉅，尤其是復社，又有「小東林」之稱，以張溥爲代表之復社名士，接武東林，致力於實學研究，「凡經函子部，迄歷代掌故家言，君子小人所以進退，夷狄盜賊所以盛衰，兵刑錢穀之數，典禮制作之大，無不博極群書，涉口成誦。」〔註53〕當清兵入關，再破南都，幾社陳子龍、夏允彝、徐孚遠等幾社巨子領導江南百姓奮勇抗清，雖犧牲殆盡，亦能爲中流之砥柱。

　　復社是一龐大而複雜之文社組織，計東〈上太倉吳祭酒書〉云：「應社之本於拂水山房，浙中讀書社之本於小築，各二十餘年矣。」〔註54〕復、幾兩社皆應社之廣，而拂水山房社又爲應社之前驅，故先交代其重要源流如下。

一、應社

　　應社之本於拂水山房社，拂水山房又稱拂水山莊，在蘇州府常熟縣虞山拂水巖下〔註55〕，初爲瞿純仁讀書會文之所，錢謙益〈瞿元初墓志銘〉云：「虞山之西麓，有精舍數楹，直拂水巖之下，予友瞿元初君之別墅也。君諱純仁，字曰元初。祖曰南莊翁，布衣節俠，奇君之才，以能大其門，買田築室，庀薪水膏火，以資士之與君游處者。君所居北山，面湖有竹樹水石之勝，而其所取友曰瞿汝說星卿、邵濂茂齊、顧雲鴻朗仲，皆一時能士秀民。……故拂水之文社，遂秀出于吳下。」〔註56〕（康熙）《常熟縣志‧瞿純仁傳》乃依錢牧齋文，作曰：「（純仁）其大父依京，錢宗伯謙益表其墓，所稱瞿太公者也。太公布衣節俠，奇純仁才，構精舍數楹，直拂水巖下，資以薪水膏火，俾純仁讀書。取友如瞿汝說、顧雲鴻、錢謙益、邵濂輩，皆樂與

〔註53〕　明‧周鍾：〈七錄齋集序〉，明‧張溥：《七錄齋詩文合集‧序》（上海：上海古籍出版社，2002 年 3 月 1 版，《續修四庫全書》影明崇禎九年刻本，第 1387 冊），頁 252 下。

〔註54〕　清‧計東：《改亭文集》（上海：上海古籍出版社，2002 年 3 月 1 版，《續修四庫全書》影清乾隆十三年刻本，第 1408 冊），卷 10〈上太倉吳祭酒書一〉，頁 196 下。

〔註55〕　（康熙）《常熟縣志‧虞山》載：「拂水巖者，下臨山阿，崖壁峭立，懸瀑兩石間，南風激而倒濺，若噴珠、如飛練，故名。」清‧楊振藻等修、錢陸燦等纂：《常熟縣志》（南京：江蘇古籍出版社，1991 年 6 月 1 版，《中國地方志集成‧江蘇府縣志輯》影康熙二十六年刻本），卷 2〈山‧虞山〉，頁 20 下。

〔註56〕　清‧錢謙益：《牧齋初學集》（上海：上海古籍出版社，1985 年 9 月 1 版，錢仲聯標校本），卷 55〈瞿元初墓志銘〉，頁 1374。

純仁游處，拂水文社遂甲吳下。」〔註57〕瞿式耜爲其父汝說作行狀云：「歲甲申（萬曆十二年，1584），補博士弟子員，……當是時，吳下相沿爲沓拖，腐爛之文，府君與執友邵君濂、顧君雲鴻、瞿君純仁，結社拂水，創爲一家言，以清言名理相矜尙，而府君尤以精深雅則爲一世所宗。」〔註58〕此爲前拂水文社，瞿汝說於萬曆二十五年舉應天鄉試，故拂水文社蓋在萬曆十二年至二十五年間事。

拂水山莊後爲錢謙益所得，據金鶴沖〈錢牧翁先生年譜〉云：「乙巳（萬曆三十三年，1605），二十四歲。瞿式耜從先生讀書拂水山莊，式耜年十六。」〔註59〕萬曆四十五年（1617）夏，錢謙益因「幽憂之疾，負疴拂水山居」，崇禎三年（1630）建耦耕堂於拂水巖下。〔註60〕

瞿汝說等人拂水文社之後，又有范文若等五人結拂水山房社。范文若，字更生，初名景文，萬曆三十四年（1606）舉於鄉，四十七年成進士，李延昰《南吳舊話錄》云：

> 范更生美姿容，以風流自命，與嘗（常）熟許士柔、孫朝肅、華亭馮明玠、崑山王煥如五人爲拂水山房社。而跐跋文壇，必推更生爲最。一日東南風大起，拂水巖如萬斛珍珠，從空拋撒，更生把酒揖之曰，始覺吾輩詩文負於此。〔註61〕

拂水山房社倡於瞿純仁，其同社皆常熟人，繼之者許士柔、孫朝肅亦常熟人，承其遺風，仍與上海范文若、華亭馮明玠、崑山王煥如沿用舊址，相結爲社。此前後兩社，蓋同在常熟拂水巖，而時代亦相銜接，即計東所謂應社之起拂水山房社，已有二十餘年。

朱彝尊《靜志居詩話》云：「楊彝，字子常，常熟儒學生。」附錄則云：

> 張受先（采）云：甲子冬，與天如（張溥）同過唐市問子常廬，麟

〔註57〕（康熙）《常熟縣志》卷20〈文苑・瞿純仁傳〉，頁494下。

〔註58〕清・瞿式耜：《瞿式耜集》（上海：上海古籍出版社，1981年11月1版，余行邁等整理本），卷4〈顯考江西布政使司右參達觀瞿府君行狀〉，頁286。

〔註59〕金鶴沖：〈錢牧翁先生年譜〉，清・錢謙益：《錢牧齋全集》（上海：上海古籍出版社，2003年8月1版，錢仲聯標校本），第8冊《牧齋雜著・附錄》，頁932。

〔註60〕《牧齋初學集》卷45〈耦耕堂記〉，頁1127～1128。錢謙益與陳夫人及柳如是辛後，皆殯於拂水山莊丙社之東軒。

〔註61〕清・李延昰：《南吳舊話錄》（臺北：廣文書局，1971年8月1版），卷23〈名社〉，頁993。

士（顧夢麟）館焉，遂定「應社」約，敘年子常居長。計甫草云：「子
常、麟士經營社事最先。」〔註62〕

楊彝、顧夢麟同居常熟唐市，蓋亦曾入拂水文社，惜不見於記載，據查慎行
《人海記》云：

常熟楊子常，家富於財，初無文采，而好交結文士，與太倉顧麟
士、婁東二張（溥、采）友善，以此有名諸生間，初與同志數人爲
應社，其後二張名驟盛，交益廣，乃改名爲復社，宏獎風流，幾於
奔走天下，而與楊顧交始終不渝，前輩之厚道如此。〔註63〕

可見楊彝家富，好交結文士，尤其與顧夢麟、張溥、張采相友善，遂與數人
共定應社約，故計東稱「子常、麟士，經營社事最深」〔註64〕。

應社自二張之名極盛後，廣交各社，乃改名爲廣應社。據《靜志居詩
話》云：

詩流結社，自宋、元以來，代有之。迨明慶、曆間，白門再會，稱
極盛矣。至于文社，始天啓甲子（四年，1624），合吳郡金沙僅李僅
十有一人，張溥天如、張采來章、楊廷樞維斗、楊彝子常、顧夢麟
麟士、朱隗雲子、王啓榮惠常、周銓簡臣、周鍾介生、吳昌時來之、
錢旃彥林，分主五經文字之選；而效奔走以襄厥事者，嘉興府學生
孫淳孟樸也，是曰「應社」。當其始取友尚隘，而來之、彥林謀推大
之，訖於四海。於是有「廣應社」，貴池劉城伯宗、吳應箕次尾、涇
縣萬應隆道吉、蕪湖沈士柱崑銅、宣城沈壽民眉生，咸來會，聲氣
之孚，先自「應社」始也。〔註65〕

此即所謂五經應社，張溥言其分主各經情況云：「五經之選，義各有托，子
常、麟士主《詩》，維斗、來之、彥林主《書》，簡臣、介生主《春秋》，受
先、惠常主《禮》，溥與雲子則主《易》。」〔註66〕則是應社初起亦重在操持
選政。應社之人數雖少，然嚴選入社資格，社員孜孜研經，論文講道，聲譽

〔註62〕 清・朱彝尊著、姚祖恩編：《靜志居詩話》（北京：人民文學出版社，1990 年
　　　　10 月 1 版，黃君坦校點本），卷 21〈楊彝〉條，頁 625。

〔註63〕 清・查慎行：《人海記》（上海：上海古籍出版社，2002 年 3 月 1 版，《續修四
　　　　庫全書》影清咸豐元年小嫏嬛山館刻本，第 1177 冊），卷下〈楊顧二張交情〉
　　　　條，頁 234 下。

〔註64〕《改亭文集》卷 10〈上太倉吳祭酒書一〉，頁 196 上。

〔註65〕《靜志居詩話》卷 21〈孫淳〉條，頁 649。

〔註66〕《七錄齋詩文合集・存稿》卷 3〈五經徵文序〉，頁 473 上。

日隆，名遍天下。後來吳昌時與錢旃謀推大之，訖於四海，於是有廣應社〔註67〕。換言之，應社因匡社與南社等加入，聲勢壯大不少，故改稱爲廣應社。匡社爲當時江北名社，創始人爲吳應箕與徐鳴時；南社之領袖爲萬應隆。大抵應社之廣，以得南社之力爲多。故計東〈上太倉吳祭酒書〉云：「大江以南主應社者，張受先、西銘、介生、維斗；大江以北主應社者，萬道吉、劉伯宗、沈眉生。」〔註68〕社中人物，自廣應社後，始網羅各方才傑，除上舉各人外，長洲有徐九一（汧），丹陽有荊石兒（艮），吳江有吳茂申（有涯），松江有夏彝仲（允彝）、陳臥子（子龍），江西有羅文止（萬藻）、黎友岩（元寬），福建有陳道掌（元綸）、蔣八公（德璟）。〔註69〕所以《靜志居詩話》文中才說「聲氣之孚，先自應社始也」。

二、讀書社

讀書社之前身爲小築社，小築社蓋起於萬曆三十七年（1609）左右，朱倓〈明季杭州讀書社考〉云：「小築社之名起於嚴氏之小築山居。」〔註70〕據（嘉慶）《餘杭縣志・嚴武順傳》載：「兄弟自相師，爲文力追正始，擇都人士，訂業小築山居，武林社事之盛，實自此始。」〔註71〕小築社之創立者乃爲三嚴兄弟（調御、武順、敕）無疑。至天啓末，始改爲讀書社。

讀書社倡於聞啓祥，朱彝尊《靜志居詩話》云：「杭州先有讀書社，倡自聞孝廉子將，張文學天生、馮公子千秋、餘杭三嚴，後乃入於復社，而登樓社又繼之，文必六朝，詩必三唐，彬彬盛矣！」〔註72〕據黃宗羲《思舊錄》

〔註67〕見《七錄齋詩文合集・存稿》卷3〈廣應社序〉，頁472。

〔註68〕清・計東：《改亭文集》（上海：上海古籍出版社，2002年3月1版，《續修四庫全書》影清乾隆十三年刻本，第1408冊），卷10〈上太倉吳祭酒書一〉，頁196上。

〔註69〕參見《復社紀略》卷1，見《東林與復社》，頁48。

〔註70〕朱倓：〈明季杭州讀書社考〉，北京大學《國學季刊》第2卷第2號（1929年），頁261。

〔註71〕清・張吉安修、朱文藻纂：《餘杭縣志》（上海：上海書店，1993年6月1版，《中國地方志集成・浙江府縣志輯》影嘉慶十三年刻本），卷26〈孝友・嚴武順傳〉，頁948。按：三嚴兄弟爲嚴調御字印持、嚴武順字訒公、嚴敕字無敕，其父爲太常卿嚴大紀，生平俱見《嘉慶餘杭縣志》卷26〈孝友傳〉，頁947～949。

〔註72〕《靜志居詩話》卷21〈聞啓祥〉條，頁662～663。按：錢謙益〈聞子將墓誌銘〉云：「子將，姓聞氏，諱啓祥，杭州之錢塘人也。子將生而神姿高秀，所至能隱數人，工應舉之業，揮灑落筆，雲烟月露，生動行墨間。馮祭酒聞之，

道：「聞啓祥，字子將。余每至杭，舍館未定，子將已見過矣。子將風流蘊藉，領袖讀書社。」又云：「嚴調御，字印持；領袖讀書社。」〔註73〕黃宗羲〈鄭玄子先生述〉云：「崇禎間，武林有讀書社，以文章風節相期許，如張秀初（歧然）之力學，江道闇（浩）之潔淨，虞大赤（宗玫）、仲暤（宗瑤）之孝友，馮儼公（悰）之深沉，鄭玄子之卓犖；而前此小築社之聞子將（啓祥）、嚴印持（調御）亦合併其間。是時社事最盛，然其人物，固未之或先也。」〔註74〕審此，小築社創於嚴氏小築山居，必非以聞氏爲首領，聞氏雖名列小築社，然爲有別於同志，特創讀書社，擴而大之，三嚴所以心服而亦加入讀書社也。

陳子龍有〈贈聞子將詩〉，序云：「聞子將結廬吳山之上，壬申（崇禎五年，1632）秋，予與周勒卣、顧偉南、徐闇公共登茲宇，見修竹交密，下帶城堞萬雉，遠江虛無，嬋媛其間，風帆落照，沖瀜天際，眞幽曠之兼趣也。予賞其疏異，許爲賦詩，忽忽未究，今年冬，晤子將於湖上，心念幽棲，卒未及登眺，以續舊遊，竟責前諾，追賦一章，亦有今昔之感矣。」其詩云：

> 高人託孤峰，渺然市朝上。白雲寄蕭條，茅茨自清暢。已歡適境幽，頗覺憑勢壯。睥睨橫芳林，樓臺落青嶂。嫋嫋叢篁際，長江動搖漾。平沙見千里，雲物開萬狀。時逢湖海人，常使神氣王。搖巾

方提學孟旋以經義爲一世師，子將皆入其室，於是子將之名藉甚。武林東南一都會，江、廣閩越之士，躡屬負笈，肾挾其行卷，是正於子將，子將鑒裁敏，品題精，丹鉛甲乙，紙落如飛，士之側古振奇，隱鱗戢羽者，得子將一言，其聲價不踁而走，游武林者，得一幸子將，如登龍門之陂。而子將亦傾身延納，庀舟車，潔酒食，請謝客賓，如置驛然。雖後門寒士，落魄無聞者，人人以子將爲親己也。子將性故淡蕩，厭棄濁穢，思出世間法，雲棲標淨土法門，子將篤信之，外服儒風，內修禪律，酬應少閒，然燈丈室，趺坐經行，佛聲浩浩，儼然退院老僧也。卜築龍泓、清平之間，將誅茅以老焉。買舡西湖，倣掘頭五瀉之制，爲文以要同志，風流婉約，爲時所傳。爲諸生祭酒二十年，始舉於南京，偕李長蘅上公車，及國門，興盡而返，余遣人要止之，兩人掉頭弗顧也。卒時年五十有八。」清·錢謙益：《牧齋初學集》（上海：上海古籍出版社，1985 年 9 月 1 版，錢仲聯標校本），卷 54〈聞子將墓誌銘〉，頁 1364。

〔註73〕黃宗羲：《思舊錄·聞啓祥》，清·黃宗羲撰、沈善洪主編：《黃宗羲全集》（杭州：浙江古籍出版社，1985 年 11 月 1 版），第 1 冊，頁 376。

〔註74〕黃宗羲：〈鄭玄子先生述〉，《黃宗羲全集》第 10 冊《南雷詩文集·傳狀類》上，頁 566～567。

綠樹陰，把酒牙紅唱。翹首望會稽，山川供俯仰。抱景帶江雲，餘暉明越榜。且復消雄心，于焉徵雅尚。舊遊三載前，後會多惆悵。

吾輩方失策，憐君復相向。何時期鹿門，攜手共開放。〔註75〕

而聞啓祥〈陳臥子先自雲間寄餘詩兼示著作，今來湖上，口占二章，答之〉云：

陳子具正骨，文采復紛披。譬如華嶽尊，烟雲繚繞之。我但覺斌媚，世自驚嶔崎。鳩鵬不同量，咄哉付一嗤。

文章非一途，胡獨尊漢魏？爲憐世趣卑，如毒中腸胃。所以灑濯之，醍醐只一味。讀書鑒苦心，母徒譁紙貴。〔註76〕

聞氏盛推陳子龍如華嶽之尊，即可以知欽仰之篤。聞子將自言文章獨尊漢魏，正不獨如朱彝尊所謂文必六朝，詩必三唐已也。此輩爲憐世趣卑，惟以讀書一味，濯灑其腸胃之毒，此讀書社命名之義，昭然若揭矣。

杭州讀書社受東林影響，亦尚氣節。自其社約可見讀書社所標榜準的，丁奇遇〈讀書社約〉云：「社曷不以文命名而以讀書命，子興氏所稱文會，正讀書也。今人止以操觚爲會，是猶獵社田而忘簡賦，食社飯而忘粢盛，本之不治，其能興乎？吾黨二三子既有社以示眾矣，苟美賦不興，將於吾黨問焉！」故其約：「一定讀書之志，二嚴讀書之功，三徵讀書之言，四治讀書之心。」而其大端曰養節氣，審心地。〔註77〕緣此，可見讀書社立社之宗旨也。

至於杭州讀書社的文學風格，如蕭士瑋〈讀書社文序〉所云：「余至武陵，聞子將出讀書社諸君子文，與余視之，脫口落墨，不墮毫楮，獨留一種天然秀逸之韻，倏忽往來，撲人眉端，如山嵐水波，風煙出入。年來文章一道，蕉鹿之爭，紛紛未已，爲士師者，良亦獨難。子將以一世沉濁，不可以莊語，遺物離人，而遊於獨，前有高岸，後有深谷，泠泠然如此既立而已矣，子將固善移諸君之情矣。」〔註78〕郭紹虞認爲讀書社受公安影響，加以武林

〔註75〕明‧陳子龍：《陳子龍詩集》（上海：上海古籍出版社，1983年7月1版，施蟄存等標校本），卷5，頁137～138。

〔註76〕見《陳子龍詩集》卷5〈贈聞子將〉附錄，頁138。

〔註77〕明‧丁奇遇：〈讀書社約〉（臺北：台聯國風出版社，1967年5月1版，《武林掌故叢編》，第5冊），頁2841。

〔註78〕明‧蕭士瑋：《春浮園集》（北京：北京出版社，2000年1月1版，《四庫禁燬書叢刊》影清光緒刻本，集部第108冊），卷上〈讀書社文序〉，頁489。

勝地，環境移人，所以雖主復古，而自有韻致。〔註79〕緣此，亦見讀書社風流婉約之文風。

　　綜上二種關係，讀書社中人，雖合於復社而並不激烈。至讀書社之併入復社，當以嚴調御之長子嚴渡之力爲最，計東〈上太倉吳祭酒書〉云：「迨戊辰（崇禎元年，1628）西銘先生（張溥）至京師，始與嚴子岸（渡）定交最謹，子岸歸，始大合兩浙同社于吳門。」〔註80〕嚴渡爲文凌屬自縱，不假旁岸，是繼三嚴後而起之秀，陳子龍〈集嚴子岸同沈崑銅聞子將彭燕又〉詩稱其「主賓東南秀，歷落湖海名。顧盼生光曜，不言人已驚」〔註81〕，可見一斑。崇禎二年之後讀書社，一方面加入復社，一方面仍保持其獨立姿態。崇禎十年，聞啓祥、嚴調御卒，社事由嚴渡主持，崇禎十五年又改名登樓社，亦合於復社。

三、復社

　　呂留良〈東皋遺選序〉記述明末社事云：「自萬曆中，卿大夫以門戶聲氣爲事，天下化之，士爭爲社，而以復社爲東林之宗子，咸以其社屬焉。自江、淮訖於浙，一大淵藪也。」〔註82〕復社以繼承東林自許，社名取「復」，乃在興復絕學，如杜登春《社事始末》云：「天如、介生有《復社國表》之刻。復社，興復絕學之意也。」〔註83〕楊鳳苞〈吳孝靖紀略〉亦云：「曾羽與同志孫淳等四人籾爲復社，義取剝窮而復也。太倉張溥舉應社以合之。」〔註84〕審此，復社以興復古學爲宗旨。

〔註79〕郭紹虞〈明代的文人集團〉一文，見《照隅室古典文學論集‧上編》（上海：上海古籍出版社，1983年9月1版），頁599。

〔註80〕《改亭文集》卷10〈上太倉吳祭酒書一〉，頁196下。嚴渡生平見《嘉慶餘杭縣志‧嚴渡傳》，本傳稱其「識拔者皆負人倫之鑒，故渡之名譽藉甚一時，而渡益博綜書史，務通曉大意，爲文凌屬自縱，不假旁岸，海內俊彥無不知，太常公之後，繼三嚴而起者，復有子岸。」《嘉慶餘杭縣志》卷26〈孝友‧嚴渡傳〉，頁949。

〔註81〕《陳子龍詩集》卷5〈集嚴子岸同沈崑銅聞子將彭燕又〉，頁139。

〔註82〕清‧呂留良：《呂晚村先生文集》（上海：上海古籍出版社，2002年3月1版，《續修四庫全書》影清雍正三年天蓋樓刻本，第1411冊），卷5〈東皋遺選序〉，頁150下。

〔註83〕《社事始末》，葉4A。

〔註84〕清‧楊鳳苞：《秋室集》（上海：上海古籍出版社，2002年3月1版，《續修四庫全書》影清光緒十一年陸心源刻本，第1476冊），卷5〈吳孝靖紀略〉，頁69。

復社正式成立之過程如何，據朱彝尊《靜志居詩話》云：

> 崇禎之初，嘉魚熊開元宰吳江，進諸生而講藝。於時，孟樸里居，
> 結吳翩扶九，吳允夏去盈、沈應瑞聖符等肇舉「復社」。於時雲間有
> 「幾社」，浙西有「聞社」，江北有「南社」，江西有「則社」。又有
> 歷亭「席社」，崑陽「雲簪社」，而吳門別有「羽朋社」、「匡社」，武
> 林有「讀書社」，山左有「大社」，僉會于吳，統合于復社。復社始
> 于戊辰（崇禎元年，1629）成於己巳（崇禎二年）。〔註85〕

就復社本身言，實爲經歷一番蛻變之綜合體，最初之復社爲吳翩諸人所發起，
據《靜志居詩話》又載：「扶九居吳江之荻塘，藉祖父之貲，會文結客，與孫
孟樸最厚，倡爲『復社』。既而思合天下英才之文甄綜之，孟樸請行，出白金
二十鎰，家穀二百斛，以資孟樸。閱歲，群彥胥來，大會于吳郡，舉凡應社、
匡社、幾社、聞社、南社、則社、席社，盡合于復社。」〔註86〕因知復社最
初組織者爲吳翩諸人，待張溥舉應社以合之其聲勢始壯。

應社之起在先，復社之起在後。據計東〈上太倉吳祭酒書〉云：「始庚午
之冬，因魚山熊先生自崇明調宰吾邑，最喜社事，孫孟樸乃與我婦翁（即吳
翩）及呂石香輩數人，始剙復社，頗爲吳門楊維斗先生所不快。孟樸嘗懷刺
謁楊先生，再往不得見，呵之曰：『我社中未嘗見此人。』我社者，應社也。
蓋應社之興久矣。時天下但知應社耳。」〔註87〕按楊廷樞不應不識孫淳，而
呵之爲：「我社中未嘗見此人」，是必因吳、孫諸人另立組織，才造成彼此感
情之不相投。

復社結合各大社，成爲當時天下名社，主要關鍵人物當爲張溥，據陸世
儀《復社紀略》載張溥出身與崛起云：

> 張溥字天如，號西銘，太倉人。父太學生翊之，翊之兄輔之，以進
> 士由兵垣歷官大司空，翊之子十人，溥以婢出，不爲宗黨所重，輔
> 之家人遇之尤無禮。嘗造事傾陷於翊之，溥灑血書壁曰：「不報仇奴，
> 非人子也。」奴聞而笑曰：「塌蒲屨兒何能爲！」溥飲泣，乃刻苦讀
> 書，無分晝夜，嘗雪夜已就寢復興，露頂坐而曉，因病鼻血，時三
> 吳文社，人人自炫，溥一不之省，獨與張采訂交。采字受先，號南

〔註85〕《靜志居詩話》卷21〈孫淳〉條，頁 649。
〔註86〕《靜志居詩話》卷21〈吳曾羽〉條，頁 651。
〔註87〕《改亭文集》卷10〈上太倉吳祭酒書一〉，頁 196 上。

郭，以善戴氏學，有聲黌序。溥延為館賓，讀書七錄齋。時要文卑靡，兩人有志振起之。溥矯枉過正，取法樊宗，師劉知幾，歲試乃躓。聞周介生倡教金沙，負笈造謁之，三人一見，相得甚懽，辯難互五晝夜，訂盟乃別。溥歸，盡棄所學，更尚經史，試乃冠軍。溥矜重名，采尚節概，言論豐采，目光射人，相砥濯自礪。時魏璫敗，鹿城顧秉謙致仕家居，方秉鐸於婁中。溥與采率諸士驅之，檄文炙人口。郡中五十餘人斂貲為誌鑴石，由是天下咸重天如、受先兩人矣。〔註88〕

審此，復社的重要人物是太倉二張（張溥、張采），而其重心則在蘇州。時熊開元為吳江知縣，提倡文章經術，慕二張之名，招之至吳江，館於吳氏、沈氏，二姓弟子俱從兩張游學，又得孫淳從中聯合各方面文社，於是復社之聲勢就極其浩盛。此事如吳偉業〈復社紀事〉云：

初，先生（張溥）起里中，諸老先生頗共非笑其業以為怪。一時同志，蘇州曰楊維斗廷樞、曰徐九一汧，松江曰夏彝仲允彝、曰陳臥子子龍；而同里最親善曰張受先采，讀書先生七錄齋，海內所目為婁東兩張者也。……楚熊魚山先生開元，用能治劇換知吳江縣事，以文章飾吏治，知人下士，喜從先生游。吳江大姓吳氏、沈氏潔館舍，庀飲食於其郊，以待四方之造請者。推先生高第弟子呂石香雲孚為都講。石香好作古文奇字，浙東西多聞其聲。而湖州有孫孟樸淳銳身為往來紹介。於是臭味翕習，遠自楚之蘄、黃，豫之梁、宋，上江之宣城、寧國，浙東之山陰、四明，輪蹄日至；秦、晉、閩、廣間，多有以其文郵致者。先生丹鉛上下，人人各盡其意，高舉隆洽，沾溉遠近矣。〔註89〕

張溥從京歸來後，以應社盟主資格，又加與吳、沈諸人之關係調劑其間，遂合而為一，因此家喻戶曉。因此往往使人誤以為復社為張氏所創，實則復社之興，必藉吳氏之貲力與張氏之組織，且又有孫氏奔走其間，於是有復社大會，其次數共有三次。

第一次是崇禎二年（1629）尹山大會。這次在江蘇吳江召開之大會與熊

〔註88〕《復社紀略》卷1，見《東林與復社》，頁47～48。

〔註89〕清‧吳偉業：《吳梅村全集》（上海：上海古籍出版社，1990年12月1版，李學穎集評標校本），卷24〈復社紀事〉，頁599～600。

開元有關，據陸世儀《復社紀略》云：

> 吳江令楚人熊魚山開元，以文章經術爲治，知人下士，慕天如名，
> 迎至邑館，巨室吳氏、沈氏諸弟子，俱從之遊學。於是，是爲尹山
> 大會。苕、雪之間，名彥畢至。未幾，臭味翕集，遠自楚之蘄、黃，
> 豫之梁、宋，上江之宣城、寧國，浙東之山陰、四明，輪蹄日至。
> 比年而後，秦、晉、閩、廣多有以文郵致者。〔註90〕

尹山大會之舉，苕、雪之間，名彥畢至，實現了應社與復社之聯合。此時張
溥等人影響力更大，從學者更多，以致輪蹄日至。

尹山大會中還特別揭舉復社成立之宗旨，據《復社紀略》載：

> 是時江北匡社、中洲端社、松江幾社、萊陽邑社、浙東超社、浙西
> 莊社、黃州質社與江南應社各分壇坫，天如乃合諸社爲一，而爲之
> 立規條、定課程曰：「自世教衰，士子不通經術。但剽耳繪目，幾倖
> 弋獲於有司；登明堂不能致君，長郡邑不知澤民；人材日下、吏治
> 日偷，皆由於此。溥不度德、不量力，期與四方多士共興復古學，
> 將使異日者務爲有用，因名曰復社」。〔註91〕

張溥聯合諸社爲復社，不但爲之立規條，並申盟書曰：「學不殖將落，毋蹈匪
彝，毋讀非聖書，毋違老成人，毋矜厥長，毋以辯言亂政，毋干進喪乃身，
嗣今以往，犯者小用諫，大則擯。」〔註92〕強調重讀書、重人倫、從政立德
之品格。其組織嚴謹，另有相關配套辦法，約束社員，「於各郡邑中推擇一人
爲長，司糾彈、要約、往來傳置」之事宜。〔註93〕可見復社承襲應社嚴於揀
選社員之傳統，加以組織建全，社約能夠有力約束成員，故復社人物多志行
磊落之人。

尹山大會後之成果，乃《國表》之刊行，張溥集合十五省之文共二千五
百餘首，加以詮次之，由張采作序冠於弁首。《國表》最特別之處，在「集中
詳列姓氏，以示門牆之峻；分注郡邑，以見聲氣之廣云」〔註94〕。

〔註90〕《復社紀略》卷1，見《東林與復社》，頁54。
〔註91〕《復社紀略》卷1，見《東林與復社》，頁54。
〔註92〕《靜志居詩話》卷21〈孫淳〉條，頁649～650。《復社紀略》作「毋從匪彝，
　　　　毋非聖書，毋違老成人；毋矜己長，毋形彼短；毋巧言亂政，毋干進辱身。
　　　　嗣今以往，犯者小用諫，大則擯。既布天下，皆遵而守之。」《復社紀略》卷
　　　　1，見《東林與復社》，頁54。
〔註93〕《復社紀略》卷1，見《東林與復社》，頁54。
〔註94〕《復社紀略》卷1，見《東林與復社》，頁54。

第二次是崇禎三年（1630）金陵大會。這次起因於崇禎三年江南鄉試，諸人皆集，張溥又爲金陵大會，據《復社紀略》載：

> 崇禎庚午鄉試，諸賓興者咸集，天如又爲金陵大會。是科主裁爲江右姜居之曰廣；榜發，解元爲楊廷樞，而張溥、吳偉業皆魁選，陳子龍、吳昌時俱入轂，其他省社中列薦者復數十餘人。〔註95〕

金陵大會之主題可能與這屆江南鄉試有關，會中可能擬定一份供有關人士參考之推薦名單。及榜發，復社諸子中舉者多，其他省社中列薦者復數十餘人，實績斐然，樹立張溥和復社之威望。

第三次爲崇禎六年（1633）三月虎丘大會。崇禎四年（1631）春試，吳偉業中會試第一，殿試第二，授翰林編修〔註96〕；張溥成進士，授翰林院庶吉士。〔註97〕吳偉業以溥門人聯捷會元、榜眼，欽賜歸娶，天下榮之，遠近士子謂出於張溥之門者必易中選，於是爭稱弟子。但張溥人尚在京師，不及親炙，等到崇禎五年冬張溥請假歸里葬父，途中舟過之處，挾策造請者無虛日，及抵故里太倉，從學者益眾，故於虎丘開復社大會〔註98〕，刊《國表社

〔註95〕《復社紀略》卷2，見《東林與復社》，頁65。

〔註96〕吳梅村殿試第二，得人之助者多，誠有幸運之處。《復社紀略》「蓋延儒諸生時遊學四方，曾過婁東，與偉業之父禹玉相善；而偉業本房師乃南星李明睿，李昔年亦遊吳館於邑紳大司馬王在晉家，曾與禹玉相善。是科延儒欲收羅名宿，密囑諸分房於呈卷前，取中式封號竊相窺視，明睿頭卷即偉業也；延儒喜其爲禹玉之子，遂欲中式。明睿亦知爲舊交之子，大喜悅，取卷懷之，填榜時至末而後出以壓卷。偉業由此得冠多士，爲烏程之黨薛國觀浅其事於朝。御史袁鯨將具疏參論，延儒因以會元卷進呈御覽，烈皇帝親閱之，首書『正大博雅，足式詭靡』八字，而後人言始息。」《復社紀略》卷2，見《東林與復社》，頁65。故陳文述（1771～1843）〈讀吳梅村詩集，因題長句〉云：「復社聲華熟最賢，南宮甲第快蟬聯。」清·陳文述：《頤到堂詩選》（上海：上海古籍出版社，2002年3月1版，《續修四庫全書》影清嘉慶二十二年刻本道光增修本），卷1〈讀吳梅村詩集，因題長句〉，頁512下。

〔註97〕《復社紀略》云：「張溥與夏日瑚又聯第，江西楊以任、武進馬世奇、盛德、長洲管正傳、閩中周之夔、粵東劉士斗並中式；主試爲周延儒首相也。」《復社紀略》卷2，見《東林與復社》，頁65。

〔註98〕杜登春：《社事始末》云：「自辛未（崇禎四年，1631）至辛巳（崇禎十四年，1641），婁東之局，幾比尼山，舉天下文武將吏，及朝列士夫雍庠子弟，稱門下士從之遊者幾萬餘人，其姓名俱載金孺人會吊門籍。……四方會吊單，退而大集虎邱，爲復社最盛事。」《社事始末》，葉7。《復社姓名錄·後二》云：「張溥妻金之喪（筆者按：金孺人爲張溥之生母，非張溥妻。），會吊者不下萬人。」引自蔣逸雪：《張溥年譜》（上海：商務印書館，1946年8月1版），頁43。按：張溥生母金，配王氏，側室董氏，均後於張溥歿。考察杜登春所

集》行世。據《復社紀略》云：

> 癸酉（崇禎六年）春，溥約社長為虎邱大會。先期傳單四出，至日，
> 山左、江右、晉、楚、閩、浙以舟車至者，數千餘人。大雄寶殿不
> 能容，生公臺、千人石鱗次布席皆滿，往來絲織。游於市者爭以復
> 社會命名，刻之碑額。觀者甚眾，無不詫嘆；以為三百年來，從未
> 一有此也！〔註99〕

第三次集會最重要成果乃驗證復社聯盟之驚人實力及號召力。從此，復社之
名動朝野，復社聲氣遍天下，「主司無非社友，道府多是社朋」〔註100〕。可惜
崇禎十四年（1641）五月初八丑時張溥暴病逝世，得年止四十〔註101〕，復社
遂失一領袖。雖然崇禎十五年春復社又大會於虎丘，揚州鄭元勳、松江李雯
為主盟，方以智、龔鼎孳、陳名夏、宋之繩、嚴沆、查繼佐、彭孫貽、余
懷、冒襄等皆與會，但此後復社不再舉行大會，真正之盛況以上述三次大會
為主。緣此，復社雄盛之基礎，自第一次的尹山大會即已奠定，能具有如此
實力之復社，不復為地方性之復社，而是全國性的復社。

　　崇禎十七年（1644）燕京淪陷後，福王即位南京，東林被難諸公遺孤，
眼見阮大鋮挾怨報復，欲針對他們展開政治迫害，於是大會同難兄弟於南京
桃葉渡，抨擊奸黨，乃有〈南都防亂揭〉之事件，全祖望〈梨洲先生神道碑
銘〉云：

> 而踰時中官復用事，於是逆案中人，彈冠共冀然灰，在廷諸臣或薦
> 霍維華，或薦呂純如，或請復涿州（馮銓）冠帶，陽羨（周延儒）
> 出山，已特起馬士英為鳳督，以為援阮大鋮之漸。即東林中人如常
> 熟（錢謙益）亦以退閑日久，思相附和。獨南中太學諸生，居然以
> 東都清議自持，出而厄之。乃以大鋮觀望南中，作〈南都防亂揭〉。

　　言，實為崇禎十五年（1642）春鄭元勳、李雯主盟之虎丘第三次大會之成因，
　　而非崇禎六年（1633）三月虎丘第一次大會。

〔註99〕《復社紀略》卷2，見《東林與復社》，頁66～67。
〔註100〕《復社紀略》卷4引徐懷丹〈復社十大罪檄〉，見《東林與復社》，頁111～112。
〔註101〕陳子龍〈哭張天如先生〉二十四首之二十二首自註云：「天如臨沒，尚講《易》，
　　　　問侍者曰：『月甚明，我將行矣。』遂逝。」《陳子龍詩集》卷17，頁592。《明
　　　　史‧文苑‧張溥傳》云：「溥詩文敏捷，四方徵索者，不起草，對客揮毫，俄
　　　　頃立就，以故名高一時。辛時，年止四十。」清‧張廷玉等撰：《明史》（臺
　　　　北：鼎文書局，1991年5月5版，影北京中華書局點校本），卷288〈文苑四‧
　　　　張溥傳〉，頁7405。

宜興陳公子貞慧，寧國沈徵君壽民，貴池吳秀才應箕，蕪湖沈上舍
士柱共議，以東林子弟推無錫顧端文公之孫杲居首。天啓被難諸家
推公居首，其餘以次列名，大鋮恨之刺骨，戊寅秋七月事也。薦紳
則金壇周儀部鑣實主之。說者謂莊烈帝十七年中善政，莫大於堅持
逆案之定力，而太學清議，亦足以寒奸人之膽。使人主聞之，其防
閑愈固，則是揭之功不爲不鉅。〔註102〕

草〈南都防亂揭〉者爲吳應箕，而列名首唱者顧杲，杲爲顧憲成之孫，本是
東林子弟，故稱復社爲小東林。當南國諸生百四十人，具〈南都防亂揭〉，顧
杲有云：「杲等讀聖人之書，明討賊之義，事出公論，言與憤俱，但知爲國除
奸，不惜以身賈禍。」〔註103〕阮大鋮飲恨入骨，欲除之而後快。

　　東林遺孤與復社何以能在此時有〈南都防亂揭〉之舉，此與國門廣社有
密切關係，蓋南京故都每年秋試，則十四郡科舉士子及諸蕃省隸國學者，皆
聚於此。據吳應箕〈國門廣業序〉所載：崇禎三年（1630），吳應箕與劉伯宗、
許德光、沈崑銅舉國門廣業之社。六年，吳應箕與方以智、楊龍友再舉之。
九年，吳應箕與姚北若三舉於此，社事最盛。〔註104〕

　　崇禎十二年（1639），復社同志與東林諸孤，又集合於此，復舉國門廣業
之社，據黃宗羲〈陳定生先生墓誌銘〉云：

　　　崇禎己卯（十二年，1639）金陵解試，先生、次尾舉國門廣業之社，
　　　大略揭中人也，崑山張爾公，歸德侯朝宗，宛上梅朗三，蕪湖沈崑
　　　銅，如皋冒辟疆及余數人，無日不連輿接席，酒酣耳熱，多咀嚼大
　　　鋮以爲笑樂。〔註105〕

此時國門廣業之社，由陳貞慧與吳應箕主之。國門廣業社集，自崇禎三年以
降，一直到弘光初立，還在金陵運作。據《靜志居詩話・姚瀚》云：

〔註102〕清・全祖望撰、朱鑄禹校注：《全祖望集彙校集注・鮚埼亭集》（上海：上海
　　　　古籍出版社，2000年12月1版），卷11〈梨洲先生神道碑銘〉，頁215～
　　　　216。

〔註103〕《靜志居詩話》卷21〈顧杲〉條，頁657。

〔註104〕明・吳應箕：《樓山集》（上海：上海古籍出版社，2002年3月1版，《續修
　　　　四庫全書》影清刻本，第1388冊），卷17〈國門廣業序〉，頁588上。姚瀚
　　　　字北若，秀水人，爲尚書善長之孫。其事蹟下文詳之。

〔註105〕黃宗羲：〈陳定生先生墓誌銘〉，《黃宗羲全集》第10冊《南雷詩文集・碑誌
　　　　類》上，頁385～386。黃宗羲《思舊錄・陳貞慧》亦云：「國門廣業之社，
　　　　定生與次尾主之，周旋數月。」《黃宗羲全集》第1冊，頁365。

北若為尚書善長之孫，英年樂於取友，盡收質庫所有私錢，載酒徵歌，大會復社同人于秦淮河上，幾二千人，聚其文為國門廣業。時阮集之填《燕子箋傳奇》，盛行于白門，是日勾隊未有演此者。北若〈秦淮即事〉詩云：「柳岸花溪澹澹天，恣攜紅袖放燈船。梨園子弟覘人意，隊隊停歌《燕子箋》」是也。〔註106〕

但隨著馬士英與阮大鋮掌大權，思修報復，「意在盡殺復社之主盟者」〔註107〕，遂廣揭社中姓名以造《蝗蝻錄》〔註108〕，設一網盡殺之，如陳貞慧被下獄；顧杲、黃宗羲等在金陵被補，得脫；侯方域、吳應箕、沈壽民、沈士柱等紛出走避難。自此復社元氣乃大傷，加以清兵陷南京，社局消散。

　　總之，復社之盛極一時，誠如陸世儀《復社紀略》所云：「社事以文章氣誼為重，尤以獎進後學為務。其於先達所崇為宗主者，皆宇內名宿。……諸公職任在外，則代之謀方面；在內，則為之謀爰立：皆陰為之地而不使之知。事後彼人自悟，乃心感之。不假結納，而四海盟心；門牆之所以日廣、呼應之所以日靈，皆由乎此。」〔註109〕

〔註106〕《靜志居詩話》卷21〈姚漪〉條，頁661。此事亦見載於吳翌鳳《遜志堂雜鈔》，其轉載云：「又南都初立時，有秀水姚漪北若者，英年樂于取友，盡收質庫所有私錢，載酒徵歌，大會復社同人于秦淮河上，幾幾千人，聚其文為國門廣業。時阮集之填《傳奇》盛行于白門，是日勾隊未有演者，故北若詩云：『柳岸花溪澹澹月天，恣攜紅袖放燈船。梨園子弟覘人意，隊隊停歌《燕子箋》。』」清·吳翌鳳：《遜志堂雜鈔·甲集》（北京：中華書局，2006年12月1版，吳格點校本），頁21。按：吳翌鳳，生於清乾隆七年，卒於嘉慶二十四年（1742～1819），字伊仲，號梅庵，又號漫士，江蘇長洲人，是清代吳中著名藏書家與學者。中華書局吳格點校本吳翌鳳生年作1714年，誤也。

〔註107〕《靜志居詩話》卷21〈孫淳〉條，頁650。

〔註108〕阮大鋮造《蝗蝻錄》，以東林黨蝗，東林黨子弟參加復社者為蝻。又將東林黨、復社周遭之人稱為蠅蚋，據《東林列傳·周鑣傳》云：「大鋮素惡東林諸賢，作正續《蝗蝻錄》，有十八羅漢、五十三參善財童子、七十二賢聖菩薩。又《蠅蚋錄》，有八十八活佛，三百六十五天王，五百尊阿羅漢，共千餘人，皆海內賢良，欲盡殺之以空天下。」清·陳鼎編著：《東林列傳》（臺北：新文豐出版公司，1975年11月1版），卷10〈周鑣傳〉，葉17B。

〔註109〕《復社紀略》卷2，見《東林與復社》，頁74～75。其名宿諸公指：「南直則文震孟、姚希孟、顧錫疇、錢謙益、鄭三俊、瞿式耜、侯峒曾、金聲、陳仁錫、吳甡等，兩浙則劉宗周、錢士陞、徐石麟、倪元璐、祁彪佳等；河南則侯恂、侯恪、喬充陞、呂維騏等，江西則姜曰廣、李邦華、熊明遇、李日宣等，湖廣則梅之煥、劉弘化、沈維炳、李應魁等，山東則范最文、張鳳翔、高弘圖、宋玫等，陝西則李遇知、惠世揚等，福建則黃道周、黃景昉、蔣德璟、劉長等，廣東則陳子壯、黃公輔。」

四、幾社

　　幾社爲晚明松江地區最具代表性之文社，而其雲間派文學成爲明清松江文學之典型。明代松江府領有華亭、上海、青浦三縣和金山衛，現在是上海市轄區。松江躍上歷史舞台，誠如何良俊《四友齋叢說》所云：「吾松文物之盛亦有自也。蓋由蘇州爲張士誠所據，浙西諸郡皆爲戰場，而吾松稍僻，峯泖之間以及海上皆可避兵，故四方名流彙萃於此，薰陶漸染之功爲多。」〔註110〕洪武年間「松江一時文風之盛，不下鄒魯」〔註111〕，故自明清時代以至今日，上海仍然是中國首善之區。松江在文化受蘇州影響較大，但到明中後期，已成超越蘇州之勢，何良俊《四友齋叢說》又云：「吾松不但文物之盛可與蘇州並稱，雖富繁亦不減於蘇。勝國時，在青龍則有任水監家，小貞有曹雲西家，下沙有瞿霆發家，張堰有楊竹西家，陶宅有陶與權家，呂巷有呂璜溪家，詳澤有張家，干巷又有一侯家。」〔註112〕此等均屬雄霸一方，江南知名大姓家族。

　　幾社爲夏允彝諸人所組織。其初，應社之廣，夏氏與陳子龍本亦列名其中，而夏與張溥又一同參加燕臺社〔註113〕，所以幾社與復社之關係最密。但是幾社雖參加復社，其作風與復社並不同，且又保持其獨特的性質。故郭紹虞認爲「假使說復社是政治性的，則幾社是文藝性的；假使說復社是文藝性

〔註110〕明・何良俊：《四友齋叢說》（北京：中華書局，1959 年 4 月 1 版，1997 年 11 月 3 刷），卷 16，頁 136。

〔註111〕清・錢謙益：《列朝詩集》（上海：上海古籍出版社，2002 年 3 月 1 版，《續修四庫全書》影清順治九年毛氏汲古閣刻本，第 1622 冊），甲集前編卷 11〈丘郎中民〉，頁 461 下。

〔註112〕《四友齋叢說》卷 16，頁 136。

〔註113〕燕臺社亦稱燕臺十子社，是張溥赴京時所組織。杜登春《社事始末》云：「自熹宗之朝，閹人焰熾，君子道消，朝列諸賢，悉罹慘酷，老成故舊，放棄人間，時有錫山馬素修先生世奇者，新舉孝廉，有心世道，痛東林舊學久閉講堂，奮志選文，寄是非邪正於澹寧居一集。是時婁東張天如先生溥，金沙周介先生鍾，並以明經貢入國學，而先君子（杜麟徵）登辛酉賢書，夏彝仲先生允彝亦以戊午鄉薦偕游燕市，獲締蘭交，目擊醜類猖狂，正緒衰息，慨然結納，計立壇坫，於是先君子與都門王敬哉先生崇簡，倡燕臺十子之盟，稍稍至二十餘人。□□（宛平）米吉士先生壽都、閩中陳昌箕先生肇曾、吳門楊維斗先生廷樞、徐勿齋先生汧、江右羅文止先生萬藻、艾千子先生南英、章大力先生世純、朱子遜先生建、朱子美先生徽、婁東張受先生生采，即天如之弟（按此誤也，張采非張溥之弟）、吾松宋尚木先生楠，後改名徵璧者，皆與焉。」《社事始末》，葉 3。

的，則幾社又可說是學術性的。」〔註114〕杜登春《社事始末》云：「丁戊之際
（天啓七年至崇禎元年），楊維斗以太學生上言魏忠賢配享文廟一事，幾墮不
測。戊辰（崇禎元年）會試，惟受先（指張采）、勿齋（指徐汧）兩先生得雋，
先君子（指杜麟徵）僅中副車，與諸下第南還，相訂分任社事，昌明涇陽之
學，振起東林之緒，以上副崇禎帝崇文重道，去邪崇正之至意。天如、介生
有《復社國表》之刻。復社，興復絕學之意也。先君子與彝仲有《幾社六子
會義》之刻。」〔註115〕可知二社皆以昌明救世實學爲主。

再者，由幾社之命義，可知幾社立社之宗旨爲何？幾社之「幾」乃出自
《易・繫辭上》：

> 夫《易》，聖人之所以即深而研幾也，唯深也，故能通天下之志。唯
> 幾也，故能成天下之務。〔註116〕

幾乃適動微之會，唐代孔穎達《正義》疏之曰：「幾者離无入有，是有初之微。
以能知有初之微，則能興行其事，故能成天下之事務也。」〔註117〕幾社之「幾」
又近取顧憲成〈東林會約〉中「審幾」之訓：

> 審幾云何？幾者，動之微，誠僞之所由分也。本諸心，心徵諸身；
> 本諸身，必徵諸人，莫或爽也。凡我同會，願反而觀之，果以人生
> 世間，不應飽食暖衣，枉費歲月，欲相與商求立身第一義乎？抑亦
> 樹標幟、張門面已乎？果以獨學悠悠，易作易輟，欲相交修互儆，
> 永無退轉乎？抑亦慕虛名、應故事而已乎？由前則一切精神用事
> 也，由後則一切聲色用事也。精神用事，人亦以精神赴之，相薰相
> 染，相率而入於誠矣，所以長養此方之善根，厥惟今日。聲色用事，
> 人亦以聲色赴之，相薰相染而相率而入於僞矣，所以斲削此方之善
> 根，亦惟今日。《中庸》曰：「知遠之近，知風之自，知微之顯。」
> 其斯之謂與，故君子審幾之爲要。〔註118〕

〔註114〕郭紹虞〈明代的文人集團〉一文，見《照隅室古典文學論集・上編》，頁593。
〔註115〕《社事始末》，葉3～4。
〔註116〕魏・王弼等注、唐・孔穎達等正義：《周易正義》（臺北：臺灣古籍出版公司，
　　　　2001年1月1版，李學勤主編《十三經注疏》整理本），卷7〈繫辭上〉，頁
　　　　335下。
〔註117〕孔穎達疏，見《周易正義》卷7〈繫辭上〉，頁336上。
〔註118〕顧憲成〈東林會約〉中四要，一曰知本、二曰立志、三曰尊經、四曰審幾見高
　　　　廷珍等輯《東林書院志》（北京：中華書局，2004年10月1版，《東林書院
　　　　志》整理委員會點校本），卷2〈院規・顧涇陽先生東林會約〉，頁22～23。

杜登春《社事始末》則云：

> 幾者，絕學有再興之幾，而得知幾其神之義也。〔註119〕

此所指之「絕學」即是復社所謂「古學」，而興復古學真正之意義，並不僅僅在興復古代學術，更重要者在於重建儒家正統之價值系統。審此，幾社之「幾」乃實學救國之幾。

幾社是內取型文社，取友甚嚴，如黃宗羲所云「陳臥子為幾社，郡中之士，非高才不入」〔註120〕。故李延昰《南吳舊話錄》曾載此理念為時論所指責：

> 幾社非師生不同社，或指為朋黨之漸，苟出而士宦，必覆人家國，陳臥子聞而怒。夏考功曰：「吾輩以師生有水乳之合，將來立身必能各見淵源；然其人所言，譬如挾一良方，雖極苦，何得不虛懷樂受。」臥子曰：「兄言是。」乃邀為上客。〔註121〕

這可見幾社取友甚嚴，非師生子弟不准入社，此與復社之大開門戶，有所不同。在崇禎初年，幾社雖然與復社合作，但是復社對外，幾社對內。復社開了三次大會，而幾社同志，卻閉戶埋首讀書。如杜登春《社事始末》所云：「幾社六子，自三六九會藝詩酒倡酬之外，一切境外交遊，澹若忘者，至於是朝政得失、門戶是非，謂非草茅書生所當與聞，而以中原壇坫，悉付婁東、金沙兩君子，吾輩偷閑息影於東海之一偶，讀書講義，圖尺寸進取已爾。」〔註122〕杜登春此言過於含蓄，幾社人士當時亦是積極參與反對閹黨之政治鬥爭，只是復社與幾社在現實政治鬥爭中，幾社成員不像復社人士那樣意氣用事，強調「執經守正，不宜輕託於異行達節，徒損於道，無益於事，而黨同伐異，以私亂公」〔註123〕。

然而張溥去世後，復社就逐漸嗣響終絕，而幾社之文會卻繁盛起來，如楊鍾羲《雪橋詩話》云：

> 雲間幾社，李舒章（雯）與陳臥子，承復社而起，要以復王李之學，

〔註119〕《社事始末》，葉4。

〔註120〕黃宗羲：〈楊士衡先生墓誌銘〉，《黃宗羲全集》第10冊《南雷詩文集·碑誌類》上，頁468。

〔註121〕清·李延昰：《南吳舊話錄》（臺北：廣文書局，1971年8月1版），卷23〈名社〉，頁995～996。

〔註122〕《社事始末》，葉5～6。

〔註123〕明·陳子龍：《陳子龍文集·陳忠裕公全集》（上海：華東師範大學出版社，1988年11月1版），卷26〈徐詹事殉節書卷序〉，頁409。

共七十三人，王玠石為首，青浦邵景悦梅芬繼之，與張處中、徐桓鑒、王勝受業於臥子，時稱四子。少受知於知府方岳，貢歲科累試第一，弟子問業者甚眾，同時入學至十七人。王卻非司空日藻，張蓼匪布政安茂，皆出其門，與方密之、陸講山、陸鯤庭，皆訂文字交。當陳、夏《壬申文選》後，幾社日擴，多至百人。〔註124〕

誠如澄社鉅子呂留良（1629～1683）〈東皋遺選序〉所言「凡社必選刻文字，以為囮媒。自周鍾、張溥、吳應箕、楊廷樞、錢禧、周立勳、陳子龍、徐孚遠之屬，皆以選文行天下，選與社例相為表裏。」〔註125〕此時幾社同志，日漸眾多，所選制藝，除《幾社壬申文選》之外，還有《幾社會義初集》。其《幾社壬申文選》是仿昭明文選體彙，刻幾社六子之文，每人六十首，凡三百六十首。而《幾社會義初集》則「擴至百人」〔註126〕，並共推徐孚遠為操選政之領袖，幾社會義一直刻到五集，仍由孚遠操持選政。

任何事物由極盛則轉為分化，幾社亦然，內部社員需求取向不同，就分成求社、景風兩派，據《社事始末》載：

> 甲戌乙亥陳夏下第，專事出文詞，文會各自為伍，彙於闇公先生案前，聽其月旦，至丙子刻二集，戊寅刻三集，己卯刻四集，人才輩出，非游於周、陳、夏之門，不得與焉。……至庚辰辛巳間刻五集，猶是闇公先生主之，而求社景風，兩路分馳，似有不能歸一之勢，然社刻總於一部內，幾社朝夕課藝者，惟余長兄輩十餘人，另為一集。闇公先生所云正統是也。壬午，闇公上北雍，以六集之刻，委

〔註124〕楊鍾羲：《雪橋詩話・續集》（瀋陽：遼瀋書社，1991年6月1版），卷1，頁459下。

〔註125〕《呂晚村先生文集》卷5〈東皋遺選序〉，頁150下。呂留良之子呂葆中所作〈行略〉云：「先君生而神異，穎悟絕人，讀書三遍輒不忘。八歲善屬文，造語奇偉，迥出天表，時同邑孫子度先生為里中社，擇交甚嚴，偶過書塾，見所為文，大驚曰：『此吾老友也，豈論年哉。』即拉與同遊，先君垂髫據坐，下筆千言立就，芒彩四射，諸名宿皆咋舌，避其鋒。癸巳（順治十年，1653，年二十五）始出就試，為邑諸生，每試輒冠軍，聲譽籍甚。時同里陸雯若先生方修社事，操選政，每過先君，虛左請與共事，先君一為之提唱，名流幅輳，珹莚珠屢，會者常數千人，女陽百里間，遂為人倫奧區，詩筒文卷，流布寓內，人謂自復社以後，未有其盛，亦擬之如金沙（周鍾）、婁東（張溥），而先君意不自得也。」見《呂晚村先生文集・附錄・行略》，頁56上。

〔註126〕《社事始末》，葉11A。

於子服操之。於是談公敍、張子固、唐歐冶兄弟、錢荀一，有求社
會義之刻，以王玠石、名世二公評選之。李原煥、趙人孩、張子美、
湯公瑾，有幾社景風初集之刻，仍託闇公名評選，幾社數子之文，
悉登於景風。〔註127〕

當徐孚遠獲雋北上，不預幾社操選政之事，幾社內部派別更形分立，當時景
風最具勢力，而求社人物，比較用功，獲雋甚多，因此大家都推重求社。然
而弘光元年（順治二年，1645）閏六月，幾社陳子龍、夏允彝、徐孚遠等松
江起義後，不久旋即失敗，夏、陳諸子相繼殉難，徐孚遠飄泊海外，從事抗
清，又在金廈組織海外幾社，繼續發揚幾社精神。參加海外幾社詩人基本成
員有舟山魯王舊臣與金廈鄭成功賓幕為主，其身份地位為明末舉人、進士功
名，在南明抗清朝廷顯宦名將者。其後鄭成功經營臺灣，徐孚遠與部分社員
亦隨軍入臺，海外幾社又成為臺灣文學史上第一個移入之詩社。換言之，海
外幾社諸子將江南文風引進閩南，進而傳播至臺灣。本書即以此為開展，下
文詳論之，在此不贅。

　　總之，復社與幾社乃繼東林而起之名社，是明代末年兩大文人團體，其
宗旨皆在「昌明涇陽之學，振起東林之緒」。在天啟年間，魏忠賢攬權，政治
腐敗，民氣頹喪，雲間陳子龍、夏允彝，婁東二張等同時創立幾、復兩社，
慨然以倡氣節，振作頹氣為職志，後來幾社合併入復社，未幾明亡。其歷史
定位如近人鄧實〈復社紀略跋〉云：「復社者為明末東南之大社，上繼東林而
下開幾社；其社集之盛、聲氣之廣，殊於當時社會大有關係。及至明亡而死
國殉難之士，見於「姓氏錄」者，乃至不可勝數；然其埋沒不彰，甘心湛冥
以自隱者，亦復何限！」〔註128〕幾、復兩社中人，多起而抗清，或殉節，或
棲隱，或皈禪，莫不以氣節自負，至死不屈，足見復社與幾社諸君子在明亡
之後，以民族氣節自勵者多。其間又以幾社領袖為尤著〔註129〕，其發起人六

〔註127〕《社事始末》，葉12～13。
〔註128〕鄧實〈復社紀略跋〉，見《東林與復社》，頁115。
〔註129〕復社、幾社中人以氣節自持，多起而抗清，或殉節，或棲隱，或皈禪，至死
　　　　不屈者，如杜登春《社事始末》所云：「乙酉、丙戌、丁亥三年之內，諸君子
　　　　之各以其身為故君死者，忠節凜然，皆復社、幾社之領袖也。侯豫瞻先生恫
　　　　曾率其子元演、元潔，黃蘊生淳耀先生率其弟金耀守練川死；史道鄰先生可
　　　　法守淮上死。祁彪佳先生守邗溝死；張玉笥先生國維守京口死；大司馬沈雲
　　　　升先生猶龍偕李存我先生待問、章次公先生簡守松郡死；徐勿齋先生汧、楊
　　　　維斗先生廷樞於吳門破日，夏瑗公先生於吾松破日，周簡臣、周仲馭於金沙

人之中：周立勳早死；陳、夏以抗清殉難；徐孚遠佐魯王於舟山，事敗，走金廈、臺灣，飄泊他鄉以終，故俞正燮讚譽「幾社多奇士偉人」〔註130〕。黃節〈徐孚遠傳〉指出：「方明之季，社事最盛於江右，文采風流往往而見，或亦主持清議，以臧否為事；而松江幾社獨經濟講大略。時寇禍亟，社中頗求健兒俠客，聯絡部署，為勤王之備。主其事者，夏允彝、陳子龍、何剛與孚遠也。」〔註131〕緣此之故，後人將東林、復社與幾社，命脈一以貫之，形成社會清流之指標。

第三節　幾社愛國思潮

　　明末文社之盛，與科舉讀書、社會政治腐敗、士氣高漲、朝廷黨爭激烈，以及城市經濟的繁榮等諸種因素有關。故文社日多，規模也日盛，著名

破日，陸錕廷先生於杭州破日，均以不受降投鑲死。黃石齋先生道周起兵死徽州；陳元倩先生未臨起兵死六和塔；馮留仙先生元飈起兵死寧波，陳大樽、張子服兩先生以吳勝兆案坐死；夏元初先生以匿大樽自縊明倫堂；侯公岐曾、顧公咸建暨其姪大鴻一門，亦以匿大樽死；華公允誠死梁溪；左公懋第以講好不屈死；劉公公旦曙與夏子存古完淳以奉表唐藩死；楊伯祥先生廷麟、楊維節先生以任均以舉義死；吳日升先生易建義旗於泖澱死；徐子世威死於黃蜚之兵變；施公召微死粵東；呂子石香死太倉；吾松張公肯堂、朱公永祐皆入海死於兵；一時諸君子慷慨就義，視死如歸，就復社、幾社中追數之，已若干人。此外，孤忠殉義，死而不傳者，不知凡幾。使非平生文章道義互相切劘，安得大節盟心，不約而同若此哉！他如徐闇公先生以舟為家不仕鄭氏；張公名振、張公煌言擁兵入犯，屢屈於我師，皆終身蹈海者也；熊魚山先生開元、許霞城先生譽卿、倪伯屏先生長圩、方密之先生以智、張帶三先生若羲、余母舅張冷石先生昂之、梁公先生玢之以及林公垼、林公之蕃、王公鑣、祁公豸佳，皆終身披緇者也；而侯子智含以家難付拂靈隱，年止二十，死於禪關，是余之所最痛心者；豫章先生之似續，竟絕於此。更若陸麗京之賣藥；蔣馭閎之黃冠；歸元恭、張洮侯之酒狂；黃心甫、朱雲子之詩癖；王玠石、名世兄弟之躬耕海上；侯秬園、侯研德伯仲之混跡閭中：葛端五、陳言夏、華乾龍字天御、陳濟生字皇士、魏允枏字交讓、錢枏字彥林、錢肅潤字碬日、張子退、吳日千、計子山、葉聖野、金道賓、穆苑先、張來宗、唐服西、王周臣、彭仲謀、林平子、白孟調、范樹鍭、徐昭法、馬端午、許九日、沈東生、許在公、陳子威、余師陸亮中、余叔徠西先生、皆終身高隱，不戀功名。言念諸君子，於余或為姍姬，或為交遊，或為前輩之典型，或為齊年之朋好，由今思之，貴賤異等，死生異路，而名節自持，百身一致，豈不難哉！」《社事始末》，葉16B～18B。

〔註130〕《癸巳存稿》卷8〈釋社〉，見《俞正燮全集》第3冊，頁331。
〔註131〕黃節：〈徐孚遠傳〉，《國粹學報》第3年第8期（1907年8月20日），葉7。

文社幾乎或多或少捲入政治鬥爭之中。明末之文社並不是皆屬於純粹文學團體，但是各社各有其一定的文學主張，用以為文，用以應付科考，用以指導立身行事，因為當時諸文社聲氣之廣，幾乎遍及全國，凡讀書士子，無不受其影響，故諸文社中主要人物之文學觀點，事實上左右當時文壇，主導明末近二十年文學方向。劉明今《明代文學批評史》指出，晚明文學批評大致可分為三派：一是以艾南英為代表的江西諸文社，主張為文應由唐宋入秦漢，尤其是由歐陽修入史遷，基本上繼承了王慎中、唐順之的觀點，可稱為豫章派。其二是以陳子龍等幾社六子為一派。他們以古文辭為尚，重視文學與社會現實的關係，發展了前七子文論中積極入世的傾向。其三是以張溥、張采、吳應箕為代表的應社、復社一派。這一派以通經學古為宗，重視人品學問的修養，重視事功，故政治色彩也最濃，而文學觀點則不甚鮮明，持論往往介於豫章派與幾社二者之間。〔註132〕值得再仔細辨明者，雲間派與前、後七子雖同樣主張復古文學，但二者在具體取法途徑上，還是有所不同。

　　海外幾社實繼承陳子龍等幾社文學風格，如全祖望〈張尚書集序〉所云：「尚書詩古文詞，皆自丁亥以後，才筆橫溢，藻采繽紛，大略出華亭一派。明人自公安、竟陵狎主齊名，王、李之壇，幾於扼塞。華亭陳公人中子龍，出而振之，顧其於王、李之緒言，稍參以神韻，蓋以王、李，失之廓落也。人中為節推於浙東，行其教，尚書之薪傳出於此。及在海上，徐都御史闇公故與人中同主社事，而尚書壬午齊年也，是以尚書之詩古文詞，無不與之合。」〔註133〕故論海外幾社文學，不得不先論幾社陳子龍等雲間派文學。本書將陳子龍、夏完淳愛國詩潮定位為幾社文學主流，並以此闡明海外幾社文學之基調。

〔註132〕劉明今《明代文學批評史》認為幾社諸子共同文學主張為「一、騰踔文彩，震動胸腹。二、躬歷山川，干預風化。」陳子龍詩歌主張在「憂時託志，故雖頌皆刺；以非聖為刺；深切著明，無所隱忌。」劉明今：《明代文學批評史》（上海：上海古籍出版社，1991年9月1版），第九章〈晚明的詩文批評（下）〉，第四節〈明末文社諸子〉，頁567。

〔註133〕全祖望：〈張尚書集序〉，清·全祖望撰、朱鑄禹校注：《全祖望集彙校集注·鮚埼亭集外編》（上海：上海古籍出版社，2000年12月1版），卷25〈張尚書集序〉，頁1210。明·張煌言撰、張壽鏞編：《張蒼水集·序》（臺北：新文豐出版公司，1988年4月臺1版），《四明叢書》第2集，總第5冊），頁164。

　　幾社成員多爲松江人，而松江古稱雲間，故幾社詩人又被稱爲「雲間詩派」，此派詩人著名者又有「六子」和「三子」之稱，緣此，幾社主要詩人除陳子龍、夏完淳之外，尚有夏允彝、徐孚遠、周立勛、李雯、彭賓、宋徵輿、黃淳耀等。社中諸人各有其人生抉擇，故其歸宿亦不同。雲間派與前、後七子雖同樣主張復古文學，但二者在具體取法途徑上，還是有所不同。

　　明清易代之際，幾社文人如陳子龍及夏允彝父子等面臨家國危亡的緊要關頭，懷抱民族氣節，毅然決然挺身而出，以至從容就義。其慷慨悲歌，成爲明末愛國主義詩歌之高潮，其中以陳子龍及夏完淳兩人，爲幾社文學愛國詩潮最傑出、最具典型之代表，故下文針對陳子龍與夏完淳師生慷慨沉鬱悲歌，加以論析，以見海外幾社傳統詩風一斑。

一、陳子龍沉鬱悲歌

　　陳子龍（1608～1647），字臥子，一字人中，號軼伏。晚年自號大樽，易姓李。別號於陵孟公；松江人。幼時穎異，以經世自任；與夏允彝、徐孚遠等人別樹壇坫，名曰幾社，海內多宗之。登崇禎十年（1637）進士，授惠州推官，改紹興；折節下士，與諸生多敘盟社之交。以招撫功，擢兵科，不赴。南渡，起兵科給事中。其後，南京不守，吳志葵於松江起兵，陳子龍亦與之，敗。後因吳勝兆之事，遭詞連，官緝捕之急，終被執，後乘守者不備，乃躍水死，時年三十九。有關陳子龍愛國詩潮主軸如下。

（一）哀憫百姓

　　晚明自萬曆以降政治不修，造成經濟崩潰，社會動亂至極，在官逼民反下，百姓無奈淪爲流賊以求生，明終亡於闖王李自成之手，實是可悲。陳子龍在崇禎十年（1637）考中進士後，就努力實現其經世之志、用世之情，故其詩歌多傾向反映現實政治及關懷民生疾苦之題材，如〈遼事雜詩〉八首其一云：

> 昔年遊俠滿遼陽，吹角鳴鞭七寶裝。帳下紫貂多上客，樓前白馬度名倡。椎牛屬國開新市，射虎將軍獵大荒。李氏家聲猶帶礪，斷垣落日海雲黃。〔註134〕

此詩乃反映現實政治，寫明朝將領寧遠伯李成梁鎮遼二十二年期間，先後有

〔註134〕明·陳子龍：《陳子龍詩集》（上海：上海古籍出版社，1983 年 7 月 1 版，施蟄存等點校本），卷 14〈遼事雜詩〉其一，頁 469。

十次告捷。俟李成梁去遼後，十年之間，竟更易八帥之多，且邊疆防務亦因而廢弛不振。

　　陳子龍在崇禎朝仕宦期間，轉任遷調途中，也寫下不少哀憫百姓之詩篇，如〈小車行〉乃崇禎十年（1637）中式後詮選出都南歸，親眼目睹流民顛沛流離之悲慘場面。其云：

　　　　小車班班黃塵晚，夫爲推，婦爲輓。出門茫然何所之？青青者榆療我飢。願得樂土共哺糜。風吹黃蒿，望見垣堵，中有主人當飼汝。

　　　　叩門無人室無釜，躑躅空巷淚如雨。〔註135〕

詩中記敘崇禎十年六、七月間，山西、山東遭遇旱災及蝗害，所帶給人民莫大的苦難。詩歌極中全力描寫一對夫妻在逃荒時的艱辛，這對夫婦辛苦的推挽著小車，滿面風塵尋求能獲得食物的處所，望見遠處有人家，遂燃起一線生機，而努力向前走，孰知上前叩門竟無人回應，但見屋內空空蕩蕩，連煮飯的鍋釜也無，原先重生之希望又歸於破滅，此首新樂府看似平實無奇，卻寫出當時老百姓生活困頓，十室九空之眞實景況，深切反映出民生疾苦。至於〈賣兒行〉一詩亦作於此時，其云：

　　　　高顙長鬣清源賈，十錢買一男，百錢買一女。心中有悲不自覺，但羡汝得生處樂。卻車十餘步，跪問客何之？客怒勿復語，回身抱兒啼。死當長別離，生當永不歸。〔註136〕

此詩視角集中在饑民因大旱無以爲生，爲保存兒女性命，只好賣兒鬻女，斷絕天倫之夢。詩中寫出饑民歷經饑餓之苦，爲使子女得以存活而不致餓死，遂忍痛割捨心頭肉，廉售予清源賈，當饑民探問其去處時，竟導致清源賈發怒，此時饑民內心清楚知道此生無論是生或死，將再也看不到自己的子女。陳子龍在此將黎民因天災無以爲生，導致鬻子賣女以求得兒女有一線生機之無奈，深刻地傳達出來，不禁令人爲之淚下。

　　崇禎十三年至十六年連年大旱，通貨膨漲，米價上漲百倍以上，陳子龍〈流民〉乃見各地流民流竄，民不聊生，最後淪爲盜賊：

　　　　懷符山縣去，憑軾暗生悲。中澤鴻多悲，空倉雀苦飢。市門連井避，米舶渡江遲。樂土今何在？春風易別離。〔註137〕

〔註135〕《陳子龍詩集》卷3〈小車行〉，頁85。
〔註136〕《陳子龍詩集》卷3〈賣兒行〉，頁87。
〔註137〕《陳子龍詩集》卷12〈流民〉，頁381。

此詩乃陳子龍崇禎十三年為紹興司李之作，時諸暨缺令，臺使命之攝諸暨篆，是歲大饑，奸民聚誘亡命，肆以剽掠，子龍以計擒之，民賴以安。〔註138〕然而為政者當防範於未然，第一首要應使黎民百姓能安居樂業為先；再者，防止姦宄滋生。若落至官逼民反結局，則國亂民亡矣。

以上為陳子龍反映人民生活痛苦之詩篇，無論所反映是天災、人禍抑現實政治之缺失，皆可見其悲天憫人之心也。

（二）黍離之悲

陳子龍認為詩不只為適己而作，其在〈白雲草自序〉中說道：「詩者，非僅以適己，將以施諸遠也。《詩》三百篇，雖愁喜之言不一，而大約必極於治亂盛衰之際。」〔註139〕若說其早期的詩歌多為適己之作，那麼，在甲申之後其詩風已大大改變，在藝術上更趨成熟。此時其喜用自己最擅長的律詩以抒發其憂時傷亂之情懷，其詞采高華而不掩雄渾悲壯之氣，加上其喜歡用典，且用得貼切自然而又絲毫無滯澀之弊。

陳子龍憂國傷時，隨著北都、南都相繼淪陷，國勢日益惡化，愈發慷慨沉鬱，如〈避地示勝時〉六首其六云：

> 力窮支大廈，時異射高墉，未遇夷門老，還從石戶農。朱絃悲匪
> 兕，玄牝愧猶龍。淚盡人間世，天涯何處逢？〔註140〕

詩中自歎身世飄零，報國無路，身處南都覆亡後，寥落獨居之家國悲。陳子龍在弘光朝任兵科給事中，專在言路，「不過五十日，竟無慮三十餘上，多觸時之言，時人見嫉如仇」〔註141〕。弘光元年（順治二年，1645）子龍以祖母年高病重，辭官歸養，五月南都不守，避地柳濱，暫不與世事。

隆武二年（順治三年，1646）三月大母殯於徐灘，移家武塘，將決計東渡投奔魯王，六月結太湖兵舉事。〔註142〕陳子龍太湖抗清起義兵敗後，在舊

〔註138〕陳子龍自撰《陳子龍年譜》卷上云：「諸暨缺令，臺使命之攝諸暨篆，暨邑向多盜，且水災五載，是歲益甚，盜賊如蝟毛而起，子廉邑中知名豪數輩，久以贓罪錮者，召訊之，持其陰事，令擒賊自效。又力行保甲，設互首之法，申連坐之令，獲渠魁數人，立誅之。即盜賊人人相疑，主藏者每為人所發，枹鼓罕鳴矣。」見《陳子龍詩集‧附錄二》，頁664～665。

〔註139〕《陳子龍文集‧陳忠裕公全集》卷26〈白雲草自序〉，頁446。

〔註140〕《陳子龍詩集》卷15〈避地示勝時〉六首其六，頁401。

〔註141〕《陳子龍年譜》卷中，《陳子龍詩集‧附錄二》，頁702。

〔註142〕黃宗羲《弘光實錄鈔》載：「六月，兵部侍郎沈猶龍、兵科給事中陳子龍、下江監軍道荊本徹、中書舍人李待問、舉人章簡、徐孚遠、總兵黃蜚、吳志葵，

吳故地所寫下〈秋日雜感〉組詩，最能見出黍離之悲。其第一首云：

> 滿目山川極望哀，周原禾黍重徘徊。丹楓錦樹三秋麗，白雁黃雲萬里來。夜雨荊榛連茂苑，夕陽麋鹿下胥臺。振衣獨上要離墓，痛哭新亭一舉杯。〔註143〕

此組七律爲陳子龍於松江起義失敗後客居吳中之作，感情沉痛凝重，風格高華俊爽，其中瀰漫著濃厚的興亡之感，爲陳子龍後期詩歌之代表作。組詩之首聯，詩人以《詩經·王風·離黍》中周原禾黍之典故，述寫山河變異的黍離之悲。詩中其自比亡國舊臣極目四望，徘徊在故都廢墟之中，接著視角從秋高氣爽，明亮豔麗之景致逐漸轉換成淒迷的深秋背景，望著原本繁華熱鬧宮殿，如今竟淪爲荊榛滿地，麋鹿成群之淒涼荒蕪景象，詩人不禁心生感慨而徘徊不去。其後陳子龍更登上吳國忠烈要離之墳，且舉杯奠祭曾作新亭對泣之東晉臣子，此詩抒發詩人對現實的哀感和自我激勵之情。詩中所言之茂苑荊榛、胥臺麋鹿，乃詩人假借吳事以寄託其內心之感慨。在此，陳子龍將福王從汴邸監國南都，譬喻成典午之南渡，加上南明福王的政權國祚又極短暫，致詩人有「痛哭新亭一舉杯」之語，噴薄而出，詩人悲憤而痛哭之情感，令人動容。

又〈秋日雜感〉其二云：

> 行吟坐嘯獨悲秋，海霧江雲引暮愁。不信有天常似醉，最憐無地可埋憂。荒荒葵井多新鬼，寂寂瓜田識故侯。見說五湖供飲馬，滄浪何處著漁舟。〔註144〕

正所謂風景不殊，而河山有異；放眼四望，無事無物不觸起詩人的國破家亡之恨。此詩首二句以海霧江雲之淒涼景象，引出詩人悲秋之情，「獨悲」、「獨愁」乃全篇詩眼所在，貫穿全詩感情，使詩篇一氣流注，盤旋激昂。頷聯「不信有天常似醉，最憐無地可埋憂」，以逆勢出之，一揚一抑，沉鬱頓挫，力重千鈞，揭示理念與現實之矛盾，指責老天不公，正義不得伸張，以致江山改易。殘酷之社會現實，滿清血腥鎮壓，仁人義士屢遭失敗，加深詩人之「悲愁」，在此情況下，陳子龍內心憂愁盈懷，哀慟江山易主已非我所有，在悠悠廣闊之天地間，更感孤獨無侶，無處埋憂。頸聯「荒荒葵井多新鬼，

建義松江。」明·黃宗羲撰、沈善洪主編：《黃宗羲全集》（杭州：浙江古籍出版社，1986年5月1版），第2冊《弘光實錄鈔》卷4，頁99。

〔註143〕《陳子龍詩集》卷15〈秋日雜感〉，頁525～526。
〔註144〕《陳子龍詩集》卷15〈秋日雜感〉，頁526。

寂寂瓜田識故侯」，則寫出因戰亂導致社會凋敝，人民百姓喪命兵燹，愛國
志士慘遭殺戮，以「東陵瓜」典故，隱喻王孫故侯如魏國公徐弘基等，因顛
沛流離而隱遁避跡之事。陳子龍以國變後之淒涼景象，感慨人事之變遷，
令人萌發今昔之感。詩人抗清之志將何以所託，上下無助，不僅悲從中來，
更透露濃厚孤獨之感。尾聯「見說五湖供飲馬，滄浪何處著漁舟」，則道出一
向繁華的江南之所以會凋敝原因，乃源自清軍之不斷肆虐蹂躪，成為清兵
飲馬之所。故園已非昔日之樂土，天下之大已無一片清淨去處。當時蘇、松
已為清兵所下，太湖中部亦滋擾不已，詩人無處可隱，藉此傳達出內心悲憤
之痛。

再觀〈秋日雜感〉第三首，乃充滿悲憤國亡主滅之情：

> 萬木凋傷歎式微，何人猶與賦無衣？繁霜皓月陰蟲切，畫角清笳旅
> 雁稀。阮籍哭時途路盡，梁鴻歸去姓名非。南方尚有招魂地，日暮
> 長歌學采薇。〔註145〕

本詩乃言南都覆亡之事。據《通鑑輯覽》載云：「乙酉（弘光元年，順治二年，
1645）五月，我大清兵渡江。……京口敗軍奔還，南京大震。福王荒宴至夜
半，跨馬自通濟門出走，遂奔太平。……總督京營忻城伯趙之龍奉表納款，
勳戚自魏國公徐文爵（宏基之子）、駙馬都尉齊贊元（尚光宗女遂平公主）、
靈璧侯湯國祚、安遠侯柳祚昌等、大臣自大學士王鐸、禮部尚書錢謙益等文
武數百員並城內官民迎降。……我大清兵至蕪湖，明總兵田雄（宣府人）劫
福王由崧以降，靖國公黃得功死之；明亡。」〔註146〕陳子龍此時已窮途末路，
不得已遂易姓化名，竄處菰蘆，栖伏枋榆之間，故如阮籍窮途而哭，梁鴻隱
名，尚祈南方尚有招魂地，可作長歌采薇吟也。

其〈秋日雜感〉第九首則云：

> 經年憔悴客吳關，江草江花莫破顏。豈惜餘生終蹈海？獨憐無力可
> 移山！八廚舊侶誰奔走，三戶遺民自往還。圯上隆中俱避地，側身
> 懷古一追攀。〔註147〕

此詩寫當時因太湖兵已潰敗，陳子龍身雖未蹈海，然已深知力絀無能移山。
綜觀平日所交友朋或捐軀故國，如夏允彝、侯峒曾、李存我輩；或入仕清

〔註145〕《陳子龍詩集》卷15〈秋日雜感〉其三，頁526。

〔註146〕清高宗敕撰：《御批歷代通鑑輯覽》（臺北：新興書局，1959年10月1版，
影同文版），卷1176〈附明唐王・乙酉歲〉，頁3814～3815。

〔註147〕《陳子龍詩集》卷15〈秋日雜感〉其九，頁528。

朝，如錢謙益者；而眼前所與遊者，僅餘吳佩遠、徐似之、錢彥林、錢仲芳、錢漱廣、錢默、夏存古、蔣篆鴻、陳子木、張冷石、王澐、張宮十餘人而已〔註148〕，所以此時陳子龍尚有張良、孔明暫避圯上、隆中之思，以待時再興義師之志。

審此，上論數首〈秋日雜感〉詩，不難窺見陳子龍自甲申之變後，其詩歌中所瀰漫的黍離之悲及深沉的亡國之恨。江山易主，喪亂之痛使詩人無法逃於民族大義，起義抗清，以至亡身殉國。

綜觀陳子龍詩作中最引人注目的，還是那些規模宏大、聲情激越的七律組詩，如〈感懷〉八首〔註149〕、〈初秋〉八首〔註150〕、〈書丙子秋事〉四首〔註151〕、〈燕中秋感〉四首〔註152〕、〈遼事雜詩〉八首〔註153〕等。這些組詩所吟不限於一事，亦不專作客觀描寫，而是攬物起懷，思緒騰挪，夾敘夾議，感慨係之，滔滔莽莽，渾厚悲壯，準確地傳達出晚明雨飄搖之時代氛圍，表達詩人關懷民生之情懷。故吳偉業《梅村詩話》評陳子龍詩「特高華雄渾，睥睨一世」，「登臨贈答，淋漓慷慨，雖百世後猶想見其人也。」〔註154〕另王士禎《香祖筆記》推崇其七律「沉雄瑰麗，近代作者，未見其比，殆冠古之才。」〔註155〕

二、奇童俊少夏完淳

夏完淳（1631～1647），原名復，乳名端哥，字存古，號小隱，別號靈首，曾輯早年詩文為《玉樊堂集》，故又號玉樊。松江華亭（今上海）人。父夏允彝好古博學，名重海內，與陳子龍等創立幾社，平日所往來者多文章氣節之士，又好獎勵後進，故夏完淳自幼即有機會接觸四方賢士。明宗社既傾，夏允彝與陳子龍思以螳臂，奮乎擋車，因積極在松江號召義軍抗清，志

〔註148〕陳子龍自撰、清・王澐續：《陳子龍年譜》卷下，見《陳子龍詩集・附錄二》，頁716。

〔註149〕《陳子龍詩集》卷13〈感懷〉八首，頁405～408。

〔註150〕《陳子龍詩集》卷14〈初秋〉八首，頁449～451。

〔註151〕《陳子龍詩集》卷14〈書丙子秋事〉四首，頁460。

〔註152〕《陳子龍詩集》卷14〈燕中秋感〉四首，頁467～468。

〔註153〕《陳子龍詩集》卷14〈遼事雜詩〉八首，頁469～472。

〔註154〕清・吳偉業：《梅村詩話》，見丁福保編《清詩話》（上海：上海古籍出版社，1999年6月1版），頁68～69。

〔註155〕清・王士禎：《香祖筆記》（上海：上海古籍出版社，1982年12月1版，湛之點校本），卷2，頁23。

在興復，惜舉事失敗，夏允彝寫下絕命詞〔註156〕，慨然自投松塘口而死。伯父夏之旭隨後亦謁文廟，賦絕命詞，從容自縊於復聖之位旁。〔註157〕而夙與夏允彝齊名的陳子龍，為夏完淳之師，其晚節亦略相似，故時人稱譽陳子龍、夏允彝兩人乃「白首同歸」〔註158〕。

夏完淳自幼天生異稟，才華飆發，夙有神童之稱，五歲已能作詩，撰《代乳集》時，年止九齡。〔註159〕李延昰《南吳舊話錄‧賞譽》曾載其軼事云：

> 夏存古童年好閱邸鈔，便能悉其首尾，一時歎為奇童。徐闇公來晤，援公頭罩，先使之出拜，闇公與談千餘言，存古酬對多作甞語而自然抑揚可聽。闇公既出，其師某曰：「奈何不出入經史，略標才藻？」對曰：「昔管公對單子春，猶能少引聖籍多發天然，小子何敢作餖飣技倆唐突先輩？」闇公聞之曰：「後生中有此人，吾幾社旂幟所嚮，天下雖多材，亦未易竭其輸攻也。」〔註160〕

夏完淳之聰穎深受徐孚遠之贊賞，並預言其日後將成為幾社之中堅份子。夏完淳從小受家庭、環境、教育、交遊、社會、時局之影響，親見其父與師奔走國事，耳濡目染下，早在童年期之夏完淳，已能與長者同席並抵掌談論烽警及九邊情形，加上迭逢喪亂，其後遂積極投入抗清活動。南都覆亡，其父夏允彝在陳子龍的建議下，聯合任吳淞總兵之門生吳志葵起義抗清，不克，其父與伯相繼殉節，夏完淳遵父遺命，盡以家產餉軍。是時雖窮途歧路，湖海飄零，有如斷梗飛蓬，孤苦伶仃，可謂備嚐人世之艱辛，然夏完淳猶不避危難，飲恨吞聲，旨在報國難家仇。後更與其師陳子龍、岳父錢栴謀議策動抗清起義，並上書魯王，魯王遙授其為中書舍人，旋進職方主事。魯王入閩，夏完淳因託謝堯文帶上魯監國疏表，監國二年（永曆元年，順治四年，

〔註156〕《陳子龍年譜》卷中，見《陳子龍詩集‧附錄二》，頁707。

〔註157〕清‧李聿求：《魯之春秋》（上海：上海古籍出版社，2002年3月1版，《續修四庫全書》影清咸豐刻本，第444冊），卷13〈義旅二陳子龍〉，頁567。

〔註158〕清‧王鴻緒：《明史稿‧夏允彝傳》，見見明‧夏完淳：《夏節愍公全集》（臺北：華文書局股份有限公司，1970年5月1版，影清光緒二十年成都重刊本），〈史傳〉，頁15。

〔註159〕屈大均撰、歐初等編：《屈大均全集‧翁山文外》（北京：人民文學出版社，1996年12月1版，第3冊），卷2〈周秋駕六十壽序〉，頁92。

〔註160〕清‧李延昰：《南吳舊話錄》（臺北：廣文書局，1971年8月1版），卷17〈賞譽〉，頁796。

1647）夏，夏完淳在家鄉松江，以遙通魯藩罪遭逮捕被解往南京。臨行前其泣別母親，作詩道：「忠孝家門事，何須問此身！」〔註161〕一路吟詩至江寧，見漢奸洪承疇並不下跪，據《闕氏成仁錄》載其事道：

> 經略洪承疇欲寬釋之，謬曰：「童子何知？豈能稱兵叛逆，誤墮賊中耳！歸順當不失官。」完淳厲聲曰：「我常聞亨九先生，本朝人傑。松山、杏山之戰，血濺章渠，先皇帝震悼褒卹，感動華夷，吾常慕其忠烈。年雖少，殺身報國，豈可讓之？」左右曰：「上座者即洪經略」。完淳叱之曰：「亨九先生死王事已久，天下莫不聞之，曾經御祭七壇，天子親臨，淚滿龍顏，群臣嗚咽，汝何等逆徒，敢偽託其名，以污忠魄」。因躍起奮罵不已，承疇色沮，無以應。〔註162〕

洪承疇知夏完淳爲一神童，心存賞識，有意開釋，欲生之，然夏完淳不但不領情，還罵得洪承疇啞口無言，遂下獄。同年九月十九日，夏完淳與其岳父錢旃同時就義西市，時夏完淳年僅十七歲，臨刑時卻意氣從容，一如往常慷慨賦詩，與岳父成仁取義，難翁難婿，忠貞殉國，永遠輝耀於青史而名垂千古。完淳就義之後，同郡同社摯友杜登春、沈羽霄共殮之，歸藏其父夏允彝墓側。〔註163〕

　　陳田《明詩紀事》評夏完淳詩歌云：「存古詩趨步陳黃門，年僅十七，當其合作，與黃門並難高下，赴義之時，語氣縱橫淋漓，讀之令人悲歌起舞。」〔註164〕可見其誠爲幾社奇童俊少。有關夏完淳之著作，桐城方授曾言其「有自訂詩近千首」〔註165〕，然在夏完淳從軍殉難後，已殘稿零星。

　　夏完淳之文學作品包括有詩、賦、文、詞。其中當以詩歌爲最秀出，而其詩風、內容可自夏完淳十四歲區分爲前後二期，即以崇禎十七年（1644）甲申之變爲界。

〔註161〕明・夏完淳撰、白堅箋校：《夏完淳集箋校》（上海：上海古籍出版社，1991年7月1版），卷5〈拜辭家恭人〉，頁263。

〔註162〕《闕氏成仁錄》，見《夏節愍公全集》卷首〈事略〉，頁19～20。

〔註163〕杜登春《社事始末》云：「癸未（崇禎十六年，1643）之春，余與夏子存古完淳，有西南得朋之會，爲幾社諸公後起之局。」清・杜登春：《社事始末》（臺北：藝文印書館，1968年1版，《百部叢書集成》影清吳省蘭輯《藝海珠塵》），葉14A。

〔註164〕清・陳田：《明詩紀事》（上海：上海古籍出版社，2002年3月1版，《續修四庫全書》影清貴陽陳氏聽詩齋刻本，第1712冊），辛籤卷5〈夏完淳〉，頁43上。

〔註165〕明・方授：〈南冠草序〉，見《夏節愍公全集》卷首，頁26。

　　夏完淳前期詩作多爲擬古和制藝，當時文壇瀰漫公安獨抒性靈，任性而發之文學主張，夏完淳師事陳子龍，其師爲矯治當時文壇萎靡風氣，而發展前、後七子復古思想，以古文辭爲尙，主張文學與經世，影響所及夏完淳乃亦步亦趨。

　　夏完淳早期詩作，屬於幼年好古，摹擬漢魏六朝之古詩，如〈詠懷詩〉六首〔註166〕、〈陳思王贈友〉〔註167〕、〈潘安仁悼亡〉〔註168〕、〈謝康樂遊山〉〔註169〕等屬之，其所作幾可亂眞，然卻無深刻內容；而其〈湘妃怨〉〔註170〕雖亦屬摹擬之作，卻有所寄託且具深遠情致。〈孤雁行〉〔註171〕則爲其姐夏淑吉而作，詩中以清新樸實之筆，帶出親情之摯。寫姐弟之情有「阿弟搴裾泣，送姐出我門」，傷今昔之感則「尙見故時樹，不見故時人」，以見至情至性，動人肺腑。

　　夏完淳現存大部分詩文都是作於明亡以後到他犧牲前之三四年間，故將此歸於後期詩歌。這個時期明王朝國變亡國，其父夏允彝和詩友相繼殉難，而家變接踵而來。其詩歌內容特色，歸納爲以下三項論述之：

（一）抗清復明，發諸抱負

　　夏完淳在其短暫人生中最後幾年所寫之詩歌，無論詠物、詠史、贈別或詠懷詩，皆洋溢著熾盛的愛國熱忱及忠義襟懷，如〈精衛〉詩，乃藉精衛啣石塡海以寄寓其不屈不撓之心志。〔註172〕〈易水歌〉則以跌宕之姿，雄健之筆，慷慨悲歌以詠荊軻，「嗚呼，荊卿磊落殊不倫，漸離慷慨得其眞！長安無限屠刀肆，猶有吹簫擊筑人」〔註173〕。全篇看似懷古實爲傷今，乃寄託其抗清之壯志。另「九死不回歸國意，百年重見中興時」〔註174〕；「自愧湖海人，卓犖青雲志。雖無英雄姿，自與儔伍異」〔註175〕；皆直接、間接傳達出夏完淳中興復國之胸懷。更難能可貴者，乃其雖丁百六之會，仍保持昂揚之豪邁

〔註166〕《夏完淳集箋校》卷3〈詠懷詩〉六首，頁147～148。
〔註167〕《夏完淳集箋校》卷3〈陳思王贈友〉，頁73～74。
〔註168〕《夏完淳集箋校》卷3〈潘安仁悼亡〉，頁80～81。
〔註169〕《夏完淳集箋校》卷3〈謝康樂遊山〉，頁89。
〔註170〕《夏完淳集箋校》卷3〈湘妃怨〉，頁149。
〔註171〕《夏完淳集箋校》卷3〈孤雁行〉，頁155～156。
〔註172〕《夏完淳集箋校》卷3〈精衛〉，頁146。
〔註173〕《夏完淳集箋校》卷3〈易水歌〉，頁171。
〔註174〕《夏完淳集箋校》卷4〈蔣生南行歌〉，頁178。
〔註175〕《夏完淳集箋校》卷3〈自歎〉，頁143。

鬥志，此自其〈舟中憶邵景說寄張子退〉詩中奮發高唱：「萬里飛騰仍有路，莫愁四海正風塵」〔註176〕，可得到印證。

滿清下揚州、破金陵，弘光朝滅亡之後，夏完淳在艱困險惡環境中，繼續抗清復明戰鬥，矢志報仇雪恨，如在吳易軍中所作〈魚服〉云：

> 投筆新從定遠侯，登壇誓飲月氏頭。蓮花劍淬胡霜重，柳葉衣輕漢月秋。勵志雞鳴思擊楫，驚心魚服愧同舟。一身湖海茫茫恨，縞素秦庭矢報仇。〔註177〕

本詩前半部是對在吳易軍中戰鬥生活之回憶，表達其誓死殺敵報仇之決心。後半部是寫兵敗後悲憤之情。首句「投筆新從定遠侯」，以班超喻吳易，點出吳易抗清史事。隆武二年（順治三年，1646）正月吳易第二次在太湖舉兵抗清，夏完淳入吳易軍中為參謀，吳易待之為國士，完淳亦奉之以為師，但不到半載義軍在嘉善潰敗，誠如〈大哀賦〉中道：「草檄則遠愧孔璋，入幕則深慚仲宣。……龍衣逝矣，魚服困焉！」〔註178〕。夏完淳隻身流離，心情極為悲憤，雖然流落湖海有茫茫之恨，也要效法申包胥縞素秦庭，立誓報仇復國，乃見其於兵敗亡命之時仍堅持抗清到底的決心。

永曆元年（順治四年，1647）夏完淳遭清兵所執，臨行訣別故鄉，作〈別雲間〉：

> 三年羈旅客，今日又南冠。無限河山淚，誰言天地寬！已知泉路近，欲別故鄉難。毅魄歸來日，靈旗空際看。〔註179〕

整篇抒發國仇未報、壯志未伸之悲痛和誓死抗清復國之決心，同時也表達詩人對故鄉依戀之情；詩境慷慨激昂，真情流露。

（二）滄桑興亡，寄寓憾恨

夏完淳在其〈大哀賦〉序中云：「余始成童，便膺多難，揭竿報國，束髮從軍。……魯酒楚歌，烏能為樂！吳歈越唱，只令人悲。」〔註180〕相較於家國淪亡之沉痛而言，夏完淳並不著意於詩詞文藻之考究，然時藉詩詞以寄託其盛衰之感慨，故表面雖寫豔冶宴遊之事，實寄黍離麥秀之悲，如〈青樓

〔註176〕《夏完淳集箋校》卷6〈舟中憶邵景說寄張子退〉，頁300。
〔註177〕《夏完淳集箋校》卷6〈魚服〉，頁316。
〔註178〕《夏完淳集箋校》卷1〈大哀賦〉，頁22。
〔註179〕《夏完淳集箋校》卷5〈別雲間〉，頁260。
〔註180〕《夏完淳集箋校》卷1〈大哀賦〉，頁1～2。

篇與漱廣同賦〉一詩屬之〔註181〕。本詩首先描寫二十年前之青樓盛況：「長安大道平如組，青娥紅粉嬌歌舞。南北紅樓幾院開，行人爭誦平康譜。……神宗垂拱放官衙，南臺北里七香車。鳳凰對策呼名妓，獬豸彈冠擁狹邪。王孫夜夜珠簾坐，公子家家玉樹花。樓頭檀板憐青綺，巷裏銀燈拂絳紗。三吳年少多遊冶，筵前戲抱當壚者。金錢夜解石榴裙，丹鬟朝翦桃花馬。」詎料二十年後繁華不再，且早已物是人非：「那堪兩院無人到，獨對三春有燕飛。風簷不動新歌扇，露井橫飄舊舞衣。花草朱門空後閣，琵琶青塚恨明妃。」夏完淳睹此不禁「青衫淚滿江南客」。此詩表面為詠嘆秦樓楚館劫灰，美人塵土，實乃睠懷家國、慨歎興亡，將一代之消亡，千秋之感慨全寄寓在青樓盛衰，類此者如〈楊柳怨和錢大揖石〉〔註182〕、〈故宮行〉〔註183〕、〈江南曲〉〔註184〕、〈題曹溪草堂壁〉〔註185〕等詩，多述盛衰巨變，以寄慨見志，撫今追昔，感觸良深，「吳宮花草安在哉？河轉參橫獨徙倚」〔註186〕，情溢乎辭矣！

　　夏完淳於《玉樊堂詞》中以故國淪亡之怨，託為男女之情，此乃〈離騷〉「香草美人」比興寄託之筆法，如〈采桑子〉云：

　　　　片風絲雨籠烟絮，玉點香毬。玉點香毬，盡日東風不滿樓。　　　暗

　　　將亡國傷心事，訴與東流。訴與東流，萬里長江一帶愁。〔註187〕

這闋〈采桑子〉由景入愁，暗將亡國傷心之痛全盤托出，訴不盡之哀淚如滾滾長江東流。「盡日東風不滿樓」句，一方面是東風無力百花殘〔註188〕，另一方面是山雨欲來風滿樓〔註189〕，江南淪亡，國事直轉而下，完淳少年從軍乃肇端國亡家破，今欲重擎天柱而不得，實有無限失望與哀慟。又〈一翦梅〉（詠柳）云：

〔註181〕《夏完淳集箋校》卷4〈青樓篇與漱廣同賦〉，頁161～162。

〔註182〕《夏完淳集箋校》卷4〈楊柳怨和錢大揖石〉，頁164～165。

〔註183〕《夏完淳集箋校》卷4〈故宮行〉，頁181～182。

〔註184〕《夏完淳集箋校》卷4〈江南曲〉，頁204～205。

〔註185〕《夏完淳集箋校》卷4〈題曹溪草堂壁〉，頁186～187。

〔註186〕《夏完淳集箋校》卷4〈江南曲〉，頁205。

〔註187〕《夏完淳集箋校‧詩餘》卷8〈采桑子〉，頁358。

〔註188〕唐‧李商隱著、清‧馮浩箋注：《玉谿生詩集箋注》（上海：上海古籍出版社，1998年2月1版，蔣凡校點本），卷2〈無題〉，頁399。

〔註189〕唐‧許渾著、清‧許培榮箋註：《丁卯集箋註》（上海：上海古籍出版社，2002年3月1版，《續修四庫全書》影清乾隆二十一年許鍾德等刻本，第1311冊），卷5〈咸陽東城樓〉，頁538下。按：詩題一作〈咸陽西城樓遠眺〉。

無限傷心夕照中，故國淒涼，剩粉餘紅。金溝御水自西東，昨歲陳
宮，今歲隋宮。　　往事思量一晌空，飛絮無情，依舊煙籠。長條
短葉翠濛濛，纔過西風，又過東風。〔註190〕

此乃詠臺城之柳，臺城即建康宮城，建康爲六朝首都，亦是有明一代南都。
臺城又爲梁武帝餒死之地，暗喻弘光朝覆亡。下片隱括晚唐韋莊〈臺城〉：
「江雨霏霏江草齊，六朝如夢鳥空啼。無情最是臺城柳，依舊煙籠十里堤。」
〔註191〕臺城柳，長條短葉，纔過西風，又過東風，道出國亡主滅，陵谷變
遷，人物換世，惟草木無情，依舊煙籠十里堤，不禁使人長歎。緣此，「故國
淒涼」句，寫於江南淪亡甚明。又如〈憶秦娥〉（懷遠）云：

傷離別，相思又值清明節。清明節，薊門衰草，漢宮紅葉。　　愁
懷萬種憑誰說，邊鴻不到音書絕。音書絕，長安何處，晚山重疊。
〔註192〕

「長安何處」等句，顯然南都潰後情境。懷遠者，懷念南方之故國也。而〈洞
仙歌〉（江都恨）者，哀悼揚州無辜之生靈被屠，抨擊福王禍國殃民，枉斷江
南半壁江山；乃寄寓傷心故國之作：

珠簾乍捲，漏春光一半，廿四橋煙花恨滿。久傷心故國，鴻雁來稀，
吳江畔，古豔陽瓊花觀。　　望隋隄一抹，楊柳依依，明月迢迢隔
河漢。露滿玉衣秋，夜漏沉沉，催刀尺，傷心腸斷。淚滴金壺紅粉
怨，偶一夢，到南朝，亂敲銀蒜。〔註193〕

兵部尚書史可法與揚州軍民誓死抗清，清兵入城後，屠城十日，兵燹過後，
可憐廿四橋、十里揚州路皆成煙消雲散。全篇以今昔對比手法、情景交融之
意境，呈顯亡國之悲。緣此，詩人歷神州陸沉，睹物色之變，滿眼江山寥落，
非復一統之舊，不覺百感交集，所謂「風景不殊，正自有山河之異」〔註194〕，
故感慨逐深。

　　《玉樊堂詞》中，夏完淳以古人宮怨，寫亡國之恨的詞作極爲沉重幽峭，

〔註190〕《夏完淳集箋校・詩餘》卷8〈一翦梅〉，頁369。
〔註191〕唐・韋莊著、轟安福箋注：《韋莊集箋注》（上海：上海古籍出版社，2002年
　　　　4月1版），卷4〈臺城〉，頁171。
〔註192〕《夏完淳集箋校・詩餘》卷8〈憶秦娥〉，頁359。
〔註193〕《夏完淳集箋校・詩餘》卷8〈洞仙歌〉，頁372。
〔註194〕周顗「新亭對泣」語，見劉宋・劉義慶著、余嘉錫箋疏：《世說新語箋疏》
　　　　（上海：上海古籍出版社，1993年12月修訂1版，周祖謨整理本），卷2
　　　　〈言語〉，頁92。

深美閎約之藝術魅力感人肺腑。如〈滿庭芳〉（寓怨）云：

> 永巷驚風，長門送月，年年幾度傷心。銀缸點點，淚滴露華侵。
> 此夜西宮絃管，魂夢中髣髴車音。驚坐起，孤燈殘月，愁坐倚瑤
> 琴。　　沉沉芳信杳，金猊煙冷，銀鴨香深。聽風絲雨片，落月鳴
> 禽，卻望君王何處，昭陽歌舞動花陰。遙思想，六龍天上，刀刀動
> 秋砧。〔註195〕

全篇以幽閉永巷之宮女、別居長門宮之陳皇后自況，藉宮怨寓臣子忠愛之
忱。而名篇〈燭影搖紅〉（寓怨）更云：

> 孤負天工，九重自有春如海。佳期一夢斷人腸，靜倚銀缸待。隔
> 浦紅蘭堪采，上扁舟，傷心欸乃。梨花帶雨，柳絮迎風，一番愁
> 債。　　回首當年，綺樓畫閣生光彩。朝彈瑤瑟夜銀箏，歌舞人瀟
> 灑。一自市朝更改，暗銷魂，繁華難再。金釵十二，珠履三十，淒
> 涼千載。〔註196〕

此詞以青樓女子之幽怨愁思，來見證亡國之痛，當為夏完淳乙酉後感慨今昔，
睠懷故國之作。本詞明寫宮怨，卻暗寓興亡之感、山河之淚。結尾點出舊日
繁華眨眼間全成隔世雲煙，從此之後，只賸遺臣遺民，淒涼千載。故況周頤
《蕙風詞話》說此詞：「聲哀以思，與《蓮社詞》『雙闕中天』闋，託旨略同。」
〔註197〕蓋二詞同寫山河之變，寄寓黍離之悲也。

　　夏完淳作品中最膾炙人口，應是他在十六歲時倣效庾信〈哀江南賦〉寫
成之〈大哀賦〉，此賦淋漓愴痛，亦是夏完淳一生代表作之一。該賦前有一序
以概述南都之傾覆、江南生民塗炭及其從軍舉義等情事，序中清楚交代其作
此賦之緣由：「已矣何言，哀哉自悼！聊為茲賦，以舒鬱懷。……國屯家難，
瞻草木而撫膺；嶽圮辰傾，睹河山而失色。勞者言以達其情，窮人歌以志其

〔註195〕《夏完淳集箋校‧詩餘》卷8〈滿庭芳〉，頁377。
〔註196〕《夏完淳集箋校‧詩餘》卷8〈燭影搖紅〉，頁377。
〔註197〕《蕙風詞話箋註》卷5〈夏完淳燭影搖紅〉條，頁364。按：張掄字才甫，開
　　　　封人紹興間，知閤門事。淳熙五年（1178），為寧武軍承宣使，知閤門事，兼
　　　　客省四方館事。自號蓮社居士，有《蓮社詞》一卷、《道情鼓子詞》一卷。其
　　　　〈燭影搖紅〉詞為：「雙闕中天，鳳樓十二春寒淺。去年元夜奉宸游，曾侍瑤
　　　　池宴。玉殿珠簾盡捲。擁群仙、蓬壺閬苑。五雲深處，萬燭光中，揭天絲
　　　　管。　　馳隙流年，怳如一瞬星霜換。今宵誰念泣孤臣，回首長安遠。可是
　　　　塵緣未斷。譚惆悵、華胥夢短。滿懷幽恨，數點寒燈，幾聲歸雁。」見唐圭
　　　　璋編：《全宋詞》（北京：中華書局，1965年6月1版，1992年10月1版5
　　　　刷），第3冊，頁1410。

事。」〔註198〕在〈大哀賦〉中夏完淳痛陳明亡之歷史教訓，描繪江南淪亡之慘況，反映百姓抗清之義舉，並進一步表達其悲憤之心、矢志不移之抗清理念，通篇哀豔驚人，文詞工麗，爲千古之愛國名篇。〔註199〕故屈大均評此賦云：

> 存古當丙戌之變，年僅十六，與其友崇德呂宣忠，亦年十有六，而從長興伯吳公易、總兵黃蜚，起兵太湖、三泖間，戰敗而死。殉其君亦以殉其父，忠而且孝。天地之所賴以長存，日月之所賴以無窮，乃在一成童之力。至今讀其〈大哀〉一賦，淋漓嗚咽，洋洋至萬餘言，猶似未盡。嗚呼！〈麥秀〉、〈采薇〉之短，〈大哀〉之長，固皆與風雅同流，《春秋》一貫，爲一代之大文，誰謂古今人不相及耶！〔註200〕

夏完淳〈大哀賦〉乃運以婉麗之筆，抒寫淒楚之思，文中痛感國家遭難，山河變色，字裡行間，可謂蘊藏斑斑血淚，故屈大均對僅爲一成童之夏完淳，竟能忠孝兩全，極爲肯定，並稱此賦已可與《詩經》、《春秋》相媲美而無愧色矣。朱彝尊《靜志居詩話》亦讚許之曰：「存古，南陽知二，江夏無雙，束髮從軍，死爲毅魄，其〈大哀〉一賦，足敵蘭成。昔終童未聞善賦，汪踦不見能文，方之古人，殆難其匹。」〔註201〕況周頤《蕙風詞話》則謂其「〈大哀〉、〈九哀〉諸作，庶幾趾美《楚騷》」〔註202〕。審此，在中國賦史上〈哀江南賦〉前無古人，〈大哀賦〉後無來者，是交相輝映之雙璧，夏完淳賦敵蘭成洵爲定論。

〔註198〕《夏完淳集箋校》卷1〈大哀賦〉并序，頁2。

〔註199〕李炳海評〈大哀賦〉指出：作者從四個方面表現夏完淳巨大哀痛，一是國土淪喪、江山易姓之哀；二是朝政腐敗、大臣庸佞之哀；三是回天無力、屢戰屢敗之哀；四是家破人亡、浪跡他鄉之哀。見畢萬忱等編：《中國歷代賦選・明清卷》（南京：江蘇教育出版社，1998年11月1版），夏完淳〈大哀賦〉之主旨與批評，頁266～273。

〔註200〕《屈大均全集・翁山文外》卷2〈周秋駕六十壽序〉，頁92～93。

〔註201〕《靜志居詩話》卷21〈夏完淳〉條，頁644。按：「蘭成」爲庾信小字。庾信〈哀江南賦〉云：「王子濱洛之歲，蘭成射策之年。」北周・庾信撰、清・倪璠注：《庾子山集注》（北京：中華書局，1980年10月1版，許逸民校點本），卷2〈哀江南賦〉，頁108。

〔註202〕清・況周頤著、俞潤生箋註：《蕙風詞話箋註》（成都：巴蜀書社，2006年12月1版，《蕙風詞話・蕙風詞箋註》合刊），卷5〈夏完淳以靈均辭筆爲詞〉條，頁361。

（三）頌揚英烈，哀悼師友

　　夏完淳自幼在父親夏允彝忠貞愛國、注重氣節的濡染下，亦深具儒家立身報國，成仁取義的胸懷，故於明傾父殉後，隻身漂泊煙波間，亡命滄海際，但仍不遺餘力企圖反清復明，以報國仇家恨。而當時亦有力挽狂瀾於既倒，不屈不撓積極抗清之文武官員、志士仁人，如其父親夏允彝即爲明例，餘如徐石麒、侯峒曾、黃蜚、吳志葵、魯之璵、史可法、黃道周、劉宗周、徐汧、金聲、祁彪佳、吳易、錢熙、顧咸建等。或共舉義師以圖恢復，或負天下重望而先後殉國，對此夏完淳皆有詩歌詠之，以表彰忠烈，播揚芳馨，冀以忠孝勵後死者，如〈六哀〉〔註203〕、〈六君詠〉〔註204〕、〈哭吳都督〉六首〔註205〕、〈二哀詩〉〔註206〕、〈弔漱廣至西塘有述〉〔註207〕及〈錢漱廣爲余內兄弟丰姿玉立神采駿揚綱紀翼修百行具備天假以年且有爲以死哲人云亡邦國殄瘁哀哉得絕句十八首短歌之悲過於長號非有情者不足以語此〉〔註208〕等詩皆屬之。如號稱「江南三鳳」之一的侯峒曾，一向澹泊名利，與世無爭，然聞國家傾覆，即矢不欲生，率眾禦敵，誓死固守孤城，雖外援斷絕，仍本著吾頭縱可斷，而吾節不可移之信念，後挈二子元演、元潔並沉於池以殉國，夏完淳〈侯納言峒曾〉詠道：「孤城苦戰時，日落鼓聲死。始知朝陽禽，亦復秋飆厲。六翮鍛不垂，靈風滿天地。興懷募義旅，言灑西州淚。」〔註209〕再者，如休寧人金聲，以好學深思而名傾一時，夏完淳於〈六君詠〉其五之〈金司馬聲〉中讚其忠義精神：

> 司馬盛意氣，豪舉不可親。翩翩雲中龍，渺忽誰能馴！牙旗風蕭
> 蕭，慟哭驚鬼神。輕生貴任俠，英爽殊逼人。功名盡一劍，壯志苦
> 不伸。縱橫一世間，卓舉誰比倫！〔註210〕

金聲於清兵攻破南京，列郡皆望風而降之時，仍毅然決然與門人江天一糾眾

〔註203〕《夏完淳集箋校》卷3〈六哀〉，頁95～108。

〔註204〕《夏完淳集箋校》卷3〈六君詠〉，頁111～121。

〔註205〕《夏完淳集箋校》卷5〈哭吳都督〉六首，頁248～249。

〔註206〕《夏完淳集箋校》卷6〈二哀詩〉，頁332～333。

〔註207〕《夏完淳集箋校》卷6〈弔漱廣至西塘有述〉，頁316～317。

〔註208〕《夏完淳集箋校》卷7〈錢漱廣爲余內兄弟丰姿玉立神采駿揚綱紀翼修百行具備天假以年且有爲以死哲人云亡邦國殄瘁哀哉得絕句十八首短歌之悲過於長號非有情者不足以語此〉，頁345～347。

〔註209〕《夏完淳集箋校》卷3〈六哀〉之二〈侯納言峒曾〉，頁98。

〔註210〕《夏完淳集箋校》卷3〈六君詠〉之五〈金司馬聲〉，頁119。

練勇以保績溪、黃山等地。唐王授其爲右都御史兼兵部右侍郎，總督諸道軍。金聲拔取旌德、寧國諸縣。〔註211〕九月二十日，降清之明御史黃澍引領清兵入績溪，金聲遂被俘虜。據《明史・金聲傳》載：「聲被執至江寧，語門人江天一曰：『子有老母，不可死。』對曰：『天一同公起兵，可不同公殉義乎！』」〔註212〕遂同飲刃以歿。故詩中夏完淳稱揚金聲英勇輕生，實乃舉世絕倫之典型。

至於夏完淳有關哀悼師友之詩文，當以其被押解到南京時，一路吟成的《南冠草》中之絕唱〈吳江野哭〉與〈細林野哭〉爲代表。此二詩乃夏完淳藉沉雄悲壯之七言歌行體，來表達對陳子龍及吳易的追悼之情。詩題中之「吳江」爲吳易的故鄉，「細林」即細林山，明亡後陳子龍曾遁跡於此；詩中所追悼的兩位主角，乃與夏完淳有非比尋常的師生關係及深厚的戰友情誼。陳子龍因積極參與策動松江提督吳勝兆起義抗清，在永曆元年（1647）五月時遭清兵逮捕，並在五月十三日投水殉國，其後夏完淳也被逮捕。此時詩人早已置個人生死於度外，故曠達高唱「英雄生死路，卻似壯遊時」〔註213〕，唯一遺憾是「從軍未遂平生志，遺恨千秋愧請纓」〔註214〕。心懷故國，念切中興之壯志未酬，加上在押解途中又經過細林山和吳江，此時身囚扁舟中之夏完淳內心百感交集，乃作〈細林野哭〉與〈吳江野哭〉，以追悼陳子龍及吳易，並自祭自悼。

首先析論〈吳江野哭〉，其詩云：

> 江南三月鶯花嬌，東風縈繞垂虹橋。美人意氣埋塵霧，門前枯柳風蕭蕭。有客扁舟淚成血，三千珠履音塵絕。曉氣平連震澤雲，春風吹落吳江月。〈平陵〉一曲聲杳然，靈旗慘淡歸荒烟。茫茫滄海填精衛，寂寂空山哭杜鵑。夢中細語曾聞得，蒼黃不辨公顏色。江上非無弔屈人，座中猶是悲田客。感激當年授命時，哭公清夜畏人知。空聞蔡琰猶堪贖，便作侯芭不敢辭。相將灑淚銜黃土，築公虛塚青松路。年年同祭伍胥祠，人人不上要離墓。〔註215〕

〔註211〕清・張廷玉等撰：《明史》（臺北：鼎文書局，1991年5月5版，影北京中華書局點校本），卷277〈金聲傳〉，頁7091～7092。

〔註212〕《明史》卷277〈金聲傳〉，頁7092。

〔註213〕《夏完淳集箋校》卷5〈東半村先生〉，頁265。

〔註214〕《夏完淳集箋校》卷6〈由丹陽入京〉，頁336。

〔註215〕《夏完淳集箋校》卷4〈吳江野哭〉，頁221。

陳子龍、夏完淳曾聯手策動吳易抗清，吳易因賞識夏完淳才識，而視之為國士，並處以賓幕。對此，夏完淳不僅銘記在心，並以師禮相待，因有「湖海門生誼，荊榛國士恩」之語〔註216〕。隆武二年（1646）六月，吳易在嘉善兵敗被清軍所擒，就義於杭州草橋門，年方三十五。夏完淳得知噩耗後，愴痛不已，每於「五湖風雪夜，尊酒哭平沙」〔註217〕，暗自飲泣而不敢聲張，並在吳易遺骸尚未歸鄉時，「萬里獨招魂」〔註218〕，與戰友築衣冠塚以盡意。因此夏完淳詩中引侯芭為其師揚雄起墳守喪三年之典，發願誓為吳易營葬守喪，以報吳易知遇之恩。結尾以「年年同祭伍胥祠，人人不上要離墓」，肯定吳易為國捐軀，萬古留芳。本詩誠如其〈大哀賦〉自道「國亡家破，軍敗身全，招魂而湘江有淚，從軍而蜀國無絃，哀哉欲絕，已矣何言！」〔註219〕正見夏完淳於吳易師友誼深，情溢乎辭；共赴國難，山河恨重。

觀〈吳江野哭〉已沉鬱悽愴之至，而〈細林野哭〉一詩更是有過之而無不及：

> 細林山上夜烏啼，細林山下秋草齊。有客扁舟不繫纜，乘風直下松江西。卻憶當年細林客，孟公四海文章伯。昔日曾來訪白雲，落葉滿山尋不得。始知孟公湖海人，荒臺古月水粼粼。相逢對哭天下事，酒酣睥睨意氣親。去歲平陵鼓聲死，與公同渡吳江水。今年夢斷九峰雲，旌旗猶映暮山紫。瀟灑秦廷淚已揮，彷彿聊城矢更飛。黃鵠欲舉六翮折，茫茫四海將安歸。天地蹢躅日月促，氣如長虹葬魚腹。腸斷當年國士恩，剪紙招魂為公哭。烈皇乘雲御六龍，攀髯控馭先文忠。君臣地下會相見，淚灑閶闔生悲風。我欲歸來振羽翼，誰知一舉入網弋。家世堪憐趙氏孤，到今竟作田橫客。嗚呼！撫膺一聲江雲開，深在網羅且莫哀。公乎，公乎！為我築室傍夜臺，霜寒月苦行當來。〔註220〕

夏完淳作此詩時已身陷死網，以一個將死者對已死之悼念，詩人睹物思人，撫今追惜，既是懷人，亦是自傷。本詩起自「細林山上夜烏啼」，結以「霜寒月苦行當來」，使全詩籠罩在秋夜蕭瑟慘淡的氣氛之中，醞釀出感傷氣氛，以暗

〔註216〕《夏完淳集箋校》卷5〈哭吳都督〉六首其三，頁248。
〔註217〕《夏完淳集箋校》卷5〈哭吳都督〉六首其一，頁248。
〔註218〕《夏完淳集箋校》卷5〈哭吳都督〉六首其三，頁248。
〔註219〕《夏完淳集箋校》卷1〈大哀賦〉，頁22。
〔註220〕《夏完淳集箋校》卷4〈細林野哭〉，頁215～216。

示其身陷敵營之悲傷。開頭首四句，寫作者這次經過細林山下之情景，蕭瑟之秋夜，烏鴉之悲鳴，與詩人因抗清被陷羅網，命在旦夕之心情，交融一起，但筆鋒一轉「乘風直下」卻表現夏完淳視死如歸之精神。從「卻憶當年細林客」，開始追憶當年師生同聲相應、同氣相求之往事。夏完淳一生最敬重其師陳子龍，詩中深情地描繪出兩人一起戰鬥的生活，以及奮起救國的豪情壯志，在在凸顯師生深厚情誼。陳子龍在松江敗後，曾在細林山一帶進行秘密活動，夏完淳曾到山中與陳會晤，並帶出二人聯合策動吳易起兵再戰，最終太湖義旅失敗，「誰知頃刻雲雨翻，死生漂泊煙波間」〔註221〕，從去歲到今年，轉瞬間卻人事全非。夏完淳一方面痛惜陳子龍壯志未酬，斯人已逝；另一方面自己雖已盡力救傾，仍力難回天，如今更淪為階下囚，但詩人早已抱定死志，故詩中慷慨昂揚，奔迸出悲憤悽愴之情感。從「腸斷當年國士恩，剪紙招魂為公哭」二句，一則可看出陳、夏亦師亦友，志同道合之情誼，另外乃暗示作者繼陳之後也被清軍拘捕，興兵再戰、復國雪仇之願望，已無實踐可能。自「烈皇乘雲御六龍」至篇末，筆勢陡轉，或寫家國破亡之悲，或表現大業未竟之恨，或對逝者發出呼號，或告白自己矢志殉國之心，浩然正氣盈溢於字裡行間。末句「霜寒月苦行當來」，再次點明秋夜，與篇首情景相應，並與「昔日曾來訪白雲」形成兩層詩意：一是生前相訪，意氣益親；一是死後來歸，魂魄無愧，以生死相依來表達他們情誼之深。全篇詩情雖不離悲愴憂傷，但創作思想卻在「深在網羅且莫哀」一句之中，在沉痛中蘊藏高昂之愛國情志，呈現出悲壯雄渾之風格，可謂是血淚交織、情文兼至之曠世佳作。

　　審夏完淳之生平及其文學作品，可見少年英雄夏完淳所處時代背景，其雖非著意於詞章創作，卻取得了非凡成就，印證其確為不世出之神童。而綜觀夏完淳短暫人生中可謂萃忠孝節義於一身，年十七慨然有勤王之志，與諸豪傑相結，往來太湖之間，能視天文、料軍事，草檄賦詩，援筆立就，而其最後幾年所創作之文學作品，或用明媚筆調挾哀屬詞氣、或以跌蕩之姿慷慨悲歌、或藉質樸家常語以述志節，皆懷抱熾烈之愛國胸襟，並具豐富深刻之藝術內涵，形成其個人獨特的風格，故能睥睨一代，輝耀千秋，而留名青史。故沈德潛《明詩別裁集》評曰：「存古十五從軍，十七授命，生為才人，死為鬼雄，汪踦不足多也，詩格亦高古罕匹。」〔註222〕汪端在《明三十家詩選》

〔註221〕《夏完淳集箋校》卷4〈題曹溪草堂壁〉，頁187。
〔註222〕清‧沈德潛、周准編：《明詩別裁集》（上海：上海古籍出版社，1979年9月

更推崇云：「節愍詩源出黃門，天姿特秀，古體窺漢魏、初唐堂奧，五七言律高華沉鬱，兼擅其長。少假以年，足與梅村、華夫齊驅抗手，何僅高視七子，若其運丁百六，綺歲完忠，其人其文，古今鮮匹，則澄懷詩洋洋數千言抒發盡之，余不必更贅一詞矣。」〔註223〕

近人汪辟疆〈近代詩派與地域〉論清詩之淵源說：「有清康雍之初，承明代前後七子之後，流風餘韻，至此猶存。觀於復社、幾社諸賢如陳子龍、李雯之倫，罔不奇情盛藻，聲律鏗鏘，當時號為七子中興。流風所播，乃在明末遺民，下逮清朝，仍未歇絕，不過稍益以憫時念亂之思，麥秀黍離之感，故讀者罔覺為七子餘波耳。語其至者，如顧炎武、杜濬、陳恭尹、侯方域、陳維崧、吳兆騫、夏完淳諸家，皆此風會中所孕育者也。」〔註224〕審此，陳、夏二子之詩格與人格實能睥睨一代，獨步當時之文壇，在文學史上更佔有一席之地。〔註225〕

結　語

東林學派興起於無錫，清議呼聲遍及全國，成為明朝最後四十年中黨爭之焦點，對明末士風影響極大，復社與幾社乃繼之而起之名社。當明季流賊犯闕，神州陸沈，滿清南下，陳子龍與夏完淳起義幟於江東，積極投入抗清救國戰鬥之中，創造出幾社愛國詩潮。

陳子龍與夏完淳師生情深，在文學思想與創作上創新復古文學高朝，在民族正氣上相互砥礪志節，最終抗清殉國。陳子龍與夏完淳以天下為己任，關懷民生經濟，詩風雄渾勁健，實為幾社愛國詩潮代表作家。其遭亂憫憂，影響明遺民深遠，尤其南明海外幾社群體詩人，其既是有社事血緣關係，又有抗清志節之精神一脈相承，以此之故，本文將陳子龍與夏完淳愛國詩潮定位為海外幾社文學所繼承之典型。

1 版），卷 11〈夏完淳〉，頁 289。

〔註223〕清・汪端編：《明三十家詩選》，見《夏完淳集箋校・附錄四》，頁 708。

〔註224〕汪辟疆：《汪辟疆文集》（上海：上海古籍出版社，1988 年 12 月 1 版），〈近代詩派與地域〉，頁 276。

〔註225〕吳棻〈近代詩派與地域小箋〉云：「明末復社張溥、張采，幾社陳子龍、夏允彝先後繼起。……夏完淳，字存古，華亭人。允彝子。十七歲殉難，詩文藻麗，世驚天才，朱竹垞推為古無其匹，有《內史集》，王昶重刻之，題為《夏節愍集》，與陳子龍集合刻，凡此皆明末清初詩家之最著者也。」見《汪辟疆文集》，〈近代詩派與地域〉，頁 277～278。

第三章　海外幾社考索

　　明之末葉，酷旱饑荒，民不聊生，流寇蠭起，天下大亂，崇禎十七年（1644），闖王李自成陷燕都，三月十九日崇禎自縊北京煤山，是謂甲申之變。不久吳三桂開山海關，引清兵入關，寇旋敗於清，清兵長驅河朔，南部諸臣分擁明之宗室，以續國脈，計有福王朱由崧、魯王朱以海、唐王朱聿鍵、桂王朱由榔，史稱「南明四王」。

　　一六四四年五月史可法等擁福王由崧，即位於南京，明年（1645）改元弘光。四月，清軍破揚州，史可法殉城戰死，福王逃出南京，嗣至蕪湖被執，死於北方。

　　一六四五年（弘光元年、順治二年）五月，浙東張國維等迎魯王於紹興，即監國位。閏六月，福建方面黃道周、鄭芝龍、鄭鴻逵及鄭彩之閩南軍擁立唐王聿鍵，即位於福州，建元隆武。此時福州隆武與在台州之魯王監國不合，相互爭名，並互殺使者，標榜抗清之南明二王，在閩浙之間勢如水火，忘卻反清復明大業，致清軍輕易渡過錢塘江，造成唐王奔長汀，被執死；魯王流亡入海之命運。一六四七年（順治四年），唐王既敗，瞿式耜等奉桂王由榔於廣東肇慶，建元永曆，後兵敗奔南寧，走雲南，入緬甸，緬人執以送清軍，為吳三桂所殺。此為形成海外幾社大時代背景也。

　　本書以海外幾社中今存有詩文集之徐孚遠、盧若騰、張煌言為研究對象，此三子下文將設有專章予以個別探討，故本章僅作重點敘述，而有關沈佺期、陳士京、曹從龍三子之生平事跡亦將加以考索、釐清。本章論述海外詩社成立之時代背景，再以魯王之臣、成功之賓為主軸，詳加考索海外幾社諸子活動實況。

第一節 海外幾社時代背景

清兵入關後，明朝宗室和遺臣在南京擁立福王朱由崧成立新政府，力謀匡復，此誠乃漢民族危急存亡之秋，然福王昏庸，不思振作，加以馬、阮等小人當道，坐失中興契機，使得東南半壁江山亦盡蒙於胡塵，忠貞志淳之士，如史可法只能死守揚州，與城俱亡，此誠可悲。

一、明朝覆亡

明末流民起事，天下大亂，滿清趁機入主中原，漢民族再一次亡國。然審明朝敗亡，已在萬曆年間顯露徵兆，其端倪甚至可上溯到嘉靖後期，故趙翼《廿二史箚記》云：「論者謂明之亡，不亡於崇禎，而亡於萬曆。」〔註1〕明朝滅亡之因，除了滿州後金之興起外，究其致亡主源在政治腐敗與官紳結黨惡鬥，導致民生經濟之崩潰，百姓無以為生，人民淪為盜賊。

晚明政治腐敗，經濟破產，流民四起，國豈有不亡之理，實如《明史·流賊傳論》所云：

> 盜賊之禍，歷代恆有，至明末李自成、張獻忠極矣。……莊烈帝承神、熹之後，神宗怠荒棄政，熹宗暱近閹人，元氣盡澌，國脈垂絕。向使熹宗御宇復延數載，則天下之亡不再傳矣。……莊烈之繼統也，臣僚之黨局已成，草野之物力已耗，國家之法令已壞，邊疆之搶攘已甚。……加以天災流行，饑饉洊臻，政繁賦重，外訌內叛。譬一人之身，元氣羸然，疽毒並發，厥症固已甚危，而醫則良否錯進、劑則寒熱互投，病入膏肓，而無可救，不亡何待哉。是故明之亡，亡於流賊；而其致亡之本，不在於流賊也。〔註2〕

審此，明室之覆亡，表面亡於滿洲興起與流賊動亂；但致亡之本，卻不在於流賊、滿洲，而在於政治腐敗，民不聊生。

萬曆以降，積弊已深，民生凋敝；思宗救濟無方，終致亡國。正如朱之瑜〈中原陽九述略·致虜之由〉論云：

> 中國之有逆虜之難，貽羞萬世，固逆虜之負恩，亦中國士大夫之自

〔註1〕 清·趙翼撰、王樹民校證：《廿二史箚記校證》（北京：中華書局，1984年1月1版，2005年1月3刷，訂補本），卷35〈萬曆中礦稅之害〉，頁797。

〔註2〕 清·張廷玉等撰：《明史》（臺北：鼎文書局，1991年5月5版，影北京中華書局點校本），卷309〈流賊傳論〉，頁7947～7948。

取之也。……崇禎末年，搢紳罪惡貫盈，百姓痛入骨髓，莫不有「時日曷喪，及汝偕亡」之心。故流賊至而內外響應，逆虜入而迎刃破竹，惑其邪說流言，竟有前途倒戈之勢，一旦土崩瓦解，不可收拾耳。〔註3〕

人民生活困苦，官員貪婪，皇帝德荒政圮，引爆流民四起。而晚明民生凋敝之史實，如江南魚米之鄉無錫之災荒，「自天啓四年至七年，無錫二年大水，一年赤旱，又一年蝗蝻至，舊年八月初旬，迄中秋以後，突有異蟲叢生田間，非爪非牙，潛鑽潛嚙，從禾根、禾節以入禾心，觸之必斃，由一方、一境以遍一邑，靡有子留。於其時，或夫婦臨田大哭，攜手溺河；或哭罷歸，閉門自縊；或聞鄰家自盡，相與傚尤。至於今或饑婦償布，易米放梭身隕；或父子磨薪，作餅食噎而亡；或啖樹皮吞石粉，枕籍（按：「籍」通「藉」）以死。痛心慘目，難以盡陳。」〔註4〕曾櫻入覲，三日一哭於戶部，必欲求改拆以甦民困，而總督倉場郭允厚、戶部尚書王家禎，堅執不從。又如顧炎武《日知錄》云：「吳中之民，有田者什一，爲人佃作者十九。其畝甚窄，而凡溝渠道路，皆並其稅於田之中，歲僅秋禾一熟，一畝之收不能至三石，少者不過一石有餘。而私租之重者至一石二、三斗，少亦八、九斗。佃人竭一歲之力，糞壅工作，一畝之費一緡，而收成之日，所得不過數斗，至有今日完租而明日乞貸者。」〔註5〕更甚者，政治紛爭、吏治敗壞，造成國家整體經濟崩潰，國家之稅賦一而再，再而三之加派，負擔全落在廣大農民身上，百姓無以爲生，逼上梁山，形成流賊。崇禎二年（1629），禮部行人馬懋才在一份奏疏中備陳人民遭受旱災之害，大饑之慘狀云：

臣鄉延安府，自去歲一年無雨，草木枯焦。八、九月間，民爭採山間蓬草而食，其粒類糠皮，其味苦而澀，食之僅可延以不死。至十月以後，而蓬盡矣，則剝樹皮而食，諸樹惟榆皮差善，雜他樹皮以爲食，亦可稍緩其死。迫年終而樹皮又盡矣，則又掘其山中石塊而食，石性冷而味腥，少食輒飽，不數日則腹脹下墜而死。

〔註3〕　明・朱之瑜：《朱舜水集》（北京：中華書局，1981 年 8 月 1 版，朱謙之整理本），卷 1〈中原陽九述略・致虜之由〉，頁 1。

〔註4〕　清・計六奇：《明季北略》（北京：中華書局，1984 年 6 月 1 版，魏得良、任道斌點校本），卷 5〈無錫災荒疏略〉，頁 105。

〔註5〕　清・顧炎武著、黃汝成集釋：《日知錄集釋》（上海：上海古籍出版社，2006 年 12 月 1 版，奕保群等校點本），卷 10〈蘇松二府田賦之重〉，頁 606～607。

政治敗壞，人謀不臧，加以天災流行，造成民不聊生。百姓哀鴻遍野，基於
人類求生本能，飢民只有鋌而走險：

> 民有不甘於食石而死者，始相聚爲盜，而一二稍有積貯之民遂爲所
> 劫，而搶掠無遺矣，有司亦不能禁治。間有獲者，亦恬不知怪，曰：
> 「死於饑，與死於盜等耳，與其坐而饑死，何不爲盜而死，猶得爲
> 飽死鬼也。」

最後馬懋才又舉出慘絕人寰之情景：

> 最可憫者，如安塞城西有糞城之處，每日必棄一二嬰兒於其中，有
> 號泣者，有呼其父母者，有食其糞土者。至次晨，所棄之子已無一
> 生，而又有棄之者矣。更可異者，童稚輩及獨行者，一出城外，便
> 無蹤跡，後見門外之人，炊人骨以爲薪，煮人肉以爲食，始知前之
> 人，皆爲其所食。而食人之人亦不免，數日後面目赤腫，內發燥熱
> 而死矣。於是死者枕藉，臭氣薰天，縣城外掘數坑，每坑可容數百
> 人，用以掩其遺骸。臣來之時已滿三坑有餘，而數里以外不及掩
> 者，又不知其幾許矣。小縣如此，大縣可知。一處如此，他處可
> 知。〔註6〕

炊人骨以爲薪，煮人肉以爲食，簡直是人間煉獄，飢民四處流竄，轉相爲盜
賊。晚明政治之荒廢，造成社會經濟大崩潰；生民塗炭，則民心思變，最後
必然反噬無能統治者。此天理循環，豈可謂天降奇荒，所以資闖賊乎！

　　綜觀晚明統治者多庸君、昏君，思宗雖奮發自振，銳意更始，治核名
實，「而人才之賢否，議論之是非，政事之得失，軍機之成敗，未能灼見於
中，不搖於外也。且性多疑而任察，好剛而尚氣。任察則苛刻寡恩，尚氣則
急遽失措。當夫群盜滿山，四方鼎沸，而委政柄者非庸即佞，剿撫兩端，茫無
成算。內外大臣救過不給，人懷規利自全之心。言語戇直，切中事弊者，率皆
摧折以去。其所任爲閫帥者，事權中制，功過莫償。敗一方即戮一將，隳一
城即殺一吏，賞罰太明，而至於不能罰，制馭過嚴而至於不能制。」〔註7〕故
其治術亦存在嚴重缺失，除了獨斷多疑、剛愎自用、求治躁進外，更缺乏知人
善任之才能。思宗非亡國之君，然處於神宗怠荒棄政，熹宗暱近閹人之後，
國家元氣喪亡殆盡，國脈垂絕，復因天災流行，饑饉不斷，又政繁賦重，外

〔註6〕　《明季北略》卷5〈馬懋才備陳大饑〉，頁105～106。
〔註7〕　《明史》卷309〈流賊傳論〉，頁7948。

訌內叛，已然是亡國之運。崇禎朝國事蜩螗，外者防邊，內則禦寇，無餉無兵，將士不用命，士大夫袖手高談，多立門戶，故徒見思宗焦勞瞀亂，孑立於上十七年，朝政未見起色，終致宗社傾覆，自縊煤山，實為可悲。

再者，有明一代朋黨之黨爭，造成數十年間政局不安、社會動盪，也是造成明代滅亡的原因之一。《明史‧呂大器等傳贊》稱：

> 明自神宗而後，寖微寖滅，不可復振。揆厥所由，國是紛呶，朝端水火，寧坐視社稷之淪胥，而不能破除門戶之角立。故自桂林播越，旦夕不支，而吳、楚之樹黨相傾，猶仍南都翻案之故態也，顛覆之端，有自來矣，於當時任事諸臣何責哉。〔註8〕

「朋黨」的禍國，可謂烈矣！先是神宗自張居正罷相之後，繼任之大臣並不具治國宏才，加以神宗極端怠荒，是非不明，諸臣各樹黨援，互相抨擊，位居言路者，也各集同黨而排斥異黨。《明史‧夏嘉遇傳》云：「帝（神宗）久倦勤，方從哲獨柄國。碌碌充位，中外章奏悉留中，惟言路一攻，則其人自去，不待詔旨。臺諫之勢積重不返，有齊、楚、浙三方鼎峙之名。」〔註9〕齊、楚、浙三黨乃亓詩教領袖之「齊黨」，官應震為領袖之「楚黨」，姚宗文為領袖之「浙黨」。三黨之外還有不是臺諫，卻收朋黨來干預朝政者，如湯賓尹為領袖之「宣黨」，顧天埈為領袖之「崑黨」及顧憲成為領袖之「東林」，彼此以攻排異己為事。其間尤以「東林」勢力最大，後漸成為「東林」與「非東林」之爭。「東林」之後，又有「復社」、「幾社」等。而黨爭政治衝突焦點卻集中於三大案。三大案發生之後，「梃擊案」，「東林」主嚴辦，「非東林」則否之。「紅丸案」，「東林」主嚴辦，「非東林」則否之。「移宮案」，「東林」主移宮，「非東林」則謂否然。所以神宗末年，齊、楚、浙黨得勢，「東林」被斥逐殆盡。

光宗、熹宗之際，「非東林」得勢，「東林」盡被斥逐。「三案」之爭，表面上是「東林」勝利。可是在魏忠賢專權之後，以前「三案」時失敗之群臣都來依附魏忠賢。文臣如崔呈秀等所謂「五虎」；武臣如田爾耕等，所謂「五彪」；尚書周應秋等所謂「十狗」；此外，群小的「十孩兒」、「四十孫」，直是無恥之極！〔註10〕魏忠賢乃一目不識丁之宦官，竟然能造成黨羽佈滿天下之

〔註8〕　《明史》卷279〈呂大器等傳贊〉，頁7169。
〔註9〕　《明史》卷236〈夏嘉遇傳〉，頁6161。
〔註10〕　《廿二史箚記校證》卷35〈明代宦官〉，頁808～809。

恐怖政治。趙翼《廿二史劄記》中對於朋黨說得極沈痛：

> 萬曆末年，帝怠於政事，章奏一概不省，廷臣益務為危言激論，以
> 自標異。於是部黨角立，另成一門戶攻擊之局。高攀龍、顧憲成講
> 學東林書院，士大夫多附之，既而梃擊、紅丸、移宮三案，紛如聚
> 訟。與東林忤者，眾共指為邪黨。天啟初，趙南星等柄政，廢斥殆
> 盡。及魏忠賢勢盛，被斥者咸欲倚之傾東林，於是如蛾赴火，如蟻
> 集羶，而科道轉為其鷹犬。周宗建謂：汪直、劉瑾時，言路清明，
> 故不久即敗。今則權璫反藉言官為報復，言官又借權璫為聲勢，此
> 言路之又一變而風斯下矣。崇禎帝登極，閹黨雖盡除，而各立門
> 戶，互攻爭勝之習，則已牢不可破，是非蜂起，叫呶蹲沓，以至于
> 亡。〔註11〕

足見黨爭與閹害如影隨形而加劇，民心思變，終致亡國。

二、福王荒唐

　　崇禎十七年（1644）夏五月，福王監國於南京。福王朱由崧，為神宗皇
帝之孫，其父常洵，國於雒陽，十六年正月為流賊所害。北都之變，諸王皆
南徙避亂，朱由崧亦在其中。然福王荒淫無品，據黃宗羲《弘光實錄鈔》載，
福王有七不可立之因：「謂貪、淫、酗酒、不孝、虐下、不讀書、干預有司也。」
〔註12〕故當時有立親與立賢之爭，然馬士英捷足先登，得擁立之功，黃宗羲
《弘光實錄鈔》載云：

> 時晉都諸臣議所以立者，兵部尚書史可法，謂：「太子，永定二王既
> 陷賊中，以序則在神宗之後，而瑞、桂、惠地遠。福王則七不可，
> 唯潞王諱常淓，素有賢名。雖穆宗之後，然昭穆亦不遠也。」是其
> 議者，兵部侍郎呂大器、武德道雷縯祚。未定，而逆案阮大鋮久住
> 南都，線索在手，遂走誠意伯劉孔昭、鳳陽總督馬士英幕中密議之。
> 必欲使事出於己而後可以為功。乃使其私人楊文驄，持空頭箋，命
> 其不問何王，遇先至者，即填寫迎之。文驄至淮上，有破舟河下，
> 中有一人，或曰，福王也。楊文驄入見，啟以士英援立之意，方出
> 私錢買酒食共飲，而風色正順，遂開船。兩晝夜而達儀真。可法猶

〔註11〕《廿二史劄記校證》卷35〈明言路習氣先後不同〉，頁805～806。
〔註12〕《弘光實錄鈔》卷1，清‧黃宗羲撰、沈善洪主編：《黃宗羲全集》（杭州：浙
　　　　江古籍出版社，1986年5月1版），第2冊，頁3。

集文武會議，已傳各鎮奉駕至矣。〔註13〕

馬士英藉擁立之功而自大，以七不可之書用鳳督印之成案，於是史可法事事
受制。

　　福王監國南京之時，內有闖賊爲禍全國，外有清軍入關，壓境江南，然
而福王不思振作，無視國破家亡，只知滿足一身享樂。弘光朝政濁亂昏淫，
據當時計六奇《明季南略》云：

　　時上深居禁中，惟漁幼女、飲火酒、雜伶官演戲爲樂。修興寧宮、
　　建慈禧殿，大工繁費，宴賞皆不以節，國用匱乏。因佃練湖，放洋
　　船，瓜、儀製鹽，蘆州升課，甚至沽酒之家每斤定稅錢一文，利之
　　所在，搜括殆盡。蓋馬士英當國，與劉孔昭比，濁亂國是。內則韓、
　　盧、張、田，外則張、李、楊、阮，一唱群和。兼有東平、興平遙
　　制內權，忻城、撫寧侵撓吏事。邊警日逼而主不知，小人乘時射利，
　　識者已知不堪旦夕矣。〔註14〕

審此行爲實集歷代亡國之君荒謬之淵藪，下文略舉弘光朝荒誕昏淫之史實如
下。

　　首先，如八月修興寧宮慈禧殿事，據《通鑑輯覽》云：

　　先是，洛陽之陷，福王母妃與王相失，居于河南人郭守義家；王既
　　立，始遣總兵王之綱奉迎。及是，至南京；命於三日內搜括萬金，
　　以充賞賜。又諭工部，以行宮湫隘，亟修興寧宮慈禧殿，剋期告成，
　　以居母妃。尋又封母妃弟鄒存義爲大興伯。（時土木並興，賜予無
　　節。御用監內官請給工料銀，置龍鳳几榻諸器物，及宮殿陳設金玉
　　諸寶，計賫數十萬，工部侍郎高倬奏請裁省；光祿寺辦御用器，至
　　萬五千七百有奇，倬又以爲言，皆不納。）〔註15〕

南宋高宗紹興年間立廟社，議者且譏其不以恢復爲念，然猶不專爲宮室求安
計。福王新立偏安江左，政局尚未穩固，民心士氣尚不能同仇敵慨。當清兵

〔註13〕《弘光實錄鈔》卷1，《黃宗羲全集》第2冊，頁3。
〔註14〕清・計六奇：《明季南略》（北京：中華書局，1984年12月1版，任道斌、魏
　　　　得良點校本），卷2〈朝政濁亂〉，頁104。按：「內則韓、盧、張、田，外則
　　　　張、李、楊、阮」乃指韓贊周、盧九德、張執中、田成、張捷、李沾、楊維
　　　　垣、阮大鋮、劉澤清、高傑、趙之龍、朱國弼。
〔註15〕清高宗敕撰：《御批歷代通鑑輯覽》（臺北：新興書局，1959年10月1版，影
　　　　同文版），卷116〈明福王・甲申〉，頁3795。

日逼江南之際，福王卻汲汲以修繕宮殿與搜購寶器爲務，實不知中興振奮之義！何況此時府庫不充，靖難之際，尤須軍事支出，動輒需搜括民間私藏，故南都經濟更見困窘，實不免剜肉醫瘡。又福王日夜作樂，與小人沆瀣一氣，在其左右者，若非擁立冒功之輩，即逢迎求仕之徒。宮廷日用浪費無度，平常賞賜任意浮濫，國用焉能不匱矣！

其二，如選淑女事，時以母妃命選淑女，群閹借端肆擾，隱匿者至鄰里連坐。八月初二日，兵科給事中陳子龍奏曰：

> 有中使四出搜巷，凡有女之家，黃紙貼額，持之而去；閭井騷然。明旨未經有司，中使私自搜採，殊非法紀。又前見收選內員，慮市井無籍自宮希進；昨聞果有父子同閹者。先朝若瑾、若賢，皆壯而自宮者也。〔註16〕

御史朱國昌亦以爲言：

> 有北城士民呈稱：歷選宮嬪，必巡司州縣限名定年，地方開報。今未見官示，忽有棍徒哨兇，擅入人家，不拘長幼，概云擡去，但云大者選侍宮幃，小者教習戲曲。街坊緘口，不敢一詰。〔註17〕

乃命禁訛傳誑惑者，尋復使太監李國輔等分詣蘇、杭採訪，《明季南略》載其詔選淑女以供聲色之欲云：

> 二月二十三日，命禮部廣選淑女。一日士英云：「選妃內臣田成有本來報，杭州選淑女程氏。」上見一人，大不樂，已而批旨云：「選婚大典，地方官漫不經心，且以醜惡充數，殊爲有罪。責成撫按道官于嘉興府加意遴選，務要端淑。如仍前玩忽，一併治罪。」阮大鋮曰：「定額三名不可少。」浙江巡撫張秉貞、內官田成得旨出示嘉興，合城大懼，晝夜嫁娶，貧富、良賤、妍醜、老少俱錯。合城若狂，行路擠塞。蘇州聞之亦然；錯配不可勝紀，民間編爲笑歌。〔註18〕

由此可見民間百姓懼怕子女被選上淑女，一夕之間，舉城若狂，倉促婚配，婚娶一空。此時湖廣顧景星（1621～1687）作〈花鳥使〉刺福王漁色無度，以示顧錫疇、張采；詩中有：「當時使者勢絕倫，墨詔滿懷求麗嬪。穿閨入

〔註16〕《明季南略》卷2〈詔選淑女〉，頁92。
〔註17〕《明季南略》卷2〈詔選淑女〉，頁92。
〔註18〕《明季南略》卷3〈聲色〉，頁156。

屋匿不得，翁啼嫗號那敢嗔。……可憐昔時花鳥使，紅顏銷盡成悲風」之句。〔註19〕

　　其三，福王性好漁色，如《明季南略》載：

　　　馬士英聽阮大鋮日將童男女誘上。正月十二丙申，傳旨天財庫，召
　　　內豎五十三人進宮演戲飲酒。上醉後淫死童女二人；乃舊院雛妓
　　　馬、阮選進者。擡出北安門，付鳩兒葬之。嗣後屢有此事。由是曲
　　　中少女幾盡，久亦不復擡出；而馬、阮搜覓六院，亦無遺矣。二十
　　　日甲辰，復召內豎進宮演戲。〔註20〕

計六奇更記其表弟胡鴻儀時在屯田署中，親所聞見之事：「宮中有大變，門夜
半鳴鐘。一夕大內鐘鳴，外廷聞之大駭，謂有非常。須臾，內豎啟門而出，
素鬼面頭子數十，欲演戲耳。可笑如此，安得不亡。」〔註21〕福王花費無度，
耽酒漁色；閹人田成等擅寵，士英輩亦因之竊權固位，政以賄成：識者皆知
其不堪旦夕。又如阮大鋮嘗以烏絲闌寫己所作《燕子箋》雜劇進之，以投所
好。時歲將暮，「除夕，上在興寧宮，色忽不怡。韓贊周言：『新宮宜懽』。上
曰：『梨園殊少佳者。』贊周泣曰：『臣以陛下令節，或思皇考，或念先帝，
乃作此想耶。』」〔註22〕韓贊周泣對，實有汲黯、魏徵之風。反觀弘光此狀，
酷似東昏侯、陳後主一輩。

　　其四，奸人當道，馬士英獨握國柄，一聽阮大鋮計，阮既得志，專務報
復，黨禍再起，既排去劉宗周、又下左光先獄等。此時朝政濁亂，賄賂公行。
據談遷《國榷》載：

　　　庚戌，立開納著工事例，武英殿中書舍人九百金，文華殿中書舍人
　　　一千五百金，內閣中書二千金，翰林待詔三千金，拔貢一千金，推
　　　官知縣銜一千金，監紀職方司價不一致，前納置之，仍再納。時謠
　　　曰：「中書隨地有，翰林滿街走，監紀多如羊，職方賤如狗，麞起千
　　　年塵，拔貢一呈首，操盡江南錢，填塞馬家口。」〔註23〕

〔註19〕　清・顧景星：《白茅堂集》（臺南縣：莊嚴文化事業公司，1997年6月1版，《四
　　　　　庫全書存目叢書》影清康熙刻本，集部第205冊），卷5〈花鳥使擬元稹體上
　　　　　家禮部尚書張受先員外〉，頁607上。
〔註20〕　《明季南略》卷3〈聲色〉，頁156。
〔註21〕　《明季南略》卷3〈聲色〉，頁156～157。
〔註22〕　《明季南略》卷2〈韓贊周泣對〉，頁117。
〔註23〕　清・談遷：《國榷》（北京：中華書局，1958年12月1版，2005年8月3刷，
　　　　　張宗祥校點本），卷104〈思宗崇禎十七年〉，頁6150。

時上崇飲好內，權在群閹，田成爲最，大臣皆因之固寵，政以賄成。時語曰：
「金刀莫試割，長弓早上弦；求田方得錄，買馬即爲官。」﹝註 24﹞福王不思
振作，大權盡落馬士英之手，連校點閱軍隊之國家大事，竟讓馬士英越俎代
庖。國事昏亂如此，弘光元年（順治二年，1645）三月，乃有寧南侯左良玉
以清君側爲名而揮師東下。左良玉雖針對馬士英等亂國佞臣來，然當其進駐
武昌時，竟敗於闖賊，致人馬既多損失，部曲亦因而多背叛之。四月初二日，
兵至九江，袁繼咸過見於舟中，俄見袁兵燒營，自破其城，左良玉嘔血數升，
鬱鬱而卒。

四月二十四日清兵破揚州，大學士史可法、知府任民育、諸生高孝纘、
王士秀死之，清兵遂屠其城，並積極進逼南京。五月初十夜，福王從內臣以
千餘騎出通濟門，逃亡安徽蕪湖，清軍多鐸部遂佔領南京。

觀弘光朝廷在南京當國不滿一年，時正處內憂外患日益加深之際，其君
臣上下可有作爲卻不爲，朝野人士不因北都之覆亡而振作，反而腐敗、內訌、
爭權、奪利，可謂更甚於崇禎時期。難怪談遷《國榷》評曰：

> 江東非弱小也，水犀艨艟之眾，長淮大江之阻，六代暫安，分王三
> 百餘年。安有即興即廢，曾不滿歲如今日者，則井蛙之見，坐憑天
> 塹，謂當十萬之甲，漫無遠算。肇其亡于苞桑，鑒不遠于夏后，思
> 宗皇帝尚難生慮表，矧以惱淫之德，又敗類之貪人以佐之，欲延喘
> 一日，不可得也。﹝註 25﹞

福王是極昏淫無道，造成南明無法偏安江左，再喪半壁江山。

滿清不斷揮軍南下，六月至杭州，監國潞王率群臣以降。左都御史劉
宗周、蘇松巡撫右僉都御史祁彪佳、諸生王毓蓍、潘集、周卜年等死節於
浙東。

在弘光朝滅亡之際，江南各方義旅紛紛起義抗清，唐王聿鍵，稱帝於福
建，改元隆武，黃道周、鄭芝龍擁之，是爲閩中之師。魯王以海，監國於紹
興，張國維、朱大典、熊汝霖、孫嘉績、錢肅樂、張煌言、張名振、鄭遵謙
等佐之，是謂浙東之師。其時清廷雉髮令急，更激士民憤恨，蘇皖一帶，所
在反抗，是爲上下江義旅。隆武二年（順治三年，1646）秋，鄭芝龍降清；
八月，清軍取建寧後，唐王自延平出奔汀州，被俘，執至福州而死。十月，

﹝註 24﹞ 《明季南略》卷 2〈時語〉，頁 112。
﹝註 25﹞ 《國榷》卷 104〈弘光元年〉，頁 6209。

瞿式耜、何騰蛟等奉由榔監國於肇慶，改元永曆，湖南兩粵滇蜀各省響應，是謂西南之師。南明無法偏安江左，更何徨收復燕京，其主因乃不能杜闌牆之內嫌，以和衷協力，禦外敵於戰場，卒人謀不臧，先後歸於傾滅。然一時忠貞之壯烈之氣，充塞蒼冥，各方義旅百計求死之得所，或志決身殲，或希蹤夷齊，紛紛轉進海外，依附舟山魯王及廈門鄭成功。緣此，海外幾社成員隨之慢慢集結於浙東、福建海外，故海外幾社乃集合各方義旅擅長文學之忠義俊傑而成。

第二節　魯王之臣集結浙海

弘光朝之覆滅誠如鄭經〈三月八日，宴群公於東閣，道及崇、弘兩朝事，不勝痛恨溫、周、馬、阮敗壞天下，以致今日胡禍滔天而莫能過也；爰製數章，志亂離之由云爾〉詩中第二章感慨云：「鍾山巍巍兮長江洋洋。聖安監國兮旋正位于南京。內有史閣部之忠懇兮，外有黃靖國之守危疆。苟用人盡當其職兮，豈徒繼東晉、南宋之遺芳！胡乃置賢奸于不辨兮，罷碩輔而宵小用張；付萬機于馬、阮兮，致寧南之猖狂；任四鎮之爭奪相殺兮，不聞不問而刑賞無章。妙選之使四出兮，既酗酒而後作色荒。慨半壁之江南兮，已日慮於危亡。元首何昏昏兮股肱弗良，庶事之叢脞兮安得黎庶之安康。陳、馬使北而無成兮，竟延胡寇以撤防；謀國有如是之乖刺兮，俾腥羶泛瀾于四方。致黃唐之胄裔兮，盡彳丁而徬徨。」〔註26〕然而北都及南都相繼覆亡之後，身處浙東、福建之明室遺臣仍積極抗清，力謀匡復，不幸內地皆不守，竟飄流海上，其中忠義死節之士，不勝枚舉，以下僅就影響海外幾社之結者加以介紹之。

一、蕺山死節

劉宗周（1578～1645），初名憲章，字啟東，號蕺山，浙江山陰人，以紹興證人書院為講學中心，成才者多，學者稱為念臺先生。又因遷居山陰縣城北蕺山下，並講學於蕺山，自稱蕺山山長，弟子尊稱山陰先生、蕺山夫子，

〔註26〕《延平二王遺集》，見《鄭成功傳·附錄一》（臺北：臺灣銀行經濟研究室，1960 年 1 月 1 版，《臺灣文獻叢刊》第 67 種），頁 130～131。鄭經〈三月八日，宴群公於東閣，道及崇、弘兩朝事，不勝痛恨溫、周、馬、阮敗壞天下，以致今日胡禍滔天而莫能過也；爰製數章，志亂離之由云爾〉。

後之學者尊稱爲蕺山劉子、子劉子。劉宗周始受業於許孚遠，已入東林書院與高攀龍輩講習，又與馮從吾首善書院之會，「博取精研，歸於自得，專用慎獨，從嚴毅清屬中發爲光霽，粹然集宋明理學諸儒之成，天下仰其人如泰山北斗」〔註27〕。故章學誠《文史通義》論「浙東學術」尊之曰：「蕺山得之爲節義」。〔註28〕

弘光元年（順治二年，1645）六月，劉宗周「聞潞王降，方進食，即命撤之。越城降，朝於祠堂，出避郭外。諸生秦祖軾上書，以袁閎、文謝故事解之。答曰：『北都之變，可以死，可以無死，以身在削籍也。而事則尚有望於中興。南都之變，主上自棄其社稷而逃，僕在懸車，尚曰可以死，可以無死，以俟繼起者有主也。監國降矣，普天無君臣之義矣，猶曰吾越爲一城一旅乎？而吾越又復降矣！區區老臣尚何之乎？若曰身不在位，不當與城爲存亡，獨不當與土爲存亡乎？故相江萬里之所爲死也。若少需時日，以待有疊山之徵聘而後死，疊山封疆之吏，非大臣比，然安仁之敗而不死，終有遺憾。宋亡矣，猶然不死，尚有九十三歲老母在堂，戀戀不決耳。我又何戀乎？今謂可以不死，可以有待而死，隨地出脫，終成一貪生畏死之徒而已』。繫之辭曰：『信國不可爲，偷生豈能久？止水與疊山，只爭死先後。若云袁夏甫，時地皆非偶。得正而斃焉，庶幾全所受』。宗周不食久，渴甚，飲茶一杯，精神頓生；曰：『此後勺水不入口矣』。宗周謂門人曰：『吾今日自處無錯否？』門人曰：『雖聖賢處此，不過如是！』宗周曰：『吾豈敢望聖賢哉？求不爲亂臣賊子而已矣！』或傳金華建義，先生宜不死。宗周曰：『吾學問千辛萬苦，做得一字，汝輩又要我做兩字』。閏六月初八日卒。前後絕食者四旬，勺水不入口者十有三日。」〔註29〕

宋明理學殿軍劉宗周之絕食而死，給浙東士民產生極大衝擊，實開啓浙東抗清運動。其一，臨死之前影響浙東擁立魯王〔註30〕，開展南明浙東抗清

〔註27〕清・邵廷采：《思復堂文集》（臺北：華世出版社，1977年6月臺1版，影光緒十九年會稽徐友蘭鑄學齋刊本），卷1〈明儒劉子蕺山先生傳〉，頁78。

〔註28〕章學誠《文史通義・浙東學術》云：「浙東之學，雖源流不異，而所遇不同。故其見於世者，陽明得之爲事功，蕺山得之爲節義，梨州得之爲隱逸，萬氏兄弟得之爲經術史裁。」清・章學誠著、葉瑛校注：《文史通義校注》（北京：中華書局，1985年5月1版），卷5〈內篇五・浙東學術〉，頁524。

〔註29〕《弘光實錄鈔》卷4，清・黃宗羲撰、沈善洪主編：《黃宗羲全集》（杭州：浙江古籍出版社，1986年5月1版），第2冊，頁94～95。

〔註30〕黃宗羲《子劉子行狀》卷下云：「丁亥，祁中丞彪佳投水死，王毓芝以告。先

之史頁。其二，宗周學生黃宗羲積極投入抗清活動，日後成爲浙東史學大家，影響民族文化命脈甚鉅。其三，如海外幾社六子之一鄞縣張煌言之抗清死節，飄零海上十九年，終不屈成仁，誠爲民族英雄。

二、幾社義旅

弘光元年（順治二年，1645）閏六月三日，幾社陳子龍、夏允彝、徐孚遠等松江起義，監軍荊本徹起於郭店〔註31〕，時曹從龍隨荊本徹參加義旅〔註32〕。黃宗羲云：

> 兵部侍郎沈猶龍、兵科給事中陳子龍、下江監軍道荊本徹、中書舍人李待問、舉人章簡、徐孚遠、總兵黃蜚、吳志葵，建義松江。
>
> 〔註33〕

而幾社後勁夏允彝之子夏完淳亦與其岳父錢旃起於太湖，如《魯春秋》載：

> 於嘉善，鄉薦錢旃與婿諸生夏完淳及倪人撫起太湖。〔註34〕

《魯春秋》又載：

> 吳志葵與官舍常壽寧、指揮侯承祖以故較疾起，復松江；令壽寧守府，承祖守金□。於是子龍等共推猶龍爲盟主，而子龍監其軍；向中署兵巡道、史啓明署華亭知縣。適故帥黃蜚統水師來會，軍聲益振。〔註35〕

初四日，吳志葵以吳淞總兵官自海入江，塞泖中，過澱湖，攻入蘇州。而瀏河參將魯之璵，爲其前鋒，圍北兵於白塔寺，塞門焚之。清兵突圍死戰，之璵以步抵騎，不敵而死。志葵復還泖，會本徹、蜚，從無錫進太湖，擁船千艘，亦至泖中。沈猶龍等召募義兵千人，各爲戰守之備。城守近百日。至八月，鄉紳潛通於北，爲其後自免之地，人心遂離，初三日，降將李成棟破松

生已不能言，張口舉目者再，指几上筆硯，至則書一『魯』字，毓芝曰：『先生問魯王監國事乎？』頷之。」清・黃宗羲撰、沈善洪主編：《黃宗羲全集》（杭州：浙江古籍出版社，1985年11月1版），第1冊，頁249。

〔註31〕清・查繼佐：《魯春秋》（臺北：臺灣銀行經濟研究室，1961年10月1版，《臺灣文獻叢刊》第118種），〈弘光元年〉，頁7。

〔註32〕據張煌言〈曹雲霖詩集序〉云：「蓋雲霖先從本徹荊先生倡義來海上。」明・張煌言撰、張壽鏞編：《張蒼水集》（臺北：新文豐出版公司，1988年4月臺1版，《四明叢書》第5冊），卷5《冰槎集》，頁252。

〔註33〕《弘光實錄鈔》卷4，《黃宗羲全集》第2冊，頁99。

〔註34〕《魯春秋》，〈弘光元年〉，頁8。

〔註35〕《魯春秋》，〈弘光元年〉，頁10。

江，沈猶龍死之。初六日，敗吳志葵軍於黃浦，夏允彝赴水死；徐孚遠奔太湖，入吳易軍。初，吳易起兵太湖，號白腰黨，兵勢甚盛。二十五日，吳易軍於長白蕩為吳勝兆所敗，孚遠長子世威殉難死，是為震澤之難。

　　弘光元年秋，徐孚遠航海逃亡入閩，道信州，晉謁黃道周。道周一見如舊識，又為疏薦於唐王朝。時福州改為天興，命徐孚遠為天興司李，次年以張肯堂之薦，擢兵科給事中。

三、唐魯之爭

　　魯王以海，天資粹朗，性慈易，能書、諧歌律。為太祖十世孫，父壽鏞，以崇禎十五年清兵破兗州，死焉。十七年二月，王嗣位。尋京師陷，南奔。弘光元年（順治二年，1645）四月，命移江廣，暫駐台州。及鄭遵謙等起兵，議推戴，而入浙。六月鄞士董志寧、王家勤、張夢錫、華夏、陸宇火鼎、毛聚奎與刑部郎錢肅樂會鄉老合兵，沈宸荃、馮元飏亦起慈谿。十八日，奉箋迎魯王監國。以張煌言先至，錢肅樂即遣煌言迎於天臺，監國授煌言行人，至會稽，賜進士，加翰林院編修，兼官如故，入典制誥，出籌軍旅。七月，魯王視師江幹，犒賞有差，封鄭遵謙義興將軍，錢肅樂、孫嘉績、熊汝霖，俱都察院僉都御史，統兵馬錢糧。時唐王聿鍵已於七月稱尊號於福州，改元隆武。八月，至紹興，即監國位，魯王不奉唐朔，以明年為監國元年。

　　時浙東畫錢塘江而守，時防江之師，自金、衢迤東以迄定海，不下二十萬，各自為義；不縻公帑，不相統屬。然號令所行，不出八郡。乃議列屯，以朱大典鎮上游金華，方國安當七條沙，王之仁當西興，鄭遵謙當小蕐，孫嘉績、熊汝霖、錢肅樂當瓜里。此時熊公汝霖薦陳士京，授職方郎。士京與三衢總兵陳謙善，謙請陳士京監其軍。〔註36〕自此之後陳謙與陳士京關係緊密，故監國元年五月魯王遣陳謙出使閩中，陳士京乃偕行至福州。

　　弘光元年（順治二年，1645）八月，參將姜國臣復入守海寧，故總兵汪碩德集兵雙林來告，使移札塘棲。會唐主即位福州詔至，眾議開讀，熊汝霖持不可，廷臣競為拒閩之議，唯錢肅樂、孫嘉績、鄭遵謙等主議當奉表遵年號。王意不懌，下令返台州，人情惶惑。張國維星馳入郡，上疏福州，

〔註36〕 參考全祖望：〈陳光祿傳〉，清・全祖望撰、朱鑄禹校注：《全祖望集彙校集注・鮚埼亭內集》（上海：上海古籍出版社，2000 年 12 月 1 版），卷 27〈陳光祿傳〉，頁 497。

言逢國大變，凡高皇帝子孫民吏，當共同心力，事成入關者王。監國退居
藩服，禮誼昭然。今遂南拜正朔，事勢遠不相及，唇亡齒寒，悔弗可追！臣
老矣，豈若朝秦暮楚之客哉！疏出，議始定。閩使廢然返。據《浙東紀略》
云：

> 先是唐藩即位於閩，改元隆武。江東起義，監國不相聞問也。於時
> 閩臣劉中藻奉詔書至。又盧若騰、郭貞一，奉隆武撫按浙江，而溫、
> 處兩府置官據守，取餉三十餘萬去。朝中江上，大率與者半，不與
> 者半；與者以爲聖子神孫，總爲祖宗疆土。今隆武既正大統，自難
> 改易。若我監國，猶可降心相從；而不與者以爲彼去北遠，幸得偷
> 安旦夕，而猛臣我謀將，血戰疆場，以守此浙東一塊土，似難一旦
> 拱手而授之。所以諸臣堅拒者，有「憑江數十萬眾，何難回戈相向」
> 之語。不與者爲張國維、陳盟、熊汝霖、王之仁等；與者爲方國安、
> 于潁、孫嘉績、姚志卓等。朝議命使通問，遣科臣曹維才，職方郎
> 柯夏卿往，不用疏奏，止敘家人叔姪禮。〔註37〕

因是時江楚、西蜀、兩粵、滇黔，皆受唐王詔朔，獨浙東以監國在先，義旗
分豎，不宜降屈，天下多不直魯王。

　　盧若騰（1600～1664），崇禎九年舉人，十三年成進士。爲「海外幾社」
中仕宦輩份最高者，崇禎時中外多警，上雅意邊才，授兵部主事，譽望大起。
黃道周、沈佺期、范方引爲同志，以氣節相許。「會閣臣楊嗣昌督師湖廣，請
刊布《法華經》祈福；若騰疏參嗣昌不能討賊，只圖佞佛。帝以新進小臣妄
詆元輔，嚴旨切責；時論壯之。升本部郎中，兼總京衛武學。三上疏，劾定
西侯蔣惟祿；有惡其太直者。外遷浙江布政使司左參議，分司寧紹巡海兵備
道。途次，疏糾權璫田國興攬帶貨船、濫用人夫，辱州縣、阻閘口；有旨召
國興回，論如法。居官潔己惠民，剔奸弊、抑勢豪，峻絕餽遺、輕省贖鍰，
風裁凜凜。值山賊胡乘龍竊發，平之。」〔註38〕甲申之變前，在浙江任上四
年，潔身自愛，興利除弊，士民建祠以奉，有「盧菩薩」之稱。福王立於南
京（崇禎十七年，順治元年，1644）十一月二十三日，以張鳳翔爲兵部尚書
兼都察院右副都御史，巡撫蘇、松；盧若騰爲都察院右僉都御史，督理江北

〔註37〕清・徐芳烈：《浙東紀略》（臺北：臺灣銀行經濟研究室，1968年3月1版，《臺
　　　　灣文獻叢刊》第268種），〈弘光元年〉，頁12～13。
〔註38〕清・林焜熿纂：《金門志》（臺北：臺灣銀行經濟研究室，1960年10月1版，
　　　　《臺灣文獻叢刊》第80種），卷10〈人物・官績・盧若騰傳〉，頁262。

屯田，巡撫盧、鳳。不久南都又亡，乃至閩投靠唐王，唐王授以都察院右副
都御史，巡撫溫、處、寧、臺。時已命孫嘉績於潁矣，又命若騰，因事權不
專，疏辭；不許。將赴任，請以總兵賀君堯統靖海營水師，以其弟遊擊盧若
驥扼守盤山關要害。而紹興諸臣奉魯王監國，誠意伯劉孔昭、總督楊文驄分
據臺、寧、處州；若騰所撫，惟溫州一府而已。又聞閩事壞，痛憤赴水；同
官救起，鄭鴻逵招回閩。尋潛入舟山，圖起兵，道出寧波，父老迎謁，垂涕
遣之。見事不可為，仍回閩之葛山，與郭大河、傅象晉輩舉義；屯兵望山，
欲乘間圖武安近寨，之後亦為魯王之臣。

　　荊本徹吳淞兵敗後，屯舟山小沙壒，為黃斌卿計殺，並併本徹之眾，勢
稍振。據黃宗羲《海外慟哭記・荊本徹》云：

> 荊本徹，字大澈，丹陽人也。由澯關來朝，奉命西征，移師出舟山，
> 泊蘆花壒。斌卿畏其強，所以周旋之者唯恐後。越月而本徹破崇明，
> 虜會師擊之，本徹大敗，收其殘卒還舟山。斌卿視其兵力既弱，禮
> 之浸衰。本徹無所取餉，漁奪居民。居民既怨之，斌卿之營將顧乃
> 德，與斌卿有隙，本徹乃結驩乃德，潛以珍寶易其火器，事頗洩，
> 斌卿下教各壒團練，次日故遣部下取民斗粟，團練殺之，勿問。本
> 徹知其意在己也，遂移兵攻之，三日而城不下，師潰。本徹至蘆花
> 壒，為團練所殺。斌卿設祭，斬團練一人以謝。〔註39〕

時曹從龍本在荊本徹軍中，本徹死，從龍遂還吳。〔註40〕

　　十月，方國安與清兵戰於江。張國維引步軍繼進，追擊清兵，北至草橋
門，大風雨，火砲弓矢不得發，乃收兵。清兵營木城沿江，以拒南師。徽州
陷，上江告急。是月，遣使招杭州義旅，陳萬良、姚志卓復餘、杭。十一月，
王出郡城，臨江勞軍。晉方國安荊國公、王之仁寧國公，賞倡義者。特封鄭
遵謙義興伯，劉穆威北伯，熊汝霖、孫嘉績晉兵部右侍郎，諸營皆受國安節
制。十二月，還郡城，頒明年魯元年大統曆，鑄大明通寶。

　　監國元年（順治三年，1646）春正月朔，魯王御殿受朝。遣兵部尚書柯
夏卿如福州聘，唐王深自抑損，手書報王，言：朕無子，王為太姪，和衷協
力，共拜孝陵。朕有天下，終致於王。取東浙職官均列朝籍，轉餉十萬犒師。

〔註39〕《海外慟哭記》，《黃宗羲全集》第 2 冊，頁 213。
〔註40〕據張煌言〈曹雲霖詩集序〉云：「荊先生死於兵，雲霖遂還吳。」《張蒼水集》
　　　　卷 5《冰槎集》，頁 253。

而唐、魯方爭頒詔事，五月魯王遣都督陳謙使閩中，以陳士京偕行，據《靖海志》云：

> （魯王）遣都督陳謙奉書至閩，久住衢州，持兩端，云魯王已封芝龍靖鹵侯，欲以此邀封於唐王。唐王敕芝龍取其侯印爲驗，謙齎印，唐王即召入關，啓函稱「皇叔父」，不稱「陛下」，隆武大怒。御史錢邦芑劾其久住三衢，徘徊閩、浙之界，自以舉足左右，足爲重輕，因欲要取封侯，以閩要浙，以浙要閩，祇恃搆鬭之謀，敢行挾制之術。又歷數其在衢姦淫不法狀。遂下之獄。謙，武進人，乙酉春齎宏光詔封芝龍南安伯，比讀券，誤書安南，謙謂芝龍曰：「南安僅一邑，安南則兼兩廣，請留券易詔」，厚贈而別。及半途，而南京變，謙遂留閩。芝龍德之，故力爲申救，行賄五千金於邦芑，請免謙死。邦芑懼以聞於唐王。遂決意殺之，即命邦芑監刑。芝龍聞之，過市，命且停刑，亟入朝見唐王，請以官贖謙死。唐王密斥行刑，故與芝龍久語慰勞之，過期，芝龍出，而謙已斬矣。芝龍伏屍哭極哀，以千金厚殮之。從此益懷異志。〔註41〕

唐王大怒，斬陳謙、囚使者裘兆錦、林必達，浙閩竟成水火。陳士京遁之海上，鄭芝龍因與陳謙故交，乃聞士京名，令與其子成功遊。芝龍有異志，卒以閩降。成功不肯從，異軍蒼頭特起，陳士京實贊之。〔註42〕

是年正月，徐孚遠上隆武帝〈水師合戰之議〉，從大學士張肯堂由海道募舟師北征；惜爲鄭芝龍所沮，不成行。徐孚遠有〈送張宮師北伐〉一詩慨嘆之〔註43〕。

縱觀唐魯之爭，互殺使者，閩浙之間如同水火，如魯王之臣錢肅圖《尊攘略》論曰：

〔註41〕 清・彭孫貽：《靖海志》（臺北：臺灣銀行經濟研究室，1959年1月1版，《臺灣文獻叢刊》第35種），卷1，頁10～11。

〔註42〕 參考全祖望：〈陳光祿傳〉，《全祖望集彙校集注・鮚埼亭內集》卷27，頁497。

〔註43〕 明・徐孚遠：《釣璜堂存稿》（民國十五年金山姚光懷舊樓刻本），卷16〈送張宮師北伐〉，葉8。其詩云：「上宰揮金鉞，還兵樹赤旗。留閩紆勝略，入越會雄師。制陣龍蛇繞，應天雷雨垂。一戎扶日月，群帥奉盤匜。冒頓殘方甚，淳維種欲衰。周時今大至，漢祚不中夷。賜劍深鳴躍，星精候指麾。兩都須奠鼎，十亂待非熊。煙閣圖形偉，殷廷作楫遲。獨傷留滯客，落魄未能隨。」

江東義師之盛，唐宋以來所未有也，而卒無成者，何歟？蓋朝廷則唐魯閩浙之議紛，蕃鎮則官兵義民之見起。徒知拒閩，幾不知寇在門庭；志在專權，幾不念同仇敵愾，以至爭兵奪餉，日無暇時，甚而彼進此退，參差不一，安在戮力同心，先國家之急乎？又甚者，以百姓爲魚肉，以寧紹爲財藪，搜索富戶，十室九空，百姓重足累息，莫必性命，詮衡爲蕃鎮之奴隸甚於羊胃竈養之饑，城中猶復飲酒唱戲，書帕拜客，不知民間之怨呼爲何狀，江幹之暴露爲何等。首義諸公，□存挽回則動多睚眥，調停閩浙則目爲閩官，犄角橫生，引兵相向，亦付之無可奈何而已。獨是諸君子一時盛舉，不能重扶墜鼎，祇取湛身覆宗之禍，嗚呼惜哉。〔註44〕

又論曰：

拒閩之說，非歟，曰不然，夫閩之所以能晏然者，江東義師之力也。爲閩計者，正宜秣馬屬兵，並力向虜，乃僅遣鄭鴻逵、賀君堯率數千之旅，逍遙溫衢之界，天下之望王師，不啻引領跂踵，曾無一旅向錢塘者，且囊括金衢溫處之糧，卒使江東僅有寧紹台三郡，兵多於餉，餉不足以養兵，以致坐困，是誰之咎歟。設使割金衢溫處以浙餉浙，以閩餉閩，江東再爲持久之計，未可知也。〔註45〕

審此，唐魯二王與諸義師忘卻抗清扶鼎大業，致清軍輕易渡過錢塘江，造成敗亡，日後竟成魯、鄭入海之局。

監國元年三月朔，鄭遵謙、王之仁退清兵於江中。張國維督諸軍渡江，南軍稍振。五月，方國安叛，劫王南奔。清兵遂渡江，兵部尚書余煌、寧國公王之仁、兵部侍郎陳函輝、太僕少卿陳潛夫皆死之。江上諸軍聞報俱潰，孫嘉績、熊汝霖、鄭遵謙、錢肅樂、劉穆各引所部兵入海。越三日，清兵始渡江。余煌開郡城九門縱軍民出，自正衣冠赴水死。前後死節者甚眾。六月二日，清兵入紹興。

據張煌言〈曹雲霖詩集序〉云：「余自丙戌（監國元年，順治三年，1646）夏，浮海抵昌國；未幾，曹子雲霖從雲間來，葛衣芒屩，不問而知其爲晉處士、宋逋臣也。……荊先生死於兵，雲霖遂還吳；及由吳復入越，黃侯虎

〔註44〕 清・錢肅圖：《尊攘略》（北京：九州出版社，2004年12月1版，《臺灣文獻匯刊》第1輯，第9冊），頁178。按：《臺灣文獻匯刊》爲九州出版社與廈門大學出版社聯合出版。

〔註45〕 《尊攘略》，頁180。

癡以國士遇之，遂盡護諸軍。」〔註46〕則監國元年夏，張煌言與曹從龍俱入舟山。

清兵續攻克金華、衢州，朱大典、張鵬翼死之。是時，黃斌卿在舟山，兵食殷足；石浦守將張名振奉王載投之而不納，魯王舟泊外洋。

八月，清兵破仙霞關，連下建寧、延平等府，隆武殉國汀州。永勝伯鄭彩亡入海，以舟師迎王。十月丁酉發舟山，如廈門。鄭芝龍使彩執王獻貝勒，彩以南夷貌類者服王冠服居舟中，謂其人曰：事急，則縊死以示之。會芝龍去乃已。鄭成功兵起，仍奉隆武年號，大會廈門。

四、社事雛形

監國元年十一月，鄭彩奉監國次鷺門。徐孚遠自閩之浙，止於嘉興吳佩遠家；清提督馮原淮緝之，孚遠乃浮海入浙，錢肅樂方自浙奔閩，二人相見於永嘉，肅樂復拉孚遠同行。此時海外幾社諸子，除陳士京使閩與鄭成功遊、沈佺期隱居故里南安外，在浙四人及沈光文皆入浙海，據《航海遺聞》云：

> 魯王至舟山，威遠侯黃斌卿（虎癡）拒而不納。次普陀，惟督師閣部熊汝霖、孫嘉績、錢肅樂、沈宸佺、馮元颺、盧若騰、翰林兼兵科給事中徐孚遠、太常寺寺丞任文正（南陸）、御史袁嘉彪、大司馬馮京第、熊督師、監軍職方郎中馬星、任穎眉、員外沈光文、御史王翔、主事梁隆吉、王浚、義興伯鄭遵謙、掛印總兵陳文達、沈時嘉、朱岱瞻、王儀鳳、金浚、劉穆、侍講兼左給事中張煌言、推官黃雲官、都僉事方端士從焉。〔註47〕

魯王改次長垣，以明年為監國二年。海上遂有二朔。其冬，桂王即位肇慶，尋奔廣西。

監國二年（順治四年，1647）正月，魯王在山盤。以熊汝霖為相，晉鄭彩建國公、鄭遵謙義興侯、張名振定西侯、楊耿同安伯、鄭聯定遠伯、周崔芝平北伯、阮進蕩北伯。崔芝復海口鎮東。二月朔壬申，克海澄。明日，攻漳平失利。又明日，清兵救海澄，南師退入於海。

夏四月，海口陷，林學舞、趙牧死之，據黃宗羲《海外慟哭記》云：「總

〔註46〕〈曹雲霖詩集序〉，《張蒼水集》卷5《冰槎集》，頁252～253。
〔註47〕明末清初・汪光復：《航海遺聞》，見《明季三朝野史》（臺北：臺灣銀行經濟
　　　　研究室，1961年4月1版，《臺灣文獻叢刊》第106種），頁58。

制尚書張肯堂、兵科給事中徐孚遠、平海監軍朱永祐。……三人皆依周鶴芝於海口，海口既陷，故北至舟山依黃斌卿。」〔註48〕徐孚遠有〈初至舟山〉詩云：

> 北來昌國晚，此地尚車書。耕鑿驚魂後，衣冠入眼初。相逢得數老，歲晏正愁余。自顧無長物，蕭蕭鬢髮疏。〔註49〕

自注：「張、朱二公重晤於此。」張、朱二公乃張肯堂、朱永祐，昌國即舟山也。又據黃宗羲《海外慟哭記·序》云：

> 往濊在海上，與諸臣無所事事，則相徵逐而爲詩。諸臣唯吳鍾巒、張肯堂故以詩名，其他雖未嘗爲詩者，愁苦之極，景物相觸，信筆成什。李向中之悲壯，朱養時、林瑛之淡遠，劉沂春感時之篇，沈宸荃思親之作，上聞亦時一和之。〔註50〕

審此，魯王之臣中舟山詩人群體已正式聚集。當是時諸臣不惟寄命舟檝波濤之悲愁；更甚者，乃俯首而聽武人之恣睢跋扈，默默無所用力。故單字隻句，刻琢風騷，不勝其愁苦之狀。

此時吳淞提督吳勝兆欲反正，以臘書來求援，送款於舟山，黃斌卿猶豫不敢應之，沈廷揚曰：「事機之來，間不容髮，奈何坐而失之。」〔註51〕廷揚及都御史張煌言、給事中徐孚遠、御史馮京第勸張名振就其約〔註52〕，名振遂率舟師北上，邀沈廷揚爲導，統水船二百餘號直抵崇明。如《航海遺聞》云：

> 鎮守吳淞提督吳勝兆謀叛清，以血書通名振，結爲聲援。時魯王在溫漸中之玉果山。名振奏請敕印二百道，命張煌言監其軍，任文正副之。徐孚遠，賜一品服，充行人司。使聯二千餘號、兵將五百有餘，舟次黃連港；以港名不美，令移白米沙。傳令洗炮。龍驚浪鼓，颶風大作，全軍盡覆。清兵擒其弟名遠，斬之。徐、任以殿兵免。〔註53〕

〔註48〕《海外慟哭記》，《黃宗羲全集》第2冊，頁219。
〔註49〕《釣璜堂存稿》卷8〈初至舟山〉，葉20。
〔註50〕《海外慟哭記》，《黃宗羲全集》第2冊，頁209。
〔註51〕《全祖望集彙校集注·鮚埼亭集外編》卷4〈明戶部右侍郎都察院右僉都御史贈戶部尚書崇明沈公神道碑銘〉，頁803。
〔註52〕清·翁洲老民：《海東逸史》（臺北：臺灣銀行經濟研究室，1961年4月1版，《臺灣文獻叢刊》第99種），卷8〈沈廷揚傳〉，頁45。
〔註53〕《航海遺聞》，見《明季三朝野史》，頁59。

張名振至崇明而食盡，乃趨壽生洲打糧。泊舟鹿苑，五更，颶風大作，舟自相擊，軍士溺死者過半。清兵逆之岸上，大呼「薙髮者不死」，張名振弟名遠登陸而戰，不勝，被執死；沈廷揚部被解至江寧，廷揚及親兵六百人斬於婁門，無一降者，時以比田橫之士焉。〔註54〕而張名振、張煌言、馮京第皆雜降卒中逸去，以民服間歸。徐孚遠因殿兵之後免於難。事後張煌言有〈吊沈五梅中丞〉云：

> 香臺咫尺渺人琴，萬里寒潮送夕陰。報國千年藏碧血，毀家十載散
> 黃金。名山難瘞孤臣骨，瀚海空磨戰士鐔。留得荒祠姓氏古，春歸
> 唯有杜鵑吟。〔註55〕

吳淞吳勝兆事件，清誅共事者牽連甚廣，尤其針對幾社諸子，兵科給事中陳子龍、主事錢旃、諸生夏完淳等咸執死。

監國二年秋徐孚遠與張煌言始相見於舟山，銜杯賦詩，據徐孚遠〈奇零草序〉載：「余於丁亥（監國二年，順治四年，1647）秋，始與余同年少司馬張玄著相見於南國，賦詩贈答、銜杯抵掌，無間晨夕。」〔註56〕此「南國」考徐、張二人行蹤當在舟山無疑。

九月九日重陽張煌言有〈九日，陪安昌王、黃肅虜虎癡、張定西侯服、張太傅鮚淵、朱太常聞玄、徐給諫闇公及沈公子昆季登鎖山和韻〉七律一首：

> 鰲背霜寒菊自開，欣看芟佩宴吹臺。尚書履近東山駐，大將旗聯西
> 府回。香冷金華雙使至，秋明玉樹二難來。追陪誰復題糕字，媿向
> 鑾坡問筆才！〔註57〕

〔註54〕《全祖望集彙校集注・鮚埼亭集外編》卷4〈明戶部右侍郎都察院右僉都御史贈戶部尚書崇明沈公神道碑銘〉，頁803。而《海東逸史・沈廷揚傳》卻云：「廷揚獨與北兵大戰四晝夜，抵福山，次鹿苑。夜分，颶風又起，舟膠於沙，與麾下七百人俱被執。蘇撫土國寶勸之降，不從；乃先驅七百人於婁門外李王廟駢戮之，無一人肯屈者。廷揚至南京，內院洪承疇素與廷揚善，欲脫之，詭曰：『我聞沈廷揚已為僧，若敢詐乎』？廷揚詈之。遂下獄，猶遣其門人周亮工說之。廷揚曰：『毋多言！吾今日非一死不足塞責。』乃與部下贊畫職方主事沈始元、總兵官蔡德、遊擊蔡耀、戴啓、施榮、劉金城、翁彪、朱斌、林樹、守備畢從義、陳邦定及嗣子元泰同就戮，年五十三。」《海東逸史》卷8〈沈廷揚傳〉，頁45～46。

〔註55〕《張蒼水集》卷1《奇零草》（一），頁196。

〔註56〕徐孚遠：〈奇零草序〉，《張蒼水集・序》，頁163。

〔註57〕〈九日，陪安昌王、黃肅虜虎癡、張定西侯服、張太傅鮚淵、朱太常聞玄、徐給諫闇公及沈公子昆季登鎖山和韻〉，《張蒼水集》卷1《奇零草》（一），頁

詩題中可見安昌王周恭橖（或作樏）、黃斌卿、張名振、張肯堂、朱永祐、徐孚遠及沈雲龍之子沈氏昆季之唱和。

又據《東南紀事·張煌言》載張煌言爲張名振監軍，曹從龍爲黃斌卿監軍，名振與斌卿勢如水火：

> 戊子（監國三年，順治五年，1648），越中鄉兵復起，夏夫使魯恂至舟山，候定西、肅北二藩進止。煌言以定西護軍同肅北護軍曹從龍將軍黃朝先入三江，煌言復大會諸將於駝峰。亡何，二藩構隙，阮進護魯王至閩。曰：迎定西至林壘（？），曹從龍大掠而歸。煌言不得已上會稽山，列營平岡，與王完勳、王虎等唇齒，以書招夏夫。會魯恂被胡錦首，死獄中，不果行。庚寅（1650）夏，魯王至舟山，有旨召煌言歸；山中諸將不相統攝散亡。〔註58〕

此即張煌言〈曹雲霖詩集序〉所言「爾時張侯侯服與黃侯同據守昌國，余亦奉命持節護。張侯軍與雲霖旌旄相項背，然未深知雲霖也。」〔註59〕此時張煌言與曹從龍尚未有密切之交往。

監國三年（順治五年，1648）正月，魯王舟次琅琦，鄭彩殺大學士熊汝霖、義興侯鄭遵謙於琅琦，惟熊之門人盧若騰申揭聲罪而已。〔註60〕

晉錢肅樂東閣大學士，自魯王入閩，先後降克得三府、一州、二十七縣，皆不能守。王移次沙埕。餘姚人王翊起兵四明，遙奉魯王年號，破上虞；前翰林學士張煌言聚兵平岡以應之。御史馮京第如日本乞師。冬十月，馬思理卒，以沈宸荃、劉沂春爲東閣大學士。十一月，王舟退壺江，錢肅樂以憂卒。時惟禮部尚書吳鍾巒（霞舟）、兵部尚書李向中（立齋）、太僕少卿曹從龍（雲從）數人從王。〔註61〕是年，清將金聲桓、李成棟以江西、廣東來歸，桂王復至肇慶。

190～191。

〔註58〕 清·邵廷采：《東南紀事》（臺北：臺灣銀行經濟研究室，1961 年 1 月 1 版，《臺灣文獻叢刊》第 35 種），卷 9〈張煌言·附錄逸事〉，頁 118。

〔註59〕 〈曹雲霖詩集序〉，《張蒼水集》卷 5《冰槎集》，頁 253。

〔註60〕 盧若騰有〈哭熊雨殷老師〉：「出師未捷事蹉跎，胡越舟中俄反戈；爲喜音尨龥鼬徑，終悲血灑鱷鯨窩。劉琨誤殺冤猶薄，孟玖讒成恨不磨（搆禍者，閹人李輔國）；剩得同山畏壘在，遺黎幾度哭經過。」明·盧若騰：《島噫詩》（臺北：臺灣銀行經濟研究室，1968 年 5 月 1 版，《臺灣文獻叢刊》第 245 種），〈七言律〉，頁 35。

〔註61〕 汪光復：《航海遺聞》，見《明季三朝野史》，頁 61。

監國三年（永曆二年，1648）八月鄭成功使陳士京朝肇慶，沈光文隨行〔註62〕，「士京奉帝命還，招討令去隆武號，以是年爲永曆三年」〔註63〕。

審此，監國二、三年間乃海外幾社成員集聚浙東舟山群島之關鍵時刻，成爲日後海外幾社正式成立之有利條件。

五、舟山之陷

監國四年（順治六年，1649）正月，魯王舟次玉環山，張名振自石浦來朝。三月，王翊徇奉化，退清兵於河泊。清兵圍劉福安，閩地盡陷。浙遺臣南來者多爲鄭彩所害，彩亦帥麾下棄去。張名振、阮進迎王還浙，次於南田。秋七月壬戌，至健跳，從者大學士宸荃、沂春、禮部尚書吳鍾巒，兵部尚書李向中、兵部侍郎孫延齡，職方郎中朱養時、戶部主事林瑛，每旦朝於水殿。鍾巒如立治朝，所至試秀士入學，率以見王；襴衫巾條，觀者感嘆。鹿頸屯師王朝先來觀，封平西伯。八月，清兵圍健跳，阮進拒卻之。九月，命張名振、張名進、王朝先會師討斬黃斌卿，據《東南紀事·黃斌卿傳》載：「戊子（監國三年，1648）秋，魯王自沙埕還泊健跳，令阮進以百艘叩舟山，告乏食；斌卿不應，亦不使人詣健跳。於是，名振、進、朝先上疏合軍討舟山，斌卿累敗，求救於安昌王恭橚及大學士張肯堂，上表謝罪。又謀和諸營曰：彼此王臣，無妄動。（監國四年）九月二十四日，會於海上，各斂兵待命。斌卿部將陸偉、朱玖背約出洋，進謂斌卿遁去，遂縱兵大掠，斫斌卿投之海中，二女皆死。」〔註64〕諸將滅黃斌卿後，魯王始移蹕入舟山，以參將府爲行在，建太廟於府東。晉張肯堂東閣大學士、朱永祐吏部侍郎。遣阮美往日本乞師。是年，李成棟、金聲桓、何騰蛟皆敗，清盡取湖南、江西。

黃斌卿被殺，被黃斌卿尊爲「國士」之曹從龍極力欲爲主復仇，徐孚遠

〔註62〕　盛成：〈沈光文公年表及明鄭清時代有關史實〉，見侯中一編：《沈光文斯庵先生專集》（臺北：臺北寧波同鄉月刊社，1977 年 3 月 1 版），頁 279。

〔註63〕　清康熙年間鄭達《野史無文·鄭成功傳》載：「己丑（監國四年，永曆三年，順治六年，1649）春，陳士京歸自肇慶。當是時，永曆皇帝駐蹕肇慶，招討遣光祿寺卿陳士京往朝之。至是，士京奉帝命還。招討令去隆武號，以是年爲永曆三年。」清·鄭達：《野史無文》（臺北：臺灣銀行經濟研究室，1658 年 4 月 1 版，《臺灣文獻叢刊》第 209 種），卷 12〈鄭成功海東事·鄭成功傳〉，頁 161。

〔註64〕　《東南紀事》卷 10〈黃斌卿〉，頁 124。

〈懷曹雲霖〉寬解之：

> 傳君留滯閭閻城，幾度春風好聽鶯。昌國平來新氣勢，黃侯沒後舊交情。倦遊乍息江鄉夢，寒足猶期天上行。聞道中原龍欲起，迢迢旌旆正相迎。（其一）

> 軍符罷後早知幾，昌國爭權有是非。交似陳餘他日恨，報如豫子古來稀。猶憐部曲千群在，惟見飄零一鶴歸。此去不愁天關遠，即今南極正垂衣。（其二）〔註65〕

舟山內部各軍事勢力相背對立，武人跋扈，強者稱雄，司空見慣，雖抗清方向是一致而但理念卻有所不同。

監國五年（順治七年，1650）正月朔，魯王在舟山。謁太廟，淚下，謂輔臣張肯堂等曰：昔高帝起布衣建業，先帝憂勤淪陷。閔予小子，播遷無地，不能保浙東數郡，以延廟食，是以痛心。諸臣皆泣，頓首待罪。「張煌言入扈舟山，起拜兵部左侍郎。煌言兩同富平名振以舟師北擾，皆不利，間脫；遂走陸鼓義，無復振者。時其家已被逮錢塘，獄有僧澹齋日募飯飽其妻董氏與子祺，且十年。」〔註66〕二月，王翊來朝，除兵部左侍郎。夏，張煌言來朝，晉兵部尚書，留備侍從。八月，翊復新昌，拔澍山，清兵分道入四明，翊避入海。馮京第遇害。九月，張名振襲殺王朝先，并其兵。是年，鄭彩為鄭成功所敗，具表請援。張名振、阮進、周崔芝擊彩餘眾，破之；彩還走廈門，歸成功。十一月，清兵陷桂林、廣州，桂王奔南寧。

監國六年（順治八年，1651）正月，魯王在舟山。六月，舟山大旱。監國布袍步襦，群臣咸草具以從，命兵部侍郎張煌言治兵鹿頸頭。秋七月，乞粟於日本，其國王許振疾，航餉數千斛。

時王翊潰於四明，張煌言有〈挽王完勳侍郎〉詩〔註67〕，王翊，餘姚人，王翊結寨於四明山，號大蘭洞主，同張煌言、邵一梓、李長祥等分營互應，而翊軍最強。四明山寨與舟山互為掎角，清兵將取舟山，惡翊山寨積年倔強，恐反內地，乃分兵二道取之，翊戰敗，不屈死，翊執後一月，舟山破。

〔註65〕　《釣璜堂存稿》卷14〈懷曹雲霖〉，葉9～10。

〔註66〕　《魯春秋》，〈監國五年〉，頁59。

〔註67〕　〈挽王完勳侍郎〉云：「憶君被禍草間來，慷慨論兵未易才。薄海誰堪師畫邑，下江應許畫雲臺。星沈漢壘貪狼耀，風競胡營戰馬哀。伏劍猶聞歌〈正氣〉，心懸陵母亦悲哉！」《張蒼水集》卷1《奇零草》（一），頁195。

　　清將陳錦合軍攻舟山，定西侯張名振、英義伯阮駿、兵部尚書張煌言，奉王先出奔閩海，徐孚遠隨行。蕩胡伯阮進迎戰於海門，死之；裨將金允彥緣城降，臠其子，傳示四門。清試舟海口，南師以三舟突陣，獲樓船戰艦，馘十餘人，縱歸。清師將退。八月丙寅，天大霧，清師悉抵螺頭門，守陴者方覺，安洋將軍劉世勳、都督張名揚以精兵數百、義勇數千背城力戰，殺傷清兵千餘人。

　　九月一日，清陳錦破舟山，宮眷投井死，指揮李向榮、朱起元等猶率兵巷戰。清師相謂曰：「吾兵南下，所不易拔者，江陰、涇縣、今舟山而三耳；如兩京，易取也。」〔註68〕禮部尚書吳鍾巒居普陀，聞變毅然曰：吾從亡之臣，當死行在。渡海入城，別大學士張肯堂，為高座文廟廡下，命僕舉火。肯堂闔室自經。吏部侍郎朱永祐、通政鄭遵儉、兵科董志寧、郎中朱養時、主事林瑛、江用楫、董玄、朱萬年、李開國、顧珍、顧宗堯、楊鼎臣、中書蘇兆人、工部所正戴仲明、錦衣指揮王朝相、內官監劉朝、定西參謀顧明楫、諸生林世英暨婦女、廝僕或刎或投水火，「死節之盛，為中土所未有」〔註69〕。張煌言有史詩〈翁洲行〉紀其實及哀悼同志諸詩，俱見聲淚。〔註70〕清兵屠舟山，墮其城，將城外百姓，率遷內地。

　　監國六年十一月，魯王舟泊南日山，夜遭颶風，失大學士沈宸荃與沈光文，進次厦頭，兵部侍郎張煌言以鹿頸兵，同定西侯張名振扈監國於三沙。國姓鄭成功迎入廈門，躬朝見，行四拜禮，稱主上，自稱罪臣。〔註71〕據張

〔註68〕《東南紀事》卷2〈魯王以海〉，頁33。

〔註69〕《東南紀事》卷2〈魯王以海〉，頁33。

〔註70〕〈翁洲行〉，《張蒼水集》卷1《奇零草》（一），頁196。哀悼同志諸詩見〈輓張鮚淵相公〉、〈輓大宗伯吳巒嵋先生〉、〈輓朱聞玄少宰〉、〈輓安洋將軍劉胤之〉、〈輓馮躋仲侍御〉等詩，見《張蒼水集》卷1《奇零草》（一），頁194～195。

〔註71〕《魯春秋》，〈監國六年〉，頁66。據《臺灣外記》載「成功集馮澄世、潘庚鍾、林俞卿、鄭擎柱、薛聯桂，鄧會諸參軍議接魯王禮。庚鍾曰：『魯王雖曾監國浙右，而藩主現奉正朔，均臣也，未可以監國言』。成功曰：『此是朝綱。且論今日相見之禮』。庚鍾曰：『相見不過賓主』。成功曰：『不然，若以爵位論之，魯王尊也；況經監國。若用賓主禮，是輕之。輕之，是綱紀紊亂矣。吾當以宗人府府正之禮見之，則合祖訓，於禮兩全』。諸參軍拜服其論，成功豎宗人府府正旗，請魯王相見，各安慰敘情。出，隨給屋請住，月送俸薪。」清·江日昇：《臺灣外記》（臺北：臺灣銀行經濟研究室，1960年5月1版，《臺灣文獻叢刊》第60種），卷3〈順治丁亥年至順治癸巳年共七年〉，頁133。

名振與朱之瑜書云：「敗軍之餘，尙思捲土，但慮勢力單弱，遂揚帆南下。正月已抵廈門，國姓眷顧懇懇。」〔註72〕則鄭成功迎魯王入廈門，已在監國七年正月矣。魯王依鄭之境遇如何，據《東南紀事》云：

> 朱成功自廈門來謁，稱主上，自稱罪臣。從者泣曰：成功卑王矣。
> 王處之泊如。成功故不奉王，送金門千戶所，月節進銀米，致餕。
> 移名振屯峿頭，煌言屯鷺門。〔註73〕

此乃受之前唐魯之爭影響，亦見浙東魯軍與鄭氏軍隊之隔閡與對立。

監國八年（順治十年，1653）正月，魯王在金門，三月自去監國號〔註74〕，改奉永曆朔，故下文改以永曆紀年，本年乃永曆七年也。初，二張於監國七年積極整頓軍營，計畫「明春三四月，必去舟山矣」〔註75〕。是年冬，張名振復與煌言北行，敗清軍於崇明之平洋沙，殺傷頗眾。其年，鄭彩死於廈門。

永曆八年（順治十一年，1654）正月，魯王在金門。名振再入鎭江，抵儀眞，還逼吳淞關，遣使致啓獻捷。

永曆九年（順治十二年，1655）正月，魯王在金門。有敕使自安龍來，命王監國。冬，鄭成功遣阮駿、陳六御圍舟山，大淸將巴臣興舉城降。十二月二十八日定西侯張名振卒於軍中。「是時，成功以計力并諸鎭，緩於攻取，有自王意；宗藩皆受屈辱，王不免饑寒，出無輿導，至以名刺投謁。賓舊張煌言、徐孚遠避形疑，不敢入朝。魯王寄食鄭氏，如家人而已。」〔註76〕至名振死，遺言軍歸張煌言，煌言軍始盛。

綜觀魯王監國政局，可謂半生飄零海上，備極艱辛，誠如黃宗羲〈魯王監國紀年〉以史臣口吻，作沉痛之語曰：「上自浙河失守以後，雖復郡邑，而以海水爲金湯，舟楫爲宮殿，陸處者惟舟山兩年耳。海泊中最苦于水，侵晨洗沐，不過一盞。艙大周身，穴而下，兩人側臥，仍蓋所下之穴，無異處於棺中也。御舟稍大，名『河船』，其頂即爲朝房，諸臣議事在焉。落日狂濤，君臣相對，亂礁窮島，衣冠聚談。是故金鼇橘火、零丁飄絮，未罄其形容也。

〔註72〕明・朱之瑜：《朱舜水集・書簡》（北京：中華書局，1981年8月1版，朱謙之整理本），卷4〈致張定西侯書〉附〈張定西侯來書〉，頁41。
〔註73〕《東南紀事》卷2〈魯王以海〉，頁32。
〔註74〕《行朝錄》卷3〈魯王監國紀年下〉，《黃宗羲全集》第2冊，頁140。
〔註75〕《朱舜水集・書簡》卷4〈致張定西侯書〉附〈張定西侯來書〉，頁41。
〔註76〕《東南紀事》卷2〈魯王以海〉，頁34。

有天下者，以茲亡國之慘，圖之殿壁，可以得師矣。」〔註77〕

第三節　成功之賓結社金廈

　　永曆五年（監國六年，順治八年，1651）十一月鄭成功迎魯王入廈門之後，海外幾社六子已全員至廈門、金門集結，在鄭成功禮遇與軍事庇護下，海外幾社之唱正式形成。

一、書生本色，心儀幾社

　　鄭成功（1624～1662）明天啟四年八月二十七日（陰曆七月十四日）生于日本九州平戶，是鄭芝龍之長子，福建省泉州安南縣四十三都石井安平鎮人。母為日本田川氏。名福松，回國後名森，號大木，十五歲補南安縣學生員，成為秀才。他希望透過科舉邁入仕途，曾參加崇禎十五年（1642）福建鄉試，落第而歸。

　　鄭成功曾拜錢謙益為師，故有〈春三月至虞謁牧齋師同孫愛世兄遊劍門〉詩〔註78〕，鄭成功〈越旬日復同孫愛世兄遊桃源澗〉云：

　　　　聞來涉林趣，信步渡古原。松柏夾道茂，綠葉方繁繁。入林深幾許，瞻盼無塵喧。清氣蕩胸臆，心曠山無言。行行過草廬，瞻仰古人園。直上除荊棘，攀援上桃源。桃源何秀突，風清庶草蕃。仰見浮雲馳，俯視危石蹲。拭石尋舊遊，隱隱古蹟存。值問何朝題，宋元遑須論。長嘯激流泉，層煙斷屐痕。遒邇欣一覽，錦繡羅江村。黃鳥飛以鳴，天淨樹溫溫。遠色夕以麗，落日艷危墩。顧盼何所之，灑然滅塵根。歸來忘所歷，明月上柴門。

　　　　孟夏草木長，林泉多淑氣。芳草欣道側，百卉旨鬱蔚。乘興快登臨，好風襲我襟。濯足〔清〕流下，晴山綠轉深。不見樵父過，但聞牧童吟。寺遠忽聞鐘，杳然入林際。聲蕩白雲飛，誰能窺真諦？

〔註77〕《行朝錄》卷3〈魯王監國紀年下〉，《黃宗羲全集》第2冊，頁141。
〔註78〕《鄭成功傳‧延平二王遺集》（臺北：臺灣銀行經濟研究室，1960年1月1版，《臺灣文獻叢刊》第67種），頁127。〈春三月至虞謁牧齋師同孫愛世兄遊劍門〉云：「西山何其峻，巉岩暨穹蒼。藤垂澗易陟，竹密徑微涼。煙樹綠野秀，春風草路香。喬木倚高峰，流泉挂壁長。仰看仙岑碧，俯視菜花黃。濤聲怡我情，松風吹我裳。靜聞天籟發，忽見林禽翱。夕陽在西嶺，白雲渡石梁。巘崿爭突屼，青翠更蒼茫。興盡方下山，歸鳥宿池傍。」

眞諦不能窺，好景聊相娛。相娛能幾何？景逝曾斯須。胡不自結束，入洛索名姝。〔註79〕

錢謙益評：「聲調清越，不染俗氛，少年得此，誠天才也！」〔註80〕鄭成功在南京國子監求學時期愛好詩文，曾打算向幾社領袖之一的徐孚遠學習作詩，〔註81〕後因時局動盪而沒有實現，故心儀復社、幾社許久。

　　鄭成功之父鄭芝龍對國家民族觀念淡薄，惟以追求自身的安全與財富爲重，所以清軍南下時，意存觀望。唐王隆武二年（1646）鄭芝龍藉故海寇入犯，須往駐防，將仙霞關守將施天福全數撤防，以利清兵之到來。清軍出韶州抵仙霞關，見仙霞關二百里，竟無一守兵，於是清兵於八月入福建，佔浦城、霞浦。福州遂陷入無險可守之境，隆武帝奔汀州，被清兵所俘，絕食而亡。此時鄭芝龍兵屯家鄉安平，舟艦尚有五、六百艘。十一月十五日鄭芝龍投降滿清，福建沿海、廣東大部份則跟著陷入清軍掌握，清軍博洛令韓代將所部的滿漢騎步兵馬竄入鄭芝龍家鄉安平。鄭芝龍本以爲降清之後，其家鄉可視爲滿清之一部份，故未加防備，但清軍開入安平後，卻大肆掠奪，並強姦鄭成功之生母翁氏，翁氏隨後自縊身亡，成功得知消息，痛不欲生。

　　隆武二年（順治三年，1646）十二月初一，成功乃詣安南石井書院大成殿孔夫子牌位前，焚儒服〔註82〕，拜誓起義。據康熙年間鄭亦鄒《鄭成功傳》云：

成功雖遇主列爵，實未嘗一日與兵枋，意氣狀貌，猶儒書也。既力

〔註79〕　《鄭成功傳‧延平二王遺集》（臺北：臺灣銀行經濟研究室，1960 年 1 月 1版，《臺灣文獻叢刊》第 67 種），頁 127～128。

〔註80〕　《鄭成功傳‧延平二王遺集》，頁 128。

〔註81〕　全祖望〈徐都御史傳〉云：「延平之少也，以肄業入南監，嘗欲學詩於公。及聞公至，親迎之。公以忠義爲鍼砭，延平聽之，娓娓竟夕。凡有大事，諮而後行。」《全祖望集彙校集注‧鮚埼亭集外編》卷 12〈徐都御史傳〉，頁 963。黃定文〈書鮚埼亭集徐闇公墓誌後〉云：「成功初在南京國學，嘗欲學詩於闇公，以是尤敬禮。如是者，幾及十年。」清‧黃定文：《東井詩文鈔》（臺北：新文豐出版公司，1988 年 4 月臺 1 版，《四明叢書》第 1 集，總第 3 冊），卷1〈書鮚埼亭集徐闇公墓誌後〉，頁 475。又參見《徐闇公先生年譜》，〈書鮚埼亭集徐闇公傳後〉，頁 69～70。

〔註82〕　鄭成功起義焚儒服事與地，眾說紛紜，此據鄭夢星：〈鄭成功焚青衣與誓師起義地考略〉，見許在全主編：《鄭成功研究》（北京：中國社會科學出版社，1999年 5 月 1 版），頁 266～273。

諫不從，又痛母死非命，乃悲歌慷慨謀起師。攜所著儒巾、襴衫，赴文廟焚之，四拜先師，仰天曰：「昔爲孺子，今爲孤臣，向背去留，各有作用。謹謝儒服，唯先師昭鑒之！」高揖而去。碼旗糾族，聲淚俱並。與所善陳輝、張進、施琅、施顯、陳霸、洪旭等願從者九十餘人，乘二巨艦斷纜行，收兵南澳，得數千人，文移稱「忠孝伯招討大將軍罪臣國姓」。其明年，遙聞永明王即位肇慶，改元永曆，成功則奉朔，提師歸自南澳，舊眾稍集，年二十四。時廈門、浯州爲鄭彩及弟定遠侯鄭聯所踞，乃泊鼓浪嶼，與廈門隔帶水。廈門者，中左所也；所謂浯州者，金門也；隸同安，爲兩島。〔註83〕

鄭芝龍投清北上，鄭成功以孤臣孽子之心，焚青衣誓師起義，收兵南澳，謀匡復大明江山，時年二十三，文移稱「招討大將軍罪臣國姓」。明年聞永曆即位肇慶，遣人間道上表，尊奉正朔。時廈門先爲鄭彩及弟鄭聯所據。永曆元年（1647）成功自南澳回，舊將稍集，乃移屯廈門鼓浪嶼。「以洪政、陳輝爲左右先鋒，楊才、張進爲親丁鎮，郭泰、余寬爲左右鎮，林習山爲樓船鎮，進攻海澄；清援兵至，洪政中流矢死，乃引還。」〔註84〕

二、建義海上，佺期來歸

　　沈佺期（1608～1682），字雲佑（一作雲又），號復齋（一作鶴齋），南安雅山侯源鄉（今水頭後園村）人。佺期自幼失父，幸其母賢，教督有方，苦學成才。其少時博覽群書，每有獨見，曾在嶺頭鄉（曾嶺村）當過塾師。直至崇禎十五年（1642）始鄉試中舉，與同年晉江黃賢京相契好，結爲婚姻。隔年成進士，爲明代南安縣最後一位進士，授吏部郎中。甲申之變（崇禎十七年，順治元年，1644），流寇李自成陷北京，明降將吳三桂引清兵入關，清兵旋滅寇，即於北京建立清王朝。

　　在燕京淪亡之後，鄭芝龍擁唐王朱聿鍵於福京，設六卿台垣。鄭芝龍以佺期同里居，言於帝，欲驟貴之。帝遂任爲右副都御史。〔註85〕沈佺期任都

〔註83〕清‧鄭亦鄒：《鄭成功傳》（臺北：臺灣銀行經濟研究室，1960 年 1 月 1 版，《臺灣文獻叢刊》第 67 種），頁 5。「未嘗一日與兵枋」此一描述不合史實，鄭成功在誓師之前已帶領軍隊作戰。

〔註84〕清‧夏琳：《閩海紀要》（臺北：臺灣銀行經濟研究室，1958 年 4 月 1 版，《臺灣文獻叢刊》第 11 種），卷上〈丁亥，永曆元年〉，頁 4。

〔註85〕清‧鄭達：《野史無文》（臺北：臺灣銀行經濟研究室，1658 年 4 月 1 版，《臺灣文獻叢刊》第 209 種），卷 12〈閩中四隱君子‧沈佺期傳〉，頁 177。

御史，據《思文大紀》曾載及：

> 降巡視中城御史沈佺期一級，以戒凌躁。時閩、侯二縣知縣劉霖懋、
> 朱銃金筒調繁未久，佺期疏薦之，上以：「賞罰本於人主至公，抑競
> 獎恬，御世大道。霖懋、銃金筒雖有薄勞，豈可以縣署爲傳舍？爲
> 二臣陳請者，皆是情面賄賂之飾習，亦是以競引競之惡趨。薄以降
> 級示懲；如再有欺飾，定行重處」云。〔註86〕

此爲沈佺期任都御史僅知之事蹟。清兵佔有河朔之地後，接著清兵南下攻打
福建。隆武二年（順治三年，1646）八月，隆武帝在汀州（長汀）敗死，佺
期不肯投靠清廷，絕意仕途，棄官南下返鄉，閉門謝客。爲避清廷徵召，先
隱居於同安大帽山甘露寺。洪承疇、吳三桂對沈佺期表面上是徵召就職，實
爲迫害，派兵包圍甘露寺。佺期聞訊後，避難於本山虎洞，累徵不赴，誓不
事清，後隱居於水頭鴣嶺白蓮寺。

　　隆武二年冬，沈佺期響應鄭成功焚青衣之義舉，招攬英豪舉義，發動九
溪十八壩一帶方圓數十鄉鄉民，參加反清行列，組成一支數千人之反清隊伍。
佺期早已受命在南安招賢院，主持招賢大計，是以泉州、永春、德化一帶仕
紳及民眾，紛起響應，爭先恐後，奔赴前線。據《小腆紀年》載：

> 順治四年（永曆元年，1647）八月庚寅（二十二日），明朱成功會師
> 泉州之桃花山；泉州在籍御史沈佺期、光祿寺卿林橋升、主事郭符
> 甲、推官諸葛斌起兵應之，進攻泉州，不克。〔註87〕

成功會鄭鴻逵軍隊於泉州桃花山（晉江縣東南三十里），沈佺期等起兵應之，
並率領此隊伍開赴泉州，與鄭成功部隊會合，追隨從事抗清運動。而鄭成功
亦請其協理軍機，共襄反清復明大業，舉凡軍國大事，都先徵詢其意見而後
行，佺期亦多次隨軍進擊金、廈、漳、泉，屢立戰功。故沈佺期爲鄭成功幕
府上客，被尊稱爲「老先生」。

〔註86〕不著撰者：《思文大紀》（臺北：臺灣銀行經濟研究室，1961 年 6 月 1 版，《臺
　　　灣文獻叢刊》第 111 種），卷 4，頁 71～72。

〔註87〕清·徐鼒：《小腆紀年》（臺北：臺灣銀行經濟研究室，1962 年 11 月 1 版，《臺
　　　灣文獻叢刊》第 134 種），卷 14〈順治四年〉，頁 691。據康熙時江日昇《臺
　　　灣外記》載鄭成功：「八月，從九都回。二十二日，會鴻逵師於泉之桃花山。
　　　鄉紳沈佺期、林喬升、郭符甲、諸葛斌等相率起兵應之（佺期字雲又，別字
　　　復齋，泉之南安人。癸未進士，屢遷都察院御史。後以醫行世，依成功，卒
　　　於臺灣。）」清·江日昇：《臺灣外記》（臺北：臺灣銀行經濟研究室，1960
　　　年 5 月 1 版，《臺灣文獻叢刊》第 60 種），卷 3，頁 100～101。

三、魯王依鄭，社事全盛

　　監國六年（永曆五年，順治八年，1651）舟山陷後，十一月，王舟泊南日山，後鄭成功迎入廈門，魯王依鄭，實有寄人籬下之感。鄭成功又將魯王及寧靖王等避難至廈門之諸宗室，奉之居金門。《航海遺聞》則載明魯王依鄭之舊臣：

　　　　壬辰（1652）春，魯王至廈門，賜國姓鄭成功朝見，行四拜禮，稱
　　　　「主上」，自稱「罪臣」，贄千金、綢緞百疋，供應甚殷。從臣皆贈
　　　　以厚禮。此時惟兵部右侍郎張煌言、曹從龍、太常卿任廷貴、太僕
　　　　卿沈光文、副使馬星、俞圖南、少司馬兼大理寺卿蔡登昌、任穎眉、
　　　　兵部主事傅啓芳、錢肅遴、陳藎卿、張斌、葉時茂、林泌、侍讀崔
　　　　相、中書邱子章、賜蟒玉侍郎張沖符、行人張吉生、張伯玉、總兵
　　　　張子先等、錦衣衛楊燦、內官陳進忠、劉玉、張晉、李國輔、劉文
　　　　俊數人而已。成功隨見魯王至金門所，月餽銀米，遇節上啓。迨年
　　　　餘，爲細人所譖，禮儀漸疏，猶賴諸勳舊洎縉紳王忠孝、郭貞一、
　　　　盧若騰、沈宸佺、徐孚遠、紀石青、林（按：應作「沈」）復齋等相
　　　　資度日而已。〔註88〕

文中所言壬辰（監國七年，1652）春之事，有些人物並不正確，如大學士兵部尙書沈宸荃之記載，沈宸荃於監國六年（1651）十一月扈魯王至廈門，又至金門，再艤舟南日，遇颶風，故《魯春秋》言其「挂冠郊外，潛泛海歸，風不利，舟覆死」〔註89〕。而當時太僕卿沈光文舟經圍頭洋亦遇此颶風，當時不知所之，後竟飄至臺灣。〔註90〕壬辰春時，魯王之人尙不知其所終，如

〔註88〕明末清初・汪光復：《航海遺聞》，見《明季三朝野史》（臺北：臺灣銀行經濟
　　　　研究室，1961年4月1版，《臺灣文獻叢刊》第106種），頁66。
〔註89〕清・查繼佐：《魯春秋》（臺北：臺灣銀行經濟研究室，1961年10月1版，《臺
　　　　灣文獻叢刊》第118種），〈永曆五年、監國六年〉，頁66。
〔註90〕盛成〈沈光文公年表及明鄭清時代有關史實〉一文認爲「是歲（監國六年，
　　　　永曆五年，順治八年，1651）十一月下旬有颱風，沈宸荃扈魯王至廈門，又
　　　　至金門，再艤舟南日，當與沈光文同行，經圍頭洋即遇颱風，光文飄來臺灣，
　　　　宸荃不知所之。」盛成認爲永曆六年（1652）「沈光文飄至宜蘭，由宜蘭至臺
　　　　南，見其兄沈阿公。」見侯中一編：《沈光文斯庵先生專集》（臺北：臺北寧
　　　　波同鄉月刊社，1977年3月1版），頁288、290。季麒光〈沈光文傳〉云：「辛
　　　　卯年（永曆六年，順治八年，1651），從肇慶至潮州，由海道抵金門，督院李
　　　　公聞其名，遣員致書幣邀之，斯菴不就。七月，挈其眷買舟欲入泉州，過圍
　　　　（應作「圍」）頭洋，遇颶風，飄泊至臺。」清・季麒光：《蓉州詩文稿・蓉

張煌言〈沈彤庵閣學艤舟南日山，遭風失維，不知所之；雖存亡未卜，余猶望其來歸也〉：「昨夜驚濤勢轉雄，孤帆何處御長風？沃焦不信膠舟解，博望初疑銀漢通。欲問馮夷愁莫應，倘成精衛恨何窮！袖歸當有支機石，豈遂騎鯨向碧空？」〔註91〕徐孚遠亦有〈南日舟次，失沈彤菴先生，存歿難定，賦以志懷〉〔註92〕，可知當時傳聞不一。值得注意之事乃沈佺期此時亦加入魯王之臣陣容，監國魯王自舟山來依成功，成功安置魯王於金門。沈佺期與王忠孝則寓居廈門，與魯王舊臣交往密切。

　　魯王實不得已而入閩，鄭成功雖待之以宗人府宗主之禮，但對之防範至嚴，並迫其自去監國尊號。《東南紀事》詳載鄭魯間矛盾：

　　　　是年（監國六年，永曆五年，1651）九月，陳錦克舟山，定西侯張
　　　　名振奉魯王南奔，謀取海壇駐師；致書勸成功，會師迎駕。魯王
　　　　亦與之書曰：余與公宗盟也，平居則歌行葦之章、際難合賦脊令
　　　　之什，公其無吝偏師，拯此同患。成功乃令兵科給事中徐孚遠前至
　　　　魯王行宮，面啓永曆見正位粵西，宜去監國號；王復書敘所以勉從
　　　　監國意。乃使奉迎居王金門，如寓公焉；名振、阮駿等兵皆屬成
　　　　功。〔註93〕

而鄭氏禮魯之情，並不長；迨年餘，爲細人所譖，禮儀漸疏，引嫌罷供億。
而《魯春秋》明載魯王依鄭之窘：

　　　　國姓以桂無所通監國，引嫌罷供億，禮節亦疏，以見一。監國饑，
　　　　各勸舊王忠孝、郭貞一、盧若騰、沈荃期、徐孚遠、紀石青、沈復
　　　　齋等間從內地密輸，緩急軍需。〔註94〕

全祖望輯《張蒼水年譜》云：

　　　　公復扈監國入閩，延平不肯奉魯，但以廩餼供之而已。時王去監國

　　　　州文稿》（清康熙三十三年世采綵堂刻本），卷3〈沈光文傳〉，葉36A。按：
　　　　沈光文來臺時間尚有爭論，各家論點不一，在此茲據盛成之説。
〔註91〕〈沈彤庵閣學艤舟南日山，遭風失維，不知所之；雖存亡未卜，余猶望其來
　　　　歸也〉，《張蒼水集》卷1《奇零草》（一），頁197。
〔註92〕明·徐孚遠：《釣璜堂存稿》（民國十五年金山姚光懷舊樓刻本），卷13〈南日
　　　　舟次，失沈彤菴先生，存歿難定，賦以志懷〉，葉19。其詩云：「忽傳雙鯉上
　　　　游來，數載愁顏始欲開。豈意乘槎中夜去，不知貫月幾時回。或從吳市埋名
　　　　跡，將逐胥江共酒杯，音信迢迢難可致，蒼波滿眼使人猜。」
〔註93〕清·邵廷采：《東南紀事》（臺北：臺灣銀行經濟研究室，1961年1月1版，《臺
　　　　灣文獻叢刊》第35種），卷11〈鄭成功（上）〉，頁135～136。
〔註94〕《魯春秋》，〈永曆六年、監國七年〉，頁66～67。

號，以海上諸臣皆受滇命也；惟公於王不改節。〔註95〕

張煌言有〈讀史〉詩。初，延平以閩、越舊嫌，不欲臣於監國。然監國在長垣、在健跳、在翁洲皆有諸軍護衛，時亦無藉於延平；辛卯之後（永曆五年，1651），延平軍勢日盛，遂執牛耳。定西、平彝、閩安諸公皆稱邾、莒，而監國爲寓公矣；故監國不得已而去尊號。乾侯之辱，良可悼也！浙邸舊臣，惟煌言始終一節，不與延平附和。〔註96〕

陳士京自監國元年（順治三年，1646）五月隨陳謙使閩後，一直留閩中與成功遊，鄭成功建義之舉，實陳士京贊之，當時魯王留士京與成功相結，以爲後圖。故其角色乃爲魯鄭調人，如全祖望〈陳光祿傳〉云：

> 奉使閩中，以公偕行。而唐、魯方爭頒詔事，謙以不良死，公遁之海上。鄭芝龍聞公名，令與其子成功遊。芝龍有異志，卒以閩降。成功不肯從，異軍蒼頭特起，公實贊之。已而熊公以魯王至。時成功修頒詔之際，不肯奉王。列營之奉王者，其軍莫如成功強，皆不自安。公說成功，當以公義爲重。成功雖不爲臣，而始終於王致寓公之敬。其時會稽舊臣，能籠絡成功而用之者，亦惟張公蒼水與公二人。樓船得以南向，無內顧之患者，其功爲多。〔註97〕

然鄭成功對於忠心明室之縉紳國老，大部份爲海外幾社主要支柱之遺老，則十分尊敬。據夏琳《閩海紀要》載云：「時縉紳避難入島者眾，成功皆優給之；歲有常額，待以客禮，軍國大事輒咨之，皆稱爲老先生而不名。若盧、王、辜、徐及沈佺期、郭貞一、紀許國諸公，尤所尊敬者。」〔註98〕全祖望〈陳光祿傳〉亦云：

> 成功盛以恢復自任，賓禮明之遺臣，于是海上衣冠雲集，然不過待

〔註95〕全祖望輯《張蒼水年譜》，《張蒼水集・附錄一》，頁294。

〔註96〕全祖望輯《張蒼水年譜》，《張蒼水集・附錄一》，頁294。楊錦麟〈論鄭成功與南明宗室的關係〉指出：鄭成功與魯王關係發展是疏遠、利用、拋棄之過程。浙東舟山抗清義舉初期，鄭成功不贊魯一矢，至1651年（監國六年，永曆五年，順治八年）前後魯鄭關係始有明顯改善，其因有四：一則出於籠絡浙派將領的需要；二則制衡鄭軍內部派系之爭；三則借此加深其「忠君」之色彩；四則在鄭清交涉中做爲人質籌碼之用。見其鄭成功研究學術討論會學術組編：《鄭成功研究論文選續集》（福州：福建人民出版社，1984年10月1版），頁290～302。

〔註97〕清・全祖望撰、朱鑄禹校注：《全祖望集彙校集注・鮚埼亭內集》（上海：上海古籍出版社，2000年12月1版），卷27〈陳光祿傳〉，頁496～498。

〔註98〕《閩海紀要》卷上〈乙未，永曆九年〉，頁14。

以幕客，其最致敬者，前尚書盧公若騰、侍郎王公忠孝、都御史章
<u>（應爲「韋」）</u>公朝薦、沈公荃期、郭公貞一、徐公孚遠與公（指陳
士京），次之則儀部紀公（指紀許國），不以禮不敢見也。〔註99〕

鄭成功禮遇避難入島縉紳，又獎掖文風，據《閩海紀要》載：

永曆九年（順治十二年，1655）春二月，明招討大將軍延平王成功承
制設六官。……以潘賡鍾（壬午舉人）爲吏官，洪旭爲戶官，陳寶鑰
（丙戌舉人）爲禮官，張光啓爲兵官，程應璠爲刑官，馮澄世（丙
戌舉人）爲工官。設協理各一員、左右都事各二員。以常壽寧爲察言
司，鄧會、張一彬爲正副審理。又設儲賢館、育胄館。以前所試洪初
闢、楊芳、呂鼎、林復明、阮旻錫等充之。先是，明主開科粵西，諸
生願赴科舉者，成功給花紅、路費遣之。島上衣冠濟濟，猶有昇平
氣象。又以死事諸將及侯伯子弟柯平、林維榮充育胄館。〔註100〕

《閩海紀略》亦云：

禮待鄉紳王忠孝、沈佺期、郭貞一、盧若騰、韋朝薦、徐孚遠等；
有軍國大事，輒相諮。考諸生有學問者入儲賢館。先是，永曆欲開
科粵西，諸生赴科舉者，皆給花紅、路費銀兩。島上衣冠濟濟，粗
有太平景象。〔註101〕

可見鄭成功師駐廈門，整頓吏治，設六官及察言、承宣、兵客諸司；又設儲
賢、育胄二館。徐孚遠、盧若騰、沈佺期、王忠孝、阮旻錫等入儲賢館，島
上人才濟濟，略有太平景象，徐孚遠與陳士京等在廈門組海外幾社，論詩會
文，成績斐然，雖東南沿海烽火未斷，在硝煙中卻文風蔚然。

茲以監國七年（永曆六年，順治九年，1652）張煌言在廈門與海外幾
社諸子交游之詩證明之。首先張煌言在〈曹雲霖詩集序〉云：「歲在壬辰
（1652），余避地鷺左，雲霖儼然在焉，歡然道故。余時孿孿棘人耳，故不
輕有贈答。而雲霖囊中草多感時嘆逝，亦不肯輕以示人。」〔註102〕則曹從

〔註99〕《全祖望集彙校集注・鮚埼亭內集》卷27〈陳光祿傳〉，頁497～498。
〔註100〕《閩海紀要》卷上〈乙未，永曆九年〉，頁13～14。按《閩海紀略》卻云：「永
曆八年（順治十一年，1654）十月，設六官。」不著撰人：《閩海紀略》（臺
北：臺灣銀行經濟研究室，1958年7月1版，《臺灣文獻叢刊》第22種），〈永
曆八年〉，頁9。
〔註101〕《閩海紀略》，〈永曆八年〉，頁9。
〔註102〕張煌言：〈曹雲霖詩集序〉，《張蒼水集》卷5《冰槎集》，頁253上。

龍入海外幾社之明證。時徐孚遠有〈讀張玄箸新詩，聊紀其盛，兼題緩之〉云：

> 扁舟去越霸圖消，日作新詩慰寂寥。包括還同司馬賦，波瀾直似浙江潮。愁君此後囊須滿，令我今來硯欲燒。南海方言難盡狀，且應攜酒聽鳴蜩。〔註103〕

徐孚遠詩中指出煌言寂寥而發孤憤爲詩，詩情波瀾壯闊猶似浙江潮，亦透露出南來廈門依鄭之無奈，張煌言作〈步韻答徐闇公〉云：

> 窮途長日更難消，賸有圖書伴寂寥；伯業徒看秦望氣，客愁似瀉廣陵潮。共歌叢桂山中髮，誰識焦桐爨下燒？潦倒未應猶倔強，文人久已學承蜩。〔註104〕

可見是時魯王諸臣有英雄失勢，報國無門之感。而煌言〈同姚興公、萬美功過訪陳齊莫小酌〉云：

> 回首鄉關北海濱，南來猶見故鄉人。君因久客翻爲主，我亦同仇況比鄰。八載滄桑愁欲老，一樽清酒話相親。共悲吳楚烽煙急，太史占星正聚閩。〔註105〕

詩中不斷強調南來廈門依鄭成功，在此再遇鄞縣故人陳士京，「君因久客翻爲主，我亦同仇況比鄰」，眾浙東、舟山同志聚閩，實有他鄉遇故知之親切，然詩酒之餘不免感慨歲月滄桑。再如〈贈徐闇公年丈三首〉云：

> 王謝風流誰更傳，雄文廿載國門懸。胡床高踞談經日，漢室初徵射策年。每擬珊瑚爲架筆，雅聞纓組並當筵。豈知把臂蓬壺外，江左衣冠傲昔賢！
>
> 竹箭東南橫得名，飛來龍劍卻爭鳴。誰云四海同科第，自是中原一社盟。懸榻君應稱快事，乘槎我亦歎勞生！他年若遂尊鑪興，擬共山陰道上行。
>
> 吾道滄洲任所遭，豈因標榜益名高！重逢尚握蘇卿節，久別誰彈鍾子操？明月開尊皆勝侶，春風入座似醇醪。偉長未便從軍老，已羨文章晚更豪。〔註106〕

〔註103〕《釣璜堂存稿》卷13〈讀張玄箸新詩，聊紀其盛，兼題緩之〉，葉19。
〔註104〕〈步韻答徐闇公〉，《張蒼水集》卷1《奇零草》（一），頁197。
〔註105〕〈同姚興公、萬美功過訪陳齊莫小酌〉，《張蒼水集》卷1《奇零草》（一），頁197。
〔註106〕〈贈徐闇公年丈三首〉，《張蒼水集》卷1《奇零草》（一），頁198。

詩中張煌言極力推崇徐孚遠爲社中祭酒。是年端午節張煌言仍居廈門，有〈端陽客鷺門〉詩〔註107〕，又〈暑雨同諸子限韻，仍禁「江窗」二字〉云：

> 火雲蒸雨勢難降，斜倚繩床聽石淙。愁滿風塵侵鄂被，夢回煙樹繞吳艭。蕭條莫怪壺堪碎，鏽澀歷憐劍自雙。客路幸逢好友在，且須乘興倒春缸。

> 幾年辛苦擁油幢，留得閒身鼎漫扛。風雨似爲驅熱至，衣冠終不受魔降。沽來濁酒卮如斗，賦就新詩筆若杠。最憶鑑湖晚霽後，採蓮人盡唱吳腔。〔註108〕

張煌言從夏至秋，與同社諸人唱和，有〈新秋鼓浪嶼納涼，分得「簪」字〉云：

> 孤嶼蒼涼沁客心，偏宜散髮坐長林。山川戰後形容改，草木秋來情性深。影亂鞦韆知墜葉，聲飄絡緯似鳴琴。披襟已在芳洲上，塵俗何能解盍簪！〔註109〕

又有〈立秋同諸子限韻，分得「鹽咸」二字〉云：

> 客擬業居爲避炎，曉來秋氣忽窺簾；山因寥寂容偏肅，水到澄清意自廉。荷蓋初低看墜粉，蓴絲乍憶下晶鹽。滄江物色撩人甚，刷羽丹霄莫久淹！

> 肺病朝來謝酒監，迎秋偏愛試單衫；樓中豈獨愁王粲，林下何曾醉阮咸！清露微微沾薜荔，涼風澹澹拂松杉。故鄉消息渾無據，滿望鴻來寄一函！〔註110〕

另陳士京〈秋懷〉詩，即可能是書寫當時浙東諸同志，同聚鹿石山房賞月之事：

> 中秋候月月未來，酒隨爐冷有限杯。露花欲亮星珠白，海水將明天幕開。仰看一鈎在巖磊，挂我百憂還砌碚。君不見，此月數奇亦不

〔註107〕〈端陽客鷺門〉云：「偶逢南海菖蒲節，轉憶西山薇蕨生。風俗不殊鄉國異，年華一去夢魂驚。何須繫縷爲長命，安得懸符盡辟兵！客況淒其聊對酒，莫辜好景是朱明！」《張蒼水集》卷1《奇零草》（一），頁199。

〔註108〕〈暑雨同諸子限韻，仍禁「江窗」二字〉，《張蒼水集》卷1《奇零草》（一），頁200。

〔註109〕〈新秋鼓浪嶼納涼，分得「簪」字〉，《張蒼水集》卷1《奇零草》（一），頁201。

〔註110〕〈立秋同諸子限韻，分得「鹽咸」二字〉，《張蒼水集》卷1《奇零草》（一），頁201。

偶，十年前吾湖上友，此時入我水窗欄，笑所索匏樽一石酒。於今
海上風波年，共我居諸照白首。哀此白毛半百多，生死與之牢相守。
不信魚龍亦我仇，攫我懷珠巨如斗。此珠不賣價不言，懷以照人之
妍醜。〔註111〕

張煌言與諸子唱和至永曆七年（順治十年，1653）春方離開廈門〔註112〕，有
〈別陳齊莫〉云：

偶乘越榜向南飛，客夢驚回起拂衣。瀛海屢經龍戰後，滄江漸見雁
來稀。杜陵入蜀悲難去，枚叟遊梁笑未歸。今夜刀頭明月滿，臨歧
那得竟忘機！〔註113〕

詩中強調舟山之陷後，扈隨魯王入閩依鄭是不得已之舉，今日與其寄人籬下，
不如奮戰另起契機，故準備樓船北歸。雖然如此，亦見張煌言與幾社諸子臨
歧道別，滿懷依依不捨之別情。

海外幾社六子中有強大戰鬥力之將領如曹從龍，其乃監鄭成功軍，永曆
十三年（順治十六年，1659）「佐雄師入江」；永曆十五年（順治十八年，1661）
「從名藩泛海」取臺灣。〔註114〕故曹從龍實為鄭氏親信。而張煌言則隨張名
振另起爐灶，前往浙東老巢再啟抗清新局。

在鄭成功主導閩海軍事期間，海外幾社六子中之陳士京、徐孚遠、曹從
龍〔註115〕皆奉鄭氏之命，共有三次朝覲桂王之舉。

四、魯鄭聯軍，社人用命

（一）三入長江，二張題詩

永曆七年（順治十年，1653）定西侯張名振以己意乞師廈門，成功不許，
至露其背所刺「盡忠報國」四字，為感激，指腹為姻，隨得助師二萬。與尚

〔註111〕陳士京：〈秋懷〉，見清・全祖望選輯：《續甬上耆舊詩》（杭州：杭州出版社，
2003年10月1版，沈善洪等點校本），卷15〈從亡諸公之二・陳光祿士京〉，
上冊，頁403～404。

〔註112〕張煌言〈曹雲霖詩集序〉云：「迨癸巳（永曆七年，1653）春，余附樓船北
歸。」《張蒼水集》卷5《冰槎集》，頁253上。

〔註113〕〈別陳齊莫〉，《張蒼水集》卷1《奇零草》（一），頁201～202。

〔註114〕張煌言：〈曹雲霖詩集序〉，《張蒼水集》卷5《冰槎集》，頁253下。

〔註115〕張煌言〈曹雲霖詩集序〉云：「迨癸巳（永曆七年，1653）春，余附樓船北歸，
雲霖留閩，蹤跡又相遠。既而聞其自閩次楚，圖入覲行在。」《張蒼水集》卷
5《冰槎集》，頁253上。

書煌言、英義伯阮駿、誠意伯劉孔昭等直溯金塘，獲叛者金允彥，磔之以祭舟山諸死事者。八月，煌言監張名振軍，帶領五、六百艘戰船向北進發，達長江口之崇明一帶沙洲，清崇明兵力有限，不敢出戰，被圍長達八個月之久。明年（永曆八年，順治十一年，1654）張軍三入長江，執行劫糧政策，配合西南義師，攻佔江南之地，此三入長江事也。

張名振初入長江，題詩金山寺而還，有「十年橫海一孤臣」之句。〔註116〕張煌言有〈和定西侯張侯服留題金山原韻六首〉〔註117〕、〈同定西侯登金山，以上游師未至，遂左次崇明二首〉〔註118〕等詩詠此。

徐孚遠得知二張入長江，題詩金山寺，有〈得張玄箸書知兵至金山寺賦之〉二首記錄此時心情：

南方舟楫有聲名，輕舸經過鐵甕城。昔日蘄王酣戰處，金山江上又揚兵。（其一）

誰道長風不可乘，艅艎激浪已先登。鍾山雲樹江頭見，玉帶橋邊拜孝陵。（其二）〔註119〕

又〈懷張玄箸〉云：

寂寂春風憶旆旌，傳君直到石頭城。幾回鳧雁乖南北，十載襟抱愧弟兄。江上題詩千古事，山中藉草旅人情。好將鍾阜餘氛掃，早遣逋臣謁舊京。〔註120〕

從徐孚遠詠懷二張題詩金山之事，可見海外幾社同人盼望掃除餘氛，王師早日北定中原之理想。永曆九年（順治十二年，1655）名振卒於舟山軍中，遺言所部付煌言，於是煌言軍始盛。

（二）北征盡粹，蒼水泱泱

永曆十二年（順治十五年，1658）滇中桂王遣使授煌言為兵部侍郎兼翰林院學士；延平北伐，監其軍，舟次羊山，遭風濤，海舶碎者百餘，於是返旆。

〔註116〕清・查繼佐：《魯春秋》（臺北：臺灣銀行經濟研究室，1961 年 10 月 1 版，《臺灣文獻叢刊》第 118 種），〈監國七年〉，頁 67。

〔註117〕《張蒼水集》卷 2《奇零草》（二），頁 207～208。

〔註118〕《張蒼水集》卷 2《奇零草》（二），頁 208。

〔註119〕《釣璜堂存稿》卷 18〈得張玄箸書知兵至金山寺賦之〉，葉 6～7。

〔註120〕《釣璜堂存稿》卷 13〈懷張玄箸〉，葉 30。

　　永曆十三年（順治十六年，1659）張煌言與鄭成功會師北征金陵。五月，成功全軍北出，抵崇明。以兵部尚書張煌言嘗從定西侯張名振三入長江，知虛實，用爲前驅。抵崇明，煌言謂延平：「崇沙乃江海門戶，且懸洲可守，不若先定之爲老營。」延平不聽。〔註121〕金、焦沿江置砲，島人乘南風盛，徑抵瓜洲城下；清師出禦，死者千餘，乘勝克其城。以柯平爲同知，守瓜洲。成功留攻鎮江，令煌言先搗觀音門，儀眞官民迎降。六月二十四日，鎮江軍陣江口，成功登陸擊之；戰未合，周全斌率所部先登陷陣。時，大雨潯，騎皆陷於淖；海上軍徒跣擊刺，往來剽輕，清師竟敗。提督管效忠走，朱操江被執，江南、北大震。成功入城。七月，成功進圍南京，移檄遠近。張煌言至蕪湖，廬、鳳、寧、徽、池、太守令將吏日納款軍門，凡得府四、州三、縣二十四。金陵守禦雖堅，亦欲議降。煌言將向江西，馳書勸成功急收南京，而分兵下旁縣。成功因累捷，不時發令。最後兵敗入海，江督郎廷佐發舟師扼煌言歸路，煌言捨舟由陸，亡命英霍山，歷險二千餘里，始得歸浙江寧海。〔註122〕故徐孚遠云：「今我師蹶於金陵城下，倉卒南還；而玄箸方經略北方，未之知也。及乎大勢崩潰，聲援莫接；於是幅巾芒鞋，混跡緇流，夜行晝伏，久之始達浙海，復歸行營，樹纛鳴角，散亡乃集。」〔註123〕可見煌言歷險始生還。

（三）鹿石山房，鼓浪沉吟

　　永曆二年（順治五年，1648）陳士京奉表粵中，時惠、潮路斷，乃迂道沿海，資斧俱竭，賣卜以前。諸史皆謂成功遣光祿卿陳士京朝於肇慶還，閩海始用桂王永曆年號。〔註124〕永曆三年，陳士京朝觀回，並未回浙。永曆四

〔註121〕《張蒼水集》卷9〈北征得失紀略〉，頁274上。

〔註122〕《張蒼水集》卷9〈北征得失紀略〉，頁280上。

〔註123〕徐孚遠〈奇零草序〉，《張蒼水集・序》，頁163。

〔註124〕黃宗羲〈陳莫齋傳〉謂：「海上始稱永曆三年。」清・黃宗羲撰、沈善洪主編：《黃宗羲全集》（杭州：浙江古籍出版社，1993年10月1版），第11冊《南雷詩文集・南雷雜著稿》下，頁56。康熙年間鄭達《野史無文・鄭成功傳》亦載：「己丑（永曆三年，順治六年，1649）春，陳士京歸自肇慶。當是時，永曆皇帝駐蹕肇慶，招討遣光祿寺卿陳士京往朝之。至是，士京奉帝命還。招討令去隆武號，以是年爲永曆三年。」《野史無文》卷12〈鄭成功海東事・鄭成功傳〉，頁161。康熙年間邵廷采《東南紀事・魯王以海》載：「朱成功使陳士京朝肇慶，閩海始用桂王年號。」《東南紀事》卷2〈魯王以海〉，頁32。

年魯王入舟山，士京仍在閩與成功相結，永曆五年舟山陷後，魯王依鄭，舊日君臣、同僚相聚金廈，結海外幾社，如全祖望所云：「公（陳光祿）喜爲詩，下筆清挺，不寄王、孟廡下。及在島上，徐公孚遠有海外幾社之集，公豫焉。雖心情蕉萃，而時作鵬騫海怒之句，以抒其方寸之芒角。徐公嘗曰：『此眞反商變徵之音也！』」〔註125〕後見海師無功，隱居鼓浪嶼，築鹿石山房，據黃宗羲〈陳莫齋傳〉云：

> 舊史曰：君自端州反於鼓浪，疊石種花，作鹿石山房，與闇公、愧兩吟風弄月，好爲鵬騫海怒之句，以發浅中之芒角。雖參帷幄，蓋未嘗受一事也。故張蒼水過訪詩云：「君因久客翻爲主，我亦同仇况比鄰。」則君之在島上，猶管寧之避居遼海也。寧在遼東積三十七年乃歸，君在鼓浪嶼十有四年，卒不返故鄉而死。向使青州有微管之禍，寧亦必不歸也。此君之以寧始而不以寧終者，其所處爲更窮矣！〔註126〕

全祖望〈陳光祿傳〉亦云：

> 久之，見海師無功，粵事亦日壞，乃築鹿石山房於鼓浪嶼中，引泉種花，感物賦詩，以自消遣，別署海年漁長。又築生壙於其旁，題曰「逋菴之墓」。〔註127〕

審此，陳士京鹿石山房爲海外幾社眾詩友經常聚會之所，徐孚遠〈同王愧兩過陳齊莫山居〉云：

> 君眞此中高尚者，築室名曰海之野。王公攜我盟漿來，微風漾人入初夏。一登其堂神灑灑，朴雅不須求木石，經營即可當亭臺。閒寫青山挂四壁，婆娑其間興不迴。莫道子雲常寂寞，烹魚翦韭傾深杯。藥欄芽茁鴨欄靜，榴花已榮葵花開。門外車馬無以爲，看君高臥水雲隈。〔註128〕

山房高臥，鼓浪沉吟，頗有「結廬在人境，而無車馬喧」〔註129〕之意境。又

〔註125〕《全祖望集彙校集注・鮚埼亭內集》卷27〈陳光祿傳〉，頁498。

〔註126〕黃宗羲：〈陳莫齋傳〉，《黃宗羲全集》第11冊《南雷詩文集・南雷雜著稿》下，頁58。

〔註127〕《全祖望集彙校集注・鮚埼亭內集》卷27〈陳光祿傳〉，頁498。

〔註128〕《釣璜堂存稿》卷6〈同王愧兩過陳齊莫山居〉，葉9。

〔註129〕陶淵明：〈飲酒二十首〉其五，東晉・陶淵明著、龔斌校箋：《陶淵明集校箋》（上海：上海古籍出版社，1996年12月1版），卷3，頁219。

〈是夕宿陳君齋，歡初雨〉云：

> 揮塵欲倦夜將分，星沒河沉天作雲。入夢時時簷溜滴，起看階下雨
> 洗塵。人意初歡物亦得，花殷草綠入眼新。盆裏金鱗晨吸水，跳波
> 潑剌尾逐尾。屋角山頭色照人，插青石壁海瀰瀰，解舟勞勞煙波
> 裏。〔註130〕

又〈過陳齊莫山齋〉云：

> 一丘以外水洋洋，啜茗青談竹簟涼。石壁成圖原籠霧，紅蕖未蕊已
> 含香。何妨長日恣高臥，自有英人建小匡。吾輩勝情還不淺，重來
> 欲候菊花黃。〔註131〕

此景此情，猶如世外桃源，全然不見戰火硝煙之味。

又海外幾社同人經常聯席作詩，興致不減當年，如徐孚遠〈與陳齊莫約
三春聯席，不克赴作〉云：

> 何自同心友，棲山各一方。俱懷躡屩意，終訝望雲長。興盡春椒
> 碧，牀虛夏簟涼。吾儕眞世外，還約話庚桑。〔註132〕

徐孚遠雖不克赴作，但緬懷之情可見。

永曆十三年（順治十六年，1659）成功入長江，推陳士京參預島上留守
事務，不久觸疾而卒，享年六十五。時魯王在南澳，聞之震悼，親爲文以祭
之。齊价人銘其墓，墓在鼓浪嶼，碑鐫「逋菴之墓」〔註133〕。所著有《束書
後詩》一卷、《喟寓》一卷、《厄言》一卷、《海年集》一卷、《海年詩內集》
一卷、《海年譜》一卷。〔註134〕

〔註130〕《釣璜堂存稿》卷6〈是夕宿陳君齋，歡初雨〉，葉9～10。
〔註131〕《釣璜堂存稿》卷13〈過陳齊莫山齋〉，葉29。
〔註132〕《釣璜堂存稿》卷9〈與陳齊莫約三春聯席，不克赴作〉，葉14～15。
〔註133〕清・周凱：《廈門志》（臺北：臺灣銀行經濟研究室，1961年1月1版，《臺
　　　　灣文獻叢刊》第95種），卷2〈分域略・墳墓〉，頁71。
〔註134〕《全祖望集彙校集注・鮚埼亭內集》卷27〈陳光祿傳〉，頁498。「《喟寓》一
　　　　卷」，《四部叢刊》影姚江借樹山房刊本、朱鑄禹彙校集注本作「《喟寓》七
　　　　卷」，按全祖望所見即爲《喟寓》一卷，詩36首，故據楊鳳苞手校鈔本、《續
　　　　甬上耆舊詩》改正之。「《束書後詩》」，楊鳳苞手校鈔本、《續甬上耆舊詩》
　　　　作「《來書後詩》」，（乾隆）《泉州府志・寓賢・陳士京傳》作「《來詩復書》」。
　　　　見《續甬上耆舊詩》卷15〈從亡諸公之二・陳光祿士京〉，上冊，頁398。
　　　　清・懷陰布修、郭賡武等纂：《泉州府志》（上海：上海書社，2000年10月1
　　　　版，《中國地方志集成・福建府縣志輯》影清光緒八年補刻本），卷64〈寓
　　　　賢〉，第2冊，頁421下。

五、經營臺灣，遺老入臺

永曆十四年（1660）至永曆十五年，海外幾社金廈之唱由盛而散，關鍵在於鄭成功與張煌言聯軍北征失敗，清軍南下進逼閩廣，抗清據點不得不轉進臺灣。

永曆十四年，張煌言在林門得曹從龍寄詩，有〈步韻和曹雲霖浯島秋懷二首〉云：

> 荒煙殘燒越王臺，憶昔雄圖今倍哀。丹葉三秋何事老，翠華六詔幾時回？纔從鷺島懷人遠，忽得魚書對客開。詩律邇來知漸細，高吟低唱且徘徊。

> 天長地闊總傷秋，閩嶠寒雲路更悠。戴漢節旄空自脫，沼吳薪膽向誰謀！百年形勝留天塹，一望風煙達帝溝。堪笑魚龍還寂寂，祗應陵樹鎖江流。〔註135〕

可知此時曹從龍奉延平之命在金門練兵，詩中讚許曹從龍〈浯島秋懷〉詩律漸細。張煌言與曹從龍交往日密當在永曆十年（1656）八月，舟山再陷之後，據張煌言〈曹雲霖詩集序〉云：「適昌國再陷，余舟過三山，復與雲霖相勞苦；而張侯墓草已宿矣。雲霖與余論國事之廢興、悲人風之存沒，感動心脾，稍稍出舊什、新篇相示。余既歎其工，而未始不哀其節苦而神悲也。」〔註136〕

海外幾社社事消散，如張煌言〈懷王愧兩少司馬、徐闇公、沈復齋中丞〉追憶：「昔我曾上嘉禾島，島上衣冠多四皓。方瞳綠髮映朱顏，紫芝一曲何縹緲！年來滄海欲生塵，烽煙亂蟲商山道。杖履流落似晨星，天長地闊令人老。」〔註137〕可見昔日金廈島上，魯鄭遺老，衣冠濟濟，但永曆十五年後社中人物因政治立場，各有懷抱，除陳士京已卒、張煌言在林門島上招集舊部、盧若騰半隱於故里金門外，其餘社人因準備取臺，軍機要務，各有所司，致社事逐漸星散。

（一）議取臺灣，社人隨行

永曆十五年（順治十八年，1661）二月，鄭成功議復臺灣，諸將各有爭議，沈佺期極力贊同。是年三月下旬，鄭軍誓師東征，徐孚遠與曹從龍監軍

〔註135〕〈步韻和曹雲霖浯島秋懷二首〉，《張蒼水集》卷3《奇零草》（三），頁229。
〔註136〕張煌言〈曹雲霖詩集序〉，《張蒼水集》卷5《冰槎集》，頁253。
〔註137〕《張蒼水集》卷4《采薇吟》，頁237。

隨行〔註138〕。抵澎湖，張煌言遣幕客羅子木以書挽成功，謂「可乘此機，以取閩南」，張煌言並「遺書侍郎王公忠孝、都御史沈公荃期（即沈佺期）、徐公孚遠、監軍曹公從龍，勸其力挽成功，而卒不克。」〔註139〕煌言乃上書延平，有曰：

> 況大明之倚重於殿下者，以殿下之能雪恥復仇也；區區臺灣，何與於赤縣神州！而暴師半載，使壯士塗肝腦於火輪、宿將碎肢體於沙磧；生既非智、死亦非忠，亦大可惜矣！矧普天之下，止思明州一塊乾淨土；四海所屬望、萬代所瞻仰者，何啻桐江一絲系漢九鼎？故虜之虎視匪朝伊夕，而今守禦單弱，兼聞紅夷構虜乞師，萬一乘虛窺伺，勝負未可知也。夫思明者，根柢也；臺灣者，枝葉也。無思明，是無根柢矣，能有枝葉乎？〔註140〕

鄭成功並未回師，且於十二月，驅逐荷人，收復臺灣。此時張煌言屯南田，移軍沙埕有〈得徐闇公書，為之喟然〉云：

> 長看北極望南陽，傾日依風總渺茫。愁過魏牟還戀闕，病同莊舄肯投荒。應憐牛酒遲江左，莫道魚鹽擅海王！倘去三山須問訊，君家大藥在何方？〔註141〕

此詩第六句似指成功得台灣，而又第七、八兩句，蓋諷徐孚遠與其渡臺，無寧去之日本。〔註142〕見張煌言得徐孚遠自海外臺灣來書，傾日南望，盼成功回師，但海波長濤，依風渺茫。時永曆帝被執，並在永曆十六年四月望日被吳三桂弒於昆明；而鄭成功亦於是年五月卒於臺灣安平鎮，得年三十九。

（二）鄭經入臺，從龍見誅

先前在永曆十六年（康熙元年，1662））四月，成功遣官至思明州殺其子

〔註138〕據查繼佐《魯春秋・永曆十五年》載：「臺灣，故和蘭國貢道候詔處也；闊二千里，袤倍之。氣常春，所產稍似內地。距福州三十七程。延平用所部曹文龍（即曹從龍）、馬信謀取之，屯重旅；而令統五軍周全斌、忠貞伯洪旭、督餉鄭泰，合守思明。」《魯春秋》，〈永曆十五年〉，頁74。

〔註139〕全祖望：〈明故權兵部尚書兼翰林院侍講學士鄞張公神道碑銘〉，《全祖望集彙校集注・鮚埼亭集》卷9，頁190。

〔註140〕〈上延平王書〉，《張蒼水集》卷5《冰槎集》，頁250下。

〔註141〕《張蒼水集》卷3《奇零草》（三），頁231。

〔註142〕參考陳洙《徐闇公先生年譜・永曆十五年》按語，陳乃乾、陳洙纂輯《徐闇公先生年譜》（臺北：臺灣銀行經濟研究室，1961年10月1版，《臺灣文獻叢刊》第123種），頁48。

經及其妻董氏，不果。鄭成功治家嚴格，世子經居思明州，與乳媼通，生子；成功聞之大怒，命黃昱至島，諭鄭泰監殺世子經及經母夫人董氏，以其教子不嚴也。諸部聞訊大驚，忠振伯洪旭不肯用命。〔註143〕五月，成功卒於臺，臺人諸將推成功之弟鄭襲爲護理。十月，鄭經自廈門入臺取得政權，據康熙時邵廷采《東南紀事・鄭成功》云：

> 成功歿，諸將以錦在遠，推襲護理。襲謀自立，引黃昭、蕭拱宸爲腹心，諸將多不附。錦聞知，即引兵東出，周全斌爲五軍，以陳永華爲咨議參軍、馮錫範爲侍衛。十月，至臺灣。昭約諸將出禦，皆陽諾；會大霧，東軍迷後期，獨昭先至，衝錦營。錦營多新募，戰小卻，全斌率親兵數十人力戰，昭中流矢死。俄霧開，則日午矣。眾驚曰：吾君子也。並投仗。錦入安平，遣人請襲。襲委罪於僕蔡雲，雲自縊死；收殺李應德、曹從龍、蕭拱宸等數人，餘悉不問，反側乃安。〔註144〕

可知曹從龍等擁鄭襲爲護理以拒經，鄭經入臺斬殺之。鄭經以叛臣視之，故曹從龍在明清史籍中未有專傳〔註145〕，其詩文集亦未見傳世。

曹從龍在臺牽扯入鄭氏內部權力鬥爭，徐孚遠認爲此事並不妥當，乃有不祥之感，其〈雲霖履危，預爲感賦〉云：

> 好女何當求入宮，相憐去住兩途窮。朝持手版趨油幕，夕擁衾寒聽朔風。已歎屈平恩漸薄，更堪宰嚭譖能工。危機自古皆如此，揮扇江干一夢中。〔註146〕

徐孚遠擔心曹從龍安危，屢勸其抽身遠離是非之地，如〈再愁雲霖〉云：

> 劉君方擬布誠心，銜命如君朝所欽。豈意高羅張四野，難容好鳥託芳林。荊榛牽路青雲杳，蘭蕙當門愁霧深。遙想孤蹤臨險地，莫令滄海失知音。〔註147〕

〔註143〕《閩海紀要》卷上〈壬寅〉，頁29～30。

〔註144〕《東南紀事》卷12〈鄭成功（下）〉，頁145～146。

〔註145〕監軍曹從龍生平事跡晦澀難明，明清史料與方志，皆無其傳。何以如此，乃如鄧傳安《蠡測彙鈔・海外寓賢考》所說：「若曹監軍，不知爲何處人，考之紀略，實與護理鄭襲據臺拒經，身名俱喪，有愧諸寓賢矣。」清・鄧傳安：《蠡測彙鈔》（臺北：臺灣銀行經濟研究室，1962年2月1版，《臺灣文獻叢刊》第9種），〈海外寓賢考〉，頁14。

〔註146〕《釣璜堂存稿》卷14〈雲霖履危，預爲感賦〉，葉32。頁1066。

〔註147〕《釣璜堂存稿》卷14〈再愁雲霖〉，葉33。

詩中「劉君」暗比鄭襲，直上青雲之路其實充滿荊榛，甚至危及性命，故欲用友情喚回曹從龍，「莫令滄海失知音」。然事與願違，徐孚遠在廈門得知曹從龍已在安平鎮被鄭經收殺，有〈曹雲霖在東被難，挽之〉，哀其不該涉入黨爭：

> 惆悵行吟到夕曛，救君無力更嗟君。早年未肯趨荀令，晚歲方思比叔文。江夏冒刑緣寡識，山陽懷舊惜離群。醴筵數過真何事，不若田間曳布裙。〔註148〕

詩中極為感慨「救君無力」，頗有山陽聞笛之痛。

（三）金廈撤退，社事消散

金廈失守，銅山撤退，社事重心移轉到臺灣，據張煌言〈懷王愧兩少司馬、徐闇公、沈復齋中丞〉詩中所言：

> ……年來滄海欲生塵，烽煙亂蠹商山道；杖履流落似晨星，天長地闊令人老。南望銅陵又一山，風帆千尺鯨波間；不然疑乘黃鶴去，去去麟洲第幾灣？〔註149〕

本詩作於永曆十八年（康熙三年，1664）六月之後，煌言所懷社中諸友所去之地，明顯指海外臺灣。事實上，徐孚遠未能及時與王忠孝、沈佺期等撤退臺灣。

1. 若騰離浯，病逝澎湖

鄭經繼位後，鄭氏集團內部動盪不安，清總督李率泰與靖南王耿繼茂認為有機可乘，決定進攻金門、廈門兩島，永曆十七年（康熙二年，1663）十月，布署軍隊自泉州港、海澄港和同港分三路出發渡海。〔註150〕十一月，清兵攻下金門、廈門，「島中民尚數十萬，多遭白刃；投誠兵復肆殺掠，其地遂空」。〔註151〕

永曆十八年正月，鄭經「駐銅山，諸軍乏糧。周全斌率眾投誠，入京封

〔註148〕《釣璜堂存稿》卷15〈曹雲霖在東被難，挽之〉，葉26。
〔註149〕《張蒼水集》卷4《采薇吟》，頁237。
〔註150〕據《海上見聞錄》云：「十月，李總督定議，調陸路提督馬得功督鄭鳴駿等出泉州港，水師提督施琅同海澄公黃梧出海澄港，靖南王耿繼茂同荷蘭國紅夷紮營於同安之劉五店，刻期渡海。」清・阮旻錫：《海上見聞錄》（臺北：臺灣銀行經濟研究室，1958年8月1版，《臺灣文獻叢刊》第24種），卷2，頁42。
〔註151〕《海上見聞錄》卷2，頁43。

伯。洪旭以杜輝守南澳，輝亦掠其輜重投誠」〔註152〕。二月，銅山難守，鄭經全軍轉進臺灣，明宗室與遺老皆隨軍撤退，經澎湖而入臺。沈雲《臺灣鄭氏始末》云：

> 康熙三年春正月，琅遣招林順，舉眾降。二月，南澳守將杜輝率眾
> 赴揭陽港納降。寧靖王、瀘谿王、魯世子、巴東王諸宗臣及故臣王
> 忠孝、辜朝薦、沈佺期、郭貞一、盧若騰、李茂春等從經東渡。馮
> 澄世舟至東椗，為其僕所殺。若騰卒於澎湖，經自往祭。〔註153〕

永曆十七年十月盧若騰逃出金門，十月十八日浮家抵南澳，借寓城中，而南澳守將杜輝欲率眾降清，盧若騰身陷城中，十一月十五日夜半，亟挈家登舟，更深始得脫，次日城陷。〔註154〕

銅山撤退，盧若騰與沈佺期、王忠孝、許吉燝等將渡臺灣，盧若騰至澎湖病亟，夜夢黃衣神持刺來謁，驚醒，忽問今是何日，侍者答之曰三月十九；若騰矍然曰：「是先帝殉難之日也」，一慟而絕，遺命題其墓曰「自許先生」，享年六十五。是時永曆十八年三月十九日也。蘇鏡潭《東寧百詠》歎曰：「大廈真難一木支，望山事去感流離！孤臣力竭身先死，灑淚親題十字碑。」〔註155〕

2. 甲辰散軍，蒼水就義

永曆十六年五月，鄭成功卒後，張煌言貽書，謀復奉魯王監國；十一月，會魯王亦薨於金門。徐孚遠有〈魯遣陳文生侍御傳語張玄箸年丈反，不得張

〔註152〕《海上見聞錄》卷2，頁43。

〔註153〕清・沈雲：《臺灣鄭氏始末》（臺北：臺灣銀行經濟研究室，1958年6月1版，《臺灣文獻叢刊》第15種），卷5，頁60。

〔註154〕〈避氛南澳，城中有虎〉詩序云：「癸卯（永曆十七年，1663）十月，虜犯嘉、浯二島。余以十八日浮家抵南澳，借寓城中。二十二日作此詩。已而漸聞人言，守將杜輝謀叛，然未有跡。十一月十五日，忽遇虜差官於市，悟其事已成，亟挈家登舟。杜遣兵遮阻，不許出城。余執大義，力與之爭，更深始得脫，夜半解維。次日，諸避難在城、在舟者，盡被俘獻虜矣。」明・盧若騰撰、李怡來編：《留庵詩文集》（金門：金門縣文獻委員會，1969年9月1版），卷上〈詩集・五言古〉，頁17。

〔註155〕蘇鏡潭：《東寧百詠》（北京：九州出版社，2004年12月1版，《臺灣文獻匯刊》影1924年泉州和平印刷公司刊本，第4輯，第3冊），頁29。蘇鏡潭，字菱槎，福建晉江人，蘇廷玉之孫，曾參與創辦泉州國學書院。1918年從林爾准以記室首次東渡臺灣，1923年偕林爾嘉長子林小眉再度抵臺，與吳鍾善同客臺北林家。1923年冬，林小眉至晉江，鏡潭與之日為酬唱，日課十詩，十日共得百詠，所詠多關臺灣事跡，因輯成《東寧百詠》。

書，魯亦旋歿矣〉云：

> 有客來鈴閣，何無一紙書。江流君寡援，海嶠我安居。道遠星河
> 隔，時危旌旆疏。王孫思羽翼，知己感包胥。〔註156〕

張煌言一生擁護魯王，故魯王方能「計自魯而浙、而閩、而粵，首尾凡十八年。王間關澥上，力圖光復；雖末路養晦，而志未嘗一日稍懈也。」〔註157〕張煌言雖堅持留在浙閩抗清，但永曆十六年永曆帝、鄭成功及魯王相繼去世；十七年十月，清兵又下金廈兩島；十八年二月，鄭經撤離銅山。張煌言明知恢復無望，遂於甲辰（永曆十八年，1664）六月，自解餘軍，遷避南田縣屬之懸嶴。七月十七日丑時被執；八月，逮解至杭州；九月七日湖上就義，得年四十五歲。

　　張煌言一生以反清復明爲志業，自乙酉（1646）在鄞起義，至甲辰（1664）在杭州成仁，前後抗清十九年，棲山蹈海，艱險備嘗。煌言夙嫻韜略，尤精辭章，故文事武功，彪炳一時，義膽忠肝，照耀千古，洵爲海外幾社最具代表性人物。

3.完髮饒平，社事星散

　　據林霨〈與懷瀚書〉云：「憶先師當癸卯島破，漂泊銅山，將南帆。臨別，執敝郡沈佺期公手曰：吾居島十有四載，只爲一片乾淨土耳。今遇傾覆，不得已南奔，得送兒子登岸，守先人宗祧，即返而與盧牧舟、王愧兩諸公，共顚沛流離大海中，雖百死吾無恨也。詎知事與心違，從此入粵，遂不得繼見。」〔註158〕知永曆十七年（1663）金廈破後，徐孚遠隨軍至銅山。十八年欲送眷還鄉，不果，未能及時與沈佺期等撤退至臺灣，乃入廣東饒平，爲吳六奇所庇護，永曆十九年五月二十七日卒於饒平，享年六十六歲，次子永貞扶柩還鄉。

4.臺灣醫祖，壽考以終

　　沈佺期隨鄭經東渡臺灣後，據康熙年間鄭達《野史無文·閩中四隱君子·沈佺期傳》載：

> 佺期葺屋於安平鎮。能治黃帝，岐伯書，察脈別，量和劑，以濟人

〔註156〕《釣璜堂存稿》卷11〈魯遣陳文生侍御傳語張玄箸年丈反，不得張書，魯亦旋歿矣〉，葉22～23。

〔註157〕明·朱術桂：〈皇明監國魯王壙誌〉，見《魯春秋·附錄二》，頁99～100。

〔註158〕清·林霨：《庚午書稿·與懷瀚書》，見《徐闇公先生年譜·附錄一》，頁80。

之疾病，四方全活者甚眾。〔註159〕

沈佺期在臺史事僅見臺灣各方志〈流寓傳〉，寥寥數十字，實感史料之不足，如康熙二十三（1684）年首任臺灣知府蔣毓英纂修《臺灣府志・沈佺期傳》載：

> 沈佺期，字雲祐，號鶴齋；泉州府南安縣人。登進士第，官諫議。
> 明亡，絕意進取，後至廈門，杜門謝客。後又抵臺，以醫術濟臺人，
> 凡富貴族相延，輒往；即貧賤窮者，亦不自貴重。壬戌（1682）秋，
> 卒於臺，時年七十有五。<u>平生著作，其子孫輯而藏之</u>。〔註160〕

康熙五十九年（1720）陳文達纂《臺灣縣志・沈佺期傳》亦云：

> 沈佺期，字雲又，號復齋；泉州南安人。明崇禎癸未進士，官至右
> 副都御史。明祚亡，絕意進取，寄跡臺灣；閉戶謝客，以醫藥濟人。
> 壬戌年卒。〔註161〕

沈佺期在臺最重要事蹟乃以「醫藥濟人」〔註162〕。初鄭成功東渡開臺，清廷為消滅鄭氏政權，奪東南沿海各縣及島嶼通往臺灣嚴加封鎖，實行「禁海遷界」，閩南沿海居民避地遷徙臺灣者甚多。台灣初闢，瘴氣為害，將士、移民多水土不合，病者十之八九，沈佺期見臺灣蠻荒未開，臺地缺醫少藥，疫病蔓延，死亡甚多，乃憑過去所學醫術，詳察病理，懸壺濟世，以救死扶傷為

〔註159〕《野史無文》卷12〈閩中四隱君子・沈佺期傳〉，頁177。

〔註160〕清・蔣毓英纂修：《臺灣府志》（南投市：臺灣文獻委員會，1993年6月1版，《臺灣歷史文獻叢刊》本），卷9〈人物・縉紳流寓・沈佺期傳〉，頁121。其他者請參前註所引高拱乾纂輯《臺灣府志・沈佺期傳》、連橫《臺灣通史・諸老傳・沈佺期傳》等。

〔註161〕清・陳文達纂：《臺灣縣志》（臺北：臺灣銀行經濟研究室，1961年6月1版，《臺灣文獻叢刊》第103種），卷8〈人物志・沈佺期傳〉，頁202。

〔註162〕如刊於康熙三十五年高拱乾纂輯《臺灣府志・沈佺期傳》云：「沈佺期，字雲又，號復齋，泉州南安人。登明崇禎癸未進士，官至右副都御史。明亡，絕意進取；後至廈門，閉戶謝客。嗣抵臺，以醫藥濟人，無論貧富相延，輒往。壬戌秋，在臺卒。」清・高拱乾纂輯：《臺灣府志》（臺北：行政院文化建設委員會，2004年11月1版），卷8〈人物志・流寓・沈佺期傳〉，頁365。又如連橫《臺灣通史・諸老傳・沈佺期傳》云：「沈佺期字雲又，福建南安人。崇禎十六年登進士，授吏部郎中。隆武立福京，擢右都御史。及帝陷汀州，佺期南下，隨延平郡王起兵於泉州桃花山，為幕府上客。後入臺灣，以醫藥濟人。永曆三十六年卒。」連橫：《臺灣通史》（臺北：臺灣銀行經濟研究室，1962年2月1版，《臺灣文獻叢刊》第128種），卷29〈諸老傳・沈佺期傳〉，頁750。

己任。其不辭勞苦，翻山越嶺，採擷草藥，熬製湯膏，施送救治，拯救軍民，經其醫治，許多病患轉危爲安，逐漸康復；又其對患者不論富貴貧賤，都能及時診治，故深受敬仰與愛戴，被譽爲「活神仙」。沈佺期在臺生活二十年，行醫濟世，帶授生徒，爲傳播傳統醫學，發展臺灣醫療，在臺灣醫療史上譜下光輝一頁，故臺灣人奉沈佺期爲「臺灣醫祖」。永曆三十六年（康熙二十一年，1682）沈佺期病逝於臺灣，享壽七十五歲，寄柩於安平，展界後由家眷遷柩歸葬於故里花山牛尾（今水頭石壁水庫南）。〔註163〕

今廈門鄭成功紀念館藏有〈沈佺期像〉一畫，睹其畫像，想見高風，畫上有清吳汝揖〈沈中丞復齋公像讚〉，或可稍補其闕，其云：「山雄帶秀，勿厚而清。產此人豪，以報前明。小歲是籍，陽九是丁。胸中何有，百萬甲兵。乃破家資，乃動國恤。魯陽揮戈，三舍忽忽，□□有歸，伏節不屈。讀公之詩，想公之風，遊公之地，見公之容。英姿□□，儼乎□陽。泉石煙霞，安樂窩中。羽扇綸巾，漁樵問答，如是清高，何須逃衲。」〔註164〕再者，民初蘇鏡潭《東寧百詠》詠沈佺期曰：

> 鐵馬金戈動地來，家山殘破付寒灰；桃花零落無顏色，寒食山頭戰鬼哀！〔註165〕

詩中自是強調沈佺期隨鄭成功起兵桃花山，爲幕府參謀之功。佺期爲古文辭，安詳融練，所著詩文集，卓然名家，蔣毓英言「其子孫輯而藏之」，今不知其後人是否仍藏有其詩文集，亟待吾輩特別留意之。〔註166〕

結　語

「海外幾社」乃雲間「幾社」後續衍生在海外之社局，其創立亦出於「幾社六子」之一徐孚遠之手。南明弘光朝覆滅之後，幾社在松江起義，其中

〔註163〕參考李金表〈臺灣醫祖沈佺期墓〉一文，見政協泉州市委員會編《泉州與臺灣關係文物史跡》（廈門：廈門大學出版社，2005年10月1版），頁359～360。
〔註164〕廈門鄭成功紀念館藏〈沈佺期像〉，寬七十公分，長二○五公分。見吳建儀編《娑娑之眼——國姓爺足跡文物特展》（臺南：臺南市政府，2007年4月1版），頁236。
〔註165〕蘇鏡潭：《東寧百詠》（《臺灣文獻匯刊》第4輯，第3冊），頁30。
〔註166〕沈佺期老家後代子孫現居南安石井後園村，有沈家祠堂，祠堂中藏有多種《沈氏譜牒》，但文革期間曾遭紅衛兵搗毀，其詩文集是否尚存人間，有待進一步追查。

之重要成員，如夏允彝、陳子龍、錢旃、夏完淳皆先後死難，而徐孚遠繼續從事抗清復明志業，乃自松江投奔福建隆武帝；不久隆武被滅，又從閩入舟山，與張煌言等相唱和，永曆五年清軍陷舟山，徐孚遠等隨侍魯王依廈門鄭成功。永曆六年結社金廈，社事全盛。南京之役敗退後，鄭成功蓄意取臺灣，永曆十五年徐孚遠、曹從龍等隨軍入臺。永曆十八年鄭經銅山撤退，明宗室、遺老皆於此時入臺。緣此，海外幾社文學被視為臺灣漢人文學之開端。

　　總之，就海外幾社成員政治屬性而言，其中心份子基本上屬魯王之臣；魯王勢衰，而後為成功之賓。鄭成功取臺與鄭經銅山撤退後，社人又隨軍入臺，其輩皆「賢人之不甘污辱兮蹈東海而遠颺」〔註167〕。

〔註167〕鄭經〈三月八日，宴群公於東閣，道及崇、弘兩朝事，不勝痛恨溫、周、
　　　　馬、阮敗壞天下，以致今日胡禍滔天而莫能過也；爰製數章，志亂離之由云
　　　　爾〉，見《鄭成功傳‧附錄一：延平二王遺集》（臺北：臺灣銀行經濟研究室，
　　　　1960 年 1 月 1 版，《臺灣文獻叢刊》第 67 種），頁 131。

第四章　徐孚遠釣璜之稿

　　徐孚遠爲「幾社六子」之一，學問淵博，著述極富。四十六歲之前，徐孚遠爲幾社操選政之領袖，甲申（1644）之變後，明社傾覆，其志在恢復，投身義旅，棲棲海上，阻道安南，往來臺廈，顛沛流離，終齎志痛憤，嘔血數升歿於饒平。

　　朱彝尊《靜志居詩話》評論徐孚遠詩多爲身世感懷之作，其「與臥子、彝仲、勒卣輩六人，倡幾社於雲間，切劘古今，文詞傾動海內，既而乘桴遠引，騎鶴重歸，矢詩不多，類有身世之感。」〔註1〕連橫《臺灣詩乘》云：「闇公寓居海上，曾與張尙書煌言、盧尙書若騰、沈都御史佺期、曹都御史從龍、陳光祿士京爲詩社，互相唱和，時稱海外幾社六子，而闇公爲之領袖。余讀其集，如贈張蒼水、沈復齋、辜在公、王愧兩、紀石青、黃臣以、陳復甫、李正青諸公，皆明季忠義之士而居臺灣者；事載《通史》。爲錄一二。」〔註2〕隆武二年（1646）徐孚遠四十八歲之後入海，徘徊於浙閩臺之間，與明季忠義之士共組海外幾社，並爲領袖，繼續發揚幾社精神。初因徐孚遠於役海外之作僅存手稿藏於後代子孫家，世人莫得睹知，以爲已不傳於世矣，故人罕知其貞操介節、百死無悔之志。今其海外集《釣璜堂存稿》既刊，則可灼覽其學問、經濟、志節、行誼及其與魯王、明鄭之關係。故本章將就其詩文集流傳現況、詩文理論、詩集命義，及其餐英幾社、乘桴海外等加以探究之，

〔註1〕　清・朱彝尊著、姚祖恩編：《靜志居詩話》（北京：人民文學出版社，1990年10月1版，黃君坦校點本），卷19〈徐孚遠〉條，頁585。

〔註2〕　連橫：《臺灣詩乘》（臺北：臺灣銀行經濟研究室，1960年1月1版，《臺灣文獻叢刊》第64種），卷1，頁11。按：張蒼水、紀石青、黃臣以三人未曾居住過臺灣。

以表彰其詩文成就，從而見其松柏不凋於歲寒之志節也。

第一節　徐孚遠遺著及詩文理論

　　徐孚遠（1599～1665）江蘇華亭人，字闇公，晚號復齋，崇禎十五年（1642）壬午鄉薦舉人。徐孚遠與夏允彝、陳子龍等同列名爲「幾社六子」，與其弟徐鳳彩、徐致遠並稱爲「雲間三徐」。

　　明清之際是所謂「天崩地解」的時代〔註3〕，幾社諸子充滿救世思想，崇禎十年（1637）陳子龍與徐孚遠等選輯《明經世文編》即在體現求實救敝、以資世用之理想。〔註4〕故徐孚遠〈明經世文編序〉云：「今天下學士大夫無不搜討縹素，琢磨文筆，而於本朝故實罕所措心。以故刻藻則有餘，而應務則不足，語云：高論百世，不如憲章當代。」〔註5〕此即強調關心現實與經世思想。

　　徐孚遠在南都亡後，曾襄助夏允彝舉兵抗清，松江起義失敗後入閩，道信州，謁黃道周；黃道周極爲疏薦，除天興司李。又以張肯堂薦，擢兵科給事中。閩亡後復追隨魯監國，永曆三年（1649）魯王任徐孚遠爲國子監祭酒，十月復晉其爲左僉都御史。永曆五年（1651），鄭成功迎魯監國至廈門，尋移金門，徐孚遠仍留廈門，鄭成功待以客禮，甚爲倚重，凡大事皆諮而後行。永曆十二年（1658），桂王封鄭成功爲延平郡王並晉徐孚遠爲左副都御史，徐孚遠偕都督張衡宇赴行在復命，取道安南（今越南），安南西定王鄭柞要以臣禮見，不屈而還。永曆十五年（1661）三月，鄭成功進取臺灣，隨之入臺，然並未久留，其間殆往來臺、廈兩地。永曆十七年（1663），清師攻陷金門、廈門，徐孚遠擬送兒子登岸，守先人宗祧，即返與盧若騰、王忠孝諸公共顧

〔註3〕　黃宗羲：〈留別海昌同學序〉，清‧黃宗羲譔、沈善洪主編：《黃宗羲全集》（杭州：浙江古籍出版社，1993年10月1版），第10冊《南雷詩文集》上，頁627。

〔註4〕　《明經世文編》是幾社集體智慧之產物，此書多達五百多卷之鴻篇巨制，列名實際負責選輯有二十四人，據宋徵璧〈明經世文編凡例〉言：陳子龍與徐孚遠「選輯之功，十居其七」。明‧陳子龍等選輯：《明經世文編》（北京：中華書局，1962年6月1版，1997年6月3刷，影雲間平露堂刻本），〈凡例〉，頁56上。有關《明經世文編》之實學思想，請參葛榮晉主編、馬濤撰：《中國實學思想史》（北京：首都師範大學，1994年9月1版），第二十一章〈《明經世文編》及其救世精神〉，頁117～155。

〔註5〕　《明經世文編》，徐孚遠〈序〉，頁35下。

沛流離大海中。不果，後止於粵潮之饒平。永曆十九年（1665）五月二十七日痛哭而卒〔註6〕。

一、詩文集流傳現況探討

　　徐孚遠詩文著作在清初如翁洲老民《海東逸史》所云：「所著詩文，散佚殆盡。」〔註7〕而今存《釣璜堂存稿》一書在有清一代並無刻本刊行，手稿僅存於徐氏後代子孫家，即使熟於南明史實、最表彰遺民之浙東史學大家全祖望，亦未見其全稿。如乾嘉年間鄞縣黃定文〈書鮚埼亭集徐闇公墓誌後〉云：

　　……右見姜孺山《松江詩鈔》，與謝山先生所作〈闇公誌〉多不合。孺山稱其海外詩有《釣璜堂集》。閩中林霍序又有《海外幾社集》，鄞陳士東（按應是陳士京）與焉。其流離海外以至轉死潮州，皆見于詩。而其過安南，則有《交行集》，又有〈與安南西定王書〉，言我朝使至貴國皆賓主禮，某忝居九列，恭承王命，不得行拜禮，惟貴國商定，使某不獲罪朝廷，貽譏天下。是尤公硜硜大節，而誌未及，且稱其卒於台灣，似未見闇公諸集也。〔註8〕

姜孺山編《松江詩鈔》可能有機會從其後人處見徐孚遠諸集，據黃定文〈國

〔註6〕　有關徐孚遠晚年行蹤、去世地點及曾否至臺灣，眾說紛紜。《明史》謂其因松江破，遁入海，死島中。《泉州府志》謂其居廈之曾厝垵，卒。《福建通志》本《龍溪縣志》，謂其遊龍溪後不知所終。《鮚埼亭集》、《南疆逸史》均謂其歿於台灣。《鷺江志》亦言其垂老更適台灣，挈家佃於新港，躬耕沒世。《同安縣志》因之。《野乘》謂康熙癸卯島破，諸縉紳多東渡，獨闇公駕船歸華亭；陳乃乾、陳洙於《徐闇公先生年譜》中明確指出上述說法並屬傳聞之誤。綜合各項資料，可推測徐孚遠確曾來過臺灣，惟其停留時間並不長，故其非卒於臺灣，當以卒於廣東饒平之說法較可信，其詳請參見本章下文所論。此外，綜觀臺灣各方志皆收有明末諸入臺遺老小傳，惟獨缺少徐孚遠，此亦可作為其居臺時間甚短之旁證。

〔註7〕　清·翁洲老民：《海東逸史》（臺北：臺灣銀行經濟研究室，1961年4月1版，《臺灣文獻叢刊》第99種），卷8〈徐孚遠傳〉，頁48。

〔註8〕　清·黃定文：《東井詩文鈔》（臺北：新文豐出版公司，1988年4月台1版，《四明叢書》，第1集，總第3冊），卷1〈書鮚埼亭集徐闇公墓誌後〉，頁475～476。又參見陳乃乾、陳洙纂輯：《徐闇公先生年譜》（臺北：臺灣銀行經濟研究室，1961年10月1版，《臺灣文獻叢刊》第123種），頁70。《徐闇公先生年譜》本文作〈書鮚埼亭集徐闇公傳後〉。按：黃定文字仲友，別號東井老人，鄞縣人。學於盧鎬、蔣學鏞。乾隆四十二年舉於鄉，在官松江知府。卒年八十一，著有《東井詩文鈔》二卷。

朝松江詩鈔序〉云：

> 然則雲間固南國之詩祖也，自余來江南，始獲交于舍生李君，因以
> 知雲間姜孺山之賢。丁卯（嘉慶十二年，1807）秋，權守松江，乃
> 得見孺山委巷中，老屋數椽，圖書插架。孺山擁膝危坐其中，穆然
> 如見古君子之儀型，爲神移者久之。越明年，乃出其所輯《國朝松
> 江詩鈔》索序於余。……而時方表章勝國遺臣，若陳、夏諸子，皆
> 賜諡立祠，於是一時遺民黍離麥秀之詞，懷故都而抒忠孝者，皆得
> 彰明較著無忌諱，孺山集而傳之猗歟盛哉。〔註9〕

松江姜孺山安貧樂道，用心整理松江文獻，表彰鄉賢，欽慕徐孚遠，並與其
後人甚爲熟稔，故得鈔錄徐孚遠詩。

　　南社著名詩人姚光自民國十一年起矢志收輯徐孚遠詩文集，然當時僅輯
得殘文一卷，其〈徐闇公先生殘集序〉感慨云：「今所見者，惟我邑錢氏所輯
《藝海珠塵》中交行摘稿詩數十首而已。余甚憾焉，乃爲多方搜輯，始於庚
戌，隨所搜羅，今已集成一卷。先生當時著述極富，而所得僅此，故以「殘
集」題云。嗚呼！先生之澤，既不被於當世，齎志以歿，而二百六十年中，
又少有表彰，故人鮮知其貞操介節。今得傳者，止此區區小冊，是可悲矣。」
〔註10〕徐孚遠詩文集《釣璜堂存稿》一書，直至民國十五年方由金山姚光懷
舊樓刊行，據姚光〈釣璜堂存稿跋〉云：

> 明季華亭徐闇公先生《釣璜堂存稿》，係松江雷君君彥（城）得先生
> 之後裔，舉以視余。書凡二部：一署先生孫懷瀚所錄，一署先生七
> 世孫元吉藏本。其後皆附以《交行摘稿》，上冠以林霍所撰先生詩文
> 集原序、鄭郊等祭文、書稿與夫歷任敕命。二者大致相同，稍有出
> 入；皆工筆寫成，蓋其子姓所鈔以分弆者也。稿中都詩二千七百餘
> 首與《交行摘稿》，皆先生於役海外之作；分體編次而無卷第。至各
> 體之中，似以歲月爲序；顧每體多少懸殊，不易翻閱。余乃以懷瀚
> 所錄爲原本，依其序次，約略釐爲二十卷；與上海王君培孫（植善）
> 相校錄而付之梓，乃附以《交行摘稿》，冠以林霍原序。海寧陳君乃

〔註9〕　清・黃定文：《有東井詩文鈔》卷1〈國朝松江詩鈔序〉，頁463。
〔註10〕姚光：〈釣璜堂存稿跋〉，明・徐孚遠：《釣璜堂存稿・徐闇公先生遺文・序》
　　　　（民國十五年金山姚光懷舊樓刻本），葉1。另見姚光撰、姚昆群等編：《姚光
　　　　集》（北京：社會科學文獻，2000年6月1版），第1卷〈文集・第一編復廬
　　　　文稿〉，頁46。

乾（乾）、江浦陳君珠泉（洙）又纂輯先生年譜一卷，其歷任敕命及
祭文書稿皆編入而附錄之。

夫先生著述，郡邑志祇載有《十七史獵俎》一百六十卷、《釣璜堂集》
二十卷。其《十七史獵俎》，王澐撰先生傳中一百四十五卷，曾刊行
與否不可知。若《釣璜堂存稿》，則以所考見，似從未付梓者。郡邑
志所載卷數，不知何據？惟今余所釐訂，適與偶合耳。林霍為先生
弟子，乃與先生孫懷瀚書中祇藏先生在島所著文十餘首、詩一帙，
又《交行摘稿》梓本一帙。又言先生平生吟詠最多，何篋中只寥寥
五十餘首。<u>至全祖望熟於明季掌故，而撰先生傳，竟謂闇公歿後，
其子亦餓死，故《海外集》不傳。蓋皆未見全稿也。</u>此衺然鉅帙，
首尾完具，當係先生次子永貞侍母戴夫人扶柩返里時，篋衍所攜，
歸而世代珍守者。乃二百六十餘年後，一旦發見；且自此帙並先生
之遺像歸之於余後，徐氏即遭回祿之災，其他法物蕩然，而此帙、
此像獨以不留於家而獲免，不可不謂有默相之者矣。余往以先生著
述散佚，祇見《藝海珠塵》中所刻《交行摘稿》，乃為多方蒐輯。顧
所得未多，署為殘集。今乃忽然獲此，其欣慰為何如哉！余所轉錄，
其詩檢為《存稿》所有外，大都詩文係《壬申文選》中之社課，無
關宏恉。今有此鉅帙，《文選》亦有流傳，可以緩刻。惟另有文數篇，
並可窺見先生學問、經濟、性情之處。先生既無文集之傳，本亦自
言文則散失無緒，爰編為遺文一卷，而附梓之。至此而先生之所作
具矣。

嗚呼！先生瑣尾流離，刻意光復；昊天不吊，賫志以歿。跡其生
平，參預義旅、從亡海外，薦紳耆德之避地者，亦皆奉為祭酒，與
南明之關係蓋不亞於鄭延平王及張尚書焉。先生之大節，至晚年
而愈顯，其精神固盡寄於此稿也。先生往矣，精神自在天壤。百世
以下，讀者可以想望其風旨，而亦藉以考見南明二十餘年之文獻
矣。〔註11〕

因知姚光所得《釣璜堂存稿》手鈔本有二，一為先生孫懷瀚所錄，二為先生
七世孫元吉藏本。二稿皆分體編列，未編年，姚光認為「各體之中，似以歲

〔註11〕姚光：〈釣璜堂存稿跋〉，明・徐孚遠：《釣璜堂存稿・目錄》，葉2～4。另見
　　　　《姚光集》第1卷〈文集・第二編復廬文稿續編〉，頁129～130。

月爲序」，如有此次第先後排列，雖無編年但對徐孚遠詩作繫年亦極有幫助。
姚光懷舊樓刻本《釣璜堂存稿》中書前收有陳乃乾、陳洙兩人合編之《徐闇
公先生年譜》及由林霍、王澐、全祖望等人所撰寫有關徐孚遠之傳記、碑
銘、祭文及詩文集序共十篇。〔註12〕

　　姚光懷舊樓刻本《釣璜堂存稿》中詩歌共二十卷，依次爲樂府詩七十四
首；五言古詩四百零四首；七言古詩三百二十四首；五言律詩七百七十三首；
七言律詩六百九十五首；五言排律五十八首；五言絕句六十四首；七言絕句
三百八十三首；計收有古今體詩二千七百七十五首。二十卷後錄有徐孚遠之
《交行摘稿》，內收有七言絕句十三首，七言古詩五首，七言律詩三十六首，
五言絕句二首，五言律詩一首，五言古詩一首，古風一首，共有三十九題，
五十九首。上述兩者總計二千八百三十四首。此外，姚光復蒐輯徐孚遠文殘
集，共錄徐孚遠遺文八篇。審其全書之內容，《釣璜堂存稿》乃是徐孚遠入海
之後所創作。

　　若再考察徐孚遠年輕時所作之詩文，目前仍可見者爲幾社同人杜麟徵等
人所輯之《幾社壬申合稿》〔註13〕。此書計選入徐孚遠文章二十四篇。包
括賦、序、論、封事、策文、制辭、教、檄、啓、彈文、章、書、文、說、
短長言及銘等類。又錄詩三十九題，凡六十一首。包括樂府詩十三題二十
首，五言古詩八題十九首，七言古詩二題二首，五言律詩九題十一首，七言
律詩三題五首及七言絕句四題四首。另清初朱彝尊在康熙四十四年（1705）
所輯錄《明詩綜》於卷六十九下錄有徐孚遠詩五首〔註14〕。若將《釣璜堂

〔註12〕 此部份後由臺灣銀行研究室周憲文等編輯，單獨標點排印成《徐闇公先生年
　　　　 譜》一書，列爲《臺灣文獻叢刊》第一二三種，該書並將林霍、王澐、全祖
　　　　 望等人所撰有關徐孚遠之傳記、祭文及詩文集序十篇列爲附錄一；而將徐孚
　　　　 遠在永曆十二年（1658）取道安南時所作詩歌《交行摘稿》一卷列爲附錄
　　　　 二。夏德儀〈徐闇公先生年譜後記〉云：「他們作這個年譜，蒐羅了不少有關
　　　　 的資料，還有若干訂正之處。年譜的內容翔實，不但足以表章闇公先生的大
　　　　 節，更爲研究南明與鄭氏史事者很好的參考書。因此我們把它列爲《台灣文
　　　　 獻叢刊》的一種。」陳乃乾、陳洙纂輯：《徐闇公先生年譜》（臺北：臺灣銀
　　　　 行經濟研究室，1961 年 10 月 1 版，《臺灣文獻叢刊》第 123 種），〈後記〉，頁
　　　　 103。
〔註13〕 明・杜麟徵等輯：《幾社壬申合稿》（北京：北京出版社，2000 年 1 月 1 版，《四
　　　　 庫禁燬書叢刊》集部第 34、35 冊，影明末小樊堂刻本），頁 484。
〔註14〕 朱彝尊《明詩綜》輯錄徐孚遠詩五首如下：〈擬李陵錄別詩二首〉：「微雲何澹
　　　　 澹，星漢燦以明。攜手步廣除，淚下如散霙。征馬臨岐（引者按：「岐」當作

存稿》、《交行摘稿》、《幾社壬申合稿》暨《明詩綜》中屬於徐孚遠詩作加總，則目前所能見及徐孚遠之詩歌計有二千九百首，可知其所創作詩歌數量之多。

而目前學界有關徐孚遠詩歌選本影響較大者為：

（一）連橫《臺灣詩乘》，內收錄徐孚遠詩作十首。〔註15〕

（二）連橫〈徐闇公詩鈔〉。

連橫於《臺灣詩乘》之後，由於緬懷明鄭寓臺遺民詩人之忠義大節，又曾編《東寧三子詩錄》，其中一卷即〈徐闇公詩鈔〉，然惜其未刊，據〈東寧三子詩錄序〉云：

> 臺灣為海上荒服，我延平郡王入而拓之，以保存正朔。一時忠義之士，奉冠裳而渡鹿耳者，蓋七百餘人。而史文零落，碩德無聞，余甚憾之。曩撰臺灣通史，極力搜羅，始得沈、盧、辜、王諸公之行事，載之列傳，而文彩不彰。是豈心史之編，長埋眢井；西臺之什，竟付荒波也哉？
>
> 自是以來，瀏覽舊誌，旁及遺書，乃得沈斯庵太僕之詩六十有九首。越數年，又得張蒼水尚書之《奇零草》。又數年，復得徐闇公中丞之《鈞璜堂詩集》。刺其在臺及繫鄭氏軍事者四、五十首，合而刻之，名曰《東寧三子詩錄》。而余心乃稍慰矣。
>
> 夫三子皆忠義之士也。躬遭國恤，飄泊海隅，冒難持危，齎志以沒。緬懷大節，超邁時倫。振民族之精神，揚芬芳於異代，又豈僅以詩傳哉！然而三子之詩，固足以啓臺人之觀感也。臺為延平故土，復

「歧」）路，徒御多抗旌。方當萬里別，能不敘平生。與子同一體，磐石紉芳衡。芳衡自有時，磐石徒縱橫。一朝兩決絕，何能復合并。願託子懷袖，因風馳我情。」「皎皎藍田玉，鏤作玦與環。攬環與子佩，取玦結以鐶。子環信縝栗，我玦鮮垢瘢。誰知一物微，決絕義自天。歸雲勾注，密雪淹陰山。握手臨路岐（引者按：「岐」當作「歧」），涕泗共汍蘭。鴥彼南翥鳥，奮飛何由還。」〈曉訴京口〉：「獵獵風稍勁，驚流伏枕聞。晨鐘下巖際，戍鼓列江濱。已辨南城樹，新添北府軍。亂離知未定，淹泊對孤雲。」〈尋顧野王讀書臺〉：「入門禾黍動秋風，廢院難支碧蘚中。不及平原兄弟宅，尚餘粟主寄花宮。」〈簡朱子若甥〉：「烏衣門巷舊勾留，不過東齋兩度秋。準擬天星湖水發，藉袈橋下穩停舟。」清・朱彝尊選編：《明詩綜》（北京：中華書局，2007年3月1版，據白蓮涇刻本點校本），卷69下〈徐孚遠〉，頁3465～3466。

〔註15〕連橫：《臺灣詩乘》（臺北：臺灣銀行經濟研究室，1960年1月1版，《臺灣文獻叢刊》第64種），卷1，頁10～12。

> 經諸君子之棲遲，禮樂衣冠，文章經濟，張皇幽渺，可泣可歌。臺
> 人士之眷懷國光者，當以三子爲指歸，而後不墜其緒。詩曰：雖無
> 老成人，尚有典型；有以哉！有以哉！〔註16〕

連橫在《臺灣詩乘》亦云：

> 華亭徐闇公中丞孚遠，少與夏允彝、陳子龍結幾社，以道義文章名
> 於時，後以左僉都御史從魯王至廈門，延平客之。初，延平在南京
> 國學，嘗欲學詩於闇公，以是尤加禮敬，如是幾及十年，其後入臺。
> 著《釣璜堂詩集》二十卷，中有在臺之作，爲鈔一卷，存於《臺灣
> 叢書》，亦保存文獻之責也。〔註17〕

據此，連橫所謂東寧三子乃指沈光文、張煌言及徐孚遠。文中《釣璜堂詩集》
乃指姚光懷舊樓《釣璜堂存稿》刻本。

（三）吳幅員《臺灣詩鈔》，內收錄徐孚遠詩作五十一首。〔註18〕

（四）陳漢光《臺灣詩錄》，內收錄徐孚遠詩作二十九首。〔註19〕

（五）《全臺詩》，內收錄徐孚遠詩作二十四首。〔註20〕

以上爲目前有關徐孚遠詩作流傳之大略狀況。茲附《釣璜堂存稿》詩歌、
遺文及《幾社壬申合稿》中屬於徐孚遠詩、文之篇名目錄及數量於後，以供
參考。

《釣璜堂存稿》詩歌卷目

卷　次	詩　體	數　量
卷一	樂府	74 首
卷二	五言古詩	112 首
卷三	五言古詩	162 首
卷四	五言古詩	130 首

〔註16〕連橫：《雅堂文集》（臺北：臺灣銀行經濟研究室，1964 年 12 月 1 版，《臺灣
　　　　文獻叢刊》第 208 種），卷 1〈東寧三子詩錄序〉，頁 41。

〔註17〕《臺灣詩乘》卷 1，頁 10～11。

〔註18〕吳幅員編：《臺灣詩鈔》（臺北：臺灣銀行經濟研究室，1970 年 3 月 1 版，《臺
　　　　灣文獻叢刊》第 280 種），卷 1，頁 5～16。

〔註19〕陳漢光編：《臺灣詩錄》（臺中市：臺灣省文獻委員會，1971 年 6 月 1 版），卷
　　　　3，頁 105～111。

〔註20〕施懿琳等編：《全臺詩》（臺南市：國家文學館，2004 年 2 月 1 版），第壹冊，
　　　　頁 22～29。

卷五	七言古詩	132 首
卷六	七言古詩	91 首
卷七	七言古詩	101 首
卷八	五言律詩	209 首
卷九	五言律詩	223 首
卷十	五言律詩	164 首
卷十一	五言律詩	177 首
卷十二	七言律詩	166 首
卷十三	七言律詩	205 首
卷十四	七言律詩	183 首
卷十五	七言律詩	141 首
卷十六	五言排律	58 首
卷十七	五言絕句	64 首
卷十八	七言絕句	130 首
卷十九	七言絕句	120 首
卷二十	七言絕句	133 首
附《交行摘稿》	古、近體詩	59 首
		合計 2834 首

《釣璜堂存稿》遺文篇目

篇　名
〈徐闇公先生殘集序〉
〈陳李倡和集序〉
〈皇明經世文編序〉
〈史記測議序例〉
〈江南防寇議〉
〈錢希聲先生誄〉并序
〈湄龍堂詩文集序〉
〈上安南西定王書〉
〈奇零草序〉

《幾社壬申合稿》中所錄徐孚遠詩歌之詩體及數量

詩　　體	數　　量
樂府（卷五～卷六）	20 首
五言古詩（卷七～卷八）	19 首
七言古詩（卷九）	2 首
五言律詩（卷九～卷十）	11 首
七言律詩（卷十）	5 首
七言絕句（卷十一）	4 首
	合計 61 首

《幾社壬申合稿》中所錄徐孚遠文章之篇名及文類

篇　　名	文　　類
〈謇修賦〉（卷一）	賦
〈文皇賓遠賦〉并序（卷二）	賦
〈石菖蒲賦〉（卷三）	賦
〈皇明同姓諸侯王年表序敘〉（卷十二）	序
〈高帝功臣年表序〉（卷十二）	序
〈皇明成祖功臣年表序〉（卷十二）	序
〈漢世宗名臣頌序〉（卷十二）	序
〈上巳讌集詩序〉（卷十三）	序
〈慎刑論〉（卷十三）	論
〈擬御史大夫對珠崖不當棄議〉（卷十五）	論
〈劉更生爲前將軍蕭望之白罷弘恭石顯封事〉（卷十五）	封事
〈策狐文〉（卷十七）	策文
〈戲爲授颺氏制辭〉（卷十七）	制辭
〈擬修淮陰侯廟教〉（卷十七）	教
〈擬軍府檄諭登海反者〉（卷十七）	檄
〈擬滇撫討普酋檄文〉（卷十七）	檄
〈謝賚古鏡熏籠啓〉（卷十七）	啓
〈鸛彈鶴文〉（卷十七）	彈文

〈擬沈休文上赤章文〉（卷十七）	章
〈擬山巨源答嵇叔夜絕交書〉（卷十八）	書
〈訕蜂文〉并序（卷十八）	文
〈尸蟲說〉（卷十九）	說
〈客爲信陵君說魏王救趙〉（卷十九）	短長言
〈班定遠西域銘〉并序（卷二十）	銘

二、《釣璜堂存稿》之命義

　　徐孚遠海外詩取名爲《釣璜堂存稿》，以其遭憂憫亂，寄寓將來之爲有用於世也。然而終其一生，未能刊行於世，其命義寄託爲何？至今學界尚未深入討論，以下試爲闡釋之。

（一）「釣璜」釋義

　　《釣璜堂存稿》中之「釣璜」乃指「太公望釣於磻溪，魚中得玉璜」之意。磻溪在陝西省寶雞縣東南山中，據漢初伏勝《尙書大傳》云：「周文王至磻溪，見呂望，文王拜之，尙父曰：『望釣得玉璜，刻曰：姬受命，呂佐檢，德合於今，昌來提。』」〔註21〕後人因太公望呂尙釣於此處得玉璜，故一名璜溪。如《水經·渭水注》云：

> 渭水之右，磻溪水注之。水出南山玆谷，乘高激流，注於溪中。溪中有泉，謂之玆泉，泉水潭積，自成淵渚，即《呂氏春秋》所謂太公釣玆泉也。今人謂之凡谷，石壁深高，幽隍邃密，林障秀阻，人跡罕交，東南隅有石室，蓋太公所居也。水次平石釣處，即太公垂釣之所也。其投竿跽餌，兩膝遺跡猶存，是有磻溪之稱也。〔註22〕

《水經注》文中明指磻溪玆泉，即《呂氏春秋》所謂太公垂釣處。《呂氏春秋》一書，計有二次言及此，即〈謹聽〉及〈觀世〉二文，玆錄其文如下，以供討論。《呂氏春秋·謹聽》篇云：

> 主賢世治則賢者在上，主不肖世亂則賢者在下。今周室既滅，而天子已絕。亂莫大於無天子，無天子則強者勝弱，眾者暴寡，以兵相

〔註21〕西漢·伏勝：《尙書大傳》（臺北：臺灣商務印書館，1979年11月臺1版，《四部叢刊正編》影清陳壽祺《左海文集》本），卷2，頁33上。

〔註22〕北魏·酈道元注、楊守敬等疏：《水經注疏》（南京：江蘇古籍出版社，1989年6月1版，陳橋驛等點校本），卷17〈渭水注〉，頁1515～1516。

殘，不得休息，今之世當之矣。故當今之世，求有道之士，則於四
海之內、山谷之中、僻遠幽閒之所，若此則幸於得之矣。得之則何
欲而不得？何爲而不成？太公釣於茲泉，遭紂之世也，故文王得之
而王。文王，千乘也；紂，天子也。天子失之而千乘得之，知之與
不知也。〔註23〕

《呂氏春秋‧觀世》一文云：

太公釣於滋（按：滋同「茲」）泉，遭紂之世也，故文王得之。文
王，千乘也；紂，天子也。天子失之，而千乘得之，知之與不知
也。〔註24〕

二文內容幾乎相同，皆強調亂世時訪求海內遺賢之重要，明舉呂尚釣於茲泉
之例，對比出文王與殷紂所以成敗之關鍵在於「知之與不知也」。

（二）《釣璜堂存稿》之寓義

呂尚生平事蹟，據《史記‧齊太公世家》載：

呂尚，蓋嘗窮困，年老矣，以魚釣奸周西伯。……西伯將出獵，卜
之曰：所獲非龍非驪，非虎非羆，所獲霸王之輔。於是周西伯獵，
果遇太公於渭之陽，與語大說，曰自吾先君太公曰：當有聖人適周，
周以興，子眞是邪。吾太公望子久矣，故號之曰太公望，載與俱歸，
立爲師。〔註25〕

呂尚以釣魚渭水之陽而成爲周室之輔臣，助武王統一天下，故武王在裂土分
封時，「於是封功臣謀士，而尚父爲首封，封尚父於營丘曰齊。」〔註26〕後
世遂以「釣璜」作典，如晉阮籍〈爲鄭沖勸晉王牋〉云：「呂尚，磻溪之漁
者，一朝指麾，乃封營丘。」〔註27〕而詩聖杜甫〈奉贈太常張卿垍二十韻〉
詩亦有：「幾時陪羽獵，應指釣璜溪」之語〔註28〕。因知「釣璜」之意，乃指

〔註23〕陳奇猷校釋：《呂氏春秋校釋》（上海：學林出版社，1984年4月1版，1995
年10月3刷），卷13〈謹聽〉，頁705。
〔註24〕《呂氏春秋校釋》卷16〈觀世〉，頁958。
〔註25〕西漢‧司馬遷撰、〔日〕瀧川龜太郎考證：《史記會注考證》（臺北：洪氏出版
社，1983年10月臺2版），卷32〈齊太公世家〉，頁549～550。
〔註26〕《史記會注考證》卷4〈周本紀〉，頁71。
〔註27〕三國魏‧阮籍撰、陳伯君校注：《阮籍集校注》（北京：中華書局，1987年10
月1版），卷上〈爲鄭沖勸晉王牋〉，頁51。
〔註28〕唐‧杜甫著、清‧仇兆鰲注：《杜詩詳註》（北京：中華書局，1979年10月1
版），卷3〈奉贈太常張卿垍二十韻〉，頁223。

已年老窮困之呂尚，雖爲磻溪之漁者，一旦遭逢知音，功業立就。是知太公之都磻溪，同乎仲尼之宅泗濱，皆處山澤而有郎廟之志也。徐孚遠是時之處境一如太公望當年，窮困潦倒，白首乘桴，然苟逢伯樂，亦不失爲帝王之師，如此定可恢復大明江山。因知徐孚遠《釣璜堂存稿》之寓義，無異於姜太公之隱居渭水，假釣魚之名，實乃待時而動，如其〈上安南西定王書〉中披露：

> 孚遠，江南之腐儒也，受國恩者八代。藉先人之餘庥，擅文筆之末藝，義難蒙面，破家殺子，以報大讎。事未克集，乃入閩事隆武皇帝。又以運屯，同賜姓藩大集勳爵，結盟建義於閩島，與賜姓藩爲僚友，養精蓄銳四十萬，待時而動，十三年於茲矣。〔註29〕

徐孚遠自言其與鄭成功等在鷺島結盟建義，乃是待時而動。因知其《釣璜堂存稿》與黃宗羲之《明夷待訪錄》有異曲同工之妙也。審知徐孚遠忠憤之襟懷，可見其雖蹈海乘槎，棲遲島上二十年，實心繫帝闕，志切恢復，故以「釣璜」名其詩文集。

披覽其詩集，與「釣璜」有關之詞，屢見不鮮，如：

> 呂望皤皤黃髮叟，且屠且釣莫論兵。(〈捷書〉)〔註30〕

> 歷落圖銜鳳，蒼黃釣得璜。(〈贈王將軍三十韻〉)〔註31〕

> 坐釣無璜堪入夢，眠雲有谷尚能呼。(〈遣愁〉)〔註32〕

> 擬掣鯨魚垂直釣，恍如坐我磻溪邊。(〈齊莫過山齋即事〉)〔註33〕

> 無魚不擬頻彈鋏，垂白何心待釣璜。(〈行野有作〉)〔註34〕

> 偶然釣得磻溪璜，再釣乃是陵陽鯉。(〈行野有作〉)〔註35〕

> 支廈須全木，垂綸得巨璜。(〈夏彝仲〉)〔註36〕

> 行年已邁磻溪杳，好把漁竿上釣磯。(〈遣懷〉)〔註37〕

〔註29〕徐孚遠：〈上安南西定王書〉，《釣璜堂存稿‧遺文七》，葉1。
〔註30〕《釣璜堂存稿》卷7〈捷書〉，葉4。
〔註31〕《釣璜堂存稿》卷16〈贈王將軍三十韻〉，葉9。
〔註32〕《釣璜堂存稿》卷13〈遣愁〉，葉2。
〔註33〕《釣璜堂存稿》卷6〈齊莫過山齋即事〉，葉12。
〔註34〕《釣璜堂存稿》卷13〈行野有作〉，葉15。
〔註35〕《釣璜堂存稿》卷7〈釣魚歌壽王先生〉，葉1。
〔註36〕《釣璜堂存稿》卷16〈夏彝仲〉，葉20。
〔註37〕《釣璜堂存稿‧交行摘稿》，〈遣懷〉，葉7。

未能芳餌求璜玉，且就清溪戴葛巾。(〈舟中雜感〉)〔註38〕

審此，足見徐孚遠江湖廊廟之冀望與忠貞，其《釣璜堂存稿》一集，實深具寓義之文學創作也。

三、詩文理論

徐孚遠《釣璜堂存稿》詩集，首尾完具，乃一衷然鉅帙，爲其精神風旨寄託之所在。故無論就質或量言，此集俱大有可觀，不僅可印證其詩風蒼勁雄渾，更可看出其豪宕忠義之氣。此外，因徐孚遠天性沈敏，篤志力學，博學多聞，遂被推爲東國人綸，知其在當時可謂極負盛名，故自當時人對其詩文品批中，亦可窺見其詩文理論特色，故下文即就此加以探究之。

（一）以氣為主，恣意宏衍

林霍，字子濩，號滄湄，年紀雖屬徐孚遠後輩，然與徐孚遠亦時有來往，並曾問詩於徐孚遠。〔註39〕徐孚遠有〈懷同安莊、林二子〉之詩，其云：

夙昔聞名眼欲青，後先挾浪渡南溟。偶同漁子來溪畔，因見中郎寫石經。幽谷寒風蘭氣韻，空庭刷羽鶴儀型。野人殊有雞鳴感，羨爾雙飛似鶺鴒。〔註40〕

詩題中之莊、林二子，即指林霍及莊潛，莊、林二人因同是福建同安人，且又時常在一起扁舟放歌，故此詩有「羨爾雙飛似鶺鴒」之語。而自詩中可見林霍與徐孚遠乃有所往來，且對其亦甚欣賞。而自林霍〈華亭徐闇公先生詩文集序〉中言：「霍與公年歲在後，而受公知。當癸卯（1663）春，兩島未破，公顧霍於友人別業。」〔註41〕亦可印證二人交情匪淺。而林霍於〈華亭徐闇公先生詩文集序〉中即明確言道：

其在鷺門也，嘗手抄十七史，日無停晷。又論文以氣爲主。〔註42〕

林霍言徐孚遠在廈門曾經手抄十七史之事，王澐〈東海先生傳〉亦曾言及：

先生著書甚富。每云十七史後學苦其浩繁，不能遍讀，東萊呂氏雖

〔註38〕《釣璜堂存稿‧交行摘稿》，〈舟中雜感〉，葉5。

〔註39〕清‧徐鼒：《小腆紀傳》(臺北：臺灣銀行經濟研究室，1963年7月1版，《臺灣文獻叢刊》第138種)，卷58〈逸民‧林霍傳〉，頁827。

〔註40〕《釣璜堂存稿》卷14〈懷同安莊、林二子（一名潛，一名霍）〉，葉31～32。

〔註41〕明‧林霍：〈華亭徐闇公先生詩文集序〉，見《徐闇公先生年譜‧附錄一》(臺北：臺灣銀行經濟研究室，1961年10月1版，《臺灣文獻叢刊》第123種)，頁83。

〔註42〕林霍：〈華亭徐闇公先生詩文集序〉，見《徐闇公先生年譜‧附錄一》，頁83。

有詳節一書，而又削去宋、齊、梁、陳、魏、齊、周七史，未成全璧。因數更寒暑，纂成《十七史獵俎》一百四十五卷，眞讀史之津梁也。〔註43〕

王澐之所以稱徐孚遠爲「東海先生」，乃用齊魯仲連義不帝秦，寧蹈東海而死之典〔註44〕。在此乃用以誌徐孚遠之高節也。王澐自言曾受教於徐孚遠〔註45〕，故知曉徐孚遠編纂《十七史獵俎》之動機及其事實，藉此可證明林霍之說法洵不虛。且王澐又記載徐孚遠日常生活瑣事道：

史學特稱淹博。每同人高會，上下古今或有遺忘，必質之先生；先生應對若流，群疑盡釋。四方問字而至者，戶外之屨常滿。〔註46〕

藉此可看出徐孚遠之史學造詣頗深。

徐孚遠在史學上著力，早在崇禎十一年（1638）即與陳子龍合撰一百二十卷之《史記測議》，其〈史記測議序例〉云：

夫構文之家重神簡，徵實之家采事跡，此二者所謂折衷也。余童而習太史公書，恆以意屬讀，不尋訓故之言，時有難通則置之。歲在戊寅（崇禎十一年，1638），乃與陳子龍頗采諸家之說，刪其繁重，時有愚管亦附綴焉。〔註47〕

徐孚遠作《史記測議》時已是不惑之年，距其「童而習太史公書」，約有三十年上下之譜，其間沉潛含咀，功力甚深，故當有人質疑《史》《漢》之高低時，其能要言不繁，指出「太史公之作，私史之宗矩也；班掾之作，國史之準的也。」〔註48〕故二書性質不同。且二書所記載之年代多寡，相去甚遠，益以「史者，記事之書也，傳遠則難徵，難徵則體疏。代近則事核，事核則體密，固其所也。」〔註49〕緣此，其洞曉《史記》一書之先天侷限性，遂更能肯定司馬遷文章之宏衍恣意，故云：

然其爲文紆回宏衍，縱意所如，浩不見涯涘。豈非天才峻拔，非後人之所庶幾者哉！〔註50〕

〔註43〕清‧王澐：〈東海先生傳〉，見《徐闇公先生年譜‧附錄一》，頁65～66。

〔註44〕《史記會注考證》卷83〈魯仲連鄒陽列傳〉，頁1000～1002。

〔註45〕王澐：〈東海先生傳〉，見《徐闇公先生年譜‧附錄一》，頁67。

〔註46〕王澐：〈東海先生傳〉，見《徐闇公先生年譜‧附錄一》，頁63～64。

〔註47〕徐孚遠：〈史記測議序例〉，《釣璜堂存稿‧遺文三》，葉1～2。

〔註48〕徐孚遠：〈史記測議序例〉，《釣璜堂存稿‧遺文三》，葉1。

〔註49〕徐孚遠：〈史記測議序例〉，《釣璜堂存稿‧遺文三》，葉1。

〔註50〕徐孚遠：〈史記測議序例〉，《釣璜堂存稿‧遺文三》，葉1。

若言徐孚遠爲史遷之解人，當不爲過，可見深入研究《史記》，並受太史公影響甚深。何況歷來學古文者多視《史記》爲古文筆法津梁，最膾炙人口應當屬明代歸有光以五色筆評《史記》，故林霍言徐孚遠強調「論文以氣爲主」之說，應是可信之語。

（二）性趣分途，各有所用

林霍在〈徐闇公先生詩集後序〉一文中，清楚指出徐孚遠對明代各詩派間之相互傾軋頗不以爲然，若平心公論應「性趣分途，用有宜適」，其文引徐孚遠論曰：

> 明興，涵浴聖化者數朝，始有北地、信陽；又一傳，有琅琊、歷下。琅琊、歷下之於北地、信陽也，推其草昧之功。至於我而大備。竟陵之攻王、李，則索瘢吹毛，甚矣。要之，性趣分途，用有宜適。如一丘一壑，閒詠清嘯，則竟陵二公雅有專長；若清廟明堂，高文典冊，恐有逡巡而不敢入者。〔註51〕

此處徐孚遠指出明朝詩壇之流變，「北地、信陽」乃指前七子中之李夢陽、何景明；「琅琊、歷下」則指後七子中之王世貞、李攀龍。其好友陳子龍〈彷彿樓詩稿序〉亦曾指出：

> 夫詩衰於宋，而明興尚沿餘習。北地、信陽，力返風雅。歷下、琅琊，復長壇坫。其功不可掩，其宗尚不可非也。〔註52〕

可見陳、徐二人都推崇前、後七子對明朝詩壇之開創功勞。

前、後七子倡議「文必秦漢，詩必盛唐」之摹擬主張，致其末流，淪爲「君之詩甚善，然傳之後世，不知君爲何代人」之窘境〔註53〕，其後遂有公安派主張「獨抒性靈」矯之。公安派主張擺脫古人格套、追求文學自由，表達心靈情感，然後亦出現淺陋俚俗之弊端。竟陵派乃以幽深孤峭出而救之。竟陵派以鍾惺、譚元春爲代表，二人主張學古人之詩，不在字句之摹擬，而是務求古人精神之所在，故鍾惺於〈唐詩歸序〉中言及選編《唐詩歸》之目的在於：「引古人之精神以接後人之心目，使其心目有所止焉，如是而已矣。」〔註54〕鍾、

〔註51〕林霍：〈徐闇公先生詩集後序〉，見《徐闇公先生年譜・附錄一》，頁77。
〔註52〕明・陳子龍：《陳子龍文集・陳忠裕公全集》（上海：華東師範大學出版社，1988年11月1版），卷25〈彷彿樓詩稿序〉，上冊，頁378。
〔註53〕《陳子龍文集・陳忠裕公全集》卷25〈六子詩序〉，上冊，頁375～376。
〔註54〕鍾惺：〈唐詩歸序〉，見明・鍾惺、譚元春輯：《唐詩歸》（上海：上海古籍出版社，2002年3月1版，《續修四庫全書》影明刻本，第1589冊），頁521。

譚二人雖擅長表現個人之幽情別緒，卻欠缺渾厚蘊藉之情感。對此，陳子龍
〈答胡學博〉批評云：

> 鍾、譚兩君者，少知掃除，極意空淡，似乎前二者之失可少去矣！
> 然舉古人所爲溫厚之旨，高亮之格，虛響沉實之工，珠聯璧合之體，
> 感時託諷之心，援古證今之法，皆棄而不道，而又高自標置，以致
> 海內不學之小生，游光之緇素，侈然皆自以爲能詩。何則？彼所爲
> 詩意既無本，詞又鮮據，可不學而然也。〔註55〕

陳子龍雖肯定鍾惺、譚元春能一掃文壇鄙俗、香媚之風，但對鍾、譚二人「極
意空淡」而缺乏溫厚之旨也深不以爲然。徐孚遠對此亦有同感，認爲詩歌一
道，容有不同，或豐或纖，或奇或正，無所不有，應各隨其性之所近而爲
之。故當其目睹竟陵派對王世貞、李攀龍之攻擊已流於吹毛求疵時，遂提出
性趣分途，用有宜適之說法，主張應各適其用，始可發揮專長，因有所長，
必有所短，一如竟陵派能寫出空淡靈逸之詩，卻無法創作出溫厚平和、氣象
宏闊之作，故云「一丘一壑，閒詠清嘯，則竟陵二公雅有專長；若清廟明
堂，高文典冊，恐有逡巡而不敢入者。」因知徐孚遠反對竟陵派一味攻擊之
狹隘作風，而強調性趣分途，用有宜適。觀其所以有此宏觀，乃因徐孚遠胸
懷寬闊，摒除狹隘門派成規，身體力行經世致用之學，又經涉國破人亡，備
嘗患難之故也。

（三）詩文所貴，至性真情

徐孚遠於明社既屋後，舉義抗清，惜未能回天，其誓不投降，遂羈旅流
離於窮島中，平時僅能「遣興賴詩篇」〔註56〕，或向友朋借書閱讀，以消國
愁家恨，故有〈與紀石青借書籍〉〔註57〕、〈借到杜集述懷〉〔註58〕等詩，而
其對杜甫可謂情有獨衷，故《釣璜堂存稿》中屢屢可見與杜甫有關之詩歌，
如〈杜陵行〉〔註59〕、〈杜子美〈登岳陽樓〉云「親朋無一字」，余懷此歎久
矣，遂賦之兼念亡友〉〔註60〕、〈詠杜詩〉〔註61〕、〈挽夏文忠宮允〉（自此四

〔註55〕《陳子龍文集・安雅堂稿》卷14〈答胡學博〉，下冊，頁424。
〔註56〕《釣璜堂存稿》卷16〈自昌國南奔，久樓，敘三十韻〉，葉12。
〔註57〕《釣璜堂存稿》卷18〈與紀石青借書籍〉，葉1。
〔註58〕《釣璜堂存稿》卷5〈借到杜集述懷〉，葉1～2。
〔註59〕《釣璜堂存稿》卷5〈杜陵行〉，葉21～22。
〔註60〕《釣璜堂存稿》卷10〈杜子美〈登岳陽樓〉云「親朋無一字」，余懷此歎久矣，
　　　　遂賦之兼念亡友〉，葉23。

首仿佛杜子美〈八哀詩〉，四公被難，不甚相遠，故連作之）〔註62〕等咸屬之。
觀其所以然，蓋因徐孚遠與詩聖杜甫處境同，皆置身於戰亂之烽煙中，且同
有悲天憫人之心，忠君愛國之念。緣此，徐孚遠不僅歡賞杜甫之筆墨，佩服
其忠貞赤忱，更影響徐孚遠詩歌理論，如其〈杜詩〉云：

> 寄食一老翁，攬鏡笑龍鍾。銜石口流血，豈不悲道窮。生平賦詩
> 句，意欲見心胸。刺惡嚴冬雪，懷香滿谷風。筆墨有何事，所貴至
> 性通。吾觀杜陵叟，千古歡其忠。當時秉旄節，幾人得始終。何似
> 浣溪上，高歌激清衷。〔註63〕

杜甫一生可謂窮愁潦倒，艱難歷盡，而所作詩歌多能諷論時政，反映民生疾
苦，故自其詩作，可知其嫉惡如仇及民胞物與之胸懷。徐孚遠披讀杜詩時，
深刻感受到杜甫之忠君愛國至性，因有「筆墨有何事，所貴至性通」之主張，
認為人若無至性，徒藉外在藻繪以飾筆墨，乃不足以動人。此自〈偶然作〉
中亦可得到印證：

> 翳彼遠人村，一壑聊自封。開門少雜樹，惟有槐與榕。枝葉方離
> 離，肅然來涼風。暮春寡送迎，袒衣坐庭中。披卷誦古詩，五言何
> 從容。蘇李多贈別，後來難為工。刻劃傷天真，大雅有遺踪。〔註64〕

徐孚遠偃息海濱，披閱古詩之際，慨然有感，以為蘇李贈別之作，文字質樸
自然，情感卻真摯動人，故其成就遠超過雕琢精細者流。徐孚遠強調詩文貴
在能傳寫其至性，而非過度之雕琢刻劃，無怪其摯友鄭郊於〈哭公徐徐老社
翁〉詩中言其為「平淡詩尊古，風騷語不玄」〔註65〕。

陳子龍為徐孚遠之摯友，崇禎八年（1635）時二人相偕讀書於陸氏之南
園〔註66〕，因陳子龍自幼即好詩，且有張率限日之癖〔註67〕，故所成詩作甚
夥，遂刻成《平露堂集》，並請好友宋尙木為其作序，宋尙木乃應命而成〈平
露堂集序〉一文，其中記載一則趣事：

> 猶憶乙、丙之間，陳子偕李子舒章、家季轅文，倡和勤苦，徐子闇

〔註61〕《釣璜堂存稿》卷18〈詠杜詩〉，葉7。
〔註62〕《釣璜堂存稿》卷2〈挽夏文忠宮允（自此四首仿佛杜子美〈八哀詩〉，四公
　　　　被難，不甚相遠，故連作之）〉，葉4。
〔註63〕《釣璜堂存稿》卷4〈杜詩〉，葉34～35。
〔註64〕《釣璜堂存稿》卷3〈偶然作〉，葉28。
〔註65〕見《徐闇公先生年譜》，頁55。
〔註66〕見《徐闇公先生年譜》，頁14。
〔註67〕《陳子龍文集・陳忠裕公全集》卷25〈六子詩序〉，頁372。

公戲之曰：「詩何必多作？我輩詩要須令一二首傳耳！」一時聞者，
以爲佳談。〔註68〕

宋尙木回憶崇禎八、九年時，陳子龍與同是「雲間三子」之李雯、宋徵輿互
相酬唱，備極勤苦，徐孚遠目睹此景象，遂戲謔道：詩人有一二首詩能流傳
於後世，足矣，詩豈須多作？此語在當時被傳爲美談。然觀徐孚遠僅《釣璜
堂存稿》一集，存詩已有二千八百三十四首之多，其創作不可謂不多，又據
王澐記載徐孚遠實際「著詩五千餘首」〔註69〕，如此與宋尙木所載，徐孚遠
崇禎年間作詩惜墨如金，豈不互相牴觸？其實並不然。據目前所見徐孚遠存
詩看來，大都屬於羈旅窮荒，流離絕域時所作；蓋藉吟詠以抒其忠憤之情，
故多是悲歌以當哭，異乎文人酬酢刻意爲之者。再者，從徐孚遠〈讀萌菪子
詩作，即鄔德都〉詩中，亦可見其確有此主張：

> 紀子遺我詩三篇，編首作者生姓鄔。愁來側目瞋戎羯，深谷時時哭
> 杜鵑。枝幹堅蒼如鐵色，胸所欲吐筆能宣。何論溫厚遜前賢，古詩
> 數首已足傳。乃知古來毅魄豈終沒，亦各自名其山川。即今詩句落
> 我手，播之詠歌日月懸，人生何必須百年。〔註70〕

全篇強調只要好詩，數首已足傳。詩中「紀子」即同安後簃人紀許國，字石
青，爲紀文疇長子。隆武三年（1647）時全家渡海居鷺島。紀許國因與徐孚
遠往還島上如兄弟，徐孚遠稱許其爲「文章義節，表表自立」〔註71〕。萌菪
子即鄔正畿。鄔正畿，字德都，永福人，任兵科給事中。據《海外慟哭記》
記載，隆武三年（1647）清軍攻陷永福時，鄔正畿賦絕命篇，投溪水而死。
〔註72〕徐孚遠此詩言好友紀石青贈其鄔正畿之詩作三篇，但見詩中瀰漫瞋怒
清虜及悲愁故國之音，詩風蒼勁有力，能言所欲言，故徐孚遠極爲嘉許之，
言「何論溫厚遜前賢，古詩數首已足傳」，並將鄔正畿遺詩宣揚於世，使其能
永垂人間。緣此，本詩可印證宋尙木所記載徐孚遠言「詩何必多作？我輩詩
要須令一二首傳耳」之語，雖爲當時戲謔之言，實亦其詩歌一貫主張。

〔註68〕明・宋徵璧：〈平露堂集序〉，見明・陳子龍：《陳子龍詩集・附錄三》（上海：
　　　上海古籍出版社，1983 年 7 月 1 版，施蟄存等點校本），頁 765。
〔註69〕王澐：〈東海先生傳〉，見《徐闇公先生年譜・附錄一》，頁 66。
〔註70〕《釣璜堂存稿》卷 6〈讀萌菪子詩作，即鄔德都〉，葉 14。
〔註71〕徐孚遠：〈湄龍堂詩文集序〉，《釣璜堂存稿・遺文六》，葉 2。
〔註72〕黃宗羲：《海外慟哭記》，清・黃宗羲撰、沈善洪主編：《黃宗羲全集》（杭州：
　　　浙江古籍出版社，1986 年 5 月 1 版），第 2 冊，頁 226。

徐孚遠熟諳文史，取中用宏，故能跳脫竟陵與七子文學主張，提出性趣分途，各有所用之見解，展現其宏觀之識見及寬闊之氣度；從杜詩之披閱中，感受詩聖之「忠節萬古希，豈徒下筆有神力」〔註73〕，故徐孚遠強調筆墨有何事，所貴在至性眞情，苟臻此境界，詩則爲眞詩，必能傳世不朽。綜觀其論詩之見，誠是不凡之卓識。

第二節　餐英幾社

徐孚遠現存詩作，據姚光〈釣璜堂存稿跋〉云：「稿中都詩二千七百餘首，與交行摘稿，皆先生於役海外之作。」〔註74〕而徐孚遠好友鄭郊在〈祭大中丞闇公老祖台老社翁文〉中云：

> 公生六十七年，五十以前，餐英詞壇，流香南北；五十以後，棄家
> 仗義，白首乘桴，歸命嶺表。〔註75〕

鄭郊以五十歲爲斷限，將徐孚遠一生劃分爲前後兩期。然無論其身處承平之世抑戰亂之時，正如連橫所論：「闇公之詩，大都眷懷君國，獨抱忠貞，雖在流離顚沛之時，仍寓溫柔敦厚之意；人格之高、詩品之正，足立典型，固非藻繪之士所能媲也。」〔註76〕實則自其詩作中，不僅可見徐孚遠之人格、詩品，復可考見其一生行跡及南明二十餘年之文獻，故堪稱爲詩史也。

姚光指出徐孚遠之《釣璜堂存稿》爲其於役海外之作，然是集中亦有頗多詩歌言及乘桴海外前之人與事，故爲能全面研究作者詩心詩史，特立「餐英幾社」一節，乃以海外之詩追述雲間社事及詩友，做爲「乘桴海外」論述之導論，以見其關懷民生之初衷、救國志業之涵蘊，如此釐訂詩文心史，方能呈現徐孚遠一生行誼。故此二節意在凸顯其顚沛流離、浪跡海外，從事復明運動的忠貞之志。

〔註73〕《釣璜堂存稿》卷5〈借到杜集述懷〉，葉2。

〔註74〕姚光：〈釣璜堂存稿跋〉，明・徐孚遠：《釣璜堂存稿・目錄》（民國十五年金山姚光懷舊樓刻本），葉2～4。姚光撰、姚昆群等編：《姚光集》（北京：社會科學文獻，2000年6月1版），第1卷〈文集・第二編復廬文稿續編〉，頁129。

〔註75〕清・鄭郊：〈祭大中丞闇公老祖台老社翁文〉，見《徐闇公先生年譜・附錄一》，頁77。

〔註76〕連橫：《臺灣詩乘》（臺北：臺灣銀行經濟研究室，1960年1月1版，《臺灣文獻叢刊》第64種），卷1，頁12。

一、幾社六子與創社動機

徐孚遠於崇禎二年（1629）時始識陳子龍〔註77〕，後因志同道合而相偕與夏允彝、周立勳、杜麟徵、彭賓等人創立幾社，同入「幾社六子」之列。此事李延昰《南吳舊話錄》云：

> 幾社首倡六人。周勒卣立勳、杜仁趾麟徵、李舒章雯、徐闇公孚遠、陳臥子子龍、夏瑗公允彝、彭燕又賓。〔註78〕

杜麟徵之子杜登春於所著《社事始末》也清楚指出：

> 六子者何？先君子與彝仲兩孝廉主其事，其四人則周勒卣先生立勳、徐闇公先生孚遠、彭燕又先生賓、陳臥子先生子龍是也。〔註79〕

李延昰計列出七人，較杜登春所列多出李雯一人，蓋李雯後來投降清廷，杜登春《社事始末》故意沒有把李雯列入創社之人〔註80〕。而孫星衍等纂之《松江府志·周立勳傳》載道：

> 立勳與同郡夏允彝、徐孚遠、彭賓、陳子龍、杜麟徵六子，聯社以應之。〔註81〕

「聯社以應之」，即指結幾社以呼應復社，而此所列幾社六子與杜登春所列同。至於與徐孚遠同一時代，明亡時，渡海三至日本，思乞師之朱之瑜（1600～1682）於回答日本人野節問「幾社」時，亦曾言及，其〈答野節問三十一條〉之第十六條云：

> 周勒卣、徐闇公、彭燕又、宋上木、杜仁趾、陳臥子，幾社主盟也。〔註82〕

觀朱舜水此處所言之「幾社六子」，復與杜登春及李延昰略有出入，即將夏允

〔註77〕陳子龍自撰：〈陳子龍年譜〉卷上，見明·陳子龍：《陳子龍詩集·附錄二》（上海：上海古籍出版社，1983 年 7 月 1 版，施蟄存等點校本），頁 643。

〔註78〕清·李延昰：《南吳舊話錄》（臺北：廣文書局，1971 年八月 1 版），卷 23〈名社〉，頁 994。

〔註79〕清·杜登春：《社事始末》（臺北：藝文印書館，1968 年 1 版，《百部叢書集成》影清吳省蘭輯《藝海珠塵》），葉 4。

〔註80〕據謝國楨《明清之際黨社運動考》之說，見謝國楨：《明清之際黨社運動考》（上海：上海書店，1990 年 12 月 1 版，《民國叢書》第 2 編第 25 冊，影上海商務印書館 1934 年版），第九章〈幾社始末〉，頁 187。

〔註81〕清·孫星衍等纂：《松江府志》（臺北：成文出版社，1970 年 5 月 1 版，影嘉慶二十二年刊本），卷 55〈周立勳傳〉，頁 1248。

〔註82〕明·朱之瑜：《朱舜水集》（北京：中華書局，1981 年 8 月 1 版，朱謙之整理本），卷 11〈答野節問三十一條〉，頁 389。朱之瑜號舜水。

彝換爲宋上木，上木即宋尙木也。觀杜登春、李延昰、孫星衍、朱舜水四人所述「幾社六子」之成員，雖略有小異，然因李雯與宋尙木，均爲幾社成員，故無傷大雅也。

再者，進一步探究幾社之結動機，據杜登春〈社事始末〉載云：

> 先君子與彝仲謀曰：我兩人老困公車，不得一二時髦新采共爲薰陶，恐舉業無動人處。遂敦請文會，情誼感孚，親若兄弟。先王父延燕又先生於家塾，授我諸叔古學，頗才穎，凡得五人同事筆硯，甚相得也。〔註83〕

探究杜麟徵與夏允彝當初所以創立幾社，蓋因當時以科舉取士，士人咸視爲進身之階，遂看重其事而亟思厚自濯磨，以求副功令。然應試士子須寫出足以代替聖賢立言之八股文。八股文又稱制義、制藝、時文、八比文，其程式規範極嚴格，故杜麟徵與夏允彝遂共尊師友，互相砥礪，以切磋舉業，交換寫作心得，藉以提高八股之寫作水準，以圖進取。因知，幾社最初之性質乃爲一科舉會社。杜麟徵與夏允彝輩欲藉讀書講義，以文會友，遂有幾社之盟也。而在當時，因「周（勒卣）、徐（孚遠）古今業，固吾松首推；又利小試，試輒高等。」〔註84〕故徐孚遠與於幾社主盟之列。

徐孚遠學問之淵博，乃眾所皆知，據李延昰《南吳舊話錄》載：

> 徐闇公七歲，通春秋、國語諸書，族兄某寫蠻夷爲夷蠻，師大呵叱之曰：「此二字，何至顚倒，貽師長羞？」某踖踖不已。公曰：「無害也，咎在周內史引人過犯」。師悟曰：「記誦稍疎，乃爲豎子邊鼓撾人。〔註85〕

徐孚遠七歲時即諳通《國語》，故知其族兄某所以會將「蠻夷」二字寫爲「夷蠻」，錯不在他，因《國語》內有「周內史告王曰：『於是有夷蠻之國，有斧鉞刀墨之民』」〔註86〕之字句，致其族兄將「蠻夷」二字顚倒爲「夷蠻」。以小觀大，自此細節中，可看出徐孚遠確實沈敏過人。

二、幾社與復社立義異同

幾社成立後，有《幾社六子會義》之刻，此爲八股文選本。而幾社所以

〔註83〕《社事始末》，葉4～5。
〔註84〕《社事始末》，葉4。
〔註85〕《南吳舊話錄》卷15〈夙惠〉，頁710。
〔註86〕《南吳舊話錄》卷15〈夙惠〉，頁710。

命名之義，乃因「幾者，絕學有再興之幾，而得知幾其神之義也。」〔註87〕
因當時以八股取士，造成士子對儒家經典多未真正下功夫，徒知剽竊模擬以
獵取功名，對此弊病，復社主盟張溥曾言及之，如《復社紀事》載曰：

> 先生以貢入京師，縱觀郊廟辟雍之盛，喟然太息曰：「我國家以經義
> 取天下士垂三百載，學者宜思有以表章微言，潤色鴻業。今公卿不
> 通六藝，後進小生，剽耳備目，倖弋獲於有司。無怪乎柄人持柄，
> 而折枝舐痔，半出於誦法孔子之徒。無他，詩書之道虧，而廉恥之
> 途塞也。新天子即位，臨雍講學，丕變斯民，生當其時者，圖仰贊
> 萬一，庶幾尊遺經、砭俗學，俾盛明著作，比隆三代，其在吾黨乎！」
> 乃與燕、趙、魯、衛之賢者，為文言志，申要約而後去。〔註88〕

張溥目睹馳騖之徒，惟知背誦八股範文以為功名之門，而不通經術，一旦僥
倖而入仕，既不能致君堯舜上，又不知澤加於民，致士風頹敝、吏治日壞。
張溥為振衰起弊，乃主張尊崇遺經，興復古學，使異日能務為有用，遂與張
采、周鍾等人結為復社，冀能復興絕學，落實學風；並選刻《復社國表》之
八股文選本，以改革八股文風。因知復社與幾社皆同是不滿八股文風，而主
張興復古學以改變之。然二者亦有不同點，此事杜登春言之甚詳，其〈社事
始末〉云：

> 然幾社六子，自三、六、九會藝，詩酒倡酬之外，一切境外交遊，
> 澹若忘者。至於朝政得失、門戶是非，謂非草茅書生所當與聞；而
> 以中原壇坫悉付之婁東、金沙兩君子，吾輩偷閒息影於東海一隅，
> 讀書講義，圖尺寸進取已爾。而婁東、金沙之聲教日盛一日，幾於
> 門左千人，門右千人〔註89〕

復社聲勢極盛，曾有三次大會〔註90〕。幾社則鑒於晚明東林黨人遭受政治迫
害，故態度簡嚴，不願涉足政治，因「惟恐漢宋禍苗，以我身親之」〔註91〕，
故杜麟徵等埋首攻讀，企圖維持松江科甲之鼎盛〔註92〕，故迥異於復社之極

〔註87〕《社事始末》，葉4。
〔註88〕清·吳偉業：《吳梅村全集》（上海：上海古籍出版社，1990年12月1版，李
　　　　學穎集評標校本），卷24〈復社紀事〉，頁599～600。
〔註89〕《社事始末》，葉5～6。
〔註90〕其詳請參閱本書第二章〈晚明黨社運作〉，第二節〈復社與幾社〉，三、〈復社〉
　　　　之部。
〔註91〕《社事始末》，葉4。
〔註92〕姚蓉《明末雲間三子研究》解釋杜麟徵等埋首讀書，不願議論朝政的態度，

力擴大聲勢，成為全國性之社團。幾社屬讀書性質社團，最初宗旨在研習八
股文，換言之在為科舉考試而服務，《幾社會義》之刻即是八股文選本。可見
幾社最初創立之時，松江士子們懷抱之目的就是追求科考之成功，但隨著晚
明社會與政治不斷激化，其旨趣逐步轉到詩古文創作為主。

三、聚會時地及具有內容

　　幾社既主張以文會友，共同切磋舉業，故有固定聚會之時間，據姚希孟
於〈壬申文選序〉中云：

　　近有雲間六、七君子，心古人之心，學古人之學，糾集同好，約法
　　三章。月有社，社有課，仿梁園、鄴下之集，按蘭亭、金谷之規。
　　進而受簡，則勇競倍於師中；聚而獻規，又譏彈嚴於柱後。此二百
　　年前所創見也。〔註93〕

姚希孟清楚載明幾社六子乃志同道合，志欲復興古學，除有嚴格之約定，並
有固定之社課。如〈社事始末〉所云：「幾社六子，自三、六、九會藝，詩酒
倡酬之外，一切境外交遊，澹若忘者。」〔註94〕說明幾社六子文會之時間及
其性質全為單純之文人聚會，而暫時不涉及政治。對此，徐孚遠〈亡友〉詩
道及之：

　　巾須慕折角，詠須倣洛下。所喜紹風流，聊以我心寫。往者徒紛
　　紛，典型一何寡。良友已云亡，千秋陳與夏。論文坐每移，對酒月
　　同把。矯矯驊騮姿，未及逞巨野。支柱苦不早，致令傾大廈。憒憒
　　歎天公，夭折費陶冶。容顏想像間，空庭淚自灑。〔註95〕

和松江士風頗有關係。東林學派興起於無錫，清議呼聲遍及全國，對明末士
風影響極大。似乎對松江地區影響極微，「可能是因為松江地處海隅，原本就
是人們躲避動亂和政治迫害的地方，所以松江士族一直並不十分關注社會政
治，而是埋首攻讀，追求科甲的鼎盛。因此在幾社最初創立的時候，松江的
士子們懷抱的目的就是追求科考的成功，持續松江科甲鼎盛的榮光。」姚蓉：
《明末雲間三子研究》（廣州：廣東高等教育出版社，2004 年 9 月 1 版），第
二章〈雲間三子的家世淵源與前期活動〉，第二節〈雲間三子的社團活動〉，
頁 47。

〔註93〕明・姚希孟：〈幾社壬申合稿序〉，見明・杜麟徵等輯：《幾社壬申合稿》（北
　　　　京：北京出版社，2000 年 1 月 1 版，《四庫禁燬書叢刊》集部第 34 冊，影明
　　　　末小樊堂刻本），頁 484。
〔註94〕《社事始末》，葉 4。
〔註95〕《釣璜堂存稿》卷 4〈亡友〉，葉 11。

此詩爲徐孚遠多年後追悼殉國好友陳子龍與夏允彝之作。詩中以東漢高士郭林宗之典領起全詩，據《後漢書》〈郭太傳〉載：

> 郭太字林宗，太原界休人也。家世貧賤。……博通墳籍。善言論，美音制。乃游於洛陽，始見河南尹李膺，膺大奇之，於是名震京師。後歸鄉里，衣冠諸儒送至河上，車數千兩。林宗唯與李膺同舟而濟，眾賓望之，以爲神仙焉。……性明知人，好講訓士類。身長八尺，容貌魁偉，襃衣博帶，周遊郡國。嘗於陳梁閒行遇雨，巾一角墊，時人故折巾一角，以爲「林宗巾」。其見慕皆如此。……林宗雖善人倫，而不爲危言覈論，故宦官擅政而不能傷也。及黨事起，知名之士多被其害，唯林宗及汝南袁閎得免焉。遂閉門教授，弟子以千數。〔註96〕

徐孚遠仰慕郭林宗之風流儒雅及其人倫識鑒，因回憶當初與陳、夏二人結社時，把酒對月，談詩論文之情景。其〈憶昔〉亦云：

> 憶昔群賢日見招，每於花發興偏饒。南園看杏邀新月，西泖移樽候午潮。把臂林中頹玉樹，劇談樓上落青霄。即今詩酒知誰在，敧坐荒山感沕寥。〔註97〕

此詩追憶當時與幾社諸子把酒言歡，高談闊論之往事。實則，徐孚遠與幾社諸子聚會時，除詩酒倡酬外，更曾各言己志，據《南吳舊話錄》載：

> 徐孝廉孚遠、夏考功允彝、陳黃門子龍各言其志，孝廉慨然流涕曰：「百折不回，死而後已」。考功曰：「吾僅安於無用，守其不奪」。黃門曰：「吾無聞公之才，而志則過於彝仲，顧成敗則不計也」。終各如其言。〔註98〕

三人之中，夏允彝年紀最長，較徐孚遠多三歲，而陳子龍最年輕，小徐孚遠九歲。但陳子龍當時年紀雖輕，卻已博通經史，文采斐然，爲時人所看重，因得居幾社六子之數。而徐孚遠、夏允彝、陳子龍三人當初所互相披露之志向，其後，果皆付諸實踐，未因時局動亂而易其初志，故《南吳舊話錄‧名社》云：

> 右六子雲閒人。……夏從容就義。陳慷慨赴難死。徐飄泊二十餘

〔註96〕劉宋‧范曄：《後漢書》（臺北：鼎文書局，1991年9月1版6刷，影北京：中華書局校點本），卷68〈郭太傳〉，頁2225～2226。

〔註97〕《釣璜堂存稿》卷13〈憶昔〉，葉22。

〔註98〕《南吳舊話錄》卷2〈忠義〉，頁144。

年，終不食死。〔註99〕

而徐孚遠之〈念往〉詩，亦言此事：

> 九州既板蕩，存亡等歌哭。昔與陳夏交，幽明期不辱。漂泊荒嶼
> 中，神理自相續。荀息踐成言，文度祈冥告。德音苟不瑕，其人美
> 如玉。今我思哲人，忽如在耳目。天際采雲翔，峰頭清風肅。悠悠
> 感我心，安知無靈矚。百年有同歸，陋彼塵世促。〔註100〕

徐孚遠詩中之「幽明期不辱」、「荀息踐成言」即言陳、夏雖已殉難而卒，而
其仍信守當初之承諾，不易其蘇武之節，故《魯之春秋》云：

> 幾社殉節四人：何剛、夏允彝、陳子龍死於二十年之前。孚遠死於
> 二十年之後，九原相見，不害其爲白首同歸也。〔註101〕

而徐孚遠〈陳夏〉一詩中所言：「二君歸永夜，隻羽任浮沉。憂喜十年信，存
亡千古心。」〔註102〕亦敘寫其與陳、夏生死永不變之金石情誼。

又幾社社址設於何處？據《松江府志》云：

> 彭賓，字燕又，華亭人。……初賓祖汝讓，居郡西金沙灘，有春藻
> 堂，隆、萬間，與同人結文會。明季陳、夏主盟風雅，燕又與其兄
> 彥昭卜居披雲門外濯錦巷，仍移舊額署之，是爲幾社諸君子高會
> 處。〔註103〕

因知幾社乃借用彭賓之「春藻堂」作爲開會之處。至於幾社諸人平日讀書論
文之處則爲南園。王澐〈粵哀〉一詩有：「南園風雅集群英，及見先民舊典型。
新詠競推徐孝穆，經師獨讓鄭康成。」詩中並自注道：「南園，公（徐孚遠）
與陳、夏諸公讀書處。」〔註104〕而前引徐孚遠〈憶昔〉詩中「南園看杏邀新
月」〔註105〕，乃追憶昔日與諸子在南園中賞月觀杏，飲酒賦詩，放言高論之
情景。此外，李雯〈會業序〉亦載及相關事宜云：

> 今年春，闇公、臥子讀書南園。余與勒卣、文孫輩或間日一至，或

〔註99〕《南吳舊話錄》卷23〈名社〉，頁994。

〔註100〕《釣璜堂存稿》卷4〈念往〉，葉3。

〔註101〕清・李聿求：《魯之春秋》（上海：上海古籍出版社，2002年3月1版，《續修四庫全書》影清咸豐刻本，第444冊），卷11〈寺院三・徐孚遠傳〉，頁557。

〔註102〕《釣璜堂存稿》卷10〈陳夏〉，葉18。

〔註103〕《松江府志》卷56〈彭賓傳〉，頁1272～1273。

〔註104〕見《徐闇公先生年譜》，頁54。

〔註105〕《釣璜堂存稿》卷13〈憶昔〉，葉22。

連日羈留。樂其有修竹長林，荒池廢榭，登高岡以望平曠，後見城
堞，前見丘壟，春風發榮，芳草亂動。……文孫曰：「即我南園之
中，我數人之所習爲制科業者，集而廣之，是亦可志一時相聚之盛
也」。〔註106〕

李雯載其與周立勳等亦常至，甚留連忘返。因知南園爲幾社諸子平素論文
煮酒之所。然南園究在何處？爲何人所有？其地又有何景致？據《松江府
志》云：

「南園」，在南門外阮家巷，都憲陸樹德世居修竹鄉金沙灘，後茸別
業於此，侍郎彥楨繼居之，有梅南草廬、讀書樓、濯錦窩諸勝。崇
禎間，幾社諸子每就此園讌集。〔註107〕

因知「南園」原是禮部尚書陸樹聲弟陸樹德中丞之別墅，地處婁縣南之阮家
巷，有梅南草廬、讀書樓、濯錦窩等名勝，其後爲幾社諸子讌集之處，徐孚
遠〈南園讀書樓〉寫此盛會：

陸氏構此園，冉冉數十歲。背郭面良疇，緩步可休憩。長廊何綿
延，複閣亦迢遞。高樓多藏書，歲久樓空閉。丹漆風雨摧，山根長
薛荔。我友陳軼伏，聲名走四裔。避喧居其中，千旄罕能庋。招余
共晨昏，偃蹇搜百藝。徵古大言舒，披圖奇字綴。沿隄秋桂叢，小
橋春杏麗。月影浮觴斝，荷香落衣袂。心賞靡不經，周旋淡溶溢。
豈意數年來，哲人忽已逝。余復淩蒼波，曩懷不可繼。既深蒿里
悲，還想華亭唳。他時登此樓，眷言申未契。〔註108〕

詩中言數十年前陸樹德背郭面田建築此園，其中有長廊複閣，最具特色者爲
藏書豐富之讀書樓，惜久遭棄置，致畫廊丹漆半零星，池館山根薜荔繁。而
好友陳子龍讀書其中，怡然自得，亦邀詩人同硯共席，搜尋圖籍、鑽研經史，
陶醉於小橋春杏，荷香桂馥裏，實令人留連忘返。

南園盛會雖事過境遷，但在徐孚遠心中仍念念不已，其〈憶陸孟聞年丈
南園寄懷〉云：

〔註106〕明・李雯：《蓼齋集》（北京：北京出版社，2000年1月1版，《四庫禁燬書
叢刊》影清順治十四年石維崑刻本，集部第111冊），卷25〈臥子納寵於家，
身自北上，復闖女廣陵而不遇也。寓書於予，道其事，因作此嘲之〉，頁500
～501。
〔註107〕《松江府志》卷77〈名蹟志・南園〉，頁1739。
〔註108〕《釣璜堂存稿》卷3〈南園讀書樓〉，葉6。

城南背郭起高樓，樓下方塘淥水流。陳君讀書多歲月，蕭然此地成
滄洲。余亦郊居數椽屋，杖策時來臥松菊。行吟揮塵兩相宜，白雲
窈窕風生谷。迄今煙塵滿故鄉，陳君西逝余南翔。橋邊紅杏色殊好，
池裏芙蓉空自香。相傳主人抱幽素，閉關無侶白日暮。閒看小婦調
雲和，壯心不已哀音多。〔註109〕

徐孚遠對當年與陳子龍讀書南園之歲月緬懷不已，故睹景思人，其〈南園杏〉
又云：

南郭芳菲黃鳥鳴，杏花斜映野橋平。陳君昔日觀書處，無限春風湖
海情。〔註110〕

因春杏花發而勾起往日情懷，更因此而跌入回憶深淵，如〈憶臥子讀書南園
作〉云：

與君披卷臥滄洲，背郭亭臺處處幽。昔日藏書今在否？依然花落仲
宣樓。〔註111〕

詩中以王燦登樓思鄉，憫亂遭憂爲典故，感慨南園讀書之情景已往事難追。

徐孚遠與陳子龍及幾社諸子，日日俛仰於汗牛充棟之南園中，究又有何
成績可言？據陳子龍自撰《年譜》云：

乙亥春，偕闇公讀書陸氏之南園，創爲時藝，閎肆奇逸，一時靡然
向風。間亦有事吟詠。〔註112〕

乙亥爲崇禎八年（1635），徐孚遠與陳子龍，所創時藝，領袖群倫。陳子龍成
《屬玉堂集》〔註113〕，崇禎九年陳子龍成《平露堂集》〔註114〕，崇禎十一年
徐孚遠選刻《幾社會義三集》，並與陳臥子撰《史記測義》一百二十卷，徐孚
遠並手定「凡例」。此外又與陳子龍、宋尙木輯《皇明經世文編》五百四卷。
〔註115〕此事據陳子龍自撰《年譜》云：

是夏，讀書南園。偕闇公、尚木網羅本朝名卿鉅公之文，有涉世務
國政者，爲《皇明經世文編》。歲餘梓成，凡五百餘卷。雖成帙太速，

〔註109〕《釣璜堂存稿》卷5〈憶陸孟聞年丈南園寄懷〉，葉9。
〔註110〕《釣璜堂存稿》卷20〈南園杏〉，葉2。
〔註111〕《釣璜堂存稿》卷18〈憶臥子讀書南園作〉，葉3。
〔註112〕《陳子龍年譜》卷上，見《陳子龍詩集·附錄二》，頁650。
〔註113〕《陳子龍年譜》卷上，見《陳子龍詩集·附錄二》，頁651。
〔註114〕《陳子龍年譜》卷上，見《陳子龍詩集·附錄二》，頁652。
〔註115〕見《徐闇公先生年譜》，頁15。

稍病繁蕪，然敷奏咸備，典實多有，漢家故事，名相所採，史臣必錄者也。〔註116〕

《皇明經世文編》乃採擷明朝名臣文集之精英而成書，爲經世濟民之實用文學，自此亦透露出幾社已由最初以專治舉業爲目的之科舉文社，轉變爲有切世用之文社。

綜觀上述，知徐孚遠等幾社成員於南園讀書之成果實豐碩，故言南園爲孕育幾社之搖籃，洵非誇語也。

四、徐孚遠詩中之五子

徐孚遠與佳朋六七人之交，據其〈述往〉云：

少小耽章句，蹉跎無所成。江南多好事，冠蓋羅嚶鳴。佳朋六七人，文筆何清英。七發淩枚乘，五言追子卿。高秋展讌譴，南郊丹桂榮。飛觴無期限，屢見皓月明。〔註117〕

徐孚遠追憶當年幾社諸子之才氣及與之交往之情景。而自其《釣璜堂存稿》中可見詠及幾社諸子之詩篇，或懷想或悼亡，在在反映其與諸子之深情厚感，亦可見幾社諸子之學問及氣節，因囿於篇幅，遂僅就六子中之另五子加以探究之。

（一）杜麟徵

杜仁趾，名麟徵，字素浣。華亭人，少有才名，與張溥等齊名。崇禎四年（1631）進士，官刑部主事，曾上疏請罷內遣，其辭直而婉。鑒於當時以制義取士，爲厚實學問，以友輔仁，進而求副功令，遂與周勒卣、李舒章、陳臥子、夏彝仲、徐闇公，首創幾社。〔註118〕年三十九卒，著有《浣花遺稿》。〔註119〕

徐孚遠《釣璜堂存稿》中言及杜麟徵者，僅〈憶與臥子集社仁趾齋，酒後狂言，一座盡驚，去此二十餘年矣！追思往跡，亦復何異古人哉〉一詩，其云：

司馬齋頭清讌同，渺焉高負古人風。興酣落日輕餘子，酒後狂言滿

〔註116〕《陳子龍年譜》卷上，見《陳子龍詩集・附錄二》，頁659。
〔註117〕《釣璜堂存稿》卷2〈述往〉，葉34。
〔註118〕《南吳舊話錄》卷10〈雅量〉，頁517。
〔註119〕《南吳舊話錄》卷20〈感憤〉，頁914。

座中。君已懷沙追正則，余方避地作梁鴻。九原一去無消息，唯有
長歌倚碧空。〔註120〕

此詩乃徐孚遠回憶當年在杜麟徵書齋中，與陳子龍等一同創設幾社；平日讌
集，社人意氣風發，酒酣耳熟，放言高論國事。然杜麟徵壯志未已，如屈原
賦〈懷沙〉見志而星沉；而我亦如梁鴻避地海濱，牧豕自給。自君歿後，家
國日艱，二十餘年後，人事全非，倍感惆悵。徐孚遠言杜麟徵高負古人風度，
據《南吳舊話錄》所載其軼事，可見一斑：

杜仁趾宦後輿蓋出，東門一老嫗見之，笑曰：「杜家官官亦解做進
士，吾歸將使鄰里小兒皆熟讀神童詩、百家姓。」蓋老嫗亦鄰也。
從者呵之，仁趾急使護之去。及歸，見群從皆含怒，杜問神童詩係
誰手筆，眾莫對。杜笑曰：「然則能讀神童詩者果不易得。」〔註121〕

鄰居老嫗公然輕蔑已任官之杜麟徵，然其不以爲忤，反爲之維護，足見杜麟
徵寬闊之氣度，而當其歸見鄰童時亦出語鼓勵，更見其樂道人善之心，故出
語蘊籍幽默。此外，《南吳舊話錄》亦記載杜麟徵臨終之遺憾：

杜仁趾臨終，手其詩文，歎曰：「吾與周勒卣輩創爲幾社，相期經世
大業，不徒作酸子筆墨，豈知今日乃盡於此？」又拍枕曰：「如此人，
不得四十，不知吾親故中，孰能解此語？」〔註122〕

杜麟徵懷抱崇高之使命感，詎料天不假年，年未四十而終。此用王濛之典故，
據《世說新語·傷逝》載：

王長史病篤，寢臥鐙下，轉塵尾視之，歎曰：「如此人，曾不得四十！」
及亡，劉尹臨殯，以犀柄塵尾箸柩中，因慟絕。〔註123〕

王長史即王濛，年三十九卒。劉尹即劉惔，與王濛爲至交，情逾兄弟，故深
哀悼慟絕。杜麟徵以此典故寄寓其知音難覓之慨？

杜麟徵雖感嘆知音難得，然其卻爲幾社諸子之賞音者，其〈壬申文選
序〉云：

文章起江南，號多通儒，我郡爲冠。以余之所交，彝仲擅論議之長，

〔註120〕《釣璜堂存稿》卷13〈憶與臥子集社仁趾齋，酒後狂言，一座盡驚，去此二
十餘年矣！追思往跡，亦復何異古人哉〉，葉13。
〔註121〕《南吳舊話錄》卷10〈雅量〉，頁994。
〔註122〕《南吳舊話錄》卷20〈感憤〉，頁914。
〔註123〕劉宋·劉義慶著、余嘉錫箋疏：《世說新語箋疏》（上海：上海古籍出版社，
1993年12月修訂1版，周祖謨整理本），卷17〈傷逝〉，頁642。

勒卣通雅修之度，闇公邁沈博之論，偉南盛瑋麗之觀，宗遠赴幽險
之節，默公娟秀，大宋坦通，燕又隱質而擷藻，小宋敏搆而繁昌，
舒章雄高而傑盼，臥子恢肆而神驤：人文之美，具於是矣。〔註124〕

杜麟徵分別將夏允彝、周勒卣、徐孚遠、顧開雍、朱灝、王元玄、宋徵璧、
彭燕又、宋徵輿、李雯、陳子龍等幾社成員之專擅及優點，如數家珍一一道
出，不禁令人歎爲觀止。實則，幾社人才濟濟，如其公子杜登春亦爲個中翹
楚，更是日後幾社之中堅份子，著有《社事始末》，言幾社事甚詳，亦不愧爲
幾社之知音也。

（二）夏允彝

夏允彝（1596～1645），字彝仲，號瑗公，諡文忠。華亭人。少敏悟，與
陳子龍、張溥、楊廷樞並稱名於時。登崇禎十年（1637）進士，授長樂知縣，
治績卓著。居五年，邑大治。後官至考功主事；不赴。弘光元年（1645）閏
六月，參與總兵吳志葵松江起義，不克，作絕命詞自沉於松塘；屍浮水面，
衣帶不濡，足見其死志之堅。《幸存錄》爲其絕筆。子完淳，字存古；四歲能
屬文，弱冠才藻橫逸，江左罕儷。永曆二年（1647）亦爲國捐軀，年僅十七
歲耳。

徐孚遠與夏允彝交誼深厚，曾與陳子龍各言其志，前既已言之矣。另徐
孚遠更有詩歌及之，如〈夏彝仲〉云：

> 夏子道眞廣，何懃間世英。沉潛蒐典籍，恢豁動公卿。日有銜魚
> 至，門多倒屣迎。扶搖無落翮，採擷有芳蘅。支廈須全木，垂綸得
> 巨瑝。誰將清廟器，而擅撫琴名。秩滿共流譽，時危方佐衡。黨人
> 排孟博，土室坐袁閎。不惜棟樑棄，因令宗社傾。彭咸仍古則，懷
> 石赴蓬瀛。〔註125〕

此詩五言排律乃寫於夏允彝沉淵殉國之後。詩中稱美其道寬廣，博學好古，
雖頗負盛名卻謙恭有禮，且好獎掖提拔後進，故造就人才無數。南都傾危之
際，力挽狂瀾於既倒，其後更沉淵以殉國。故徐孚遠有〈哭夏瑗公〉三首哀
悼之：

> 別後聞君赴汨羅，餘生亦自歎無多。巫咸尚肯相容否，準擬滄江弄

〔註124〕明・杜麟徵：〈壬申文選序〉，《陳子龍詩集・附錄三》，頁 755。按：明・杜
　　　　麟徵等輯《幾社壬申合稿》未收此序。
〔註125〕《釣璜堂存稿》卷 16〈夏彝仲〉，葉 20。

碧波。（其一）

相期泉路莫躊躇，我欲乘風攬子袪。天上茫茫無處覓，紅雲親捧是
君居。（其二）

廿載君宗望不孤，講堂寂寞白楊疏。當時賓客常盈座，猶有西州慟
哭無。（其三）〔註126〕

第一、二首詩寫徐孚遠聽聞夏允彝沉淵噩耗時，慟不欲生，亦擬與之同赴黃
泉，足見兩人情感之深，故無法接受痛失良友之變故。第三首則寫夏允彝平
素極負人望，故常常門庭若市，而今則冷落岑寂。

徐孚遠另有〈挽夏文忠宮允〉一長詩，誠為夏允彝詩傳，使人懷念「傾
都看衛玠，駐車問顏駟」之風采。〔註127〕而詩中「子有千里驥」乃指夏完淳，
徐孚遠〈懷夏古端〉云：

戴髮渾無懼，游行著小冠。風塵埋姓氏，豁達露心肝。往往傾豪
客，時時過道安。一攀昌國樹，別後路漫漫。〔註128〕

此詩稱許夏完淳不屈於異朝，為反清復明而隱姓埋名，並傾家產以結健兒豪
客，圖恢復之舉。後自言己將前往舟山，故後會難期，詩中瀰漫依依不捨之
情。而〈哭夏存古〉（瑗公之子，或云有遺腹）云：

羨君毛骨自來殊，五歲成文愧大儒。共道李公應啓後，誰憐趙氏不
存孤。山中芳桂空搖落，腹裡明珠定有無。呫呫餘年多恨事，哪堪
兩世哭黃壚。〔註129〕

此詩寫夏完淳才藻橫逸，江左罕儷，自幼即為有名之神童，徐孚遠見此千里
駒，知其定能承先啓後，故深為好友感到高興。詎知滄海橫流，夏完淳為救
亡圖存而與其父相繼殉國，且當時其妻錢秦篆已身懷六甲，惟不知是男或女，
然自徐孚遠詩中所言「腹裡明珠定有無？」推測應懷女生。但《紫隄村志·

〔註126〕《釣璜堂存稿》卷18〈哭夏瑗公〉，葉6～7。

〔註127〕《釣璜堂存稿》卷2〈挽夏文忠宮允〉，葉4～5。詩中有「亡兒苟有知，九原
幸師事」，則此詩當作於隆武元年（順治二年，1645）八月震澤之難，喪子渡
遼之後。又云「子有千里驥」，則又知不遲於永曆元年（順治四年，1647）夏，
夏完淳就義之前。其末章云：「憶昔聞變初，促膝謀起義。謂子其勉游，我求
一死易。奉諱已及期，斯言固不昧。余衛伯道悲，子有千里驥。禍福未易量，
顧景每心悸。亡兒苟有知，九原幸師事。嵇紹猶不孤，幽明理無二。」

〔註128〕《釣璜堂存稿》卷9〈懷夏古端〉，葉7。

〔註129〕《釣璜堂存稿》卷13〈哭夏存古〉（瑗公之子，或云有遺腹），葉21。

夏完淳傳》明載「有遺腹子不育」〔註130〕，觀如此忠臣孝子竟爾絕後，實令人爲之欷歔不已。

（三）彭賓

　　彭賓，字燕又，一字穆如。華亭人。崇禎三年（1630）舉人。入清，授汝寧府推官。其少入幾社，與夏允彝、陳子龍友善，爲文自成一格，然沒後遺稿散佚。清康熙六十一年（1722），其孫彭士超始自亂帙及《壬申文選》中所已刊者彙錄成《搜遺稿》四卷，計收文三卷、詩一卷。〔註131〕徐孚遠《釣璜堂存稿》僅有〈懷彭燕又〉一詩，其云：

> 昔年群彥會，君亦著清才。爲有山陽慟，久疏河朔杯。山川成異
> 域，紙筆尚新裁。莫厭郊居寂，隨人入洛來。〔註132〕

徐孚遠此首五言律詩首聯乃追憶昔日幾社六子聚會時，彭賓亦個中翹楚。據彭賓之孫士超於〈彭燕又先生文集序〉中云：

> 先祖燕又公，中崇禎庚午榜。與同郡夏瑗公、陳大樽兩先生爲幾社
> 詞壇主，海內尊仰，稱爲三君。……知先祖與大樽先生甫弱冠，在
> 里塾中時，夏瑗公先生已登賢書。見大樽先生及先祖之文，即欲深
> 相結納。三人遂定盟爲莫逆交。嗣先後鵲發，名噪海宇，凡縉紳先
> 生無不以詩文就正，得一文敍，即聲價十倍。而先祖尤工時藝，以
> 故選文之任尤多。〔註133〕

足證彭燕又在當時亦文采煥發，鋒芒畢露，故其後被迫仕清擔任刑名之職時，有人彈劾之，指其「處之文學之地則有餘，處之以刑名之任則不足」〔註134〕，致彭燕又即日掛冠歸里。此詩頷聯則感慨自陳子龍與夏允彝先後爲國殉難後，聚會變少而不復有避暑之酣飲。因彭燕又與陳、夏二人交情甚篤，時有「三君」之美稱也。而陳、夏既爲國捐軀，恐觸景傷情，遂疏於河朔飲。頸聯寫山河變色，仍爲詩文。末聯則冀望彭燕又能時相過從。自此可見徐孚遠與彭燕又交情之深厚。

〔註130〕清・沈葵：《紫隄村志》（上海：上海古籍出版社，2008 年 3 月 1 版，王孝儉等標點本），卷 7〈人物・流寓・夏完淳傳〉，頁 200。

〔註131〕明・彭賓：《彭燕又先生文集》（臺南縣：莊嚴文化事業公司，1997 年 6 月 1版，《四庫全書存目叢書》影清康熙六十一年彭士超刻本，集部第 197 冊）。

〔註132〕《釣璜堂存稿》卷 11〈懷彭燕又〉，葉 17。

〔註133〕清・彭士超：〈彭燕又先生文集序〉，見《彭燕又先生文集》，頁 321 上。

〔註134〕彭士超：〈彭燕又先生文集序〉，見《彭燕又先生文集》，頁 321 下。

（四）周立勳

周立勳，字勒卣，爲華亭縣諸生，著有《符勝堂集》六卷，爲陳子龍激賞之海內眞名士之一〔註135〕。其生平據《松江府志・周立勳傳》載：

> 周立勳，字勒卣，華亭人，以高才負盛名。時婁東張采、張溥、吳門顧夢麟、虞山楊彝、金壇張明弼、周鐘、江右陳際泰、艾南英諸人，聲望相絜。立勳與同郡夏允彝、徐孚遠、彭賓、陳子龍、杜麟徵六子，聯社以應之。商邱侯方域千里聘致，遂北游中州。諸名下士，共重立勳。……年四十三卒。……而社事之盛，六子最先，故諸君子皆兄事之。〔註136〕

《松江府志》言周立勳在幾社中年紀僅次於朱灝，諸子皆以兄事之，且言其「年四十三卒」。然據《南吳舊話錄》言周立勳乃夭亡。〔註137〕甚至連朱彝尊《靜志居詩話》亦如是云：

> 崇禎中，勒卣偕陳、夏諸公倡「幾社」，首事僅六人，以詩古文辭相砥礪，今所傳《壬申文選》是已。陳、夏皆以名節著，惟勒卣早夭，聞其遇社中人，意態殊落落，而人自有欲親之誠。……歲己卯，就試金陵，質素清羸，寓妓館。妓聞貢院櫨鼓，促之起，勒卣尚堅臥也。未幾遂客死。〔註138〕

朱彝尊指出周立勳與陳、夏等人倡幾社，並言周立勳於崇禎十二年（1639）至金陵應試，寓妓館之後，客死異鄉。李延昰《南吳舊話錄》亦云：「周勒卣秉弱而有所愛憐，遂得羸疾而死。」〔註139〕《松江府志》復指出周立勳之個性及平素之行徑道：

> 立勳酒酣以往，時抱抑塞。居，恆壯心不已，以酒色陶寫之，年四十三卒。〔註140〕

〔註135〕陳子龍〈二周文稿序〉云：「今海內以器識文章爲士論所重未仕者，必曰金沙周介生、華亭周勒卣，此二君者，眞所謂名士也。……勒卣恢朗，外和內明，方其坐論，超越形景之外。」明・陳子龍：《陳子龍文集・安雅堂稿》（上海：華東師範大學出版社，1988 年 11 月 1 版），卷 6〈二周文稿序〉，下冊，頁 147～148。

〔註136〕《松江府志》卷 55〈周立勳傳〉，頁 1249。

〔註137〕《南吳舊話錄》卷 23〈名社〉，頁 994。

〔註138〕清・朱彝尊著、姚祖恩編：《靜志居詩話》（北京：人民文學出版社，1990 年 10 月 1 版，黃君坦校點本），卷 21〈周立勳〉條，頁 655。

〔註139〕《南吳舊話錄》卷 23〈名社〉，頁 999。

〔註140〕《松江府志》卷 55〈周立勳傳〉，頁 1249。

周立勳因困於科場，致屢屢感慨良多，惟藉酒色紓解，故陳子龍〈哭周勒卣〉有：「酒狂如僕射，情死是瑯琊」之句〔註141〕，可知周立勳之死因與酒色有關。

周立勳英年早逝，以其才情，得年不長，實爲友朋所不捨，據《南吳舊話錄》載：

> 同人鮮不哀慟。宋轅文輓之曰：「翠羽明珠擁莫愁，君家顧曲舊風流。一時腸斷人何處，風雨蕭條燕子樓。山陽玉笛異時情，故舊論交共不平。縱使未堪軒冕貴，何妨白髮老諸生」。數日後，忽夢勒卣至，曰：「君詩固佳，胡不云：「縱使未堪丘壑老，何妨白髮困諸生。」轅文醒而異之，特於佛祠設位祭焉。張受先聞之，歎曰：「勒卣工愁善恨，下（引者按：原文作「不」，誤也，據《靜志居詩話》卷21〈周立勳〉條改。）語如九曲明珠，耐人尋索」。〔註142〕

宋轅文因悲其辭世而作詩挽之，周立勳竟託夢而改其詩末二句爲「縱使未堪丘壑老，何妨白髮困諸生。」因周立勳與孚遠俱困諸生，足見周立勳其人雖逝，然其精神仍與宋轅文相感通也。徐孚遠亦曾夢及之，其〈夢中有句，似懷亡友周勒卣、陳臥子也，覺而成之〉云：

> 廿載交期似鶺鴒，故人先後入幽冥。逸書借到同誰看，野鶴鳴時獨自聽。有美周生悲韞玉，懷沙陳子賦揚舲。從茲投老婆娑日，未許新知眼更青。〔註143〕

徐孚遠回想二十年來與周立勳、陳子龍之交情，有如手足，一如鶺鴒在原，能共赴急難。而今，蘊涵美才之周勒卣已逝，而陳子龍亦投水殉國，獨遺徐孚遠孤獨一人，因感慨「逸書借到同誰看，野鶴鳴時獨自聽」。據載「孚遠以直諒稱立勳，不爲危言激論，有東漢郭林宗之風」〔註144〕，此見徐孚遠對其崇仰之情。

徐孚遠〈夢中有句，似懷亡友周勒卣、陳臥子也，覺而成之〉詩僅籠統言周生韞玉，至其〈周勒卣〉則更具體言之：

> 周子三吳彥，才高一代無。抒文眞繡鞴，微樂別笙竽。自得璞中

〔註141〕《陳子龍詩集》卷12〈哭周勒卣〉，頁374。
〔註142〕《南吳舊話錄》卷23〈名社〉，頁999。
〔註143〕《釣璜堂存稿》卷13〈夢中有句，似懷亡友周勒卣、陳臥子也，覺而成之〉，葉17。
〔註144〕《松江府志》卷55〈周立勳傳〉，頁1249。

玉，每探領下珠。雲衢垂俊翮，丸坂失前驅。曩錯古猶忝，劉貢今
不孤。東南誰竹箭，詩酒實冰壺。擬價虛千邑，藏奇愧五都。清襟
同素練，皓月映高梧。常作嵇康眼，豈云杜乂膚。斯人難久住，應
是玉樓需。〔註145〕

詩中稱美周立勳為高才碩彥，胸懷奇策，能詩諳樂，文如錦繡，且清迢澹遠。
實則故杜麟徵稱「勒卣通雅修之度」〔註146〕，對其讚賞有加，惜乎，其壽不
永。實則，早有徵兆，據《南吳舊話錄》載：

方相國守松郡，與幾社諸人周旋，尤愛勒卣。人謂勒卣固千里駒，
宜方願為伯樂。方聞之歎曰：「勒卣得題，嘗以慨歎出之，其人自非
壽徵。吾愛渠，正以一往有雋氣，不屑作酒肉貴人耳。」未幾，勒
卣竟夭卒。〔註147〕

松江太守方岳貢言周立勳詩雖清雋，然工愁善恨，非長壽之徵，後果應驗。
徐孚遠〈追憶周勒卣〉云：

高才如我友，倫輩敢相望。句先觀氣韻，感每及興亡。年逝交常
在，蘭吹谷自芳。後人參性製，中盛未能量。〔註148〕

近代陳田《明詩紀事》對周立勳之性情與詩風有一段按語云：「勒卣之論詩
曰：『士當不得志而寄情篇什，憂悶悲裂，雋詞遙旨，往往有之。』又云：『予
失足敗意，顧盼園圃，風物淒恨，求曩哲之遺編，愧時賢之工藝，未嘗不歎
悼扼腕，悔其多作。』悲哉，何其多幽憂之思也。」〔註149〕周立勳身體羸弱
又多愁善感，詩中多興亡滄桑之感，如其〈傷春〉二首云：「平池曲巷古祠
東，幾樹桃花落晚風。明日殷勤樽酒後，春光已過別離中。」「白燕墳前載酒
過，幾人同唱〈柳枝歌〉。莫愁一夜花如雪，搖落春心自此多。」〔註150〕如此
多情自傷，終生沉溺於傷感之深淵中而無法自脫，壽自難永。

〔註145〕《釣璜堂存稿》卷16〈周勒卣〉，葉20。

〔註146〕明・杜麟徵〈壬申文選序〉，《陳子龍詩集・附錄三》，頁755。按：明・杜麟
徵等輯《幾社壬申合稿》未收此序。

〔註147〕《南吳舊話錄》卷23〈名社〉，頁996～997。

〔註148〕《釣璜堂存稿》卷10〈追憶周勒卣〉，葉16。

〔註149〕清・陳田：《明詩紀事》（上海：上海古籍出版社，2002年3月1版，《續修
四庫全書》影清貴陽陳氏聽詩齋刻本，第1712冊），辛籤卷22〈周立勳〉，
頁228上。

〔註150〕見清・朱彝尊選編：《明詩綜》（北京：中華書局，2007年3月1版，據白蓮
涇刻本點校本），卷76〈周立勳〉，頁3748。

周立勳早卒，徐孚遠卻異常懷念這份同學之情，據《南吳舊話錄》載：

> 周勒卣亡後，有子不能自存，道逢徐闇公。闇公下輿道故，乃曰：「若云我當為卿作論，少涉輕薄，人言巨源在，汝不孤矣，我更難為懷」。
>
> 相與抵家信宿，臨行送米四十斛，縑十匹，垂涕而別。〔註151〕

周立勳身後蕭條，徐孚遠道逢其子，知其生活困頓，遂攜其返家，臨別，復周濟之米四十斛，縑十匹，足見徐孚遠能愛屋及烏，周、徐二人誠為金石之交也。

（五）陳子龍

徐孚遠與陳子龍（1608～1647）最初結識之時間為崇禎二年。據陳子龍自撰《年譜》「崇禎二年己巳」條下記載道：「是歲，始交李舒章、徐闇公，益切劇為古文辭矣。」〔註152〕是時徐孚遠三十一歲，而陳子龍才二十二歲，二人在當時俱為一時之選，然一見如故，遂爾惺惺相惜而成知音。兩人與夏允彝各言其志及相聯研席於南園讀書樓之事，前業已敘言，此不贅。而徐孚遠對淹通經史，落筆傳神之陳子龍評價又如何？觀其〈陳臥子〉一詩，應可了然於心矣，其詩云：

> 陳子天才絕，千秋一羽翰。披風蘭與蕙，徵瑞鳳兼鸞。健筆追司馬，清詞邁建安。氣夷歸散朗，骨俊出巑岏。未見皇途泰，深懷我道難。解憂山水僻，命侶酒杯寬。久臥方趨扳，少時便掛冠。三江萬馬渡，一棹五湖寒。撥亂無龜斧，應天下玉棺。老夫千載淚，青史後人看。〔註153〕

徐孚遠稱揚陳子龍乃不世出之天才，健筆凌雲，堪竝史遷；辭才清發，不讓建安，且神氣清朗，俊骨秀出。陳子龍深懷我道難，其未入仕途時，或寄情山水，或藉酒消憂；既登仕版，有澄清天下之志，復因上疏彈劾而掛冠歸，福王敗亡後隱遁事親，不久又殉國難。對此遭際，徐孚遠於〈哭陳臥子〉（聞訃已歷時，筆不得下，至是始成篇）中陳述其一生梗概：

> 當君年少日，才氣蓋江南。談笑驚坐客，文筆吳鉤銛。胸懷孔文舉，蘊藉蘇子瞻。兩賢不世出，意君必能兼。冉冉年過立，鬑鬑已毿毿。高林風欲摧，翠羽弋人貪。憶昔風雨夜，知君良不堪。不無

〔註151〕《南吳舊話錄》卷2〈忠義〉，頁145。
〔註152〕《陳子龍年譜》卷上，見《陳子龍詩集・附錄二》，頁643。
〔註153〕《釣璜堂存稿》卷16〈陳臥子〉，葉21。

遺世情，所係非冠簪。永嘉始南渡，青蠅營營添。拂衣賦歸來，匿
跡憩江潭。未能追謝傅，常擬問巫咸。黨禁方披根，俄而火運燔。
屢哭雞鳴侶，仍歌麥秀漸。報漢計不就，良人竟已殲。方君遯荒
日，曾作鯉魚函。所戀老慈幃，遲遲挂風帆。欲畢終天願，然後駕
驂驔。斯志便契闊，不得比鶼鰈。拭淚寫心曲，冥漠亮無嫌。〔註154〕

詩首言陳子龍年少時即鋒芒畢露，爲江南才子。據《社事始末》載其初次參
與幾社之情景道：

臥子先生甫弱冠，聞是舉也，奮然來歸。諸君子以年少訏之，乃其
才學則已精通經史，落筆驚人，遂成六子之數。〔註155〕

陳子龍才華橫溢，學問紮實，徐孚遠稱美「胸懷孔文舉，蘊藉蘇子瞻」，兼具
雙美，實屬難得之人才，實如張九齡〈感遇〉詩所言「美服患人指，高明逼
神惡」〔註156〕，故陳子龍亦無法避免之。其後，福王立於南都，以史可法督
江北軍務，馬士英掌兵部，陳子龍補兵科給事中與何剛及徐孚遠等募水兵。
〔註157〕而奸人阮大鋮輩乘機而起，杜登春《社事始末》載其事云：

夫南中建國，貴陽馬士英爲妻東好友，一時擁戴竊柄，甚引重東
林。如起用錢、徐、陳、夏諸君子，襃旌死難諸賢。……及福藩恣
用私人，搜羅瑞孽，而阮大鋮輩盡起而謀國是：外則附貴陽以招權
納賄，內則爲黨人作翻局計。授意督學御史朱國昌，凡妻東門下悉
置三等。吾郡同社聞而戰慄。時彝仲先生在憂，臥子先生請告終養，
無能爲同社解憂者。〔註158〕

故徐孚遠詩言陳子龍拂衣賦歸來，匿跡憩江潭。其後陳子龍、夏允彝及徐孚
遠三人皆參與松江起義，兵敗，而夙與陳子龍並稱「陳夏」之夏允彝捨命殉
國，臨殉，手疏見訣。〔註159〕陳子龍「門祚衰薄，五世一子，少失怙恃，育

〔註154〕《釣璜堂存稿》卷 3〈哭陳臥子〉（聞訃已歷時，筆不得下，至是始成篇），
葉 13。

〔註155〕《社事始末》，葉 5。

〔註156〕唐·張九齡撰、熊飛校注：《張九齡集校注》（北京：中華書局，2008 年 11
月 1 版），卷 2〈感遇〉十二其四，頁 174。

〔註157〕見《徐闇公先生年譜》，頁 20。

〔註158〕《社事始末》，葉 15～16。

〔註159〕陳子龍〈報夏考功書〉云：「足下臨沒，移書於僕，勉以棄家全身，庶幾得一
當。足下死不忘忠，款款之意，豈獨爲鄙人存亡計耶。」《陳子龍文集·陳忠
裕公全集》（上海：華東師範大學出版社，1988 年 11 月 1 版），卷 27〈報夏

於大母」〔註160〕，爲報高齡八十祖母高太安人之撫育大恩，遂奉親出逃，故詩中有「方君遯荒日，曾作鯉魚函」，解釋其不得已之處。然陳子龍在祖母盡其天年之後，又繼續投入抗清大業，因松江提督吳勝兆反正事泄，牽連被捕，乃自沉殉身。徐孚遠痛失理念契合之摯友，感慨「不得比鶺鴒」，如今只剩一人踽踽獨行於抗清行列之中，其間樓山蹈海，冒死歷險，艱辛備嘗，眞是拭淚寫心曲。

　　重情義之人，不因人逝而遺忘彼此，其情反而因時間綿長更加更深刻，徐孚遠對陳子龍念念難忘，致夜有所夢，因有〈夜夢臥子，劇談如昔，已覺其殆也。問以冥途事，不答，惝恍遂寤，詩以痛之〉云：

　　　夢裏相逢覺後驚，卻看玄度似生平。十年黃土牽衣色，萬里楓林落月聲。未許神明參冥趣，祇裁詩句見交情。人天變化應難定，願取來生作弟兄。〔註161〕

徐孚遠與陳子龍雖已幽冥異途，仍關心其現況，惟往者已矣，豈復能言？且此亦非人力所能及，徐孚遠亦知人生無常，反用烏臺詩案蘇軾罹禍，在〈獄中寄子由〉願與其弟蘇轍再結來生緣之典故〔註162〕，衷心冀望來世能與陳子龍成爲兄弟，字裡行間，盡是款款深情，讀後令人動容，可謂至情之語，不以工拙論。披覽《釣璜堂存稿》全書，可發現徐孚遠書寫有關陳子龍之詩作高達三十餘首〔註163〕，數量最多，乃於懷人詩中居冠，藉此亦可側面印證徐

考功書〉，上冊，頁485～486。

〔註160〕《陳子龍文集・陳忠裕公全集》卷27〈報夏考功書〉，上冊，頁486。

〔註161〕《釣璜堂存稿》卷13〈夜夢臥子，劇談如昔，已覺其殆也。問以冥途事，不答，惝恍遂寤，詩以痛之〉，葉40。

〔註162〕蘇軾〈予以事繫御史臺獄，獄吏稍見侵，自度不能堪，死獄中，不得一別子由，故作二詩授獄卒梁成，以遺子由，二首〉其一云：「與君今世爲兄弟，又結來世未了因。」北宋・蘇軾著、清・王文誥等輯註：《蘇軾詩集》（北京：中華書局，1982年2月1版，1992年4月3刷，孔凡禮點校本），卷19，頁999。按：本詩詩題一作〈獄中寄子由〉。

〔註163〕如〈念往〉、〈亡友〉、〈同志近多蒙難，追感陳、夏作〉、〈陳夏〉、〈南園讀書樓〉、〈憶陸孟聞年丈南園寄懷〉、〈南園杏〉、〈異鄉別兼懷陳子龍〉、〈夢臥子〉、〈哭陳臥子（聞訃已歷時，筆不得下，至是始成篇）〉、〈懷張子退（聞君匿臥子孤）〉、〈夢與臥子同謁許霞城先生，先生似有微疾〉、〈除夕有懷兼懷陳子〉、〈消息入夏杳然，兼懷臥子〉、〈憶與臥子集社仁趾齋，酒後狂言，一座盡驚，去此二十餘年矣！追思往跡，亦復何異古人哉〉、〈興公見枉，追敍亡友臥子、受先四五公，惟云：未識天如，感而有作〉、〈夢中有句，似懷亡友周勒卣、陳臥子也，覺而成之〉、〈哭陳臥子〉、〈夜夢臥子，劇談如昔，已覺其殆

孚遠與陳子龍兩人交誼之深厚。

綜觀徐孚遠與幾社五子間之交往，其中尤以陳子龍、夏允彝對其影響最深，如徐孚遠〈同志近多蒙難，追感陳、夏作〉云：

> 二君相繼去，佩玉揖江妃。自爾十年來，魂夢不相違。每念同心友，
> 如挾白雲飛。音容儼昔日，仿佛舉手揮。余亦海潮裏，餘年寧有幾。
> 怡情岫上雲，養生籬下杞。四顧浩茫茫，巖棲餘一紀。豸契貐互相
> 侵，眞龍何日起。況聞忠義徒，蒙難復聯軌。宿草不及哭，操筆不遑
> 諜。生存與死亡，天公等一視。靈均不我拒，迎我琴高鯉。〔註164〕

此詩可見徐孚遠歷經十餘年抗清而看不見恢復希望，欲哭無淚之心曲。詩人在傷心之餘，追憶殉國已久之摯友陳子龍與夏允彝，產生修短隨化，死求同穴之願。詩中字字銜悲，句句眞摯，令人無語問蒼天，潸然淚下。又據其學生林霍在〈庚午冬書稿〉中轉述：「先師在島，每與敝鄉紀石青先生談陳、夏二公，必流涕爲記其事跡頗詳，並及楊維斗諸君子。霍得備聞之。」〔註165〕此外，林霍在〈華亭徐闇公先生詩文集序〉中又載云：

> 公閒居，每談及陳、夏二公事，必揮涕。嘗曰：「昔在故鄉，胡塵相
> 迫，時友人夏瑗公語余曰：『吾觀諸子中憤虜不共日者，必子也』！
> 余感其意，十年來浮沉滄海而不敢忘此言也」。公之不忘君父，又篤
> 於亡友如此。〔註166〕

林霍所述之事，距夏允彝、陳子龍爲國盡忠已近二十年，然徐孚遠對摯友陳、夏二人未嘗一日忘懷，可見二人皆其知音，亦足證三人交誼之深矣。

以上乃就幾社六子與創社動機、幾社與復社命義異同、聚會時地及具體內容、徐孚遠與幾社五子等四點加以探討，以見徐孚遠於餐英幾社時之實際狀況也。

也。問以冥途事，不答，惝恍遂寤，詩以痛之〉、〈夢與臥子奕〉、〈馮子出臥子
五七言律詩一卷示予，舒章、勒卣亦各附數章〉、〈旅邸追懷臥子〉、〈將耕東
方，感念維斗、臥子，愴然有作〉、〈陳臥子〉、〈吾郡周勒卣、夏彝仲、李存
我、陳臥子、何愨人皆席研友。勒卣獨前沒，四子俱蒙難。流落餘生，每念昔
者，便同隔世，各作十韻以誌不忘，如得歸郡，兼示五家子姓。陳臥子〉、〈憶
臥子讀書南園作〉、〈詮詩憶陳臥子〉、〈仲春憶臥子〉、〈追憶陳夏〉、〈坐月懷臥
子〉、〈武靜弟別墅有樓，臥子名之曰「南樓」，時遊憩焉〉等諸詩咸屬之。

〔註164〕《釣璜堂存稿》卷4〈同志近多蒙難，追感陳、夏作〉，葉36。
〔註165〕清・林霍：〈庚午冬書稿〉，見《徐闇公先生年譜・附錄一》，頁81。
〔註166〕林霍：〈華亭徐闇公先生詩文集序〉，見《徐闇公先生年譜・附錄一》，頁83。

第三節　乘桴海外

清兵入關，徐孚遠本忠貞之忱，銳奮匡扶，故綢繆海上，戮力疆場，矢忠明室，至死不悔。故錢謙益〈徐武靜生日置酒高會堂賦贈八百字〉中懷徐孚遠云：「故國魚龍冷，高天鴻雁涼；撫心惟馬角，策足共羊腸。」〔註167〕見其海外艱難之局。本節茲分爲參預義旅、投奔隆武、魯臣鄭師、阻道安南、往來臺廈及完髮饒平數端，以見其乘桴海外之詩史也。

一、參預義旅

明崇禎十七年三月，明思宗自縊於煤山，其後清兵攻入北京。福王立於南京，徐孚遠懷抱滿腔忠憤，慨然奮袂而起曰：「君父之讎，不共戴天；我寧蹈東海而死耳！」〔註168〕並作〈出亡後呈伯叔，兼示弟姪〉云：

> 煙塵動地浩漫漫，回首悲歌行路難。烏石淒清西照晚，螺江蕭瑟北風寒。病深莊舄猶吟越，家散留侯欲報韓。八世簪纓今未絕，可無一個泣南冠。〔註169〕

徐孚遠因受國恩者八代，故以張良報韓之行自勉，不惜毀家充餉，廣求健兒俠客，聯絡部署，以報大讎。遂與陳子龍、何剛等募水兵。弘光元年（1645）五月，清兵攻下南京，福王逃奔太平。當時忻城伯趙之龍、魏國公徐允爵、大學士王鐸、禮部尚書錢謙益等迎降。時廣昌伯劉良佐兵次上新河，亦降於清。徐孚遠見此乃作〈降將〉以諷刺之：

> 誰采猗猗谷裏蘭，卻看降將跨雕鞍。苦爭鬢髮緣何事，昨日髡頭今日冠。〔註170〕

「鬢髮」象徵對明室之忠貞，因清攻佔南京時，施行薙髮令，而徐孚遠懷抱孤忠亮節，故指髮而誓曰：「此即蘇武之節矣！我寧全髮而死，必不去髮而生。從容就義，非難事也，但今天下之勢，猶父母病危，雖無生理，爲子

〔註167〕清・錢謙益撰、錢曾箋注：《牧齋又學集》（上海：上海古籍出版社，1996年9月1版，錢仲聯標校本），卷7〈徐武靜生日置酒高會堂賦贈八百字〉，頁334。

〔註168〕清・王澐〈東海先生傳〉，見《徐闇公先生年譜・附錄一》（臺北：臺灣銀行經濟研究室，1961年10月1版，《臺灣文獻叢刊》第123種），頁64。

〔註169〕明・徐孚遠：《釣璜堂存稿》（民國十五年金山姚光懷舊樓刻本），卷12〈出亡後呈伯叔，兼示弟姪〉，葉1。

〔註170〕《釣璜堂存稿》卷20〈降將〉，葉6。

者豈有先死而不顧者乎？倘我高皇帝尚有一線可延，我惟竭力致死而已。」
〔註171〕可見徐孚遠誓以一死全其素衣，早將自己之命運與抗清復明事業聯
繫爲一，置身家生死於度外，展現矢志抗清復明，共赴國難之堅毅精神。
此與變節事清之王公、將相，實大異其趣，故〈夢中閱虜史，得句覺而成
之〉云：

> 獨坐行吟不自裁，諸公胡服亦堪哀。貳師終入匈奴傳，朱序還從肥
> 水來。豈謂盡銜亡國恨，竟無人倚望鄉臺。傷心歲暮仍蕭瑟，清晝
> 沉沉且舉杯。〔註172〕

徐孚遠深諳歷史，知那些臨大難而奪志變節之文臣武將，終將在史書內留下
貳臣之千古臭名，故此輩之人不屑一顧。

（一）松江起義

弘光元年（順治二年，1645）五月南都不守之後，徐孚遠遂與摯友陳子
龍、夏允彝共同謀畫勤王之事，並組織松江起義，據黃宗羲《弘光實錄鈔》
載：

> 兵部侍郎沈猶龍、兵科給事中陳子龍、下江監軍道荊本徹、中書舍
> 人李待問、舉人章簡、徐孚遠、總兵黃蜚、吳志葵，建義松江。
> 〔註173〕

《魯春秋》又載：

> 吳志葵與官舍常壽寧、指揮侯承祖以故較疾起，復松江；令壽寧守
> 府，承祖守金□。於是子龍等共推猶龍爲盟主，而子龍監其軍；向
> 中署兵巡道、史啓明署華亭知縣。適故帥黃蜚統水師來會，軍聲益
> 振。〔註174〕

沈猶龍等召募義兵千人，各爲戰守之備，城守近百日。至八月，有鄉紳潛通
於北，人心遂離，初三日，降將李成棟破松江，沈猶龍死之。

清兵破松江，八月初六日，摯友夏允彝赴水死，徐孚遠有〈再哭夏瑗公〉
懷想高風：

〔註171〕王澐：〈東海先生傳〉，見《徐闇公先生年譜・附錄一》，頁64。
〔註172〕《釣璜堂存稿》卷12〈夢中閱虜史，得句覺而成之〉，葉6～7。
〔註173〕黃宗羲：《弘光實錄鈔》卷4，清・黃宗羲撰、沈善洪主編：《黃宗羲全集》
　　　　（杭州：浙江古籍出版社，1986年5月1版），第2冊，頁99。
〔註174〕清・查繼佐：《魯春秋》（臺北：臺灣銀行經濟研究室，1961年10月1版，《臺
　　　　灣文獻叢刊》第118種），〈弘光元年〉，頁10。

鳳鶯去後萬山秋，羈客追思淚不收。今日我悲難挂劍，他時人羨得
同舟。早登周鼎誰能問，再啟軒圖無此儔。假使當年留一老，可如
袞德但封侯。（其一）

生死相期非偶然，知君不到中興年。從來絕足無千里，此日懷沙有
一篇。潮氣自驚風雨夜，霓旌常在日星前。回看徐孺今何似，歲歲
乘槎狎紫煙。〔註175〕

前詩追憶昔日與夏允彝風雨同舟，為人所稱羨，而今典型已逝，雖徐孚遠
仍不忘故友，然已無法如延陵季子般脫千金之劍掛丘墓矣。後詩寫鼎革之
際，二人生死相期，矢志匡扶社稷，然事與願違，不幸松江兵敗，夏允彝寧
以昭昭之行自潔，不苟且偷生，乃效三閭大夫投水而死，其精神與星辰日
月同為不朽。而我徐孚遠，亦誓將信守承諾，寧乘桴海外以終，絕不食清朝
之一粟。

　　松江敗後徐孚遠奔往太湖，入吳易軍。後始聞知守松江東門及南門之李
待問與章簡於城破時，俱被殺。〔註176〕因有〈挽李存我〉及〈挽章次弓〉二
詩，其〈挽李存我〉云：

傳君赴國難，適在信州城。恩詔躋清秩，遺榮賜易名。寧親猶戴
髮，歸土亦長纓。自顧浮萍梗，彌傷旅客情。〔註177〕

李待問，字存我，松江華亭人，崇禎末進士，授中書舍人，亦為幾社中人。
其人清新脫俗，幽默豪爽，工文能書。〔註178〕據《南疆繹史》載李待問後被
殺於織染局。初，其夢袍服，間有字曰「天孫織錦」，以為中翰林之預兆也；
至，竟為死所。〔註179〕而〈挽章次弓〉則云：

嘗過鳴琴處，清風滿訟堂。餘謳傳曲巷，故牒照青箱。昔歎神君

〔註175〕《釣璜堂存稿》卷13〈再哭夏瑗公〉，葉22。
〔註176〕清・張廷玉等撰：《明史》（臺北：鼎文書局，1991年5月5版），卷277〈沈
　　　　猶龍傳〉，頁7096。
〔註177〕《釣璜堂存稿》卷8〈挽李存我〉，葉15。
〔註178〕據徐孚遠〈李存我〉詩云：「李子多高韻，谿然塵世姿。蘭風殊蘊藉，鶴步有
　　　　威儀。不飲看人醉，能書任我癡。笑談真絕倒，爽氣入心脾。觀國寧嫌早，
　　　　釋巾稍覺遲。螭頭官暇豫，薇省使逶迤。將母方如意，滔天事豈知。憑城鼓
　　　　角死，捐腔血毛摧。愧我數年長，依人萬里悲。幾時旋梓里，應得為刊碑。」
　　　　《釣璜堂存稿》卷16〈李存我〉，葉21。
〔註179〕清・李瑤恭：《南疆繹史》（臺北：臺灣銀行經濟研究室，1962年8月1版，
　　　　《臺灣文獻叢刊》第132種），卷25〈鄉兵集義諸臣・李存我傳〉，頁366。

去，今嗟我父亡。蕭蕭遺老哭，社日更椒漿。〔註180〕

章次弓即章簡，字坤能，亦是松江華亭人，舉於鄉，官羅源知縣〔註181〕，為官有治績，百姓謳歌，為報國仇家恨而殉難。

（二）震澤之難

隆武元年（順治二年，1645）八月二十五日，吳易軍在長白蕩被吳勝兆所敗，徐孚遠子世威亦殉於震澤之難。據《松江府志》載云：

> 孚遠與吳江舉人吳易舉兵太湖，世威亦在營。乙酉八月二十五日大
> 雨，為吳勝兆所敗，一軍盡覆，世威死之。〔註182〕

世威為徐孚遠之長子，字渡遼，生於崇禎二年（1629）二月，有關其人，杜登春曾有詩曰：

> 徐生美白晰，昂然七尺軀。握槊上樓船，戰沒在須臾。書生慷慨
> 志，一死良不虛。束髮數友生，懍烈君先驅。〔註183〕

徐渡遼此時才十七歲，然與其父徐孚遠同具復明之志，故亦毅然決然投入義旅，惜竟捐軀。

有關徐孚遠等人震澤之難史實，據錢澄之當年十二月〈上熊魚山先生書〉云：

> 八月中，家仲馭自震澤回，言與先生成約，相率同入新安，停舟市
> 畔，卒遇游兵，某與闇公、克咸恰以其刻造沈聖符宅，訪問去路，
> 倖脫於難，仲馭猶麾眾與鬥，自發一礮，赴水而死。某妻方氏抱女
> 挈子，同時隕命。諸君星奔太湖，展轉入閩。〔註184〕

又錢澄之〈孫武公傳〉載云：

> 乙酉（隆武元年，順治二年，1645））夏，⋯⋯武公方避地雲間，與
> 陳大樽、徐復庵（按：康熙斟雉堂刻本作「菴」，即徐孚遠）謀舉
> 兵。仲馭亦聚兵吳東，遙為聲援。其年秋，予過雲間，遇君於黃禎
> 臻中丞舟次，陳、徐二君俱在。⋯⋯未數日，松江破，三吳兵散，

〔註180〕《釣璜堂存稿》卷8〈挽章次弓〉，葉15。

〔註181〕《明史》卷277〈沈猶龍傳〉，頁7096。

〔註182〕清・孫星衍等纂：《松江府志》（臺北：成文出版社，1970年5月1版，影嘉慶二十二年刊本），卷55〈徐世威傳〉，頁1257～1258。

〔註183〕見《徐闇公先生年譜》，頁24。

〔註184〕清・錢澄之：《藏山閣集・藏山閣文存》（合肥：黃山書社，2004年12月1版），卷2〈上熊魚山先生書〉，頁370。

> 予泛宅汾湖，將與仲馭由震澤入新安，武公與復庵適至，遂聯舟同
> 行。至震澤之明日，猝遇游兵，仲馭死焉，予合室遇難，君亦失其
> 一子。〔註185〕

震澤，即太湖。孫武公即孫克咸，與徐孚遠亦是好友，徐孚遠有〈懷孫克咸〉
一詩〔註186〕。仲馭即大學士錢士升之子錢棅〔註187〕。錢澄之此處言其與錢棅
在汾湖遇孫克咸與徐孚遠，遂同行，擬由震澤入新安。又據錢澄之〈哭仲馭
墓文〉載：

> 比至震澤，風月甚佳，橋畔聞吹簫之聲，市上無談兵之事。弟與闇
> 公、克咸懷刺登岸，（往看熊魚山先生。）兄同吳子鑑在解帶維舟，
> 羽箭突如，戈船蝟集。〔註188〕

吳子鑑在即吳德操，亦徐孚遠之好友，徐孚遠有〈懷吳鑑在中丞〉等四詩
〔註189〕。再參照錢澄之〈先妻方氏行略〉中載：

> 南京、杭州次第失守。六月，三吳兵起，所在揭竿，仲馭亦聚眾蘆
> 衢，予家隨焉。已，兵潰，仲馭將入新安，取道震澤，同志諸子有
> 家者多從之行，以八月十六抵震澤，其夜，月甚明，橋上人吹簫度
> 曲如故。次早，予偕諸子拏舟往問新安訊，未及里許，聞河中砲聲，
> 急回，遇吳鑑在，赤腳流血，揮予速轉，曰：「死矣！」問誰死，曰：
> 「仲馭死矣。子舟已焚，妻女已赴水矣。」予猶前行，望見燒船，
> 煙燄不可近，乃返，同諸子投宿八都沈聖符宅。〔註190〕

綜合上述文獻：八月十六錢澄之與徐孚遠諸人夜抵震澤時，覺風月甚佳，橋

〔註185〕清・錢澄之：《田間文集》（合肥：黃山書社，1998年8月1版，彭君華校點
　　　　本），卷21〈孫武公傳〉，頁409。另見清・錢澄之：《田間文集》（上海：上
　　　　海古籍出版社，2002年3月1版，《續修四庫全書》影清康熙斟雉堂刻本，
　　　　第1401冊），卷21〈孫武公傳〉，頁234。以下引文頁碼以黃山書社校點本爲
　　　　據。
〔註186〕徐孚遠〈懷孫克咸〉云：「鍾阜雲深淮水長，十年裘馬憶孫郎。詩篇零落悲芳
　　　　草，兵法蕭條空劍囊。路入新安成別鶴，星分婺女更河梁。括蒼杳杳多巖谷，
　　　　採藥攜拏兩不妨。」《釣璜堂存稿》卷12〈懷孫克咸〉，葉13。
〔註187〕錢棅生平見清・徐鼒：《小腆紀傳》（臺北：臺灣銀行經濟研究室，1963年7
　　　　月1版，《臺灣文獻叢刊》第138種），卷47〈義師二・錢棅傳〉，頁593。
〔註188〕《田間文集》卷25〈哭仲馭墓文〉，頁480。
〔註189〕《釣璜堂存稿》卷13〈懷吳鑑在中丞〉，葉27。卷16〈懷錢開少、吳鑑在〉，
　　　　葉15～16。卷3〈懷吳鑑在〉，葉4。卷7〈有客言飲光、鑑在已歸故里，慨
　　　　然寄懷〉，葉10。卷8〈懷吳鑑在〉，葉16。
〔註190〕《田間文集》卷30〈先妻方氏行略〉，頁566～567。

畔尚聞吹簫之聲，似無兵戈之警。次日清晨錢澄之與孫克咸、徐孚遠等三人乃放心登岸，欲往見熊魚山先生，而錢棅與吳德操則解帶維舟。不久，清游兵突至，錢棅麾眾與鬥，自發一礮，力抗不敵，褰裳沉淵而死。三人聞礮聲趕回時，吳德操赤腳流血，急揮手示意快逃，並言錢妻方氏及錢棅已死。復據錢澄之於〈祭徐復庵文〉中云：

> 震澤之難，仲馭隕命。繫我與兄，罹禍更慘。兄惟孀人得全，我祇一子未死。滿眼骨肉，枕籍波濤。行路傷心，舉市酸鼻，人非木石，何以為情！猶記遇難之夕，投宿沈聖符之聽軒，鑑在、克咸同栖一榻。明月忽斂，苦雨凄來，中夜陡寒，牛衣共覆。弟扶病起立，徘徊達曉，兄枕吾兒以寢，兒抱兄足而泣。兄雖吞聲無語，徹夜涕零。詰朝，收愛子於江濱，歸老妻於故里，揮手長號，有血無淚。〔註191〕

徐孚遠妻倖存，其子罹難死，故「詰朝，收愛子於江濱」，而此「愛子」即徐渡遼。又據其〈懷熊南土〉詩云：「震澤飄零泣路難，相逢攜手勸加餐。棺遺嬴博堪收骨，被贈咸陽足禦寒。」〔註192〕並在詩題自注說明熊南土「相公令弟也，收亡兒屍，又解衣衣我。」相公即指熊汝霖。審此，徐渡遼之屍骨，乃熊汝霖之弟熊南土幫忙收屍。

實則震澤之難，徐孚遠於〈懷吳鑑在〉詩中，也有明白描寫：

> 憶昔避難初，相逢在檇李。浪跡五湖濱，微命其如螳。烽火燼余舟，流矢及君趾。故鄉各渺茫，共赴新安壘。暮雨蕭寺廡，秋風客邸被。褰衣層岡峻，漱齒山東沘。稅駕不一旬，蒼黃問車軌。閩南開帝圖，金臺復高峙。聊試武城絃，俊翮凌雲起。從茲各有役，不得同杖履。泊余賦滄浪，波濤幾千里。徘徊想音容，何時寄雙鯉。此間到蒼梧，繡斧百城裏。王命再三賜，長途駕騄駬。顧盼列九卿，追風不踰晷。而我方栖遲，觸途有荊杞。去年附書人，逝矣如流水。懷情不可宣，望遠一徙倚。〔註193〕

徐孚遠追憶當年與吳德操因俱懷存楚之志，故相率偕往新安，卻遇震澤之難，吳德操因被流矢傷趾而流血，幸能逃離虎口並投宿沈聖符宅，時中夜陡

〔註191〕《田間文集》卷25〈祭徐復庵文〉，頁482。〈哭徐復庵文〉即《徐闇公先生年譜・附錄》中錢澄之所作〈祭文〉，然〈哭徐復庵文〉內容較詳優。

〔註192〕《釣璜堂存稿》卷12〈懷熊南土〉，葉13。

〔註193〕《釣璜堂存稿》卷3〈懷吳鑑在〉，葉4。

寒，苦雨淒然，牛衣共寢之情景，歷歷在目。而徐孚遠於三年後寫下〈追哭渡遼〉追憶昔年之慘劇：

> 汝昔竟長逝，永痛無一言。屍僵神猶毅，湯湯波浪翻。余時脫身出，骨肉各崩奔。買布斂汝軀，不及制衣褌。薄棺不盈寸，蒼黃殯荒村。忽忽已三載，遺骸尚仍存。所愧綰一命，未敢乞朝恩。世事又已變，乞活依草根。何時歸故里，翦紙招汝魂。汝魂在我側，欲噪聲已吞。〔註194〕

徐孚遠當時因置身危途，僅能草草將愛子殯於荒村，不及爲之剪紙招魂，然其喪子之情，溢於言表，故聞之悽愴，令人淚下。難怪錢澄之〈又示黯公〉詩云：「吾憐徐孺子，亦是英雄人。愛子殯江寺，故妻還海濱。都無兒女淚，獨有友朋親。愧我與同難，終年涕泗新。」〔註195〕誠是鐵石心腸，失國之痛，大於亡家之悲。

　　觀太湖起義與震澤之難，如錢澄之〈在贛州與徐闇公書〉所云：「若闇公與弟震澤遇難時，子息俱盡，僅一老妻棄之不顧，崎嶇百折，死猶南首者，何心？今孑然此身，復蹈不測以回，有何家室之可念，田園之可戀哉？」〔註196〕知徐孚遠忠節性成，不避艱危，惟求復興王室，藉此可見其積極參與義旅之一斑也。

二、投奔隆武

　　徐孚遠自松江起義後毀家救國，「時危人草草，運往淚浪浪，喪亂嗟桑梓，分攜泣杕棠。午橋盧綠野，甲第裂倉琅」，其兄弟三人，二弟鳳彩「長離仍夭矯」，以謹慎憂卒；孚遠與三弟致遠，「二遠並翱翔」〔註197〕，各在海外與內地從事抗清復明運動。自揚州城破，鐵馬渡江，三吳鼎沸，徐孚遠雖經松江之破、太湖遇難，但戮力勤王之志，並未因其子殉難而止，反而更履重險而不回，處疾風而愈勁。故其復歷艱危萬死，間道徒跣，涉江踰嶺，奔赴唐王行在所在福州。一向以嚴冷剛方，不諧流俗，以風節高天下之黃道周卻對徐孚遠一見如故，並極爲歡賞，特疏薦之，爲天興司李。然當時表面是唐王主政，其實大權早已爲鄭芝龍所獨攬，故將帥間互相觀望，不肯爲唐王出死力

〔註194〕《釣璜堂存稿》卷2〈追哭渡遼〉，葉13。

〔註195〕《藏山閣集・藏山閣詩存》卷3〈生還集・又示黯公〉，頁98。

〔註196〕《藏山閣集・藏山閣文存》卷2〈在贛州與徐闇公書〉，頁376。

〔註197〕《牧齋又學集》卷7〈徐武靜生日置酒高會堂賦贈八百字〉，頁334。

者。黃道周見此,遂憤而自請督師,因攜數書生出信州,並會合門人子弟之兵約四千人,出師救徽。當其軍隊至婺源時,徽已破,致師潰而被執。黃道周憤而絕食,不死,亦堅不投降,臨刑,乃裂衿齧指血書:「綱常萬古,節義千秋。天地知我,家人無憂。」十六字後就義。〔註 198〕徐孚遠聞黃道周殉節金陵之訃乃大慟哭,其〈再哭黃石齋先生〉云:

> 一從別去信州城,幕府軍符縱復橫。四壁諸侯皆緩帶,清宵櫪馬自
> 悲鳴。司空實抱中原恨,丞相盧傳渭北營。徐穉未能投劾去,絮漿
> 莫致若爲情。〔註 199〕。

詩寫當時上下宴處偷安,衹事虛文,無一實務,眼見江山恢復無期,黃道周僅能抱恨而殉節。

隆武二年(順治三年,1646)正月,徐孚遠上水師合戰之議,其實際內容爲何?據全祖望〈明太傅吏部尙書文淵閣大學士華亭張公神道碑銘〉云:

> 丙戌(1646)正月,公累疏請兵。詔加公少保兼戶部、工部尚書,
> 總制北征。雖奉旨賜劍,撫鎮以下許便宜從事,而不過空言。時公
> 孫茂滋家居,方遣汝應元歸省之,而吳淞兵起,夏文忠公允彝、陳
> 公子龍爲之魁。汝應元者,雄俊人也,以公命奉茂滋發家財助軍,
> 閩中授應元御旗牌總兵官。已而兵敗,徐公孚遠浮海赴公,而茂滋
> 亦與應元至。爲公言吳淞雖事不克,而敗卒猶保聚相觀望,倘有招
> 之者,可一呼而集。公乃請王自親征由浙東,而己以舟師由海道抵
> 吳淞,招諸軍爲犄角;所謂〈水師之議〉也。曹文忠公學佺力贊之,
> 詔徽天之幸,在此一舉,乃捐餉一萬以速其行,且言當乘風疾發。
> 公請以徐公孚遠、朱公永祐、趙公玉成參其軍,皆故吳淞諸軍領袖
> 也。周公之夔則故蘇推官,舊與東林有隙者,至是家居,起兵報國
> 甚勇,且熟於海道,故公亦用之。而以平海將軍周鶴芝爲前軍,定
> 洋將軍辛一根爲中軍,樓船將軍林習爲後軍。詔晉公大學士。行有
> 日矣,芝龍密疏止之,以郭必昌將步卒先公發,而令公待命島上。
> 必昌受命,遂不出三關一步。〔註 200〕

〔註 198〕清・蔡世遠:〈黃道周傳〉,見明・洪思等撰:《黃道周年譜附傳記》(福州:
福建人民出版社,1999 年 9 月 1 版,侯眞平等校點本),頁 205。

〔註 199〕《釣璜堂存稿》卷 12〈再哭黃石齋先生〉,葉 20。

〔註 200〕清・全祖望撰、朱鑄禹校注:《全祖望集彙校集注・鮚埼亭內集》(上海:上
海古籍出版社,2000 年 12 月 1 版),卷 10〈明太傅吏部尚書文淵閣大學士華

又據《小腆紀年》載道：

> 肯堂累疏請兵，……未幾，松江敗，徐孚遠浮海入閩，茂滋亦與應
> 元至，爲言吳淞事雖無濟，而猶保聚相觀望；倘有招者，可一呼
> 集。遂上〈水師合戰之議〉，言「臣等生長海濱，請以水師千人，從
> 海道直抵君山，招諸軍爲犄角。陛下親征，由浙東陸行，以期會於
> 金陵」。〔註201〕

唐王遂詔晉徐孚遠爲兵科給事中，從大學士張肯堂由海道募舟師北征。徐孚
遠〈送張宮師北伐〉云：

> 上宰揮金鉞，還兵樹赤旗。留閩紆勝略，入越會雄師。制陣龍蛇
> 繞，應天雷雨垂。一戎扶日月，群帥奉盤匜。冒頓殘方甚，淳維種
> 欲衰。周時今大至，漢祚不中夷。賜劍深鳴躍，星精候指麾。兩都
> 須奠鼎，十亂待非羆。煙閣圖形偉，殷廷作楫遲。獨傷留滯客，落
> 魄未能隨。〔註202〕

「張宮師」即張肯堂，字載寧，號鯢淵；華亭人。時總制浙直，乃請平海將
軍周鶴芝將前軍、定洋將軍辛一根將中軍、樓船將軍林習山將後軍，率師由
海道入長江，擬窺取金陵，行程已定，後鄭芝龍竟密疏止之，以郭必昌代爲
總制，〔註203〕遂不成行。對於此事，錢澄之〈在贛州與徐闇公書〉中早已預
言道：

> 大札至，知改垣銜，從張大司馬、朱選君等，由海道出募舟師，以
> 圖吳會。此固今日制勝之第一策。……已知朝廷失駕馭之法，鄭氏
> 決不肯出師，亦決不容上出閩。〔註204〕

錢澄之隆武元年曾入閩，依唐王，目擊鄭芝龍生活放恣與攬權要利〔註205〕，

　　亭張公神道碑銘〉，頁204～205。

〔註201〕清・徐鼐：《小腆紀年》（臺北：臺灣銀行經濟研究室，1962年11月1版，《臺
　　　　灣文獻叢刊》第134種），卷12〈順治三年〉，頁588～589。

〔註202〕《釣璜堂存稿》卷16〈送張宮師北伐〉，葉8。

〔註203〕清・凌雪：《南天痕》（臺北：臺灣銀行經濟研究室，1960年6月1版，《臺
　　　　灣文獻叢刊》第76種），卷15〈張肯堂傳〉，頁247。

〔註204〕《藏山閣集・藏山閣文存》卷2〈在贛州與徐闇公書〉，頁375。

〔註205〕錢澄之於此時有〈侯家行樂詞〉（爲鄭氏作），其詩云：「牙旗鼓角報軍門，日
　　　　午傳喚謁至尊。碧眼橫刀還控馬，帳前諸將半西番。」「鯨波萬里入侯封，絕
　　　　域奇珍大舶供。漫把黃金沈海底，時教水鬼護蛟龍。」「十里香車盡內妝，侯
　　　　家小女嫁親王。雕鞍寶蓋明珠絡，慢掛珊瑚五尺長。」「甲第笙歌早放衙，捲
　　　　簾深坐盡如花。專房更數夷王女，閒指扶桑是我家。」《藏山閣集・生還集》

故有先見之明；不幸，其語果然成眞。而當時江、楚迎唐王之疏相繼至，王乃決意出汀入贛，與湖南爲聲援。而鄭芝龍不欲王行，使軍民數萬人遮道號呼，擁駕不得前。〔註206〕對此，徐孚遠有〈駕駐閩久，楊桐若師進言：宜達虔以濟師，即擢御史按楚。既奉命，道虔圖上形勢，詔曰：首發出虔之議者，楊御史也，命擇日行幸，卒以牽制羈留，竟失事會，追感先識，良用慨然〉感慨之：

> 東南勢重在荊州，陶侃於今鎮上流。獨對青蒲新繡斧，一揮白羽舊貔貅。長江鷁動王風大，鍾阜雲開漢月秋。無那成謀仍契闊，龍鸞流播不勝愁。〔註207〕

唐王思有所作爲，徐孚遠及楊桐若、黃道周等二、三心膂之臣，俱儒雅可觀，身懷卓見，然卻爲鄭芝龍所束縛、牽制，致喪失最佳時機而不能一展所長，故雖有忠義，又如之何？難怪尙書李向中見悍帥迭起，事不可爲，大歎曰：「此所謂是何天子、是何節度使也！」〔註208〕而唐王不得已，「鑾輿中夜發山城，江潭寂寞嗟龍杳」〔註209〕，遂駐蹕延平，以府署爲行宮。徐孚遠奔福京已半載，又是暮春時節，國事蜩螗，令人憂心忡忡，其〈長愁〉云：

> 中原消息杳難眞，海國煙花又暮春。亂後親朋相見少，夢中池館入來頻。自憐溫序還思土，何處嚴光可釣綸。臥起扁舟時極目，浮雲偃蹇正愁人。〔註210〕

暗示浮雲敝日，小人當道。

廣信爲閩入楚之要地，是時清兵方取江西，唐王原亦將幸贛，故駐重兵於廣信，不料鄭彩棄廣信，奔入杉關，造成「寂寞信州城，遺恨空漢幟」之憾〔註211〕。廣信既失，清兵遂克撫州，而永寧王慈炎亦因而死之。〔註212〕其〈傷永寧〉云：

卷3，頁100。

〔註206〕《小腆紀年》卷12〈順治三年〉，頁587。

〔註207〕《釣璜堂存稿》卷12〈駕駐閩久，楊桐若師進言：宜達虔以濟師，即擢御史按楚。既奉命，道虔圖上形勢，詔曰：首發出虔之議者，楊御史也，命擇日行幸，卒以牽制羈留，竟失事會，追感先識，良用慨然〉，葉15。

〔註208〕《小腆紀傳》卷43〈李向中傳〉，頁528。

〔註209〕《釣璜堂存稿》卷12〈得延平信懷含素總戎舍姪〉，葉14。

〔註210〕《釣璜堂存稿》卷12〈長愁〉，葉14。

〔註211〕《釣璜堂存稿》卷2〈挽文明先生〉，葉6。

〔註212〕《小腆紀年》卷12〈順治三年〉，頁593。

帝子揮戈勝勢殷，當時銅馬盡從軍。連城已下諸侯忌，一劍孤飛壁
壘分。疏勒無糧鼓不起，陰陵失道日將曛。相聞部曲飄零盡，猶是
謳思望嶺雲。〔註213〕

汀、邵間有大帽山，其中以峒蠻最強，屢征不服，永寧王誘之出降，與之共
抗清兵，屢戰屢捷，遂克復撫州，最後不幸為清兵所圍。時鄭彩駐兵廣信，
永寧王因請救兵，鄭彩之監軍給事中張家玉以三營往，撫州之圍得暫解。不
久清兵已而復合，鄭彩軍潰，撫州破，永寧王死之，峒蠻亦散，故部曲飄零
散盡。

與廣信相去不遠之鉛山，此時亦岌岌可危，同是兵部主事之唐著夫則募
兵得數百人，出關抗敵，故徐孚遠慮其安危。其〈再懷唐著夫〉云：

相聞少小好奇謀，偃蹇風塵一敝裘。庭論紆籌傾聖主，立談捫蝨傲
王侯。賜金濫用陳丞相，豪客從遊祖豫州。此日閩南乘傳去，中原
回首更悠悠。〔註214〕

唐著夫即唐僴，為太平諸生，少小好奇謀，熊開元薦其才，隆武授兵部主
事。徐孚遠之擔憂，果然發生，四月，清兵攻鉛山時，唐僴猝與之遇，與萬
文英合軍出戰，陷陣而死。文英戰敗，挈家投前湖死。〔註215〕六月，唐王再
命張肯堂督師，而所有之軍資器械及三萬軍餉，早已盡為芝龍所奪取，張肯
堂遂自募六千人屯於鷺門。〔註216〕八月，清兵破仙霞關，連下建寧、延平等
府，時右僉都御史吳聞禮力守分水關，最後殉國。徐孚遠〈臨危〉記其事：

臨危授鉞可能辭，叱馭嚴關正此時。卻敵乘城清嘯發，投鞭灑泣羽
書馳。龍歸江漢雲中見，鶴唳林皋月下知。余亦蒼茫煙水客，憐君
流落倍淒其。〔註217〕

吳聞禮，字去非，仁和人。崇禎十六年（1643）進士。唐王時，為上游巡
撫，自請防禦分水關。而閩中三關，乃天下之阨險處，原有守關兵，故閩將
以安，後因鄭芝龍胸懷異志，盡撤關上守兵，致吳聞禮不能獨支，終為亂兵

〔註213〕《釣璜堂存稿》卷12〈傷永寧〉，葉22。

〔註214〕《釣璜堂存稿》卷12〈再懷唐著夫〉，葉22。

〔註215〕《南天痕》卷28〈死事諸臣傳〉，頁308。

〔註216〕參見《全祖望集彙校集注‧鮚埼亭內集》卷10〈明太傅吏部尚書文淵閣大學
士華亭張公神道碑銘〉，頁204～205。及《小腆紀年》卷12〈順治三年〉，頁
589。

〔註217〕《釣璜堂存稿》卷12〈臨危〉，葉15。

所殺。〔註218〕其後唐王殉國於汀州，鄭芝龍則降清北去，其子鄭成功奔金門，仍奉隆武正朔。而永勝伯鄭彩以舟師迎魯王監國於舟山。徐孚遠自閩至浙，止於嘉興吳佩遠家；清提督馮原淮緝之，徐孚遠遂亡入海。〔註219〕

　　唐王英才大略，在藩服之時，已思有所施爲，及遭逢患難，磨礪愈堅；屬臣黃道周、張肯堂與徐孚遠等，亦苦心大力，不憚艱危，企圖恢復明室。然鄭芝龍據有全閩，富貴已盈又心懷異志，行爲跋扈，致唐王爲其所制，無法出閩入贛。益以入楚要地廣信一失，連帶鉛山、仙霞關亦不守，終致閩亡而徐孚遠亦亡入海也。

三、魯臣鄭師

（一）追隨魯王

　　魯監國元年（隆武二年，1646）八月，清兵既破仙霞關，復連下閩之建寧、延平等府。閩事不支，唐王殉國於汀州，徐孚遠乃浮海入浙。浙亡後，復轉入舟山，〔註220〕追隨魯王，並擔任翰林兼兵科給事中〔註221〕。徐孚遠〈初至舟山〉云：

> 北來昌國晚，此地尚車書。耕鑿驚魂後，衣冠入眼初。相逢得數
> 老，歲晏正愁余。自顧無長物，蕭蕭鬢髮疏。〔註222〕

「舟山」唐曰翁洲，宋曰昌國縣〔註223〕，故詩有「北來昌國晚」之語。而詩中自注所云之「張、朱二公重晤於此」，乃指總制尚書張肯堂與平海監軍朱永祐。至若「相逢得數老」乃指熊汝霖、孫嘉績、錢肅樂、沈宸佺、馮元颺、盧若騰諸人。〔註224〕魯監國二年（1647）四月，清軍攻下福建之海口鎮，參謀林學舞、總兵趙牧殉難，其〈海口城陷哭趙俠侯〉云：

> 一朝農霧雜塵埃，戰鼓無聲晬眮摧。帳下健兒還格鬪，匣中雄劍自
> 悲哀。邾城江口龜難渡，遼海灘頭鼉不來。從此秋濤應更怒，素車
> 白馬送君回。（其一）

〔註218〕《南天痕》卷12〈吳聞禮傳〉，頁149。
〔註219〕見《徐闇公先生年譜》，頁29。
〔註220〕見《徐闇公先生年譜》，頁29。
〔註221〕清・汪光復：《航海遺聞》，見《明季三朝野史》（臺北：臺灣銀行經濟研究室，1961年4月1版，《臺灣文獻叢刊》第106種），頁58。
〔註222〕《釣璜堂存稿》卷8〈初至舟山〉，葉20。
〔註223〕《航海遺聞》，見《明季三朝野史》，頁66。
〔註224〕《航海遺聞》，見《明季三朝野史》，頁58。

意氣淩雲枕玉戈，銀章綠鬢壯顏酡。胡塵一夜吹春草，毅魄千秋擁碧波。賈復有拏還是累，檀憑無相欲如何。孤臣遙望營星落，惆悵時危涕淚多。（其二）〔註225〕

趙俠侯即趙牧，常熟人，為一勇士。嘗謁平海監軍朱永祐幕下，鄭芝龍初欲降清，朱永祐流涕諫不聽，因密召趙牧刺殺之，並語之曰：「足下往見芝龍，詭稱欲降北自效；彼必相親。乘隙擊殺之，以成千古名！」趙牧遂欣然去，然累謁不得通，而鄭芝龍已匆匆行，事不果。後朱永祐收復海口城，遂令趙牧與林學舞守之，清軍攻打海口城之初，趙牧出戰累勝；旋以眾寡不敵，城破，趙牧與林學舞皆死之。〔註226〕趙牧因躍入萬頃洪波，故遺骸始終未尋獲，徐孚遠因作詩以告慰其在天之靈。〔註227〕

徐孚遠矢忠魯王，銳奮匡扶，履重險而不回，綢繆海上，戮力疆場，因入蛟關，結寨於定海之柴樓。當時寧、紹、台諸府俱有山寨，可作舟山之接應，其中尤以柴樓與舟山聲息最相近，可藉以勸輸充貢賦，故海濱避地之士多往依焉。〔註228〕徐孚遠於海口城陷後，與總制尚書張肯堂、平海監軍朱永裕遂北至舟山依黃斌卿，其〈平海軍中感賦〉云：

飄飄四海一扁舟，解纜聊為汗漫遊。避世子真難入谷，哀時王粲且依劉。山窮粟芋妻孥瘦，浪作黿鼉日夜浮。自歎此生多恨事，幾回長嘯撫吳鉤。〔註229〕

徐孚遠因往依肅虜侯黃斌卿，故有「哀時王粲且依劉」之語。徐孚遠夙懷忠貞，縱使歷經崎嶇險阻，茹荼海表，亟欲恢復，惜事與願違，遂有「自歎此生多恨事」之語。而其平日行徑，據黃宗羲〈謝時符先生墓誌銘〉載及謝時符事蹟云：

躬耕柴樓之野，雲間徐闇公、張子退避地海濱，與柴樓左近，款狎相過，抵掌指畫，繼之以章皇痛哭，樵牧見之，不知此數人者一日而哀樂屢變也。〔註230〕

〔註225〕《釣璜堂存稿》卷12〈海口城陷哭趙俠侯〉，葉18。
〔註226〕《小腆紀傳》卷43〈朱永祐傳〉，頁529。
〔註227〕《釣璜堂存稿》卷12〈俠侯赴海，求遺骸不得，作此慰之〉，葉19。
〔註228〕參見《全祖望集彙校集注・鮚埼亭集外編》卷12〈徐都御史傳〉，頁962。
〔註229〕《釣璜堂存稿》卷12〈平海軍中感賦〉，葉1。頁851。
〔註230〕黃宗羲：〈謝時符先生墓誌銘〉，清・黃宗羲撰、沈善洪主編：《黃宗羲全集》（杭州：浙江古籍出版社，1993年10月1版），第10冊《南雷詩文集》上，頁410。

可知徐孚遠忠節性成，念茲在茲，旨在恢復故土，故在與好友謝時符、張子退等慷慨悲歌，放浪詩酒，指天畫地之際，悲喜無常也，對此其亦自知，曾言：「途窮時灑孤臣淚，國難應嗤數子狂。」〔註231〕實則，徐孚遠自追隨魯王後，亦密籌方略，擬刻期興師，故積極周旋於諸義旅間，欲令協和共事，然悍帥如鄭彩、周瑞之徒，並不聽徐孚遠之勸。徐孚遠深深感慨道：「諸將前茅少，同時左次多。敷天誰一鶚，畫地歎雙鵝。」〔註232〕魯監國三年（永曆二年，1648），永勝伯鄭彩甚至殺害大學士熊汝霖及義興侯鄭遵謙。風雨飄搖，端賴人才之際，竟殺忠義以斷股肱，致砥柱折中流；魯王因移駐沙埕，徐孚遠有〈詠懷〉云：

> 客子苦飄蓬，羈旅依主人。既慮主人憎，又慮主人親。激烈固基禍，委蛇亦失身。行己疏密間，徘徊多苦辛。我思邵根矩，俯仰不失真。雖嘗游朱戶，矯矯不可馴。自愧非其才，微志何能伸。所願數畝宅，負耒漾水濱。買山猶未得，進退兩逡巡。〔註233〕

徐孚遠置身諸義旅間之間，動輒得咎。因當時諸鎮各以私意相雠殺，文臣左右之，多罹禍。〔註234〕故徐孚遠態度既不能太強硬；復不願違背己意虛與委蛇，致左右為難，乃興歸隱之志。自其〈忤物〉亦可見其內心之苦悶：

> 久居滄海復何稱，抵掌風雲病未能。偶爾蓋人陽處父，自然忤物卞中丞。歎無好侶偕晨夕，空有行吟感廢興。便欲沉冥聊玩世，窮途哪得酒如澠。〔註235〕

徐孚遠棲泊海外，既無人可抵掌劇談，復無酒可消愁，僅能藉吟詩以寄興亡之感，足見其處境之無奈也。

魯監國四年（永曆三年，1649）九月，定西侯張名振迎魯王還浙，次舟山。進張肯堂為東閣大學士，以徐孚遠為國子監祭酒。徐孚遠因至舟山朝王。十月，魯王復授其為左僉都御史，並特頒敕獎勞，令主事萬年英賫赴軍前，命其與勳臣鄭鴻逵、國姓鄭成功，協圖匡復，迅掃胡氛。〔註236〕徐孚遠乃作

〔註231〕《釣璜堂存稿》卷13〈石青以酬友詩見示，感其情摯，聊抒所懷，兼念亡友，依韻而成〉，葉15。

〔註232〕《釣璜堂存稿》卷8〈同鄉馬杏公至，兼聞三楚消息〉，葉29。

〔註233〕《釣璜堂存稿》卷3〈詠懷〉，葉3。

〔註234〕《小腆紀傳》卷43〈朱永祐傳〉，頁529。

〔註235〕《釣璜堂存稿》卷12〈忤物〉，葉31。

〔註236〕見《徐闇公先生年譜》，頁35。

〈受事贈言〉云：

> 寄食豈殊眾，登壇始一呼。鷹秋方展翮，驥老便長途。馮客屢邊
> 舍，齊庭更別竽。雷同羞苟得，拂拭啓良圖。叱馭分夷夏，酌泉試
> 有無。矢心終帶髮，此腹不藏珠。自喜逢知己，人驚得大夫。相看
> 尺木上，顧盼騁天衢。〔註237〕

徐孚遠言己矢志全髮，並以秋鷹展翮，老驥長途自喻，足見其志恪勤王，掃
除殘虜之心。詎料，魯監國六年（永曆五年，1651）九月清兵渡海，舟山城
破，東閣大學士張肯堂、吏部尚書朱永祐及禮部尚書吳鍾巒等死之，徐孚遠
等扈從魯王出奔。十一月，次南日山，遭風，大學士沈宸荃失蹤，徐孚遠〈南
日舟次，失沈彤菴先生，存歿難定，賦以志懷〉云：

> 忽傳雙鯉上游來，數載愁顏始欲開。豈意乘槎中夜去，不知貫月幾
> 時回。或從吳市埋名跡，將逐胥江共酒杯。音信迢迢難可致，蒼波
> 滿眼使人猜。〔註238〕

「南日」位處閩海。沈宸荃，字友蓀，號彤菴；慈谿人。崇禎十三年進士。
嘗親炙黃道周之門，魯監國累擢至東閣大學士，乃徐孚遠之摯友。二人在舟
山同事魯王，舟山陷後艤舟南日山，竟遭風失維，歿於海。〔註239〕從此而風
虎雲龍之想，竟轉為珠沉玉碎之悲矣。

（二）隨魯依鄭

　　舟山城破後，兵部侍郎張煌言同定西侯張名振扈魯監國於三沙；鄭成功
迎魯監國入廈門，躬朝見，行四拜禮，稱主上，自稱罪臣。〔註240〕徐孚遠亦
從亡入閩，因當時島上諸軍全隸屬鄭延平，衣冠之避地者多，如王忠孝、盧
若騰、沈佺期、辜朝薦、紀許國等咸屬之，對此數人，鄭成功待之以客禮，
不敢與講均禮。〔註241〕尤其對徐孚遠更是敬重，何以如此？據全祖望〈徐都

〔註237〕《釣璜堂存稿》卷16〈受事贈言〉，葉13。

〔註238〕《釣璜堂存稿》卷13〈南日舟次，失沈彤菴先生，存歿難定，賦以志懷〉，
　　　　葉18～19。

〔註239〕清・周凱：《廈門志》（臺北：臺灣銀行經濟研究室，1961年1月1版，《臺
　　　　灣文獻叢刊》第95種），卷13〈沈宸荃傳〉，頁549。

〔註240〕清・查繼佐：《魯春秋》（臺北：臺灣銀行經濟研究室，1961年10月1版，《臺
　　　　灣文獻叢刊》第118種），〈永曆五年〉，頁66。

〔註241〕如夏琳《閩海紀要》載云：「時縉紳避難入島者眾，成功皆優給之；歲有常額，
　　　　待以客禮，軍國大事輒咨之，皆稱為老先生而不名。若盧、王、辜、徐及沈
　　　　佺期、郭貞一、紀許國諸公，尤所尊敬者。」清・夏琳：《閩海紀要》（臺北：

御史傳〉云：

> 延平之少也，以肄業入南監，嘗欲學詩於公，及聞公至，親迎之。

〔註242〕

蓋緣鄭延平自少即崇仰徐孚遠，擬從之學詩而未果，今在廈門遇之，遂對其敬重有加。而徐孚遠每以忠義為鏃厲，鄭延平竟夕聽之，亦娓娓不倦，且舉凡軍國大事，悉諮而後行。對此禮遇，徐孚遠嘗嗟歎道：「司馬相如入夜郎，平世事也；以吾亡國大夫當之，傷如之何！」〔註243〕永曆八年（1653）正月，鄭成功改廈門為思明州，並建儲賢、儲材二館，以禮待避地遺臣，故徐孚遠其後在〈上安南西定王書〉中亦提及：

> 又以運屯，同賜姓藩大集勳爵，結盟建義於閩島，與賜姓藩為僚
> 友，養精蓄銳四十萬，待時而動。〔註244〕

此可見徐孚遠隨魯依鄭，遵養時晦，志切復國之用心。鄭成功最初對魯監國月致供億惟謹，遇節及千秋期，更上啓稱賀魯監國弗懈。〔註245〕然逾年餘，因遭細人所譖，遂引嫌罷魯監國供億，且禮儀漸疏。魯監國饑，惟賴諸勳舊及縉紳王忠孝、郭貞一、盧若騰、徐孚遠、紀石青、沈復齋等間從內地密輸，緩急軍需，以資度日也。

　　徐孚遠在島中最重要事蹟，當與流寓諸公來往，共組海外幾社酬酢，如其〈壽在公先生次韻〉云：

> 袖手頻年百不為，圖南無計翅仍垂。未須脫屣求丹訣，且復觀濤任
> 白髭。往日夔龍歸信史，凌霜松柏失爭時。陳疇豈是熊羆事，耿鄧
> 何妨笑我癡。〔註246〕

在公即辜朝薦之字，朝薦潮州人，崇禎元年（1628）進士。〔註247〕詩中寫徐孚遠與辜朝薦藉詩歌往來酬答，慰藉彼此心中家國之悲。另〈壽復齋中丞〉則云：

　　臺灣銀行經濟研究室，1958 年 4 月 1 版，《臺灣文獻叢刊》第 11 種），卷上〈乙未〉，頁 14。另參《全祖望集彙校集注·鮚埼亭內集》卷 27〈陳光祿傳〉，頁 497～498。

〔註242〕《全祖望集彙校集注·鮚埼亭集外編》卷 12〈徐都御史傳〉，頁 962。
〔註243〕《廈門志》卷 13，頁 550～551。
〔註244〕徐孚遠：〈上安南西定王書〉，《釣璜堂存稿·遺文七》，葉 1。
〔註245〕《魯春秋》，〈永曆五年〉，頁 66。
〔註246〕《釣璜堂存稿》卷 15〈壽在公先生次韻〉，葉 18。
〔註247〕《小腆紀傳》卷 57〈遺臣二·辜朝薦傳〉，頁 794。

三山塵外似增城，仙桂飄香伴月卿。此日煙霞供笑傲，他年人物倚
澄清。卓侯仍入雲臺畫，綺季何嫌束帛迎。南海灘頭相待老，敢將
二妙並時名。〔註248〕

復齋中丞即沈佺期。沈佺期，字雲又，號復齋，南安人，崇禎十六年（1643）
進士。當福州破，遯跡廈門。〔註249〕因志趣相合，亦與徐孚遠共同籌劃復明
大業。再者，如其〈駱亦至詩歌〉云：

可憐天睡何難曉，眞人已出猶杳杳。駱子跳身兩島中，眼穿欲望九
州同。有母牽衣行不得，授經數載途愈窮。地癖時危人輕徙，故交
欲盡講堂空。春蘭秋桂兩相宜，遣興惟成數卷詩。君詩於古何所
似，杜陵五言不異此。氣味深老神骨蒼，大鑛扣之人不喜。此中解
事兩三家，心愉目豁長咨嗟。莫謂島棲無所事，君今得此良已奢。
知我好吟同調寡，示以清音眞灑灑。澗溪涓流不足觀，銀河激浪從
天瀉。看取他年洛鎬平，徵車好作周家雅。〔註250〕

此則與駱亦至吟詩談文，聊以遣興，成爲賞音。

徐孚遠寓居鷺島，最常相過從者當爲紀石青。曾自言：「踽踽僑寓，與石
青往還島上如兄弟。」〔註251〕綜觀徐孚遠《釣璜堂存稿》中與紀石青往返唱
和詩作亦頗多〔註252〕，可見兩人交誼之深，如〈石青以「養兌處潛」見勖，
作此以當書紳〉云：

我生喜豁達，交情無薄厚。懷意恥囁嚅，是非紛然剖。行己三十
年，盡言亦罕咎。爾來南海濱，適當亂離後。世事不可測，荊棘固
多有。諒哉石青子，戒我兌其口。況在乾爻初，保身良非偶。人苦
不自知，多君能善誘。從此凜如冰，養默以自守。臧否付秋風，豈

〔註248〕《釣璜堂存稿》卷15〈壽復齋中丞〉，葉18。
〔註249〕《廈門志》卷13〈沈佺期傳〉，頁556。
〔註250〕《釣璜堂存稿》卷7〈駱亦至詩歌〉，葉5。
〔註251〕徐孚遠：〈湄龍堂詩文集序〉，《釣璜堂存稿‧遺文六》，葉2。
〔註252〕如〈贈紀石青〉、〈同諸子、石青齋讌集紀懷〉、〈石青以「養兌處潛」見勖，
作此以當書紳〉、〈約石青南游不果，賦以抒懷〉、〈石青歸故里賦贈〉、〈揭萬
年令嗣到海收家集集成寄石青所藏之詩記其事并贈〉、〈是日石青同坐，論死
難諸公有感而作〉、〈紀石青〉、〈贈石青、復甫〉、〈贈紀石青〉、〈詠石青詩集
有感〉、〈石青以酬友詩見示，感其情摯，聊抒所懷，兼念亡友，依韻而成〉、
〈遲紀石青不至〉、〈與紀石青借書籍〉、〈遲紀石青不至〉等諸詩咸屬之。筆
者以爲紀許國應是海外幾社重要成員之一。

　　曰藏山藪。庶幾寡悔吝，持以報我友。〔註253〕

紀許國，字石青，同安後嶼人，乃紀文疇長子。為人「持身必典型，遠俗神
蕭穆」〔註254〕，從其父舉義而避地鷺島。鄭成功曾欲致之幕府，然紀石青卻
「書卷仍千古，山田足此生。於身良不負，出處待時清」〔註255〕，竟不能
屈。紀石青所居曰吳莊，惟見「群書森滿屋」〔註256〕，平日則「丈室披詩
書」〔註257〕，其詩集具有「抽揚銀筆存華夏，點注丹書泣鬼神。禾黍悲歌
當日事，衣冠磊落百年身」之風格〔註258〕，徐孚遠因言其「取適在文苑」
〔註259〕。實則，徐孚遠對紀石青頗為欽許，稱「紀子人倫表，清言故上流。
更為劉邵志，不忝許詢游。此日才難見，高風古莫儔。何時輿論定，共爾著
陽秋」〔註260〕。可見徐孚遠對其心儀之情，已溢於言表矣。徐孚遠自言「六
鼇拄不得，客子自苦辛。君乃策雙足，就我荒山麓。」〔註261〕益以「憐君落
落堪同調」〔註262〕，故二人交情深厚，紀石青因提醒其「養兒處潛」，以免罹
禍，誠是直諒之友也。

　　徐孚遠以近半百之年，追隨魯王，從亡海上，孤忠亮節，出生入死，亦
在所不避。孚遠「乘槎常效南冠哭，避地終懷北闕心」〔註263〕，清軍攻陷
舟山，股肱之臣、虎賁之將殉難頗多，徐孚遠時從魯王奔閩海，後留在鷺島
依鄭成功，延平以上賓禮遇之，大事皆諮而後行，此見其受倚重之一斑。
徐孚遠更與紀石青、林霍等往還唱和，尤與紀石青之交情最深，平素二人
除縱心山水，亦商借書籍、贈送詩集，更規諫其短。此外，徐孚遠並期許
之「周鼎未還心不死，魯戈應奮日將西」〔註264〕，足見徐孚遠忠義之情重
也。

〔註253〕《釣璜堂存稿》卷3〈石青以「養兒處潛」見勖，作此以當書紳〉，葉5～6。
〔註254〕《釣璜堂存稿》卷3〈同諸子、石青齋讌集紀懷〉，葉5。
〔註255〕《釣璜堂存稿》卷9〈紀石青〉，葉21。
〔註256〕《釣璜堂存稿》卷3〈同諸子、石青齋讌集紀懷〉，葉5。
〔註257〕《釣璜堂存稿》卷4〈石青歸故里賦贈〉，葉13。
〔註258〕《釣璜堂存稿》卷12〈詠石青詩集有感〉，葉24。
〔註259〕《釣璜堂存稿》卷3〈贈紀石青〉，葉1～2。
〔註260〕《釣璜堂存稿》卷8〈是日石青同坐，論死難諸公有感而作〉，葉28。
〔註261〕《釣璜堂存稿》卷3〈約石青南游不果，賦以抒懷〉，葉29～30。
〔註262〕《釣璜堂存稿》卷13〈石青以酬友詩見示，感其情摯，聊抒所懷，兼念亡友，
　　　　依韻而成〉，葉15。
〔註263〕《釣璜堂存稿》卷13〈傳安昌自瀚海北歸〉，葉5。
〔註264〕《釣璜堂存稿》卷12〈贈紀石青〉，葉24。

四、阻道安南

永曆十二年（1658）正月，桂王派遣漳平伯周金湯、職方黃臣以自廣東龍門航海至廈門，進封鄭成功爲延平王，令其出師恢取東粵並聯合直浙義旅，以窺金陵。同時晉徐孚遠爲左副都御史，敕諭徐孚遠勿蹉跎歲月而應當機立斷，勉忠勸義，擊楫同袍，冀其能與鄭成功朝夕黽勉，以建立奇勳。〔註265〕鄭成功遂進謝表並擬會師江南，因疏命徐孚遠偕都督張衡宇、職方黃臣以同赴滇向桂王復命。徐孚遠隨使入覲，擬泛海自安南入安隆，因取道安南，以其近滇也。出發前張煌言有〈徐闇公入覲行在，取道安南；聞而壯之二首〉鼓舞之：

> 益部星文紫氣纏，遙知雙烏入朝天。孤臣白髮還投闕，眞主黃衣尚
> 備邊。五嶺新銜春瘴癘，九溪舊闢漢山川。旌旗只在昆明裏，好說
> 中原望凱旋！

> 萬里行朝古夜郎，從龍敢復憚梯航！使車合浦愁風黑，賈舶交州怯
> 日黃。白馬侯王今異姓，青牛令尹久炎荒。多君不負溫劉約，玉珮
> 先歸銅柱旁。〔註266〕

詩中充滿海上遺老相互砥礪忠君報國之志。

闖海孤臣往滇中昆明朝闕，徐孚遠等三人乘舟航行交海，入交港後，忽霧迷南北，望見江之滸有伏波將軍廟，乃焚香祭拜，須臾，復雲開見日，其〈同黃、張祀伏波將軍廟歌〉云：

> 自古中興稱建武，將軍挾策求眞主。東廟一見展英謨，腰懸組綬分
> 茅土。晚年仗鉞向炎州，樓船下瀨漾中流。朱鳶已定日南服，重開
> 七郡獻共球。靈跡千秋銅柱存，蠻夷長老咸駿奔。至今廟祀江之
> 滸，舟師日日薦芳蓀。我從國變山中哭，鳥折其翮車無軸。衰老難
> 跨上將鞍，麤疏方似當時璞。一聞交海近行都，便隨商舶駕雙臬。
> 高檣狃浪看轉側，陽侯驤首凌天吳。忽然濃霧迷南北，天地暗慘長
> 年惑。長年無計焚片香，歸命將軍頌明德。須臾雲淨四山開，如見
> 拓戟光徘徊。從此揚帆兼命楫，擊鼓吹簫取道來。沙淺江平識去
> 津，翩翩蝴蝶引行人。我行祗謁神祠下，青青竹色水粼粼。古碑斑

〔註265〕見《徐闇公先生年譜》，頁46。

〔註266〕明‧張煌言撰、張壽鏞編：《張蒼水集》（臺北：新文豐出版公司，1988年4
　　　　月臺1版，《四明叢書》，第2集，總第5冊），卷2《奇零草》（二），頁216。

剝字畫漫，執圭衣黼著蟬冠。酒馨牲腯來夷女，拜手陳詞看漢官。
將軍上殿喜論兵，聚米還成山谷形。此日聖王方借箸，好將圖畫入
承明。〔註267〕

伏波將軍廟乃供奉東漢伏波將軍馬援。馬援因平定交阯而被封新息侯並立銅
柱，徐孚遠與張衡宇、黃臣以等向其祭拜後，終在「上巳之後到交州」〔註268〕。
至交州後與安南禮部尚書范公著、侍郎黎敦等相唱和，作有〈贈安南范禮部〉
及〈贈黎禮部〉二詩〔註269〕。然徐孚遠等在安南並未受到禮遇，其〈晦日同
臣以、衡宇〉云：

晴光煜煜雨霏霏，夷服夷言相刺譏。客裏三人如貫索，舟居兩月似
圓扉。宋臣眞喜華元返，漢使難期谷吉歸。此日已爲春盡日，雲雷
猶自感天威。〔註270〕

徐孚遠三人自三月三日抵安南後，握節交州並不順利，從詩中「夷服夷言相
刺譏」可知，且如坐針氈，遂有「客裏三人如貫索，舟居兩月似圓扉」之語。
而自其〈在交日久，傳語日變，莫測其情；或言舊唐人有洩余姓名者，故愈
欲余謁晤而甘心焉〉詩，亦可略見端倪：

風霧蕭蕭嗟遠道，主賓擾擾誤虛名。誰占李耳車前氣，欲絕淳于冠
下纓？豈是鬚眉眞有異，從來頭足自當明。雖然周室非全盛，王會
開時南海清。〔註271〕

初，都督張衡宇謁見安南王，但未獲請；而徐孚遠自言己身「兩朝奉敕軺軒
使，六帙行年丘墓身」〔註272〕，以耳順之年爲假道安南而破浪萬里，將遊交
南，以達行在。島夷不遜，卷棹東還屢涉驚濤，兼之暑熱成病，致未具啓。
實則，安南西定王鄭柞乃要徐孚遠以臣禮謁見〔註273〕，因永曆十一年（1657）
秦、魯二藩遣使至安南，乃用拜禮，故欲徐孚遠援例而行，但徐孚遠以爲不
合禮儀乃不從，其在〈上安南西定王書〉中解釋道：

〔註267〕《釣璜堂存稿·交行摘稿》，〈同黃、張祀伏波將軍廟歌〉，葉1～2。
〔註268〕《釣璜堂存稿·交行摘稿》，〈贈安南范禮部〉，葉2。
〔註269〕《釣璜堂存稿·交行摘稿》，〈贈黎禮部〉，葉2。
〔註270〕《釣璜堂存稿·交行摘稿》，〈晦日同臣以、衡宇〉，葉3。
〔註271〕《釣璜堂存稿·交行摘稿》，〈在交日久，傳語日變，莫測其情；或言舊唐人
　　　　有洩余姓名者，故愈余謁晤而甘心焉〉，葉3。
〔註272〕《釣璜堂存稿·交行摘稿》，〈與臣以論行止〉，葉5。
〔註273〕鄭柞爲安南清王鄭梉之子，當時由其繼秉國政，受封爲西定王，見《徐闇公
　　　　先生年譜》，頁45。

（秦、魯）二藩雖貴，乃大明之臣，與貴國敵體；其所遣使乃奔走
末弁，爵不列於天朝，名不聞於閭巷，先王宴而資送之，不爲薄
矣。今張都督貴官，不同於前；然在賜姓藩下，奉書拜謁，於禮無
譏。若孚遠濫居九列、事忠恭承王命，有異於是。伏維殿下訪諸大
臣，得遣一兩員來與孚遠等商定，使孚遠等有以受教於殿下，有以
不獲罪於朝廷、不貽譏於天下萬世，殿下之大惠也，孚遠等之至願
也。〔註274〕

徐孚遠在書中清楚說明其忝居九列，恭承王命，故不得行拜禮，而堅持祗行
賓主禮之故，因有「豈是鬚眉眞有異，從來頭足自當明。」自此證其磁磁大
節，襟期磊落，皎如日星，無絲毫粉飾於其間。實則徐孚遠自知其處境艱難，
但仍堅持到底，言「守禮應知一死輕」〔註275〕，頗能踐履儒家「爾愛其羊，
我愛其禮」之語，因其深知「一拜夷王節又虧」〔註276〕，且感受到「臣節當
堅中路阻」〔註277〕、「羽翼摧傷同螟蛭」〔註278〕之無奈，更領教到安南「天
威未振小夷驕」〔註279〕、「井蛙有國堪尊大」〔註280〕之嘴臉。更將所見，寫
成〈土風〉一詩以記其風土民情：

> 得意中官故喜豪，常將絲竹擬雲璈。盡搜漢物如遇市，約略方言似
> 旅獒。蠻女跣行窺玉節，夷男箕坐弄霜毫。此州本屬王封外，何事
> 來遊紆佩刀！〔註281〕

自安南之音樂、語言、行爲、儀態數端，可見其爲蠻夷之族而非上邦明矣。
而徐孚遠在〈上安南西定王書〉中，曾懇切說明所以假道安南之目的乃因「皇
上命之齎奉詔書至賜姓營，約以進兵。賜姓遵奉，會合群帥，統率大師，將
直抵金陵；遣張都督送孚遠等於朝，恭報師期，催發晉、蜀、韓三藩同逼江
北。以殿下世兄弟玉帛歲通，歡好深切，求殿下慨然送行。」〔註282〕然久未
得回音，故〈遣懷〉云：

〔註274〕徐孚遠：〈上安南西定王書〉，《釣璜堂存稿·遺文七》，葉2。
〔註275〕《釣璜堂存稿·交行摘稿》，〈四月朔〉，葉3。
〔註276〕《釣璜堂存稿·交行摘稿》，〈舟中雜感〉（其一），葉4。
〔註277〕《釣璜堂存稿·交行摘稿》，〈舟中雜感〉（其二），葉4。
〔註278〕《釣璜堂存稿·交行摘稿》，〈四日〉，葉4。
〔註279〕《釣璜堂存稿·交行摘稿》，〈舟中雜感〉（其二），葉4。
〔註280〕《釣璜堂存稿·交行摘稿》，〈四日〉，葉4。
〔註281〕《釣璜堂存稿·交行摘稿》，〈土風〉（其二），葉6～7。
〔註282〕徐孚遠：〈上安南西定王書〉，《釣璜堂存稿·遺文七》，葉1。

蠻俗眞知賈客豪，使車至止亦徒勞。漫將玉帛人誰答，默禱神祇天
愈高。何吉何凶詢季主，爲醒爲醉感離騷。傷心有似孤飛鶴，引吭
長鳴徹九皋。〔註283〕

對西定王之遲遲不報書，因云：「漫將玉帛人誰答」？而徐孚遠等人僅能「默
禱神祇」。然眼看時光流逝「春餘涉夏又盈旬」〔註284〕、「三月拘留臣節艱」
〔註285〕，徐孚遠等人卻有如籠中鶴、韝上鷂，卻又莫奈他何，有〈舟中雜
感〉云：

蘇卿臥雪窮邊日，漢將揮戈出塞時。甲第連雲軍氣盛，羝羊荒草使
臣悲。節旄欲盡天寧感，雁帛難傳人豈知？悼古傷今空涕淚，臨流
無計強題詩。〔註286〕

徐孚遠以蘇武出使匈奴被羈留之事自喻，眼看「夷人喜怒不可知，羝羊能乳
在何時」〔註287〕，益以「故人海內無存者，誰撰招辭下大荒」〔註288〕，其〈西
望〉云：

不見文淵西下期，空餐交米望王師。壁間劍有悲鳴感，雲裏鳧無首
路時。杜甫雖忠心轉拙，范增已老計非奇。從今便絕冠纓客，結伴
山中共采芝。〔註289〕

寸丹耿耿之徐孚遠自覺已如杜甫、范增之老與拙，且又未見如伏波將軍馬援
之王師來平定南蠻，己雖爲「一葵向日知無補」〔註290〕，不得已情況下，因
決定蕭然返棹，〈歸舟〉云：

何處可容我，只宜桴海中。衣冠千古事，舟楫四時風。塵世浪頭
碧，勞人魚眼紅。皇輿猶轉側，客子固須窮。〔註291〕

徐孚遠始終認爲衣冠千古事，寧斷朝天夢，亦不改君子固窮之義，故絕不屈
從於西定王之要求，而擬歸返廈門。

徐孚遠自安南回程時，舟須行經鬼門關，有〈交州有鬼門關，舟行過

〔註283〕《釣璜堂存稿‧交行摘稿》，〈遣懷〉，葉6。
〔註284〕《釣璜堂存稿‧交行摘稿》，〈舟中雜感〉其四，葉5。
〔註285〕《釣璜堂存稿‧交行摘稿》，〈舟中雜感〉其六，葉5。
〔註286〕《釣璜堂存稿‧交行摘稿》，〈舟中雜感〉其七，葉4。
〔註287〕《釣璜堂存稿‧交行摘稿》，〈五日同黃、張飲歌〉，葉9。
〔註288〕《釣璜堂存稿‧交行摘稿》，〈西望〉其三，葉8。
〔註289〕《釣璜堂存稿‧交行摘稿》，〈西望〉其四，葉8。
〔註290〕《釣璜堂存稿‧交行摘稿》，〈舟中雜感〉其三，葉4。
〔註291〕《釣璜堂存稿‧交行摘稿》，〈歸舟〉，葉9～10。

關，乃入華界，將歸作〉云：

> 交行將過鬼門關，及至斯關又遣還。天路難階鬼亦厭，只宜流落在
> 人間。〔註292〕

以詼諧幽默口吻寫其安然闖過安南入華之界關。然並非從此進入坦途，因仍須渡過素以危險出名之一線沙，故徐孚遠、張衡宇與黃臣以三人自忖必死無疑，此自其〈行瓊海，入一綫沙，亦名角帶沙，危險萬狀，吾輩三人，自擬必死矣，口占〉〔註293〕詩題可見一斑。而三人雖僥倖不死，誰知竟又殺出程咬金，其〈伙長已誤入一綫沙，以出沙爲艱，欲沿山而行，將抵瓊州海口，乘風直過，吾輩難之，曰：若遇虜舟，則奈何？伙長曰：昔年曾過此，虜無舟也，主舶者利得速出，亦以爲然。衡宇疑曰昔即無舟，安知今不有也。臣以大笑曰：瓊大郡也，以海爲固，聞王師將出粵東，必且造舟自備，豈無數艦爲我難乎！然無以奪其說。自二十七訖朔日，至紗帽山。西南風即出矣，乃值東風，不可行。未客，見一八櫓船來，始惶駭，未及治備禦，已發一銃相加，又見二舟出，始返棹，乘東風疾行，得脫〉云：

> 漢棄朱崖已數年，王人那到海南邊。舟工自謂乘槎便，港內艨艟正
> 鬱然。（其一）
>
> 港內艨艟正鬱然，將施蝃箭吐蛟涎。皇天不與衣冠入，故作東風阻
> 客船。（其二）
>
> 履危將欲哭途窮，且喜先機遇好風。笑爾艤舟終日待，鯨魚已放碧
> 流中。（其三）〔註294〕

徐孚遠等人歸程可謂驚險萬分，非但有地理上先天形成危險萬狀之一線沙，

〔註292〕《釣璜堂存稿‧交行摘稿》，〈交州有鬼門關，舟行過關，乃入華界，將歸作〉，葉10。

〔註293〕《釣璜堂存稿‧交行摘稿》，〈行瓊海，入一綫沙，亦名角帶沙，危險萬狀，吾輩三人，自擬必死矣，口占〉，葉10。

〔註294〕《釣璜堂存稿‧交行摘稿》，〈伙長已誤入一綫沙，以出沙爲艱，欲沿山而行，將抵瓊州海口，乘風直過，吾輩難之，曰：若遇虜舟，則奈何？伙長曰：昔年曾過此，虜無舟也，主舶者利得速出，亦以爲然。衡宇疑曰：「昔即無舟，安知今不有也」？臣以大笑曰：「瓊大郡也，以海爲固，聞王師將出粵東，必且造舟自備，豈無數艦爲我難乎！」然無以奪其說。自二十七訖朔日，至紗帽山。西南風即出矣，乃值東風，不可行。未客，見一八櫓船來，始惶駭，未及治備禦，已發一銃相加，又見二舟出，始返棹，乘東風疾行，得脫〉，葉10～11。

復有清虜埋伏窺伺。然三人仍苦中作樂，不失幽默之心，其後清兵雖開銃射殺，徐孚遠等人乘東風之便，遂得疾行而脫險。然雖已脫離一綫沙，仍非萬無一失，其〈自綫沙出，得西風，可至大洲頭，始為通道。行至初五日，已報過洲頭，風輕流迅退回〉云：

> 生門死路大洲頭，已過仍回客更愁。目斷長風凡九日，心懸少女似
> 三秋。〔註295〕

真可謂好事多磨，竟因西風之吹送，而錯過大洲頭，致再回航，而終至大洲頭，其〈行大洲頭歌〉云：

> 南風氣盡溯洲頭，不及西風一夕流。自古乘時人力易，何須鞭石駕
> 飛蚪？〔註296〕

徐孚遠見識到西風之威力，因體會乘時之重要。七夕時，刮起西風，故安然渡過大洲頭〔註297〕，然三人雖歸心似箭，無奈老天爺不幫忙，又接連暴風，因有「南海行幾一月程，狂風號怒客魂驚」之句。〔註298〕然終苦盡甘來，平安歸閩，徐孚遠有感於此趟航程之不易，如〈舟行迷道作〉云：

> 交州古號越裳國，其使來朝歸不得。聖人作法示指南，舟人傳之為
> 準則。今日針師何等閒，群峰指點有無間，挂帆疑往又疑還。屢行
> 七聖俱迷道，不見閩人夢裏山。〔註299〕

徐孚遠因親身嚐到舟行迷道之苦，知此中大有學問，故對針師能對群峰瞭若指掌，並作出指南感到極為佩服。

徐孚遠隨使入覲，泛海自安南入安隆，張煌言有〈徐闇公入覲行在，取道安南；聞而壯之二首〉鼓舞之，前已引，不贅，徐孚遠回閩，永曆十二年（1658）冬即將阻道安南實錄《交行摘稿》鈔寄身在舟山整軍之張煌言，煌言有〈得徐闇公信，以《交行詩刻》見寄二首〉

> 天南消息近成虛，一卷新詩當尺書。誰看墜鳶偏擊楫，似聞鳴犢竟
> 回車。蠻夷總在天威外，越雋應非王會初！讀罷瑤篇還涕淚，行吟
> 何獨有三閭！

〔註295〕《釣璜堂存稿‧交行摘稿》，〈自綫沙出，得西風可至大洲頭，始為通道行至初五日，已報過洲頭，風輕流迅退回〉，葉11。
〔註296〕《釣璜堂存稿‧交行摘稿》，〈行大洲頭歌〉，葉11～12。
〔註297〕《釣璜堂存稿‧交行摘稿》，〈七夕西風過大洲頭〉，葉12。
〔註298〕《釣璜堂存稿‧交行摘稿》，〈將至大星，連日暴風〉，葉12。
〔註299〕《釣璜堂存稿‧交行摘稿》，〈舟行迷道作〉，葉12。

瘴海誰堪汗漫行，知君五月在舟程。鯷人鼓鬣驚濤暗，烏鬼含沙宿霧生。溫嶠已乖歸闕望，張騫徒負泛槎名！武陵溪畔桃源客，故節依然蘇子卿。〔註300〕

徐孚遠經涉安南，因島夷不遜，仍抗節不屈致卷棹東還，歸閩鷺島時，已屆永曆十二年（1658）秋。故詩中言徐孚遠取道安南舟程有五個月之久，備嘗艱辛。行吟海畔成《交行摘稿》，如三閭大夫屈原問天呵壁之作，晉見安南王之不屈氣節，如蘇武持節北海。

五、往來臺廈

往來臺廈時期指徐孚遠永曆十二年（1658）秋經涉安南歸鷺島後至永曆十七年（1663）十月，清軍攻下金門、思明爲止。故下文即就此加以探究之。

觀明末遺臣，其初或起義、或言事，各有所謀；其後或蹈海、或居夷，然其志並不少沮，徐孚遠即一突出代表，據其〈自壽遣興之作〉云：

行年六十亦何爲，歲歲傷心兩翅垂。槎上波濤爭日月，谷中花鳥笑鬚髭。鄧芝受律雖猶晚，蘇武還朝正此時。筆健尚能題甲子，移山塡海故非痴。〔註301〕

此詩乃寫於永曆十二年（1658）十一月二十五日徐孚遠初度之辰，當時其已屆花甲之年。而是年因有阻道安南，要以臣禮，不屈而還之事，故徐孚遠自喻爲蘇武持節北海，因有「蘇武還朝正此時」之語。觀徐孚遠雖慘歷舟艱落漈，路入鳴沙，身危僅免之險境，其仍壯志淩雲，不畏艱辛，擬再赴安龍。據其向學生林霍敘述道：「聞粵東猶可以達，特險耳。今天使黃兄尚在，明春須問途，不肖固不惜命也」〔註302〕，因知其已置個人死生於度外。

其後徐孚遠仍居廈門，對此黃定文於〈書鮚埼亭集徐闇公墓誌後〉中亦言道：

經安南，要以臣禮，不屈。迴舟誤入一線沙，得東風始出，僅而得還，仍居島中。時鄭成功於魯王修寓公之禮，從亡者皆依焉。成功初在南京國學，嘗欲學詩於闇公，以是尤敬禮。如是者，幾及十

〔註300〕〈得徐闇公信，以《交行詩刻》見寄二首〉，《張蒼水集》卷3《奇零草》（三），頁223。

〔註301〕《釣璜堂存稿》卷14〈自壽遣興之作〉，葉31。頁1063。

〔註302〕林霍：〈徐闇公先生傳〉，見《徐闇公先生年譜・附錄一》，頁62。

年。〔註303〕

而此即蕭中素所謂「島中空老舊衣冠」也。〔註304〕徐孚遠在島中日子清苦，其〈病吟〉云：

> 近來世事轉成屯，作客連年徒苦辛。莊子夢中幾喪我，伯奇形化尚憎人。風侵肩背憐強項，霜入鬢髯特損神。老去將無塡大壑，恐難重問五湖津。（其一）

> 抱病兼旬但畫眠，秋風入戶有周旋。磻溪未老人多厭，鬼谷成書世已傳。畫地占天空自笑，耽雲坐石卻如顚。眞龍杳㫚時將暮，朽骨那持劉項權。（其二）〔註305〕

寄跡滄海，冒風履霜，老病纏身，悲歌悵望，時歌、時哭，人莫知其內心之苦也，故姚光言其雖未如陳子龍、夏允彝之沉淵殉國，然其「侘傺無聊，困苦備嘗，仍能守節不渝以終者，爲尤難矣」〔註306〕。

其後鄭成功思取臺灣，據全祖望〈明故權兵部尚書兼翰林院侍講學士鄞張公神道碑銘〉載：

> 明年，移師林門；尋於桃渚。時大兵兩道入海討成功，皆失利；而成功以喪敗之餘，雖有桑榆之捷，不足自振，乃思取臺灣以休士。〔註307〕

永曆十四年（1660）鄭成功已透露有意取臺灣，十五年三月抵澎湖。對鄭成功征臺之事，張蒼水不以爲然，並貽書爭之，據全祖望載其事云：

> 公遣幕客羅子木以書挽成功，謂「軍有進寸、無退尺；今入臺，則將來兩島恐並不可守：是孤天下之望也」。成功不聽。成功雖東下，而大兵尚忌之；懼其招煽沿海之民，於是有遷界之役。沿海之民不

〔註303〕清・黃定文：《東井詩文鈔》（臺北：新文豐出版公司，1988年4月臺1版，《四明叢書》，第1集），卷1〈書鮚埼亭集徐闇公墓誌後〉，頁475。又見《徐闇公先生年譜》，〈書鮚埼亭集徐闇公傳後〉，頁69～70。

〔註304〕蕭中素：〈輓徐闇公先生歸櫬兼寄武靜先生〉，見《徐闇公先生年譜》，頁53。

〔註305〕《釣璜堂存稿》卷15〈病吟〉，葉19。

〔註306〕姚光：〈釣璜堂存稿跋〉，明・徐孚遠：《釣璜堂存稿・徐闇公先生遺文・序》，葉1。姚光撰、姚昆群等編：《姚光集》（北京：社會科學文獻，2000年6月1版），第1卷〈文集・第一編復廬文稿〉，頁46。

〔註307〕《全祖望集彙校集注・鮚埼亭集》卷9〈明故權兵部尚書兼翰林院侍講學士鄞張公神道碑銘〉，頁190。

願遷，大兵以威脅之，猶遲延不髮；公頓足嘆曰：「棄此十萬生靈而爭紅夷乎」？乃復以書招成功，謂「可乘此機，以取閩南」。成功卒不能用。公遺書侍郎王公忠孝、都御史沈公荃期、徐公孚遠、監軍曹公從龍，勸其力挽成功；而卒不克。〔註308〕

張蒼水目擊清廷遷徙沿海居民，致百萬生靈處在水身火熱中，故冀藉勁旅以拯其於水火，因反對鄭成功攻打臺灣，主張寧爲玉碎毋爲瓦全，因請徐孚遠等遊說鄭成功，然事未就。而鄭成功欲退至臺灣之事，其詩則曾言及，如〈王正書懷〉其二云：

天醉沉沉無醒期，興懷周室淚雙垂。元戎不惜軍麾徙，寓客何嫌禮貌衰。蹈海魯連仍作伴，枕戈越石是眞癡。幾時王旅收南國，欲訪遺簪早濟師。〔註309〕

詩中「元戎不惜軍麾徙」句，即指此事，而徐孚遠自言「蹈海魯連仍作伴」，知其亦擬隨鄭成功入臺，考其在臺期間並不長，應在永曆十五年（1661）夏秋之際離臺回廈。〔註310〕

〔註308〕《全祖望集彙校集注·鮚埼亭集》卷9〈明故權兵部尚書兼翰林院侍講學士鄞張公神道碑銘〉，頁190。

〔註309〕《釣璜堂存稿》卷15〈王正書懷〉其二，葉23。

〔註310〕徐孚遠此次在臺期間並不長，應在永曆十五年（1661）秋天離臺回廈門。已知徐孚遠於九月十五日序張煌言《奇零草》詩集於「思明西埔寓」。又據張煌言〈答曹雲霖監軍書〉云：「徐兄來，接有手教；想徐兄掛帆時，敝差官尚未到臺城，故社翁不審北方消息耳。然敝差官去後，浙事又一變。及徐兄至，弟已移師寄寓沙關矣。種種虜情，已具在前日報文內，不必更贅。獨是僞令遷徙沿海居民，百萬生靈盡入湯火中，洶洶思動；惜無一勁旅爲之號召，以致顚連莫告。我輩坐視其荼毒而不能救，眞愧殺也！弟栖遲沙關幾三月矣，金盡粟空，誰能爲景升、仲謀者？只得仍圖北返。兩番鼓棹，又以石尤留滯。今春風至矣，決計回浙，亦旦晚間事。」見《張蒼水集》卷5《冰槎集》，頁252。按：永曆十五年（1661）三月曹從龍隨鄭成功征臺，至永曆十六年十月鄭經入臺收殺之，皆未離開臺灣。曹從龍當於永曆十五年冬遺書張煌言請序其詩集，手書由徐孚遠帶至沙關轉交，張煌言因作〈曹雲霖詩集序〉一文。初，永曆十五年三月鄭成功出兵取臺灣，張煌言遣參軍羅子木致書阻之，成功不聽。後張煌言引軍入閩，次沙關，此當在永曆十五年冬。全祖望〈明故權兵部尚書兼翰林院侍講學士鄞張公神道碑銘〉認爲在永曆十五年三月，當不確。見《全祖望集彙校集注·鮚埼亭內集》卷9〈明故權兵部尚書兼翰林院侍講學士鄞張公神道碑銘〉，頁190。而據〈答曹雲霖監軍書〉文中「弟栖遲沙關幾三月矣」，「今春風至矣，決計回浙」等語推斷，「今春風至矣」，指永曆十六年正月，則徐孚遠離開臺灣，在永曆十五年夏秋之際；徐孚遠至沙關見張煌言，當在永曆十五年十一月左右。

徐孚遠第二次來臺過程，據其〈擬徙〉云：

> 去國離鄉十七年，一回屈指一淒然。避地班彪常易地，談天鄒衍豈
> 窮天。龍興雲際如相待，鵬徙溟池未擬旋。握節孤臣心更苦，滄波
> 投骨有誰憐。〔註311〕

詩寫他在永曆十五年（1661）八月準備遷徙到臺灣時的心境。九月有〈仲秋
下旬守風至秋盡不得行〉〔註312〕，而當其欲出發時，偏又天不從人願，因有
〈東行阻風〉云：

> 擬將衰鬢寄東蒙，頻月東風不得東。身世何堪常作客。飄搖難禁屢
> 書空，攜兒兼載黃牛嫗，農作應追阜帽翁。稍待波平陽月後，一舠
> 須放碧流中。〔註313〕

「稍待波平陽月後」乃期待十月海象波平，方能啓航。徐孚遠一直在廈門待
風信，直至隔年（1662）正月才順利出航到臺灣，故有「時近上元作颶慣」
（〈待颶〉）〔註314〕，「日日懸帆未擬開，上元佳節漸相催」（〈王正十四泊彭
江〉）〔註315〕。其〈擬東書懷〉乃不辭勞苦，急於爲國事奔波，準備來臺：

> 昔日衣冠今渺茫，島居一紀又褰裳。移家不惜鄉千里，種秫何嫌水
> 一方。地理未經神禹畫，醫書應簡華佗囊。餘年從此遊天外，知是
> 劉郎是阮郎。〔註316〕

徐孚遠自永曆五年（1651）舟山城陷，隨魯王到廈門投靠鄭成功，至今（永
曆十六年，1662）居廈門島，前後共十二年。而臺灣位於海外，對詩人而言，
無乃天外一方，但曠達以對，臺灣亦不失爲人間新天地。此即全祖望〈沈太
僕傳〉中所言：「時海上諸遺老多依成功入臺」〔註317〕。

徐孚遠入臺後積極從事教育，發展儒學教化，據全祖望〈徐都御史傳〉
云：

> 閩中自無餘開國以來，台灣不入版圖。及鄭氏啓疆，老成耆德之士
> 皆以避地往歸之，而公以江左社盟祭酒爲之領袖，臺人爭從之遊。

〔註311〕《釣璜堂存稿》卷15〈擬徙〉，葉23～24。
〔註312〕《釣璜堂存稿》卷7〈仲秋下旬守風至秋盡不得行〉，葉28～29。
〔註313〕《釣璜堂存稿》卷15〈東行阻風〉，葉25。
〔註314〕《釣璜堂存稿》卷7〈待颶〉，葉30。
〔註315〕《釣璜堂存稿》卷20〈王正十四泊彭江〉，葉19。
〔註316〕《釣璜堂存稿》卷15〈擬東書懷〉，葉25。「東」原刻本作「柬」，誤。
〔註317〕《全祖望集彙校集注·鮚埼亭集》卷27〈沈太僕傳〉，頁499。

公自歎曰：「司馬相如入夜郎教盛覽，此平世之事也；而吾以亡國之
大夫當之，傷何如矣！」至今臺人語及公，輒加額曰：「偉人也。」

〔註318〕

審此，知當時薦紳耆德之避地入臺者亦皆奉徐孚遠為祭酒。另如與徐孚遠同
鄉之王澐亦言及：

或云先生在海外，居賓師之位，教授諸生，異域子弟多從之學問，
有來仕者。及余遊楚，楚有郡守朴君懷玉，自稱先生弟子也，則所
聞信矣。〔註319〕

今之《臺南縣志》指出徐孚遠曾在「新港社設立私塾」〔註320〕，當時平埔族
聚居的新港社即現之新市鄉。而王澐所言之朴懷玉，疑即為朴孟珍，《釣璜堂
存稿》集中有〈贈朴孟珍〉一詩，其云：

羨君年少有英姿，擐甲鳴弓未是奇。張氏金貂傳世業，謝家玉樹長
新枝。勝情座上飛三雅，壯志沙邊擬一錐。老去中郎驚倒屣，恰如
初見仲宣時。〔註321〕

詩中以蔡邕倒屣相迎王粲之典，喻其對朴孟珍之欣賞之情。因知徐孚遠履臺
後除以清操苦節自誓，時時不忘復興大業。

永曆十六年（1662）十月鄭經入臺，收殺曹從龍，徐孚遠〈曹雲霖在東
被難，挽之〉云：

惆悵行吟到夕曛，救君無力更嗟君。早年未肯趨荀令，晚歲方思比
叔文。江夏冒刑緣寡識，山陽懷舊惜離群。醴筵數過真何事，不若
田間曳布裙。〔註322〕

永曆十六年五月鄭成功病殂於臺灣，黃昭奉成功弟襲為護理，謀將嗣位。鄭

〔註318〕《全祖望集彙校集注·鮚埼亭集外編》卷12〈徐都御史傳〉，頁963。
〔註319〕王澐〈東海先生傳〉，見《徐闇公先生年譜·附錄一》，頁65。
〔註320〕《臺南縣志》指出明鄭時期義學方面：「永曆三十年左右，明遺臣沈光文（字
斯庵），由羅漢門移居目加溜灣社，設塾教番童讀書，并以醫術濟世，歷十五
年。臺南縣地區以至全臺的土著，接受漢人之中國教育，實以此為始。」私
學方面：「明鄭之初，諮議參軍陳永華，倡議各社，創設學校，實為臺南縣地
區私校之濫觴，惟當時設立之學堂名稱及地址，已不可考，僅知前明舉人徐
孚遠，亦在新港社設立私塾。」見吳新榮等修：《臺南縣志》（臺南縣新營鎮：
臺南縣政府，1980年6月1版），卷17〈教育志〉，第二章〈明鄭及清朝時期
的初等教育〉，第三節〈設立之學校及其所在地與學生〉，頁48～49。
〔註321〕《釣璜堂存稿》卷14〈贈朴孟珍〉，葉6。
〔註322〕《釣璜堂存稿》卷15〈曹雲霖在東被難，挽之〉，葉26。

經偕陳永華、周全斌、馮錫範率兵東渡，攻入安平鎮，世襲委罪於其僕蔡雲，雲自縊；鄭經收蕭拱宸、李應清、曹從龍等斬之，餘皆不問。此時徐孚遠人在廈門，無力救之，故詩中將此事件比之中唐王叔文黨禍，感慨曹從龍寡識而冒刑身亡，文人著實不該介入鄭家內部權利鬥爭之中。

鄭經入臺既取得政權，徐孚遠於永曆十六年（1662）十一月第三次來臺，據〈隨舟〉云：

> 結束隨征棹，華夷聊此分。丹心空避地，白首歎無君。感激千層浪，
> 蒼茫一片雲。旅人何所事，欹枕簡遺文。〔註323〕

「白首歎無君」指永曆帝桂王於永曆十六年（1662）四月被吳三桂弒於雲南昆明；魯王亦於同年十一月十三日薨於金門。此次可能在永曆十七年（1663）春離臺回廈。

徐孚遠詠臺有最著名詩作當屬〈東寧詠〉一詩：

> 自從飄泊臻茲島，歷數飛蓬十八年。函谷誰占藏史氣，漢家空歎子
> 卿賢。土民衣服真如古，荒嶼星河又一天。荷鋤帶笠安愚分，草木
> 餘生任所便。〔註324〕

東寧者，臺灣也，徐孚遠自弘光元年（1645）松江起義兵敗後，如飛蓬飄零海嶠島嶼，至今（1663）已歷十八年，其居臺灣「荷鋤東海復何言」〔註325〕？「問余東向亦何為」〔註326〕？則其身世淒涼可知矣。

綜觀徐孚遠《釣璜堂存稿》，可見其念茲在茲於復興明室，其在廈門之時，雖處於饑餒窮困中亦不易其志，更藉詩歌歌詠其志，無怪林霍指出：「顧先生閒居島上，非詩無以自遣也。……雖有吟詠，不過悲歌以當哭耳」〔註327〕。而來臺後，復從事教育，落實其於〈暮春自遣〉詩中所言：「時危方右武，身退未忘文」之志〔註328〕，故爭從之遊者眾也。

六、完髮饒平

永曆十七年（1663）十月，清兵攻破思明州並墮其城。徐孚遠因自思明

〔註323〕《釣璜堂存稿》卷 11〈隨舟〉，葉 23。
〔註324〕《釣璜堂存稿》卷 15〈東寧詠〉，葉 27。
〔註325〕《釣璜堂存稿》卷 15〈將耕東方，感念維斗、臥子，愴然有作〉，葉 27。此詩可能 1663 年在臺所作。
〔註326〕《釣璜堂存稿》卷 15〈陪飲賦懷〉，葉 27。此詩可能 1663 年在臺所作。
〔註327〕林霍：〈徐闇公先生詩集後序〉，見《徐闇公先生年譜・附錄一》，頁 84。
〔註328〕《釣璜堂存稿》卷 16〈暮春自遣〉，葉 13。

至銅山，據其學生林霍〈庚午冬書稿〉載其事云：

> 憶先師當癸卯島破，漂泊銅山，將南帆。臨別，執敝郡沈佺期公手
> 曰：「吾居島十有四載，以爲一片乾淨土耳。今遇傾覆，不得已南奔，
> 得送兒子登岸，守先人宗祧，即返，而與盧牧舟、王愧兩諸公共顚
> 沛流離大海中，雖百死我無恨也」。詎知事與心違，從此入粵，遂不
> 得繼見。〔註 329〕

知徐孚遠原擬先挈眷還鄉，以守先人宗祧。而此種想法在當時應是遺老之共
識，如王忠孝〈促兒孫入山〉云：

> 我今應如此，兒曹勿猶夷。膚髮我何有，香火爾應持。好速攜孫去，
> 篤志守墳墓。士亂多離別，苦辛靠天知。〔註 330〕

王忠孝當初要到臺灣時，亦囑咐其子「香火爾應持」、「篤志守墳墓」。故徐孚
遠欲獨自履貞抗節，實無可疑，惜其希冀兒子守貞登岸〔註 331〕，以守先人宗
祧之願未遂，因止於粵潮之饒平。其〈荊山夜雨〉云：

> 淙淙夜雨入溪流，一夜溪聲到枕頭。夢裏不知身在粵，竹橋煙月滿
> 昇州。〔註 332〕

徐孚遠與戴氏及次子守貞入粵，作客異鄉，實爲廣東水陸師提督吳六奇所庇
〔註 333〕，卻又「夢裏不知身在粵」，一心思念故國南京之竹橋煙月。

　　早在永曆十六年（1662）時，同屬幾社成員之宋尙木到潮郡任。〔註 334〕
故徐孚遠有〈誓言寄宋子尙木〉詩，其云：

> 比來槎上久垂綸，身世茫茫二十春。不是餘年甘客死，難將羞面對
> 姻親。〔註 335〕

徐孚遠自弘光元年（1645）至永曆十九年（1665）時，已屆二十年矣，故有
「身世茫茫二十春」之感，雖然如此，但對於昔日社友已投身清廷，深感

〔註 329〕林霍：〈庚午冬書稿〉，《徐闇公先生年譜·附錄一》，頁 80。
〔註 330〕明·王忠孝：《惠安王忠孝公全集》（南投：臺灣省文獻委員會，1993 年 12
　　　　月 1 版），卷 11〈促兒孫入山〉，頁 249。
〔註 331〕永曆五年（1651）四月十八日寅時，徐孚遠次子永貞生，爲戴夫人出。永貞，
　　　　字孝先。見《徐闇公先生年譜》，頁 37。
〔註 332〕《釣璜堂存稿》卷 20〈荊山夜雨〉，葉 20。
〔註 333〕清浙東史學大家全祖望〈碣石行〉即歌詠此事，見《全祖望集彙校集注·鮚
　　　　埼亭詩集》卷 8〈碣石行·序〉，頁 2258。
〔註 334〕見《徐闇公先生年譜》，頁 49。
〔註 335〕《釣璜堂存稿》卷 20〈誓言寄宋子尙木〉，葉 20。

不屑。

永曆十九年（康熙四年，1665）暮春時，始與鄭郊見面。鄭郊字牧仲，為莆田諸生，博學能文；弟郟，字奚仲，亦諸生。〔註336〕兄弟二人皆徐孚遠之朋友，其結交之經過，據鄭郊自云：

> 余以己卯再會彞仲，為予歷數幾社諸賢，首以博雅稱吾闇公；予心識之。〔註337〕

鄭郊自夏允彞口中得知徐孚遠之博雅，心儀久之。據徐孚遠〈鄭牧仲隱壺公山，以所著及從遊者詩來，惜曩遊不及訪也〉云：

> 憶昔至三江，溪山豁然異。群峰拱揖閒，壺公特巋巋。未及探幽亭，朝夕把蒼翠。乃有高尚者，埋名於此地。同志四五人，相期斷人事。長吟振岡巒，遺編猶未墜。贈我瑤華音，芬若古人瑳。攬之三歎息，把臂良未易。何時重來游，願言展微義。遠望此山中，緬然有遐寄。〔註338〕

鄭郊因景仰徐孚遠，遂以詩文相贈，進而成為文字交。而鄭郊乃在鼎革後，遯跡壺山之南泉〔註339〕。如王忠孝〈復鄭牧仲書〉描述道：「竊聞起居，踞在山川幽勝，攤書百卷，揚扢其中，方寸涵泡，發為文章，與壺山藍水競雄秀，直網塵中無礙神仙也，羨羨。」〔註340〕因知鄭郊兄弟乃高隱於山川幽靜之處。又據徐孚遠〈贈鄭牧仲〉云：

> 閉戶行吟一俊民，十年于野對秋旻。生平雅有曼容志，蹤跡還同河渚人。石壁層棱探象繫，松枝偃蹇拂冠塵。祇今南國從遊者，谷滿清音勝事新。〔註341〕

鄭郊雖閉戶行吟，然亦時與徐孚遠詩篇往來，徐孚遠〈鄭牧仲作廣廣絕交論，余亦感，賦之兼念亡友〉云：

> 北海樽前酒未乾，生平小友便彈冠。可憐今日門栽棘，漫道當年澧

〔註336〕清·徐鼒：《小腆紀傳》（臺北：臺灣銀行經濟研究室，1963 年 7 月 1 版，《臺灣文獻叢刊》第 138 種），卷 58〈逸民·鄭郊傳〉，頁 826。

〔註337〕清·鄭郊：〈祭大中丞闇公老祖台老社翁文〉，見《徐闇公先生年譜·附錄一》，頁 76。

〔註338〕《釣璜堂存稿》卷 4〈鄭牧仲隱壺公山，以所著及從遊者詩來，惜曩遊不及訪也〉，葉 6～7。頁 360～361。

〔註339〕《小腆紀傳》卷 58〈逸民·鄭郊傳〉，頁 826。

〔註340〕《惠安王忠孝公全集》卷 6〈復鄭牧仲書〉，頁 133。

〔註341〕《釣璜堂存稿》卷 13〈贈鄭牧仲〉，葉 34。

有蘭。好取成言昭日月，無勞鑄鼎辨神奸。交期自古須深論，莫訝
朱劉齒欲寒。〔註342〕

鄭郊與徐孚遠論及交友之道，徐孚遠浮沉人事多年後，亦深有體會，故頗然
其言，因有「交期自古須深論」。自此可見徐孚遠與鄭郊已神交已久，堪稱是
老友矣，故二人相見，倍覺親切。又據鄭郊〈祭大中丞闇公老祖台老社翁
文〉云：

二島盡覆，始挈其家依於饒鎮。杜門塊處，憤極而哭；哭已復憤，
誓以一死全其素衣。予以暮春浪遊湄川，叩門握手，歡若平生。杯
酒流連，堂階促膝，破涕爲笑、破笑爲謳、破謳爲憤，憤極復哭。
籌咨去就之道，惟以一死自祈。〔註343〕

徐孚遠於明室傾覆，客處異鄉之時，能遇故知，其內心之欣喜，不言可喻。
然其始終忠於君國之忱，亦不曾改易。仲夏末旬，鄭郊又過晤之，徐孚遠出
門執手並語其速歸。然五月二十七日，徐孚遠即痛哭而卒，享年六十七，終
遂其平生祈死之志也。

綜觀徐孚遠一生，於抗清勢力瓦解後，寧以布褐終其身，樓身潮邑，而
不被新朝之一粟，如伯夷、叔齊之高行，其意微而志苦，非常人所能達矣，
然終完成其「完髮而卒」之心願，故鄭郊祭之日：「一幅銘旌，予爲署曰『有
明右副都御史前兵科給事中六十七壽闇公徐老先生之柩』；公亦可以無恨於九
泉矣。」〔註344〕全祖望乃謂「其野死爲可悲，其得保顚毛，則亦僅有之事」
〔註345〕，此完髮饒平也。

結　語

徐孚遠氣概不如陳子龍、張煌言豪邁，才華亦不如陳、張豐贍；然忠心
報國、誓死抗清之志，與幾社諸子是白首同歸。自《釣璜堂存稿》及其現
存詩文，可見徐孚遠一生行誼及志節，無論其餐英幾社抑乘桴海外，始終

〔註342〕《釣璜堂存稿》卷 13〈鄭牧仲作廣廣絕交論，余亦感，賦之兼念亡友〉，葉
　　　　39。
〔註343〕鄭郊，〈祭大中丞闇公老祖台老社翁文〉，見《徐闇公先生年譜・附錄一》，頁
　　　　76。
〔註344〕鄭郊，〈祭大中丞闇公老祖台老社翁文〉，見《徐闇公先生年譜・附錄一》，頁
　　　　77。
〔註345〕《全祖望集彙校集注・鮚埼亭詩集》卷 8〈碣石行・序〉，頁 2258。

以志節自持。誠如全祖望〈徐都御史傳〉云：「明季海外諸公，流離窮島，不食周粟以死，蓋又古來殉難之一變局也。幾社殉難者四：夏、陳、何三公也死於二十年之前，公死於二十年之後，九原相見，不害其為白首同歸也。」〔註346〕

徐孚遠身歷家國淪亡之痛，故以實際行動來救亡圖存，本不著意於詩，據林霍〈徐闇公先生詩集後序〉云：「公顧霍於友人別業，欲索公詩文稿以歸。公曰：近來詩章頗有，文則散失無緒。然此何時，作此不急之事乎！」〔註347〕因知其本無意為詩文，更遑論對詩詞文藻之考究。然其詩歌平淡質樸，在真誠坦露個人情志為主；悲直慷慨，以發揚民族氣節見長。故連橫亦評其詩曰：「大都眷懷君國，獨抱忠貞，雖在流離顛沛之時，仍寓溫柔敦厚之意；人格之高、詩品之正，足立典型，固非藻繪之士所能媲也。余讀《釣璜堂集》，既錄其詩，復采其關繫鄭氏軍事者而載之，亦可以為詩史也。」〔註348〕足見其詩歌深刻呈顯出民族家國之情，及其百折不回之精神也。蓋詩因人重，人格之高，詩品自正，其詩則足以垂青史而不朽。

〔註346〕《全祖望集彙校集注‧鮚埼亭集外編》卷12〈徐都御史傳〉，頁963。

〔註347〕林霍〈徐闇公先生詩集後序〉，見《徐闇公先生年譜‧附錄一》，頁83。

〔註348〕連橫：《臺灣詩乘》（臺北：臺灣銀行經濟研究室，1960年1月1版，《臺灣文獻叢刊》第64種），卷1，頁12。